海南大学年鉴

2011

海南大学年鉴编辑部　编

海南出版社

《海南大学年鉴》（2011）编委会

《海南大学年鉴》（2011）编辑部

2010年1月16日，中共中央政治局委员、国务委员刘延东（中）到学校视察工作。

2010年1月16日，教育部部长袁贵仁陪同中共中央政治局委员、国务委员刘延东到学校视察工作。

2010年9月8日，省委书记卫留成（右）到学校慰问教师，图为卫留成书记与中国科学院“百人计划”入选人员、学校“作物遗传育种”国家重点学科责任教授何朝族（左）亲切交谈。

2010年5月12日，省委常委、组织部长楼阳生（右二）到学校指导工作。

2010年3月17日，副省长林方略在学校领导干部任职宣布大会上讲话。

2010年6月30日，校党委书记刘康德(左一)率团考察美国时看望在美国迪斯尼乐园工作的旅游学院毕业生。

2010年10月19日，校长李建保（前排右一）和美国中佛罗里达大学常务副校长戴安切斯（前排左一）在海南大学签署合作协议。

2010年5月4日，校党委常务副书记韦勇（右一）在学校共青团“五·四”表彰大会上颁奖。

2010年12月9日，校党委副书记陈封椿（左一）在学校2010年度“海钢研究生助学金”颁发仪式上给获助学金的研究生颁发助学金。

2010年6月22日，副校长周兆德在应用科技学院（儋州校区）成立揭牌仪式上讲话。

2010年11月29日，副校长林强在学校科研工作会议分组讨论会上发言。

2010年1月4日，副校长曹献坤（右一）在学校给新加坡南洋理工大学教授沈平（左一）颁发客座教授聘书。

2010年11月15日，副校长刁晓平（左一）在学校看望双聘教授、中国工程院院士林浩然（右一）。

2010年12月7日，副校长傅国华（左一）在澳门出席“2011琼澳合作论坛”筹备委员会第二次工作会议时拜访全国政协副主席、澳门特别行政区原特首何厚铧（右一）。

2010年4月16日，省高级人民法院在学校主持召开海南大学与新宏兴公司关于旅游学院纠纷案件协调会。

2010年4月24日，学校召开2010年度作物遗传育种学科建设暨学术研讨会。

2010年4月30日，学校举行“学习英烈精神　青春奉献海南”座谈会。

2010年5月10日，由南开大学与海南大学举办的“海南国际旅游岛发展研究院”在海南大学举行成立挂牌仪式。

2010年6月11日，学校举办首届“校园开放日”活动。

2010年6月11–12日，学校"植物学课程群国家级教学团队"在定安县召开教学研讨会。

2010年6月13日，海南大学与华南理工大学签订全面合作协议，图为两校在华南理工大学举行的签字仪式。

2010年9月15日，海南省高雅艺术进校园交响音乐会在学校举行。

2010年9月25日，学校学生作品在长春举行的第七届“挑战杯”—汽大众中国大学生创业计划竞赛终审决赛展览会上吸引众人关注。

2010年10月，学校组织专家服务队分赴各受灾市县开展科技救灾工作，图为服务队在重灾区文昌市进行技术指导。

2010年10月，校图书馆开展“走进图书馆，获取新知识”活动。

2010年11月，学校男女篮球队在海南省第八届大学生“英派斯杯”篮球锦标赛中双双蝉联冠军。

2010年11月4日，由学校承办的江西省农业领导干部“推动农业结构优化升级”专题培训班在中国（海南）改革发展研究院举行开班典礼。

2010年11月18日，省社科联、省工商联和学校联合主办海南国际旅游岛高管论坛。

2010年11月29日，学校召开科研工作会议。

2010年12月10日，联合国教科文卫组织大会主席戴维森·赫本（右六）访问学校。

2010年12月12-14日，学校科研成果首次亮相2010年海南冬交会。图为校友、省农业厅厅长肖杰（左一）向客人介绍学校科研项目成果。

目 录

学 校 概 况

海南大学是 2007 年由原华南热带农业大学和原海南大学合并组建的省属综合性重点大学，是海南省人民政府与教育部共建高校和国家“211 工程”重点建设高校。原华南热带农业大学（原名“华南热带作物学院”）创建于 1958 年，是以橡胶和热带农业为主攻方向、特色鲜明的农业部属高校。原海南大学创建于 1983 年，是海南省学科专业体系较为齐全的省属综合性重点大学。

学校以科学发展观为统领，坚持“立足海南、面向全国、辐射东南亚”的发展战略，坚持质量立校、特色兴校、人才强校、开放治校、依法治校、和谐办校的办学理念，牢牢抓住“211 工程”建设和海南国际旅游岛建设两大发展机遇，充分利用热区和海南的区位优势及资源条件，突出“热带、海洋、特区”三大特色，着力打造服务于海南经济社会发展和国际旅游岛建设的政府智库、业界智囊、学术高地和人才培养基地。

学校现有海甸、儋州和城西 3 个校区，海甸校区为主校区，校园总占地面积 5206.91 亩，校舍建筑总面积 896975 平方米，图书馆藏书 331.3 万余册，建有体育馆、田径场、游泳池、篮球场、排球场和网球场等完备的体育场馆设施。在校生 36788 人，其中全日制学生 30974 人（博士研究生 123 人，硕士研究生 2474 人，本科生 28377 人），成人学历教育学生 4551 人（本科生 1702 人，专科生 2849 人），在职研究生 1082 人，外国留学生 181 人。

学校高度重视人才队伍建设，现有在编教职工 2597 人，其中专任教师 1595 人，正高职称 241 人，副高职称 510 人，具有博士学位教师 266 人。中国科学院“百人计划”入选者 1 人，中国十大杰出青年 1 人，“全国五一劳动奖章”获得者 2 人，全国先进工作者 1 人，全国模范教师 1 人，全国优秀教师 1 人，国家级教学名师 1 人，全国高校优秀辅导员 1 人，“国家杰出青年科学基金”获得者 1 人，国家级突出贡献专家 3 人，国务院特贴专家 26 人，“新世纪百千万人才工程”国家级人选 8 人，教育部“跨世纪优秀人才支持计划”人选 2 人，全国杰出专业技术人才 1 人，全国专业技术人才先进集体 1 个，省优专家 34 人，海南省“515 人才工程”第一、第二层次 51 人。

学校学科覆盖哲学、经济学、法学、文学、理学、农学、工学、管理学、艺术学等 9 大门类。设有热带农业与生命科学学部、理工学部、人文学部和社会科学学部等 4 个学部、20 个学院和 1 个公共教学部。拥有国家级重点学科 1 个、国家“211 工程”重点建设学科 6 个、农业部重点学科 2 个、海南省重点学科 10 个、国家重点实验室（培育基地）1 个，国家级实验教学示范中心 1 个、教育部重点实验室 3 个、教育部工程研究中心 2 个、海南省重点实验室 6 个、海南省工程技术研究中心 2 个。设有博士后流动站 1 个，一级学科博士点 1 个，涵盖二级博士点 11 个，一级学科硕士点 19 个，涵盖 75 个二级学科硕士点，本科专业 74 个。拥有国家级教学团队 2 个、省级教学团队 8 个、国家级特色专业 8 个、省级特色专业 18 个、国家精品课程 2 门、省级精品课程 42 门。

学校始终将人才培养作为学校的根本任务，紧密结合海南实际和学校特点，不断整合学科优势，加强学科建设，全面加大教育教学改革创新力度。通过开设“文理科实验班”、推行冬季小学期，实施“教学质量工程”、创设大学生创新院、面向国内外知名高校开展“1+2+1”、“2+2”、

“2+1+1”“3+1+1”、“2+2+1”等联合培养计划、改革人才培养方案等一系列措施，创新人才培养模式，提高人才培养质量。近年在校学生获得全国大学生数学建模竞赛一等奖、“挑战杯”全国大学生课外学术科技作品竞赛一等奖和优秀组织奖、全国大学生社会实践活动先进单位、全国高校校园文化建设优秀成果奖等500多项国家级和省部级奖励。

学校不断整合优化科研平台建设，凝聚科研创新团队和加大科研投入，着力提升科研实力与创新能力，积极服务地方经济社会发展，并设立各类专业专项科研基金，推动全方位、有特色地开展基础和应用研究，在科技扶贫、科技救灾、科技下乡等各项工作中均获得了较大成绩。同时，学校紧密围绕海南经济社会发展和国际旅游岛建设，扎实推动和落实各项研究工作。

学校以更加开放的眼光，全方位构建对外交流与国际合作新格局。先后与境外 25 个国家和地区的 79 所知名高校建立校际合作关系，创新国际教育合作模式，每年选派上百名优秀本科生、研究生前往美国、英国、法国、加拿大、新加坡、俄罗斯、日本、韩国等国家及台湾地区的高校学习深造。学校作为国务院侨办批准设立的首批全国 22 家华文教育基地之一，先后培养留学生近 3000 名；面向国内，在加强与天津大学对口支援合作基础上，与清华大学、中国人民大学、南开大学、中国农业大学、武汉大学、南昌大学、中山大学、华南理工大学等高校开展多层次、多形式的合作；与中国热带农业科学院、海口市、省科技厅等建立了更加紧密的合作关系。

学校高度重视学生的职业生涯规划和就业指导工作，近年来毕业生初次就业率一直保持在80%以上，毕业生受到社会各界的高度认可和各行各业用人单位的普遍青睐。优秀毕业生遍及海内外，他们当中有杰出科学家、政府高级官员、大学校长、著名学者、企业家等，在不同领域和岗位上发挥着重要的作用。原国务院扶贫办主任吕飞杰，广西壮族自治区副主席陈章良，南京农业大学校长郑小波，美籍国际著名科学家林辰涛，联合国粮农组织经济顾问、国际著名经济学家姚树洁，知名经济学家何帆，均是海南大学毕业生的杰出代表。

50 多年来，海南大学的建设和发展得到党和国家领导人的亲切关怀，凝聚了社会各界及海内外乡亲的深情厚谊。周恩来、朱德、董必武、叶剑英、邓小平、胡耀邦、王震等老一辈革命家，江泽民、胡锦涛、李鹏、朱镕基、温家宝、贾庆林、曾庆红、李岚清、尉健行、刘延东等党和国家领导人亲临学校视察。原中共中央总书记胡耀邦为原海南大学亲笔题写校名，原中共中央总书记江泽民为原华南热带农业大学亲笔题写校名。广大海内外乡亲、琼籍华人华侨、港澳台同胞和社会各界人士大力支持学校建设和发展，捐资兴建学校办公楼、教学楼、图书馆、学术中心、体育场(馆)、校门、学生活动中心等重要项目，捐赠了大量的图书资料和仪器设备，设立了多项科研教学基金、学生奖（助）学金和重点学科建设基金。

新海南大学成立以来，中共中央政治局委员、国务委员刘延东，省委书记卫留成、省长罗保铭，教育部部长袁贵仁、原教育部部长周济、原农业部部长孙政才等领导先后到校指导工作，对学校建设和发展给予大力支持。海南省政府成立“海南省‘211 工程’大学建设工作领导小组”，全力支持和推动学校建设有特色、高水平“211 工程”大学。

2010 年，学校各项事业发展均取得较大进步，顺利通过国家“211 工程”建设中期检查；首次获准承担国家教育体制改革重点项目 1 项，承担教学质量工程省级项目 16 项、国家级项目 3 项，累计获批教学质量工程国家级项目 15 项；新增法学、生物学、信息与通信工程 3 个一级学科博士点，新增应用经济学等 17 个硕士学位授权一级学科；新增工程硕士、国际商务硕士、翻译硕士专业学位点，获批全国法律硕士专业学位研究生教育综合改革试点；作物遗传育种国家重点学科顺利通过教育部评估；“海南省热带生物资源可持续利用—省部共建国家重点实验室培育基地”获科技部批准建设；获得作物学和植物学2个专业高级职称的评审权；成功引进中科院“百人计划”专家1人；实现了全国31个省（区、直辖市）在一本批次录取招生。

今天的海南大学已进入实现跨越式发展的关键时期。伴随着海南国际旅游岛建设和学校“211工程”建设的步伐，学校将建成适应海南经济社会发展的高层次创新人才培养重要基地，成为解决区域经济社会发展重大问题的智囊库和研发中心，成为引领海南经济社会发展的重要力量，成为综合实力进入国内同类院校先进行列、在东南亚有较大影响的有特色、高水平“211工程”教学研究型大学和全国名牌大学。

（撰稿：刘　刚　审稿：刘湘洪）

重要活动

中共中央政治局委员、国务委员刘延东视察海南大学

2011年1月16日上午，中共中央政治局委员、国务委员刘延东亲临学校视察工作。

在考察中，刘延东参观了校史展览，听取了学校工作汇报，考察了热带生物资源教育部重点实验室，参观了海甸校区校园，并作重要讲话。

教育部部长袁贵仁，科技部党组书记、副部长李学勇，文化部部长蔡武，国务院政策研究室副主任江小涓，省委书记、省人大常委会主任卫留成，省委常委、秘书长许俊，省委常委、海口市委书记陈辞，副省长姜斯宪陪同视察。

在三号教学楼校史展览大厅里，校党委常务副书记刘康德代表学校汇报学校50余年的发展历史和两校合并以来取得的主要成果，副校长曹献坤汇报学校校园规划和基本建设情况，刘延东听取汇报后发表重要讲话。她首先代表党中央、国务院向学校全体师生表示亲切的问候和良好的祝愿。她说，在听了学校领导的介绍后，对海南大学的印象很深刻。海南大学合并进入“211工程”以来，实实在在做了大量的工作，成果非常显著。学校提出的质量立校、特色兴校、人才强校、开放治校、依法治校、和谐办校的“六个办校”发展战略很好，符合学校和海南建设发展的实际，要坚持好、落实好。

刘延东强调，中央对高等教育是非常重视和支持的，党的十七大报告把提高高等教育质量，培养合格人才，优先发展教育，建立人力资源强国，作为教育的努力方向。现在，国家正在制订中长期教育发展规划纲要，纲要确定了高等教育发展的三大职能和任务，那就是人才培养、科学研究和社会服务。今年是启动实施国家中长期教育发展规划纲要的第一年，对教育系统来说是非常重要的一年。希望大家共同努力，不辜负中央的信任与期望，也不辜负海南省委、省政府和海南人民的期望。

刘延东对学校的建设发展提出了四点要求：

第一，要始终坚持特色兴校，建设独具特色的高水平大学。要做到特色兴校，关键要科学定位、突出特色。海南大学确定的热带、海洋、特区三大特色定位很好，这些特色很多别的地方是没有的，要把这些特色的文章做足做强，使之不仅在海南、在国内都很有影响，甚至能够辐射到整个东南亚地区，成为一所在自己的特色领域创造世界一流成就的名校。

第二，要在培养高质量人才上下功夫。作为一所学校，最根本的任务就是培养人才。本科生是我们高等院校最宝贵的财富，他们是经过高考、在全国范围内层层选拔竞争上来的，是非常优秀的。我们要对这些孩子负责，对国家的人才战略负责。要按照教学的规律、教育的规律和人才成长的规律来探索高质量人才的培养。海南大学有很多知名的校友，希望今后能培养出更多这样的人才。

第三，要在学科建设和科学研究上创造更高水准。像西藏大学，青藏高原的独特条件是别人所没有的。如青海大学，三江源也是别的地方所没有的。而热带就是海南所独有的，因此，海南大学要大力加强特色学科建设，建设创新团队，引进杰出人才，加强国际合作，在学科建设和科学研究上突出特色，创造更高水准的成果。

第四，要为海南经济社会发展和建设国际旅

游岛多作贡献。最近，国务院作出了推进海南国际旅游岛建设发展的重大决策，海南进入了一个非常重要的历史发展时期，这既为海南大学飞速发展提供了很好的机遇，也提出了很重要的使命和任务。一所大学办得好不好，关键是看它在区域经济中发挥作用的大小，希望海南大学抓住海南国际旅游岛和“211 工程”建设这两大机遇，为海南经济社会发展和国际旅游岛建设做出更多的贡献，也为高等教育的发展改革创新，努力探索，作出贡献。

刘延东在热带生物资源教育部重点实验室视察时，认真听取了实验室主任罗素兰教授关于实验室科研、人才培养和队伍建设的情况汇报，并和科研人员进行了亲切交谈。她指出，重点实验室最重要的是人才，没有人才、没有好的研究型人员和教职人员，是办不好的。这个重点实验室的特色很鲜明，很有成果。要继续加强特色学科的建设，这是大学的活力和高水平大学的标志所在。科学发展观强调要调整经济结构，推动战略经济产业发展。战略经济产业包括新能源、新材料、生物技术、信息科学、先进制造业五个方面，这些都是今后国家建设的重点。希望海南大学突出重点，立足自身的优势和特色，把学校传统保留、传承好，特别是自 1958 年建校以来，“热作两院”在橡胶等方面为国家的建设和发展做出了很大贡献。现在两校合并，整合资源，千万不要把原华南热带农业大学这所名校的特色抹掉了，一定要保留好、传承好。刘延东强调指出，当前中国正处在一个最好的发展时期，经过 60 年的建设和 30 年的改革开放，国际地位大大提升，中国已经走进国际舞台的中心。随着海南国际旅游岛建设经国务院批准成为国家战略，海南的发展站在了一个新的历史起点上，海南大学的建设发展也站在了一个新的历史起点上，希望大家继续努力，取得更好的成果。

考察结束时，刘延东与校党委书记黄国泰、校长李建保、校党委常务副书记刘康德和副校长严庆、周兆德、曹献坤、刁晓平、傅国华合影留念。

（撰稿：单文启　审稿：张继友）

省委书记卫留成慰问海南大学教师

2010年9月8日，第26个教师节前夕，省委书记、省人大常委会主任卫留成到海南大学慰问教师。他考察了两校合并三年来基本建设的进展情况，听取了“211工程”建设有关项目的情况汇报，看望了学校国家级重点学科“作物遗传育种”责任教授、海南省热带生物资源可持续利用重点实验室（省部共建国家重点实验室培育基地）主任何朝族，并向学校赠送了慰问金10万元。

慰问结束后，卫留成书记在学校与来自全省的教育工作者、教师代表欢聚一堂举行座谈。

座谈会上，卫留成首先代表省委、省政府向长期以来为海南教育事业付出辛勤劳动，做出不懈努力的全省教职员工表示感谢并致以节日问候。

在回顾了海南过去5年教育事业发展的历程后，卫留成动情地倾吐了心中的两个教育梦想：一是力争用10到15年的时间，把海南的基础教育搞上去，达到全国中等偏上水平；二是力争在2020年以前，通过努力把海南大学办成全国性的名牌大学。

卫留成要求教育战线要进一步解放思想，敢于先行先试，在教育领域突出海南优势，并在重点领域实现新突破。在逐一分析我省各个层次的教育发展现状后，卫留成提出了具体要求。对于高等教育，他要求我省高校要真正办出特色、办出质量、办出水平，发挥我省在海洋渔业、旅游业、热带高效农业、现代服务业等具有海南特色的学科优势，力争在这些领域占领全国的人才高地。同时要加强与国内外名牌大学的教育合作，加快教育国际化步伐，支撑国际旅游岛建设。

面对海南国际旅游岛建设大业，卫留成强调在教育问题上不能满足、不能停步，而要继续加大投入，继续把教育放在优先发展的战略地位，狠抓10年到20年。他说，国际旅游岛建设是海南经济社会全面跨越式发展的总抓手，海南经济社会发展和国际旅游岛建设目前最关键最重要的就是培养、造就能够支撑发展需要的人才，而这要靠教育；海南国际旅游岛的建设需要海南人口素质的整体提高、需要文明祥和的社会环境，而这要靠教育；实现海南的可持续发展，增强海南的综合竞争能力，同样要靠教育；人民群众要脱贫奔小康，还得靠教育。

在讲述了感动自己一生的点滴师恩后，卫留成语重心长地说：发展大计人才为先，人才大计教育为基，教育大计教师为本。教师不仅仅是一份职业，更负有对社会培养人才的历史使命和把学生培养成才的社会责任。他希望全省教育战线干部和教职工加强自身思想道德修养，率先垂范，刻苦治学，乐于奉献，甘为人梯，用高尚的师德和情操，以高度的责任感和使命感，为社会为海南培养出更多德才兼备的人才。

省委常委、秘书长许俊，副省长林方略及省政府办公厅、省教育厅、省发改委、省财政厅负责人，校领导刘康德、李建保、韦勇、陈封椿、周兆德、林强、曹献坤、刁晓平、傅国华，全省各级各类学校教师代表参加了座谈会。

（撰稿：单文启　审稿：张继友）

开展创先争优活动

按照中央、省委和省委教育工委的统一部署，学校从 2010 年 4 月开始在党的基层组织和党员中深入开展创建先进基层党组织、争当优秀共产党员活动。全校 20 个二级单位党委、6 个党总支、205 个党支部、5942 名党员积极参加了创先争优活动。年底，第一阶段活动已经结束，并已转入第二阶段。

一、精心部署　夯实基础

切实加强领导。明确各级党组织书记是创先争优活动第一责任人。组建以校党委书记刘康德为组长，校党委常务副书记韦勇为副组长，党办、组织部、宣传部等 12 个职能部门负责人共 17 人为成员的学校创先争优活动领导小组。领导小组办公室设在组织部、宣传部，负责全校创先争优活动的日常组织协调工作。从学校机关相关处室抽调人员成立综合协调组、信息宣传组、督导指导组，具体负责创先争优活动的组织实施。各基层党组织也成立领导机构，加强对创先争优活动的直接领导。

制定实施方案。按照创先争优“五个好”、“五个模范”的目标，紧密结合建设有特色、高水平“211 工程”大学的目标制定实施方案，明确以“深入学习实践科学发展观、实现海南大学又好又快发展”为活动主题，以“加快‘211 工程’大学建设、促进新海大转型升级”为活动载体，以树立优良校风学风和立足岗位奉献为重点，扎实推进学校创先争优活动。

深入宣传发动。及时召开校党委会传达省委、省委教育工委关于创先争优活动的意见，统一领导班子的思想认识。召开全校动员大会，对创先争优活动进行部署。各二级单位党组织通过动员会、座谈会等方式进行宣传， 提高广大师生党员的认识，增强投身创先争优活动的积极性和责任感。

营造良好舆论氛围。充分利用各种媒介和载体，全方位、多形式地对创先争优活动进行专题宣传。创争活动伊始，就开辟专题网页，设置“文件通知”、“活动动态”、“基层信息”、“活动简报”、“先进典型”等 8 个专栏，并及时编印活动简报，营造良好的舆论氛围和工作环境。

二、深入指导　常抓不懈

印发《关于在全校基层党组织和党员中深入开展创先争优活动的实施方案》（海大党办［2010］5 号文）、《关于认真学习贯彻刘康德书记在创先争优活动动员大会上讲话精神的通知》（海大创组发［2010］1 号文）和《关于进一步做好创先争优活动第一阶段工作的通知》（海大党办［2010］3 号文）等，指导各基层党组织开展创先争优活动。各二级单位党组织、党支部也制定创先争优活动方案，教职工党员和学生党员分别撰写个人计划，明确创先争优的具体目标。

建立各级党组织主要领导亲自抓、分管领导具体抓、班子成员共同抓，一级抓一级、层层抓落实的工作格局，确保创先争优活动常抓不懈、抓出成效。

按照“点上出经验、面上求突破、整体抓推进”的要求，建立学校党委委员和学校创先争优活动领导小组成员联系点，培育典型，抓点带面，推动整体工作。

督导指导组通过召开汇报会、座谈会和经常性督查、随机抽查等方式，加强对二级单位党组织开展创先争优活动的督促检查和具体指导。

三、开展活动　激发活力

各基层党组织以纪念中国共产党成立 89 周年为契机，开展读一本党史、重温入党誓词、党员集体过政治生日、表彰先进、参观红色娘子军纪念园等丰富多彩的活动，使广大党员再一次接受革命传统教育，增强党员的荣誉感、责任感和使命感，激发他们创先争优、干事创业的内在动力。环境与植物保护学院第一学生党支部带领2009级植保全体同学举办“我的支部我光荣，我的班级我自豪”主题活动。通过气氛热烈的素质拓展活动凝聚人心，增加学生的专业归属感，坚定他们做一名“政治上进步、学习上刻苦、工作上创优”党员的决心。

发挥先进典型在创先争优活动过程中的示范带动作用。创先争优活动伊始，校党委就根据活动的要求和各基层党组织工作情况，开展基层党组织先进典型推荐工作，从28个基层党委（党总支）中选出6个机构健全、结构合理、思路清晰、组织凝聚力和战斗力强、党员先锋模范作用突出的单位作为先进典型，并引导他们结合自身工作的特色与优势开展创先争优活动，有力推动创先争优活动深入开展。

推出“特色项目”，突出创先争优活动特色。结合各二级单位的工作特色，推出 “青年党员骨干教师培养工程”、“党旗领航工程”、“强基创先五个一工程”、“红亮班级”等一批创先争优活动“品牌项目”等 33 个特色项目，并给予 20 万元的活动经费资助，以特色项目的精心设计和扎实创建推动各基层单位的创先争优活动。

四、统筹兼顾　促进发展

通过开展党员示范岗、领导干部联系点等活动，建立健全党内激励关怀帮扶机制。

推进基层党建课题研究工作，提高党建工作水平。开展包括“新时期基层党组织和党员开展创先争优活动的载体和途径问题研究”、“创建学习型领导班子问题研究”和“创建学习型党支部问题研究”等12个基层党建课题研究工作。

贯彻落实李源潮同志提出的“高校党组织和党员开展创先争优活动，要紧密联系教学科研实际确定活动主题，在本职岗位上争先进，在日常工作中创优秀，使创先争优活动符合实际需要、化为实际行动、取得实际效果”的要求。应用科技学院（城西校区）与海口市国税局合作共建纳税服务志愿者基地，选派品学兼优的大学生党员到海口市税务机关协助开展税法宣传、纳税咨询辅导、引导纳税人办理涉税事宜、辅导纳税人填写涉税表证单书等工作。学生党员踏实肯干、互助友爱的志愿服务精神既为学校赢得了良好的社会赞誉，又提高了学生的专业技能和就业竞争力。

召开领导干部学习研讨会，进一步统一认识。7月11日至12日，学校召开为期2天，全体校领导、各基层单位党政负责人和机关各职能部门负责人近 100 人参加的领导干部学习研讨会，深入学习创先争优文件，全面回顾过去一年的工作，对学校改革发展中的一些重大问题进行充分讨论。通过开展创先争优活动促进工作，用工作成果检验活动成效，努力做到两手抓、两不误、两促进。

（撰稿：李　宏　　审稿：郑再喜）

收回旅游学院

2000年11月，海南大学与新宏兴公司签订合作建设旅游学院的协议书。协议书约定由海南大学提供土地、招生计划、部分师资等，新宏兴公司投资建设教学设施、设备，购买教学器材等，合作期限为30年。2001年5月和2002年2月，双方又分别签订合作建设学生公寓、学生食堂的协议。双方合作期间，新宏兴公司账面显示投资共1亿多元。

双方合作办学对学校的发展起到了重要作用。然而，在合作办学过程中也出现不少问题，并引发一系列震荡。

按照合作协议，旅游学院应是双方共管的二级学院，但在办学过程中旅游学院管理权实际上为新宏兴公司所掌握。学院设董事会，由新宏兴公司方担任董事长，行使最高权力；学院有自己的章程，有独立的管理机构、独立的财务核算制度、相对独立的办学场地等；具有民办非企业法人证书（2003年注销）和社会力量办学收费许可证；既享有国家财政性教育经费的投入，又享有社会力量办学的优惠，其特征“非公非民”，属于教育部明文要求规范的“校中校”。

由于旅游学院办学体制不顺，自合作办学以来，双方纷争不断，影响了学校的教学和管理秩序。2004年开始，新宏兴公司以海南大学违反《合作办学协议书》的相关规定为由，分别以几个案件诉到法院，形成了系列案件。其中2005年8月，新宏兴公司以海南大学违反《合作办学协议书》的规定（不拨付生均综合定额财政拨款、统一收取旅游学院学费、创办海南大学三亚学院）为诉由，向省高院提起诉讼，引起媒体的广泛报道，影响波及全国。省领导多次批示妥善解决纠纷，省政府办公厅、省教育厅等相关部门多次主持协调，但仍未能解决分歧，案件久拖不决。

2007年8月，原华南热带农业大学与原海南大学合并成立新海南大学，并于2008年12月成为“211工程”建设高校。新海南大学成立后在省教育厅的协调下多次与新宏兴公司商谈解决纠纷，但未取得进展。合作办学纠纷成为制约海南大学“211工程”建设的不利因素。

2009年5月，学校提起反诉，请求法院解除合作关系。

2009年12月，罗保铭省长在全省经济工作会议报告中明确提到要解决旅游学院收回问题。省高级人民法院从建设国际旅游岛的大局出发，高度重视合作办学纠纷案，并尽心尽力地进行司法调解。

为了尽快形成调解协议，诉讼双方进行了多轮谈判，于2010年4月15日签署了第一个调解协议。协议约定：海南大学出资1.2亿元以分段付款方式，收回旅游学院；签约后第二天新宏兴公司应无条件开始移交旅游学院；签约后通过法院先支付新宏兴公司5000万元，余款待双方清算核对帐目后再支付；合作办学以来新宏兴公司收益超过4000万元以上的部分从1.2亿中扣除。

在核对账目时，双方对新宏兴公司收益超过4000万元以上的部分发生了争议，但最终在省高级人民法院的调解下，双方互谅互让，于7月2日又签订第二个调解协议。双方同意采取互抵债权债务的一揽子方案，解决办学以来所有的经济纠纷。双方约定，海南大学在已经预付新宏兴公司5000万元的基础上，再支付4950万元则全部结算完毕；今后若出现涉及双方合作办学期间形成的纠纷，则由新宏兴公司承担全部责任。最终结果为：以9950万元回收旅游学院，包括2万平方米的5栋教学楼及办公楼（含设备、园林及其他配套设施）。

上述两个调解书生效后，新宏兴公司投资建

设的4栋学生公寓及1个学生食堂（面积约3万多平方米）成为遗留问题。为落实省领导全面解决旅游学院遗留问题的指示精神，学校与新宏兴公司又进行新一轮谈判。在省高级人民法院的调解下，于7月24日达成第三个调解协议。学校按约在一个月之内分两次支付给新宏兴公司3500万元后，全部收回上述学生公寓及食堂。

至此，学校共支付给新宏兴公司资金总额13450万元，新宏兴公司从此在校园内再无任何投资项目及用益物权，双方之间再无任何合作关系及纠纷。双方合作纠纷问题得到了妥善彻底解决。

（海南大学法律顾问室供稿）

领导讲话

在庆祝第 26 个教师节座谈会上的讲话

省委书记　卫留成

（2010 年 9 月 8 日　根据录音整理）

同志们：

在第 26 个教师节前夕，我们来到海南大学，并在这里召开座谈会，主要想听听大家对教育工作的意见，和大家交流一些想法。首先，我代表省委、省政府，向全省广大教师和教育工作者，致以节日的问候！

刚才，有的同志在发言中讲到梦想。我也有梦想，一个是花十到十五年的时间把海南的基础教育搞上去，达到全国中等偏上水平，这是海南可持续发展的重要基础和前提；另外一个是争取在 2020 年以前把海大办成中国的名牌大学。这样，海南教育事业的发展才能与全省经济社会发展大形势相适应。大家在发言中都提出了很多很好的意见、建议，我都记下来了。会后省委、省政府和有关部门对你们的意见、建议会进行慎重研究。我想讲几个问题。

一、关于对海南教育事业发展的思考

我 2003 年刚来海南任职时，就盯上了教育，不久后在全省范围开展了农村教育大调研，之后省委、省政府出台实施了农村教育十年规划，并积极倡导教育优先发展的理念。这几年我省教育事业的确有许多可圈可点的东西。在义务教育方面，我们率先搞了“两免一补”；全面提高了教师的待遇，把包括教师在内的贫困市县和少数民族市县财政供养人员工资与省本级拉平；实施了“教育扶贫移民”，这是实现教育公平的一个路子，当时的设想是，思源学校毕业的学生上高中、上技校要继续免费，直到他们上到能工作为止，而不是只上到初中毕业。在中等教育方面，高中的升学率有了大幅度提升，当然这首先要感谢党中央、国务院对我们的照顾，同时我们下了很大决心堵住了高考移民，使我们海南的学生每年至少增加一万个上大学的机会，这是一个重要成绩；中职教育办出了海南的特色。在高等教育方面，海大、热农大合并后，围绕进“211 工程”在两校融合、提高、建设等方面都有了长足的进步，刚才大家参观了海大的校园，海大的发展是海南高校发展的一个缩影，海师、海医、琼州学院等高校这几年也都有了很好的发展。我一直认为，教育和环境是海南可持续发展的两大基石。这个在全省是形成共识的。还有一个共识就是，要把教育放在优先发展的战略地位，现在从省里的领导到市县的领导都非常重视教育。在这次全国教育工作会议上，胡总书记、温总理都特别强调，要把教育放在优先发展的战略地位。教育不是一个一般的问题，我们要从执政为民的高度，要从海南长远发展的高度来认识这个问题，要从实现教育公平入手来解决教育发展中的问题，统筹谋划，推进教育事业协调、健康、持续发展。这几年，我们在教育方面所做的努力，作出的一系列重要决策部署，都是基于以上的认识和思考。发展经济不容易，发展教育事业更不容易，这其中既有认识方面的问题，也有我们财力方面的制约，还有教育基础、社会氛围等各方面的问题。应当说，我们现在有了一个好的开端，也有了较好的基础，那么更重要的是要坚持下去，从省委、省政府到市县党委、政府，都要持续地把教育事业的发展摆在重要位置，以制定“十二五”规划为契机，适应海南经济社会发展的需要，适应海南国际旅游岛建设的需要，推进教育事业大发展、大提高。

二、关于当前教育工作的几个具体问题

首先是教育投入的问题。千万不要以为我们现在投入得差不多了，发展得差不多了，其实我们差得还很远。比方说学校的厕所问题，就是一个很大的问题。全省厕所不达标学校占有相当大的比例，有一个县城的学校平均 160 个学生一个蹲位，还有不少小学根本就没有厕所，这难以想象。省教育厅、财政厅、建设厅要共同研究做一个方案，明年把所有学校的厕所问题解决好。如果我们连这件事都办不好，我们还发展什么教育？中小学厕所问题也反映出我们对教育的投入还重视不够。

二是学前教育的问题。学前教育现在是一个软肋，几乎成了一个社会问题。现在学前教育还没有引起我们党委、政府的足够重视，没有真正从财政上加大投入，所以社会办的幼儿园成了香饽饽，有的管理不规范，有的地方反映上幼儿园比上大学的费用还高，社会反映很强烈。从过去我们多年在教育方面改革的经验和教训来看，把学前教育推向社会恐怕不是方向。希望省教育厅对学前教育做一个深入的调研，结合“十二五”规划提出一个规划，看看海南能不能在“十二五”的前三年，下力气把学前教育的问题解决好。

三是九年义务教育要巩固成果、提高质量。不要认为我们率先在全国实行了“两免一补”，我们的九年义务教育就很好了，下一步要着力完善设施，改革体制机制，进一步提高教学质量。这次全国教育工作会议提出，教育有它本身的规律，不能完全用行政的办法来管教育。我们办教育一定要符合教育工作的自身规律。这就要求我们要改变原来习惯用行政管理的方式去办教育的做法，大胆创新教育管理体制机制。我们对十所思源学校的管理就是一种创新，比如说扩大了校长的自主权，将来对不合格的老师，校长可以辞退。现在许多学校还按行政级别管理，按行政办法管理，这就不符合教育发展的规律。国外的大学校长没有什么行政级别，但是学校管得非常好。校长要有办学自主权，也要承担办学的责任，要有权力对不合格的老师进行教育培训甚至辞退。我们要进一步探索、改革教育管理模式、办法，努力提高教学质量，不但要解决好上学的问题，还要解决好上好学的问题。

四是高中需要扩大招生，要鼓励优质教育资源异地办学、联合办学。海中、侨中很多人都想上，但学位有限，要鼓励他们在外面办学。既然大家都愿意送小孩去上这些优质学校，干嘛都只留在海口？我支持海南中学办国际学校。海南国际旅游岛连个国际学校都没有算什么国际旅游岛？但国际学校是一个特殊的学校，具体怎么办，希望教育厅和有关部门认真研究政策，不能按照我们九年义务教育的政策走，而要大胆探索一些新办法。

五是职校教育要切实解决实习基地的问题，提高质量，提高就业率。我们的技校这么多，有些孩子还想深造，还想读书，能不能解决中职升高职的问题，让职校毕业想进一步深造的优秀学生，能有一个继续学习的通道和机会，能有机会拿个大专文凭，他们就业就容易一点。海南是经济特区，我认为可以在中职升高职方面作些探索。

六是高等教育要办出特色，办出质量，办出水平。我们看了海大何朝族教授的办公室，他的研究范围很有海南特色，包括热带、海洋、旅游、环境等。我们没办法从高等教育的总体水平上跟浙江、江苏、上海、北京等发达地区比，但是我们有我们自己的特点，如果能够发挥出来，在几个优势领域、重点学科有所突破，我看完全有可能在一些方面站在全国制高点。高等教育要办出我们自己的特点，要充分发挥我们的优势，要突破重点领域。办名牌大学就要在几个专业、领域能够站在全国前列，否则永远当不了名牌。我支持高校在提高质量的基础上扩大招生，而且应该可以与国内外的著名大学进行联合办学，把人家好的专业、好的教授、好的资源、好的经验、好的做法引进来。我们教育战线上的同志要敢于解放思想，敢于先行先试，在教育领域里突出海南的优势，突破一些重点领域，努力形成一些制高点。

三、对教育工作者的几点希望

当前，我们正在建设海南国际旅游岛，这是海南经济社会实现全面跨越式发展的总抓手。推进海南经济社会发展，建设国际旅游岛，目前最关键、最重要的就是要有一批高素质的人才，这就要靠教育来培养造就。国际旅游岛的建设需要海南人口素质的整体提高,靠什么？靠教育！实现海南可持续发展，增加海南的综合竞争能力，靠什么?靠教育！人民群众要脱贫奔小康，还得靠教育！之所以说思源学校是扶贫的根本路子，就是因为只有把那些住在山沟里的贫困群众的下一代培养成有知识、有文化的劳动者，才能从根本上解决他们的脱贫问题。所以，我们在教育问题上，不能满足，不能停步，更不能倒退，要继续加大投入，继续把教育放在优先发展的战略地位，狠抓十五到二十年，海南才有希望。

发展大计，人才为先；人才大计，教育为基；教育大计，教师为本。借此机会，我想对全省广大教师和教育工作者提几点希望。

一是要认真学习贯彻全国教育工作会议的精神。这次全国教育工作会议是在我国全面建设小康社会，加快社会主义现代化建设的关键时期，党中央、国务院在新世纪召开的第一次、改革开放以来召开的第四次全国教育工作会议。胡锦涛总书记、温家宝总理都在大会上作了十分重要的讲话。会前还作出了《国家中长期教育改革和发展规划纲要(2010-2020 年)》。希望广大教师和教育工作者要深入学习胡总书记的重要讲话、温总理的重要讲话，结合海南实际，结合本单位的实际，把全国教育工作会议的精神贯彻好、落实好。

二是要加强自身师德修养。教师就是教书育人。育人与教书相比更重要，难度更大。教育工作根本上是塑造人的灵魂，教师被称作“人类灵魂的工程师”，这个工程师太崇高了，也太难了。就这个意义上讲，教师的思想品质、个人修养、道德情操，甚至一举一动，都对学生产生无声的、直接的、深远的影响，这就对我们老师的师德修养提出了非常高的要求。要用自己高尚的师德、高尚的情操去影响学生，率先垂范；要乐于奉献，淡泊名利，甘为人梯，这样才能成为学生的良师益友。学校一定要高度重视教师的师德教育，这个非常重要。

三是要刻苦钻研，认真教学。我们现在确实有一批老师素质不能胜任教师这个岗位，这是历史形成的。特别是我们的中小学教师队伍，整体素质还有待提高。有人说那些不合格的教师下岗了会带来很多社会问题，我认为让他继续站在讲台上更有社会问题，甚至比下岗更严重，那就是误人子弟。这个问题不解决，要提高我们中小学教学质量就很难。我们要好好研究这个方面的政策，想办法彻底改变这个局面，对这些不合格的教师要拿出政策，可以给他们创造学习提升的机会，经过学习考核合格后再上讲台，否则可以转岗。我相信绝大多数老师都是有专业知识的，专业知识要精通，但是专业知识只是基本功。除此之外，还要多学一点别的东西，比如说美学、教育学、心理学。要精通一门，要熟悉多个方面，这是很有必要的。因为教育是一个非常复杂的事情，不单是教授知识，老师多拥有一些知识对教学会很有帮助。

四是要有高度的责任感。教师不仅仅是一个职业，更负有把学生教育成才的责任，负有为国家和社会培养人才的历史使命，就这点上讲，教师不但岗位重要，而且责任非常重大。教育工作者的职责不仅仅是教书，不仅是让学生考上一个好学校，不能把这当成唯一成绩，这只是一个方面；育人显得更重要，更复杂，更操心，也需要老师付出更多的努力，一个总的责任是要把学生培养成才。

最后，再次感谢大家为海南教育事业所作出的贡献，也希望大家保重身体，在今后的工作中做出更多的成绩。

（原载中共海南省委办公厅 2010 年 9 月 17 日《内部通报》第 32 期）

在海南大学领导干部任职宣布大会上的讲话

副省长 林方略

（2010年3月17日 根据录音整理）

同志们：

刚才省委组织部杜立文部务委员宣读了省委关于海南大学主要领导的任职决定。国泰同志、康德同志、韦勇同志都作了很好的讲话。我觉得省委这次对海南大学主要领导干部的调整，体现了省委省政府对海南大学建设发展的关心和对学校领导班子工作的肯定。

2007年省委省政府决定将原华南热带农业大学与原海南大学合并组建为新海南大学，争取进入省部共建“211工程”重点建设高校的行列。为了确保这项重要决策部署能够顺利实施，省委省政府将黄国泰同志调到新海大担任党委书记，并从清华大学聘请了李建保同志担任校长，同时刘康德同志、韦勇同志也进入校党委领导班子。两年多过去了，事实证明，这个领导班子是有能力、有水平的，他们的工作是很有成效的，主要表现在三个方面：一是在新海大建立之初，很完善、很漂亮地界定和完成了与热科院的资产及人员划分，这项棘手工作做到了省部满意、院校双赢，他们为此付出了辛勤的劳动；二是很顺畅地落实了两所学校的合并，既把两所大学原有的特色最大限度地体现出来，又做到了人员稳定、事业发展；三是使新海大顺利地进入了“211工程”重点建设高校的行列，学校各方面的发展进步非常快。事实证明，他们的工作是卓有成效的。当然这些成果的取得，有省委省政府的坚强领导，有教育行政部门的大力支持，同时有我们海大全体师生员工的辛勤劳动，更离不开当时新海大领导班子一班人的忘我劳动、辛勤付出。这次省委对海大班子的调整，是通盘考虑、慎重作出的决定，几位领导成员分别走上重要的领导岗位，国泰同志走上省委办公厅的重要领导岗位，康德同志、韦勇同志走上海大的主要领导岗位，说明了省委对我们海大工作的充分肯定。

当前海南省委省政府最重要的工作就是推进国际旅游岛的建设，海南建设国际旅游岛已经引起全社会的共同瞩目。推进国际旅游岛建设，人才的重要性是不言而喻的。从长远来说，国际旅游岛建设最缺的是人才，最要紧的是提高人的素质。人才是需要培养的，而高校就是人才培养的高地。海南大学是海南高校中的龙头单位，是海南唯一的“211工程”重点建设大学，因此在培养人才上所担负的重任就更加受人瞩目。要培育好人才，首先要遵循教育发展规律，加强学校的内涵发展，特别是要建设好一支高水平的人才队伍。而要加强人才队伍建设，充分调动人才的积极性，发挥人才的作用，关键在于学校领导班子。海南大学领导班子在这个时候进行调整，其意义就显得更加重要。

新的海大领导班子，要不辜负省委省政府的重托，不辜负社会的期望，不辜负海大师生员工的厚爱。我认为有必要在以下四个方面加强班子建设。一是要加强学习。学习才能进步，学习才能提高，学习才能不断地充实自己。现在中央提出要建设学习型的执政党、学习型的社会，对我们领导班子来说，学习就显得更加重要。不仅要学习原有的专业知识，使得我们学校的领导在学科造诣方面能够走在前列，还要学习作为领导者所需的管理知识、管理理论和管理艺术，要通过学习真正掌握其原理和方法，然后在实践中加以应用，不断提高领导和管理的艺术与水平。同时，还要学习与社会和当今科技发展相适应的知识，这方面需要学习的更多更广。二是要加强团结。团结可以出智慧，团结可以出生产力，团结可以出干部，团结可以增强凝聚力，团结还可以打造品牌，所以团结对一个领导班子来说是至关重要的。要努力克服知识分子中容易影响团结的各种不良因素，要将文人相轻转变为文人相惜，不过度追求名利，人人尽责履职。新海大第一任领导班子在团结方面是做得很好的，已经给我们留下了很好的风范。希望新的班子更加注重团结，也相信你们能够做得更好。三是要勇于创新。在前不久召开的全国“两会”上，高等教育的聚焦度是很高的，代表们对于如何提高办学质量、使培养的学生能够走向世界以及如何创新办学体制、给予高校更多办学自主权等方面的问题高度关注，认为要让校长能够集中精力办校，真正体现出专家治校，以不断提高高校办学水平，树立我国高校的品牌。海大要树立品牌，增强影响力，就必须遵循教育规律，同时又要勇于创新，破解不适应新形势的管理体制机制方面存在的问题，推进学校又好又快发展，从而在新的形势面前，在推进国际旅游岛建设的进程中，也为新海大创新办学体制与机制提供了很好的平台，在全社会都对我们海大人寄予厚望的关键时刻，要不负众望，为海南经济社会发展发挥应有的重要作用。四是要勤政廉政，真正做到风清气正、政通人和。要努力营造大家都可以专心钻研学问，都可以充分发挥积极性和创造性的良好氛围，让全校师生员工都能够为加快海大发展贡献自己的聪明才智。这样的良好氛围，将为办好海大奠定一个良好的基础。而这些都需要有一个坚强有力的领导班子带好头、作好保证。

我相信，新的海大领导班子一定能够不负众望，做好工作。最后，祝三位履新的领导同志在新的工作岗位上把工作做得更好，祝愿海南大学前程似锦，祝海大全体师生员工身体健康、工作顺利。

在全校党的基层组织和党员创先争优活动动员大会上的讲话

校党委书记　刘康德

（2010年5月17日）

同志们：

最近，中央决定在党的基层组织和党员中深入开展创建先进基层党组织、争当优秀共产党员活动。根据中央的决定精神、省委的部署要求和省委教育工委的实施意见，学校党委常委会对开展创先争优活动作了认真研究，制订了实施方案。今天的会议，就是贯彻落实中央和省委精神，对我校创先争优活动进行动员部署。下面，我代表校党委就开展好创先争优活动讲几点意见。

一、深刻认识开展创先争优活动的重要意义，切实增强主动性和责任感

创先争优活动是继学习实践活动之后，党中央部署的又一项重要政治任务，关系到党的建设全局，关系到科学发展大计，意义十分重大。胡锦涛总书记、习近平副主席对开展创先争优活动提出了明确要求。中组部、中宣部联合召开会议，对创先争优活动作出了统一部署。省委对创先争优活动高度重视，召开全省动员大会进行了全面的动员部署，省委书记卫留成同志、省委副书记于迅同志作了重要指示。省委教育工委也召开动员大会，就教育系统开展创先争优活动提出了具体的实施意见。我们一定要把思想统一到中央、省委以及省委教育工委的部署要求上来，深刻认识开展创先争优活动的重大意义，切实增强抓紧抓好这项活动的主动性和责任感。

第一，开展创先争优活动是进一步巩固和扩大学习实践科学发展观活动成果的迫切需要。学习实践活动和创先争优活动，是党的十七大明确部署的两项活动。学习实践活动是党内集中教育，创先争优活动是党的建设经常性工作。开展创先争优活动，既是进一步做好学习实践活动整改后续工作的重要举措，又是党内集中教育活动和党的建设经常性工作的有机衔接。在学习实践活动中，我校各级党组织和广大党员干部认真按照中央和省委的部署要求，扎实深入地落实各阶段各环节的各项活动任务，在理清办学思路、深化合并融合、加快“211工程”建设、建立科学发展长效机制、解决师生员工关注的热点难点问题等方面，取得了一系列丰硕的认识成果、实践成果和制度成果。但我们同时也要看到，学习实践活动已取得的成果来之不易，整改后续工作还未全面完成，进一步深入落实整改后续工作和巩固扩大学习实践活动成果还任重道远，必须持之以恒，紧抓不懈。开展创先争优活动，正是学习实践活动的延伸和拓展，有利于进一步抓好各项整改落实的后续工作，兑现向广大师生员工作出的承诺；有利于进一步把科学发展观的要求落实到各项工作中去，把学习实践活动成果转化为推进学校科学发展的实实在在的成效；有利于进一步健全促进学校科学发展的体制机制，推动学习实践科学发展观向深度和广度发展。

第二，开展创先争优活动是适应海南国际旅游岛建设要求、加快“211工程”建设、开创学校科学发展新局面的重要举措。当前，全省各级党组织和广大党员干部正在按照省委、省政府的部署，全力抓好国际旅游岛建设各项任务的落实。国际旅游岛建设最缺的是人才和智力支持，这使我校倍受省委、省政府和社会各界广泛关注并寄予厚望，也使我校“211工程”建设与国际旅游岛建设更紧密地连在一起，成为国际旅游岛建设的重要组成部分，从而决定了我校在国际旅游岛建设中承担着重要的历史使命。两校合并组建新海南大学以来，我们积极贯彻落实科学发展观，平稳顺畅地落实了实质性合并融合，实现学校各项工作步入正轨，顺利进入了国家“211 工程”重点建设高校的行列，让人们看到了新海大的光明前景。但与此同时，与国际旅游岛建设的要求相比，与“211 工程”建设的标准相比，我校还存在着很大的差距。学校正处在转型升级的起步阶段，处在落实搬迁、深化融合、推进“211 工程”建设的攻坚克难时期，有许多艰巨的任务要落实。能不能按照教育部和省委省政府的要求，高质量、高效率地推进“211 工程”建设，带动学校各项改革与建设取得长足进展，在提升学科实力、教学质量、科研水平和社会服务能力上取得重要突破，为国际旅游岛建设提供高水平的人才和智力支持，是检验我校学习实践科学发展观成效的重要标尺，也是全校各级党组织和广大党员必须带头承担好、完成好的历史重任。深入开展创先争优活动，就是要引导基层党组织履行职责创先进，引导广大党员立足本职争优秀，激发基层党组织和广大党员投身“211 工程”建设、推动学校转型升级、服务国际旅游岛建设的光荣感、使命感和责任感，当好学校改革发展的排头兵、先行者和突击队，把党的政治优势转化为科学发展优势，把党的组织资源转化为科学发展资源，从而更好更快地促进学校发展，加快建设有特色、高水平“211 工程”大学，为国际旅游岛建设建功立业。

第三，开展创先争优活动是进一步加强学校基层党组织建设的有力抓手。党的基层组织是党的全部工作和战斗力的基础，是落实党的路线方针政策和各项工作任务的战斗堡垒。新海大成立以来，校党委始终高度重视抓基层组织建设，采取有效措施，不断加强和推进基层党建工作。在二级单位党组织建设方面，我们根据学校工作实际建立了分党委，赋予二级单位党组织更大的权力和责任，强化了二级单位党组织的政治核心和监督保证作用。在基层党支部建设方面，我们积极扩大基层党支部覆盖面，实现了学生党支部对专业、年级、班级和教工党支部对教学、科研、管理、服务工作的全面覆盖，充分发挥了基层党支部的战斗堡垒作用。同时，在发展党员和加强党员干部教育培训方面取得了良好成效，涌现出了赵红亮等一批先进典型。但也要看到，我校基层党建工作还存在一些突出问题，一些基层党组织活力不够，组织活动不正常，甚至有的基层党组织软弱涣散；一些党员对自己要求不严，先锋模范作用发挥不够；有些党员领导干部创新意识、责任意识和执行力不强，工作成效不明显，群众满意度不高，等等。开展创先争优活动，有利于进一步解决基层党组织存在的突出问题，全面推进学校基层党建工作，巩固、拓展和提升基层组织建设成果，进一步增强基层党组织的创造力、凝聚力和战斗力，激活党员干部队伍的活力，充分发挥基层党组织和党员的战斗堡垒作用和先锋模范作用，汇聚成推进学校科学发展的强大力量。

总之，在我们总结运用学习实践活动成果、加快推进“211 工程”建设和学校改革发展的关键时期，开展创先争优活动，对我校来说，既是整体提高基层党组织和党员队伍建设水平的积极举措，是充分发挥基层党组织推动发展、服务群众、凝聚人心、促进和谐作用的有力促进，也是我们进一步统一思想、振奋精神、改进工作、推进学校又好又快发展的重大契机。全校各级党组织和全体党员干部一定要以高度的政治责任感和使命感投身到创先争优活动中来，切实按照创先争优活动的各项部署，认真抓紧抓好，切实抓出成效。

二、准确把握创先争优活动的总体要求、主要内容和方法步骤，扎实有序地开展创先争优活动

根据中央、省委和省委教育工委的部署要求，结合学校实际，我校创先争优活动实施方案对活动全过程进行了具体的安排。深入开展创先争优活动，必须对实施方案提出的总体要求、主要内容和方法步骤深刻理解，正确把握，落实到位，确保创先争优活动扎实有序地深入进行。

（一）正确把握创先争优活动的总体要求。我校开展创先争优活动，要达到“五个创先争优”的具体目标要求，即在推动科学发展的实践中创先争优，在促进校园和谐的实践中创先争优，在服务师生员工的实践中创先争优，在加强基层组织的实践中创先争优，在服务海南国际旅游岛建设的实践中创先争优。这“五个创先争优”的要求是一个有机整体，推动科学发展、促进校园和谐，是创先争优活动的着力点；服务师生员工、服务海南国际旅游岛建设，是创先争优活动的落脚点；加强基层组织，既是创先争优活动的重要目标，也是搞好活动的基础和保证。

要把握和落实好这些要求，必须借鉴学习实践活动的经验，突出针对性和实践特色。各基层党组织在贯彻落实学校实施方案时，要立足所在单位的实际，将这些要求进一步具体化，增强针对性和可操作性。要围绕“五个创先争优”，把开展创先争优活动与抓好学习实践活动整改落实后续工作紧密结合起来，与推进当前中心工作和业务工作紧密结合起来，抓紧全面完成整改任务，集中力量解决师生员工反映的突出问题，兑现向师生员工作出的承诺，以实际行动、实际成效取信于师生员工，努力在推进学校科学发展上作出新贡献，在促进校园和谐上探索出新经验，在服务师生员工上取得新成效，在加强基层组织建设上实现新突破，在服务海南国际旅游岛建设上有新作为。

通过落实“五个创先争优”的要求，培养树立一批充分发挥战斗堡垒作用、先锋模范作用的先进基层党组织和优秀共产党员，带动学校基层党组织和党员队伍建设水平整体提高，为学校推进科学发展、落实“211 工程”建设、加快转型升级、更好服务国际旅游岛建设提供坚强的政治保证和组织保证。

（二）正确把握创先争优活动的主要内容。开展创先争优活动，以创建先进基层党组织、争当优秀共产党员为主要内容。根据中央要求，结合学校实际，我们提出，创建先进基层党组织，要努力做到“五个好”：即领导班子好、党员队伍好、工作机制好、工作业绩好、群众反映好。学生党支部的创建活动，结合实际，主要突出“三个好”：党员培育好、组织活动好、发挥作用好。争当优秀共产党员，要努力争当“五个模范”。教工党员要争当学习钻研的模范、岗位奉献的模范、为人师表的模范、团结协作的模范、遵纪守法的模范。学生党员要争当努力学习的模范、实践创新的模范、自强自立的模范、尊师爱友的模范、遵纪守法的模范。各基层党组织要结合所在单位实际，把活动内容具体化，进一步明确先进基层党组织和优秀共产党员的具体条件及标准，做到简洁易行，好记好评。

（三）正确把握创先争优活动的主题载体。学习实践活动的经验证明，开展党内活动，必须有明确的主题和切合实际的活动载体，才能确保活动目标看得见，工作能落实，党员好参加。结合学校的实际，我们确定了“深入学习实践科学发展观、实现海南大学又好又快发展”的实践主题，并精心设计了“加快‘211 工程’建设、促进新海大转型升级”的活动载体，这样的主题和活动载体是与我校学习实践活动相衔接的，也是当前省委省政府、社会各界和广大师生员工最希望我校党组织和党员发挥先进模范作用的聚集点。各基层党组织都要按照学校确定的活动主题和载体，结合所在单位实际，确定各自的创先争优活动主题和载体，使我校创先争优活动形成特色鲜明、成效显著的生动局面。

（四）正确把握创先争优活动的方法步骤。根据中央、省委以及省委教育工委的活动部署，我校开展创先争优活动从今年 4 月开始，着重围绕迎接建党 90 周年、向党的十八大献礼两个重大节点展开，活动时间跨度为 2010-2012 年的三个学年、六个学期，分四个阶段进行。第一阶段，广泛发动，认真部署。时间从 2010 年 4 月到 6

月底。在这一阶段，要广泛动员部署，精心制定方案，明确责任，细化任务，组织学习，开展党性分析。第二阶段，全面创争，扎实推进。时间从 2010 年 9 月到 2011 年 6 月底。在这一阶段，各基层党组织和全体党员要紧密结合单位中心工作和日常工作，认真扎实、机动灵活地开展创先争优活动，特别要围绕开展师德教育活动、岗位奉献活动、服务群众活动、亮牌示范活动、强基创先活动，掀起创先争优的热潮。2011 年“七一”前，采取自下而上、层层推荐的方式，对先进基层党组织、优秀共产党员和优秀党务工作者进行推荐表彰。第三阶段，典型带动、全面提升。时间从 2011 年 9 月到 2012 年 6 月底。在这一阶段，要树立先进典型，组织学习先进典型，充分发挥先进典型在创先争优活动过程中的示范带动作用，全面提升活动的整体水平。2012 年“七一”前，学校将根据上级组织部署，推荐表彰“2010—2012 年创先争优活动”先进基层党组织、优秀共产党员、优秀党务工作者。第四阶段，系统总结，完善机制。时间从 2012 年 9 月到党的十八大召开前。在这一阶段，要围绕向党的十八大献礼，集中展示活动成果，搞好活动总结，进行考核评议，完善开展创先争优活动的长效机制。

整个创先争优活动，将采取公开承诺、领导点评、群众评议、评选表彰等四种基本方式，扎实推进。所谓公开承诺，就是要坚持开门搞活动，基层党组织活动方案和党员参加活动的具体打算要向群众公布，作出承诺；领导点评，就是上级党组织负责人要适时对基层党组织和党员开展创先争优活动情况进行点评，特别要加强对基层党组织、党员承诺事项落实情况进行督促检查；群众评议，就是要广泛吸引群众参与，活动情况向群众通报，请群众评议；评选表彰，就是要运用典型引路，适时评选表彰创先争优活动中涌现出来的先进基层党组织和优秀共产党员，努力形成学习先进、崇尚先进、争当先进的良好风气。

三、密切联系学校实际，务求创先争优活动取得重要实效

（一）要围绕中心、服务大局。围绕中心工作、服务发展大局，是加强党的建设、开展党内活动必须遵循的基本原则。对我校来说，“中心”就是教学科研，“大局”就是“211 工程”建设。创先争优活动一定要紧紧围绕教学科研工作需要，在加快提高学校教育教学质量和科研创新水平上作文章、下功夫；一定要坚持服务“211 工程”建设大局，在落实“211 工程”建设任务、推进学校转型升级的实践中创先进、争优秀，使创先争优活动成为开创教学科研工作新局面、促进教学质量和科研水平不断提升的强大动力，使创先争优活动成果转化为高质量、高效率推进“211 工程”建设、加快学校转型升级的实际成效，真正发挥出基层党组织、党员在学校教学科研工作和“211 工程”建设中的战斗堡垒作用与先锋模范作用。

（二）要突出重点，树立优良校风。放眼国内外高水平大学，没有一所学校的传承与发展不是依赖于优良校风的。好的校风能够为学校的发展凝聚合力，为学校的进步与提升源源不断地注入动力。而不好的校风会破坏学校的凝聚力、创造力和战斗力。因此，校风的好坏在相当程度上决定着一所学校的前途和命运。目前，我校正处于深化合并融合的关键时期，在这一时期培育形成优良的校风，对于学校当前及未来长远的发展具有极其重要的意义。而从现状来看，我校校风包括行政工作作风、师德师风、学风等都存在着不尽人意的地方。正因为如此，校党委明确提出，我校创先争优活动要以树立优良校风学风和立足岗位奉献为重点。在创先争优活动中，各基层党组织要结合所在单位实际，采取得力措施和有效活动方式，着力抓好师德师风建设、行政工作作风建设和学风建设，并作为创建先进、争当优秀的重要内容和评选表彰的基本依据；各级党员领导干部要以社会主义政治家和教育家的标准严格要求自己，不断改进思想作风、工作作风，努力带动学校整体管理水平和精神风貌的提升；广大教师党员要争当师德表率，坚决抵制一切有悖师德的行为，以党性铸师魂，以自己的先锋模范作用感染周围的教师，带动优良教风的形成；广大干部职工党员要大力弘扬爱岗爱校、甘于奉献的精神，积极为教学科研第一线服务，争当"管理育人、服务育人"的先锋，带动优良管理作风和服务作风的形成；广大学生党员要努力使自己成为高素质的优秀学生，用自己的实际行动影响身边的同学，做到每一位学生党员就是一面旗帜，带动优良学风的形成。总之，通过深入开展创先争优活动，基层党组织要在加强自身建设中创建先进，广大党员要在弘扬爱岗奉献精神中争当优秀，树立起优良党风，并以优良党风促教风、带学风，促进优良校风的形成，为学校各项事业健康顺利发展创造良好的氛围和提供强大的动力。

（三）要注重广泛发动、共同参与。各基层党组织和广大党员要加强与师生员工的联系，引导和调动广大师生员工广泛参与到创先争优活动中来，扩大创先争优活动的参与面，发挥民主监督作用，使活动在公开、民主、和谐的氛围中健康、有序地开展。活动内容要虚心听取师生员工的意见，向师生员工作出公开承诺；活动情况要向师生员工通报，真诚接受师生员工的评议；评选先进要请师生员工参与推荐，并有公示，接受监督。在活动中，要进一步推动上级党组织密切关心和联系下级党组织、各级党组织密切关心和联系广大党员、所有党组织和党员密切关心和联系师生员工，努力形成上下联动、相互促进、共同提高的活动局面，为创先争优活动不断取得扎实成效打牢基础。

四、切实加强组织领导，确保活动落到实处

各级党组织要把开展创先争优活动作为一项重大政治任务，加强领导，精心组织，周密安排，确保活动顺利开展，达到预期效果。

（一）健全机构，落实责任。为了加强对创先争优活动的领导，校党委成立创先争优活动领导小组，在校党委领导下开展工作。领导小组由校党委刘康德书记任组长，韦勇副书记任副组长，校党委有关部门主要负责同志为成员。领导小组办公室设在校党委组织部，负责日常工作。全校创先争优活动由校党委组织部、党委宣传部牵头组织实施。各二级单位党委（党总支）也要成立活动领导小组，主要领导要亲自抓，切实做到认识到位、组织到位、责任到位、措施到位。

（二）坚持统筹，协调推进。创先争优活动不是集中性教育活动，而是基层党建的一项经常性工作，因此要经常抓，有计划、有步骤地持续推进，不能搞运动式，也不能抓抓停停。要统筹推进创先争优活动和学校其他工作，做到创先争优活动与学校正常工作相结合，与学校发展节奏相合拍，从而形成开展创先争优活动的长效机制，做到活动、工作两不误、两促进。

（三）加强督查，狠抓落实。校党委将派出指导检查组，通过召开座谈会、经常性督查、随机抽查等方式，了解活动进展，通报活动情况，总结交流经验，研究解决问题，指导推动活动顺利开展。学校活动领导小组要加强对开展创先争优活动的具体指导和督促检查，并出台考核办法和督查通报制度，对照任务目标定期考核，及时通报督查情况，并作为评选表彰的重要依据。校党委常委和学校活动领导小组成员要对创先争优活动联系点情况适时进行点评，实事求是地肯定取得的成绩，指出存在的问题和努力方向，对思想不重视、工作不得力的，要求限期整改。各基层单位党委（党总支）要及时将开展活动的情况向学校活动领导小组报告。

（四）抓好宣传，营造氛围。创先争优活动要重视舆论引导、典型带动。要充分利用报刊、广播、电视、互联网以及手机短信平台和信息简报等媒介，大力宣传我校先进基层党组织和优秀共产党员的典型事迹，大力宣传开展创先争优活动的经验做法和实际效果。各基层党组织要通过设置活动专栏和网页、张贴横幅等形式加大宣传力度，努力形成学习先进、崇尚先进、争当先进的良好风气，为创先争优活动顺利开展营造良好的舆论氛围。

同志们，开展创先争优活动是加强和改进党的建设的一项重大政治任务。我们一定要以高度负责的态度，认真贯彻落实中央、省委以及省委教育工委的部署要求和学校实施方案的安排，扎实深入地开展好创先争优活动，不断提高学校基层党组织和党员队伍建设水平，为学校推进科学发展、加快转型升级、建设有特色高水平“211工程”大学、更好服务海南国际旅游岛建设，提供坚强的政治保证和组织保证。

在海南大学2010年科研工作会议上的讲话

校党委书记　刘康德

（2010年11月29日）

同志们：

新海南大学成立以来第一次全校科研工作会议，在职能部门的精心组织下，在与会同志们的共同努力下，顺利完成了各项议程。本次会议，是顺应我国教育改革发展和海南国际旅游岛建设的新形势，根据我校“211工程”建设和改革发展的阶段性要求而召开的一次非常重要的会议。会议的目的，是要通过讨论交流，就加强我校科研工作统一思想，提高认识，营造良好科研氛围，进一步调动科研工作积极性，引导广大教师和科研人员积极申报项目、组织攻关、凝练成果、形成团队，加快提高我校科研创新水平，为建设有特色、高水平“211工程”名牌大学奠定坚实的基础。

建保校长今天上午代表学校作了重要的科研工作报告，对新海大成立以来的科研工作进行了系统总结，就进一步加强科研工作进行了全面部署，既针对学校工作实际，又具有全局性、前瞻性，我完全赞成。在讨论活动中，同志们认真投入，踊跃发言，就科研工作量计算办法等重要会议文件以及科研工作中的重要问题提出了很好的建设性意见和建议，为学校进一步修改完善文件和加强科研工作提供了重要依据。请学校分管领导和职能部门在认真吸收会议意见的基础上对文件进行修改完善。这次会议还进行了科研工作先进表彰和经验交流，科研先进个人、优秀团队和先进单位的代表作了很好的发言，为学校、为各单位、也为广大教师和科研人员搞好科研工作提供了有益的借鉴。会议达到了预期的目的，同志们都为此做出了积极努力，谢谢大家！

从建保校长的报告和先进单位、优秀团队、先进个人的发言中，我们可以看到我校科研工作确确实实取得了长足的进展，成绩是显著的。这些成绩的取得，是全校上下共同努力的结果。借此机会，我代表学校向今天受表彰的科研先进单位、优秀团队和先进个人表示热烈的祝贺！向辛勤从事科研工作的教师、科研人员和管理服务人员表示崇高的敬意！

下面，我就加强学校科研工作强调两点意见。

第一点意见：认清形势，把握机遇，强化科研工作的战略地位。

科学研究是大学的基本职能和重要使命之一。大学开展科学研究，推动知识创新与技术创新，不仅对人类社会进步意义重大，而且对大学本身提高人才培养质量和社会服务能力也至关重要。放眼国内外高水平大学，他们一个重要的共同特征，是能够培养高质量的人才，能够创造优秀的科研成果，能够以高质量人才和优秀科研成果为服务国家和区域发展做出重要贡献，并且这些又都是以高水平科研创新能力作支撑的。因此，科研水平的高低成为衡量大学办学实力的重要标志，抓好科研工作对大学的发展具有重大的战略意义。

当前，我校正处于加快推进“211工程”建设和努力向高水平大学转型升级的重要时期。学校科研工作虽然取得了重要进展，但与高水平大学相比甚至与许多同类院校相比都存在着很大的差距，相对于学校其他方面的工作也显得较为薄弱，缺少大的项目、大的成果和大的奖项，全员参与性不强，整体创新能力亟待提高。因此，加强科研对学校发展显得格外重要。

首先，加强科研对“211 工程”建设具有根本性的影响。我校近期工作的一个重要目标，就是要全力确保“211 工程”建设验收能够顺利通过，这也是省委省政府对我校提出的硬性要求。“211 工程”建设的根本目的是提升学校的核心竞争力，中心任务是培育一流学科，关键指标是标志性科研成果，而这一关键指标恰恰是我校目前最突出的薄弱环节。如果不能在这一指标上取得重要突破，到 2012 年初迎接“211 工程”建设验收时，我们将面临严重的危机。

其次，加强科研是提高学校人才培养质量的基本要求。人才培养是学校的根本任务。无论是以高水平大学来衡量，还是与海南国际旅游岛建设的要求相比，我校的人才培养质量都存在着较大的差距，特别是学生创新能力的培养亟待加强。高质量的人才培养需要高水平的科研作支撑。我们的教师如果长期不搞科研（包括教学研究），必然导致专业上的落伍和教学水平的滑坡。我们的学生如果缺乏课内外科研创新活动的经历，创新能力的培养也就无从谈起。尤其是根据海南省中长期人才规划和高等教育规划的部署，我校未来几年需要大幅度提高研究生教育的规模和质量，而研究生的培养需要以导师的科研项目作为依托，这意味着如果我们不能在科研数量和质量上争取大的提升，将对实现学校教育发展目标形成严重的制约。

再次，加强科研是学校拓展社会服务的迫切需要。随着海南国际旅游岛建设不断推进，各级政府部门和社会各界对我校的期望值越来越高，需要我校提供人才智力支持的领域和范围越来越大，主动上门寻求帮助或者联系合作的单位越来越多。但是在这样的大好形势下，我校服务社会的工作至今为止仍然是进展不很明显，成效不很突出，社会影响也不尽人意。究其原因，最根本的是我校的科研创新能力还不强，缺少拿得出手的、能有力促进地方经济建设的优秀科研成果，也缺乏研究水平高、社会影响大的学术团队。可以说，未来我校在国际旅游岛建设中能不能有好的表现和大的作为，完全取决于学校科研创新水平能不能有大的提升。

此外，加强科研对培育先进校园文化具有重要意义。校园文化是大学赖以生存和发展的深厚土壤，优秀的校园文化能够为大学健康持久发展源源不断地提供精神养分。国内外任何一所高水平大学或者说名牌大学，都有特色鲜明的优秀校园文化，从而确保他们在历史长河中始终保持生机和活力。可以说，校园文化建设与学校其他各项建设相比，更具有基础性的意义和长远的意义。当前我校正处于校园文化融合、重建的关键时期，需要大力弘扬探索真理、求实创新的学术精神和以人为本的人文精神，以此引领带动先进校园文化建设，为学校逐步办成高水平大学创造良好的文化环境和事业氛围。特别是从现状来看，加强科研、营造浓厚的科研学术氛围，是当前我校校园文化建设中迫切需要加强的环节。

综上所说，我们可以得出一个结论，那就是我校实现转型升级和建设有特色、高水平“211 工程”名牌大学的关键之关键，在于力争科研水平在不太长时间内实现大的跨越。这是我校当前办学中面临的重要挑战和考验，是必须要迈过去的一道坎。

另一方面，当前我校科研工作同时又处于良好的发展机遇期：一是从中央到省到市县的各级政府部门以及社会各界，对我校“211 工程”建设越来越关注和重视，支持的力度也越来越大；二是在海南工业化、城镇化发展、产业升级、体制转轨特别是国际旅游岛建设的过程中，有着大量需要研究解决的课题，为我校加强科研提供了广阔的空间；三是随着我校进入国家“211 工程”高校的行列，学校站到了国内外教育科技交流合作的高层次平台，为我们引进或分享国内外优质科教资源创造了良好的机会和条件。这些机遇抓紧了、利用好了，我校可望在科研上有大的发展。但反之，如果我们抓得不紧，不能利用这些机遇有大的作为，政府和社会对我们的厚望会逐渐变为失望，学校发展的良机就会错失。那样的话，我们在座的和全校的教职工作为新海南大学第一代的创业者，真是不好向历史交代。

总而言之，各部门各单位和全校教职工都要清醒认识到，科研工作对学校办学的极端重要性和对现阶段学校发展的特殊意义，从对学校前途命运负责的高度，从对历史负责的高度，切实增强抓好科研工作的危机感、紧迫感和责任感，抢抓机遇，开拓创新，真抓实干，全力推动学校科研工作不断创新局面、上新台阶。

第二点意见：明确思路，抓住重点，力争科研创新水平有大的提升。

针对我校当前科研工作的现状，我认为，加强学校工作应当遵循以下一些思路。

（一）要围绕“一条主线”

这条主线就是要始终坚持走“特色科研”之路。作为科研基础薄弱的具有后发劣势的学校，要想在科研上赶超先进学校，必须坚持在“特色”上作文章。要实行“有所为、有所不为、集成优势、重点突破”的策略，盯住国家和海南经济社会发展特别是国际旅游岛建设的重要需求，紧密依托海南特色优势资源，结合学校实际，确定科研的主攻方向，经过持续不断的努力与积累，形成我们独特稳定的科研优势与特色。作为综合大学，我们鼓励自然科学研究、应用技术研究和哲学社会科学研究齐头并进，学校所有学科都应当结合国情、省情、校情，选准各自的重点研究领域和主攻方向，汇聚本学科教师和科研人员的集体力量，努力在所选领域和方向上创特色、立品牌。

（二）要推动“两个转变”

第一个转变是要推动科研从偏重数量向数量与质量兼顾、以质量和创新为导向转变。这要求我们要更加强调科研立项的档次，科研项目的成果产出，论文、著作的创新性，科技成果的转化价值等。第二个转变是要推动目前存在的单兵作战过多的科研局面，向以团队合作为主的局面转变。当前我校的科研力量既不强，又分散，不符合科研上水平、上层次的要求，必须切实予以转变。上述两种转变都需要通过学校政策倾斜和机制创新来推动，因此下一步学校应当重点围绕这两种转变，研究完善学校科研政策和推进科研机制创新。

（三）要发扬“三种精神”

一是要发扬“创新”精神。科研活动应当是创新的过程。教师、科研人员在开展科研的过程中都要发扬创新精神，敢为人先，探索未知，注重首创，追求前沿。学校也要大力发展创新文化，倡导解放思想、开拓创新的精神，建立鼓励探索、支持创新的机制，营造尊重首创、宽容失误的氛围，构建有利于科研创新以及教学创新、管理创新的文化环境。

二是要发扬“求实”精神。科学研究是高尚、严肃的事业，我们要牢固树立求真务实、严谨治学的态度，克服当前普遍存在的急功近利、急于求成的浮躁情绪，用心探索，潜心研究，脚踏实地，锲而不舍。对学术不端、学术失范、弄虚作假的行为，我们要采取“零容忍”的政策，切实净化学校的学术风气。

三是要发扬“合作”精神。首先是要强化协作精神。学校各部门、各单位、各学科、各专业以及教师、科研人员之间要加强协作，围绕科研工作目标任务的落实，密切配合，协同努力。其次是要强化团队精神。注重发挥集体的力量，联合争取项目，联合开展攻关。再次是要强化开放合作精神。主动走出校门，积极与政府部门合作，与企事业单位合作，与兄弟院校合作，与境外教育科研机构合作。现在这些合作越来越多，学校牵线搭桥后，各学院要积极跟进将合作项目做细做实。

（四）要坚持“三个结合”

一是坚持科研与学科建设相结合。学科建设必须以科研为引领，科研必须以学科建设为依托。我们教师、科研人员进行科研选题时，要自觉着眼于所在学科建设的需要，服从于学科发展目标，与学科方向保持一致。要紧密依靠学科集体力量、借助学科平台搞科研，充分发挥学科资源优势。这样才能形成稳定持久的科研特色。

二是坚持科研与教学相结合。科研与教学互动是提高人才培养质量和科研创新水平的必由之路。我们教师要善于将最新科研成果引入课程教学，提高教学内容的前沿性。要积极发挥科研育人的功能，注重吸收博士生、硕士生、本科生参与教师课题，发挥学生在科研工作中的生力军作用，培养学生的创新实践能力。

三是坚持科研与社会服务相结合。科研要着眼于社会服务，社会服务要通过科研来推动。科研工作要积极走向社会，瞄准地方产业发展需要，面向国计民生和社会热点难点问题，积极开展技术与理论创新，开展战略研究与政策咨询研究。要加强与政府、企事业及社会各界的联系与合作，通过了解掌握市场需求找准科研选题，通过产学研用结合争取更多科研资源，通过为政府和社会排忧解难不断提高学校的科技贡献率与社会影响力，努力成为地方创新体系的主力。

（五）要抓好“四个重点”

第一个重点是学术领军人物的引进与培养。第二个重点是高层次科研创新平台的建设。第三个重点是高水平科研创新团队的建设。第四个重点是优秀科研成果特别是标志性成果的培育。这些在建保校长的工作报告中已经做了具体的部署，希望各部门各单位认真贯彻落实。尤其是各学院要结合本院及学科、专业的实际，制定具体的目标、任务和措施，力争在这四个重点上取得实质性的突破。

（六）要完善“五个机制”

一是要完善科研评价机制。要以创立特色为目标，以创新和质量为导向，以合理体现不同学科专业的特点为要求，建立健全学校科研评价机制，切实发挥科研评价对科研工作的正确导向与激励作用。本次会议讨论的科研工作量计算办法就是其中关键的内容，大家提出了很好的意见和建议，职能部门要认真进行修改完善。

二是要完善学科交叉融合机制。特别是要进一步完善学部运行机制，切实打破学科壁垒，推进学科资源的流动与整合，充分发挥学校综合学科优势，为加强联合攻关和提高集成创新能力提供机制保障。

三是要完善科研资源开放共享机制。要健全科研平台建设、科研仪器设备购置的论证程序，避免重复建设。改革科研平台和大型科研仪器设备的管理，坚持开放共享的原则，充分发挥这些资源的使用效益和对广大教师、科研人员开展科研的支持作用。

四是要完善科技成果转化与科研服务社会的机制。学校要以高水平的科研成果作为服务社会的重要手段。要研究出台鼓励、扶持科技成果转化和对外科技信息服务的配套政策，规范成果转化和社会服务活动，调动广大教师、科研人员进行科技成果转化和开展社会服务的积极性，加快提高科研服务社会的水平。

五是要完善科研学术交流机制。要建立健全全校性的和各单位内部的科研学术交流机制，使教师、科研人员之间不同层次的科学研究、教学研究的交流活动定期化、经常化、制度化。积极邀请境内外专家来校进行科研学术交流，做到学术交流研讨与学术报告活动长年不断线，营造出浓厚的校园科研学术氛围。

同志们，抓好学校科研工作任务艰巨，不仅仅是职能部门或部分单位、部分教师、科研人员的事，而是我们全校上下的共同责任。让我们积极行动起来，抓住当前科研发展的良好机遇，团结协作，不懈奋斗，努力开创科研工作新局面，推动学校科研创新水平不断提高。

抓住机遇　加快发展
为建设有特色高水平“211 工程”大学而努力奋斗
——在海南大学第一届教职工代表大会第三次全体会议上的工作报告

校长　李建保

（2010 年 1 月 23 日）

各位代表：

2009 年 12 月 31 日，国务院发布《关于推进海南国际旅游岛建设发展的若干意见》，将国际旅游岛建设上升为国家战略，并明确提出“提高海南大学‘211 工程’建设水平”。2010 年 1 月 16 日，刘延东国务委员视察我校，对学校如何提高办学水平、更好服务海南国际旅游岛建设作了重要指示。值此重要时刻，学校召开第一届教职工代表大会第三次全体会议，意义十分重大。这次大会将认真总结学校前一阶段的工作，动员全校教职工进一步抢抓机遇、团结进取，加快推进有特色高水平“211 工程”大学建设，努力为海南国际旅游岛建设增添助力。

现在，我代表学校向大会作工作报告，请予审议。

一、2009 年学校工作回顾

2009 年是学校“211 工程”建设的第一年。在省委省政府和国家教育部的正确领导与关心支持下，在校党委的带领下，全体师生员工以高度的责任感和使命感投入到学校各项工作中，以坚定的信念、务实的作风全力推动学校科学发展，取得了显著的成绩，为“211 工程”大学建设开了好局。

（一）以学习实践科学发展观为契机，形成建设“211 工程”大学的广泛共识和良好氛围

按照中央和省委的部署，学校开展深入学习实践科学发展观活动，取得明显成效。一是通过围绕“建设怎样的‘211 工程’大学和如何建设”、“培养怎样的人才和如何培养”等核心办学理念的深入学习讨论，在建设有特色、高水平“211 工程”大学，培养具有创新精神和实践能力的高素质人才，围绕“热带、海洋、特区”创立办学特色等方面形成了广泛的共识；二是着眼当前，立足长远，修订或制定了《海南大学十年(2008—2017)发展规划》、《 海南大学“211 工程”建设行动计划》等纲领性文件，进一步明确了学校发展的基本思路、主要任务和具体举措，为推进学校科学发展提供了重要的政策依据，奠定了坚实的思想基础。三是在广泛听取意见的基础上，归纳出关系学校科学发展、师生员工迫切希望解决的 20 件实事并认真执行落实，增强了广大师生员工加快建设“211 工程”大学的信念。四是通过评选“十佳教师”和树立在全国产生积极反响的赵红亮、潘东升两个先进典型等举措，形成了全体师生凝心聚力推进“211 工程”建设的良好事业氛围。

（二）以特色学科建设为核心，稳步推进“211 工程”建设

这一年，我们顺利完成了“211 工程”建设项目的立项并正式启动建设。一是根据国家高等教育发展战略和海南省经济社会发展需求，围绕创建“热带、海洋、特区”的办学特色，组织编制了“211 工程”建设方案，确定了 6 个重点学科建设项目及其他项目，并经国家相关部委批复同意实施。二是制订了“211 工程”建设的管理规章制度，制订了项目建设任务书和项目年度实施计划，确定了各项目负责人，目标明确，责任到位。三是确定了“211 工程”建设投资计划。

项目投资总额5亿多元，其中，中央专项4千万元、海南省政府配套3亿元、学校自筹1亿多元，投资巨大。学校将努力通过银行贷款等多渠道筹措资金，保障“211工程”建设项目的顺利实施。四是围绕6个“211工程”重点学科的建设，积极整合了学科资源，组建了“热带植物生态研究”等多个学科团队，促进了学科实力的提升。

“211工程”建设的核心是重点学科建设。学校6个“211工程”重点学科建设项目的确定，征询了教育部和省主管部门以及对口支援高校专家意见，历经反复论证和评审，凝聚着各方智慧。这6个重点学科建设项目，是学校创特色、立品牌的关键所在，也是学校提高在区域经济社会发展中的话语权、在全国高水平大学中占有一席之地的关键所在。学校将集中优势资源，全力以赴将其建设好；通过强化特色学科建设，以特色带整体，切实提高学校的整体办学水平。

随着“211工程”建设的深入推进，标志学校办学水平的各项重要指标得到了提升。学校实现了全省多个国家级团队的零的突破，包括：国家级教学团队（1个）、国家级实验教学示范中心（1个）、“全国专业技术人才先进集体”（1个），并有2个团队分别进入国家自然科学基金委创新研究群体和教育部创新团队的答辩。此外，新增国家级特色专业1个。各类研究生招生人数首次突破了千人大关，达到了1199人。

（三）以深化教育教学改革为抓手，提高人才培养质量

进入“211工程”建设高校行列，学校生源质量迅速提高。2009年达到一本分数线的新生共有4007人，占本科生的55.50%，比2008年增加52.68%。如何提高教学质量，让好学生学得更好，成为我们必须面对的挑战。学校采取了以下措施：

一是推行三学期制改革，实施冬季小学期。2008-2009学年度在5个学院试点，首次聘请了12所知名大学的专家学者共19人，讲授了19门专业选修课和3门全校性文化素质选修课。2009-2010学年度试点扩大到10个学院，并由本科生教学扩大到研究生教学；聘请了国内外20多所名校的29位名师，来校讲授26门课程，效果很好。这一举措使广大学生能够分享国内外优质的教学资源，既提高了教学质量，也促进了本校教师教学水平的提升，深受师生欢迎。

二是开设文、理科实验班，探索构建高水平人才培养平台。2008年学校开始开设实验班，首次公开选拔60多名新生，实施因材施教。2009年继续推进此项工作，并强化竞争淘汰机制，取得明显的成效。在2009年全国英语四级考试中，文科实验班通过率为100%，理科班通过率为96.6%。实验班良好的学风在全校起了示范作用。随着实验班教学实践的不断深入，将为学校进一步深化教育教学改革，培养创新人才提供宝贵的经验。

三是努力为学生开拓高端出路。高水平大学的一个重要标志，是学生获得的国际化培养及升学深造机会更多。为学生开拓更多的高端出路，可以激发其梦想和期待，调动学习积极性。为此，学校通过联合培养、学生互换等方式，选派了50多名优秀学生到美国等4个国家以及台湾地区的名校学习；通过积极联系，推荐150多名优秀本科毕业生免试进入清华大学等一流大学读研。这些措施极大地激发了在校学生的学习积极性，促进了学风的好转。

四是大力表彰优秀教师和加强教学质量监控。学校开设课程共2000多门，有1500余名授课教师，授课质量难免良莠不齐。为确保教学质量，学校采取了“抓两头带中间”的策略。首先，发动全校学生推荐评选优秀教师，从1500余名教师中选出“十佳教师”，在海南日报上登报表彰，并发给每人1万元奖金，在广大教师中激起了很大反响；同时，积极组织推荐教师参加海南省青年教师教学大赛，一举囊括了本科组全部一等奖，激励了广大青年教师奋发进取。其次，狠抓教学质量管理，本学年第一学期课堂教学质量评价涉及各教学单位2377人次，并组织教学督

导员对新开课程、双语课程及新进教师的课堂教学质量进行检查。目前，学校正选聘、优化督导队伍，拟分期分批地对每一门课程进行质量检查，发现问题及时纠正，促进教学质量的整体提高。

五是加强学生日常教育和管理，重视学生心理健康，完善家庭经济困难学生的资助工作，加大学生就业指导服务。学校和各学院开展了丰富多彩的思想道德教育、社会实践和就业创业辅导活动。启动大学生科技创新基金项目，培养创新人才。2009 年度，我校被评为全国大学生暑期“三下乡”社会实践先进单位，并被确定为全国基层团组织建设试点单位和分类引导青年试点单位；我校学生爱心协会荣获“全国助残扶残先进集体”荣誉称号；赵红亮和潘东升两位同学分别荣获全国助人为乐模范和见义勇为模范提名奖以及海南省道德模范荣誉称号，赵红亮同学还入选“2009 中国教育年度新闻人物”候选人。此外，我校学生参加全国各类竞赛获奖 12 项。2009 届本科生初次就业率为 82.82%，升硕率为 11.96%；研究生升博率为 3.56%。

（四）以团队与平台建设为关键，加快提升科研创新能力

教学与科研并举是“211 工程”大学的重要特征之一，师生的科研创新能力及其贡献度，将成为评价“211 工程”大学水平的关键性因素。全国地方重点大学的年度科研经费平均约为 5000 万元，而我校合并之初，当年统计进帐科研经费仅 800 多万元，科研实力是一块短板。为此，学校采取多种措施，加快提升科研创新能力。

一是重新构架了重点实验室，加强科研平台建设。我们以地方特色、现有基础和发展可行性为着眼点，制订了新的实验室建设方案，组建优化了 3 个教育部的重点实验室，并筹建 1 个国家重点实验室培育基地。学校其他科研实验室，分别纳入上述四个实验室之下，统一调配资源，从而有利于集成学科的优势，凝聚团队，联合攻关。实验室主任由全国公开招聘产生。新主任到岗后，尽职尽责，全身心扑在工作上，为整合项目、组建团队发挥出核心作用。同时，学校进一步加强人文社科类研究机构的建设，拟联合国内外知名科研机构，着手筹建海南经济社会发展研究所、海南国际旅游岛合作与发展研究院以及农业循环经济研究、低碳经济与技术研究、国际海洋问题研究等方面的研究机构，使学校的科研机构布局更加合理，能够长期支撑地方的可持续发展。

二是加大科研投入力度，凝聚团队力量。2009 年度，学校拨出专款 1800 多万元支持校内的科研活动，用于科研人才的引进、科研平台的建设和科研项目的开展。其中的 550 万元专门用于资助教师启动科研创新项目。广大教师热烈响应，申请了 400 多个科研项目。经组织专家教师的互评，确定资助 117 项密切结合海南实际需求的科研课题，并启动了多个科研团队的建设。校内大规模科研基金的启动，激发了广大教师关注海南经济社会需求的热情，提高了广大教师参与科研创新的积极性。学校骨干科研人员由原来的不足 100 人，迅速增加到 200 多人。

三是大力引进和培养有科研创新潜力的人才。根据新大学上水平、上层次的要求，学校逐步调整教师结构，严把进人关，实行“科研骨干、博士毕业生和学术带头人大量引进，硕士毕业生和授课教师限量引进，行政人员和本科生基本不进”的原则，由专业（系）、学院、人事部门、校长办公会和校党委常委会对引进人才层层把关，使一线教师的比例得到提高，科研人才数量明显增加。2009 年度分四批次共引进 50 多人，其中博士和教授等高层次人才 40 多人。目前，学校教师队伍中具有正教授职称的达 244 人，比两校合并时翻了一番；拥有博士学位的达 245 人，增加了近 50%。成功引进中科院“百人计划”专家何朝族博士，并聘为拟筹建的科技部共建国家重点实验室的负责人，标志着学校引进学术领军人物取得重要突破。

通过上述举措，2009 年学校科研工作取得了

新的进展。科研立项方面：全校获立项课题共418项，资助经费5497万元（不含校科研项目147项，资助经费565万元）；其中，共获国家级和部级科研项目98项，比2008年度增加了48项；国家级和部级科研合同经费达到4600多万元，是2008年的3倍。截止12月23日，科研到账经费2500万元。推进科研服务地方的努力开始产生积极成效，获准实施18项国家首次启动的“科技人员服务企业专项”，并开展了面向本省各地的科技信息服务项目、与企业合作项目及地方标准项目共59项。科研成果方面：获教育部高等学校科学研究优秀成果奖二等奖1项（人文社会科学类），海南省科技进步奖二等奖3项、三等奖6项；发表学术论文2000多篇，其中三大索引论文120多篇，较2008年增长了21%。

（五）以提高办学实力为取向，积极拓展对外合作交流

学校充分利用对外合作资源，增强办学实力。与天津大学、清华大学、南开大学等重点大学签订了合作协议并启动了部分合作项目，其中天津大学作为对口支援高校，在教师（干部）培训、“211工程”项目评审、博士点申报、专业实验室建设、争取科研项目等方面给予我校大力支持。与境外12所知名院校签署了校际友好合作备忘录或协议，其中，与美国犹他大学、英国纽卡斯尔大学和澳大利亚达尔文大学合作取得实质性进展，分别实施了高校干部培训、师生互派、学术合作等项目。积极开展“1+2+1”、“3+1”等形式的中外人才培养合作项目取得成效。圆满完成2个援外培训项目，共有来自15个国家的45名官员和技术人员参加了培训。共派出42名国际汉语志愿者及教师赴泰国、菲律宾、乌克兰、俄罗斯等国任教。第二届理事会筹集了办学资金260万元，支持学校建设发展。

（六）以建立现代大学管理制度为目标，强化内部管理

根据学校事业发展的需要，科学调整了教学机构与学科专业，进一步理顺了关系；将5个学部调整为4个，并成立学部学术委员会，推进学部的实质性运作；完成儋州校区第二批2791名师生员工的搬迁任务；明确了儋州校区的办学功能定位和办学模式，成立儋州分校。出台了学校管理体制与运行机制改革实施意见；进一步完善了学校和学院党政班子工作规则；全面清理学校管理规章制度、查漏补缺、修改完善，并汇编成册。通过资源整合、健全制度、理顺关系，强化了学校内部管理，促进了科学、民主、依法和高效率治校办学。

（七）以推进基本建设为重点，改善公共支持系统

建成第四教学楼和两栋学生宿舍，完成第五食堂加层与扩建、简易实验室和办公用房、图书馆改造项目并交付使用，新增校舍4.8万平方米。完成海甸校区修建性详细规划和桥西教工居住区详细规划报审并取得正式批复。第五教学楼、社科楼、中日友好交流中心、思源学堂和桥西住宅区等5个项目动工兴建；理工楼等6个基建项目进入招标阶段。图书馆获教育部科技工作查新站资格、成立教育科研数字图书馆。数字校园应用项目陆续投入应用，网络教学平台应用及网络精品课程建设顺利推进。制订学校后勤管理改革方案，持续深化后勤改革；海口威立雅水务有限公司正式接管海甸校区的供水系统，提供供水服务；推行资源有偿使用制度，全校统一安装水电表并计量收费，较好促进了节约增效。校园安全稳定工作常抓不懈，各类突发事件应急处置机制健全，严密防控甲型H1N1流感，确保了正常的办学秩序。

（八）以重心下移为牵引，增强教学单位办学活力

积极推行管理重心下移的改革，正式实施二次分配制度，促进了办学效率的提高，增强了学院的办学活力。从2009年度各学院（教学单位）事业发展统计情况看，各学院紧紧抓住办学的核心指标，目标明确，措施得力，建设成效明显。园艺园林学院植物学课程群教学团队获批国家

级教学团队；农学院农学专业获批国家级特色专业；海洋学院申报国家级海洋生物实验教学示范中心建设点获得批准。材料与化工学院获教育系统“全国先进集体”称号，化工学科组荣获“全国专业技术人才先进集体”称号。政治与行政学院获全国高等学校科学研究优秀成果（人文社会科学）二等奖。材料与化工学院、海洋学院、环境与植物保护学院、农学院、食品学院当年“到账科研项目经费”达到300万元以上；食品学院、农学院和材料与化工学院当年“SCI和EI收录论文影响因子之和”达到10以上。农学院、环境与植物学院、食品学院“在核心期刊发表论文”达到50篇以上。政治与行政学院出版专著38部。农学院省级特色专业新增2个、信息科学技术学院、材料与化工学院、政治与行政学院新增1个。园林园艺学院、环境与植物保护学院、机电工程学院、信息科学技术学院、经济与管理学院新增1门省级精品课程。经济与管理学院、法学院新增1个省级教学团队。机电工程学院、信息科学技术学院新增1名省级教学名师。人文传播学院两位教授分别获纽斯塔特文学奖和华语文学传媒奖。体育部获省“工人先锋号”荣誉称号，1人获全国群众体育先进个人（学校再次获评全国群众体育先进单位）。在省第六届普通高校青年教师教学大赛中，政治与行政学院和旅游学院分别有1名教师获得一等奖，经济与管理学院、外国语学院教师获得三等奖，信息科学技术学院、土木建筑工程学院教师获得优秀奖。园艺园林学院、信息科学技术学院各有2人获评校“十佳教师”，环境与植物保护学院、海洋学院、机电工程学院、土木建筑学院、政治与行政学院、旅游学院、外国语学院各有1名教师获评。国际文化交流学院（外事侨务处）获得全国“来华留学生教育先进集体”荣誉称号。应用科技学院（城西校区）实行了新的管理体制，理顺了关系，积极筹措资金改善办学基础设施。继续教育学院干部培训工作取得新成效，首次独立承接省外干部培训任务；办学模式取得新突破，与北京文理研修学院合作举办出国留学和职业教育项目，并成功招收了第一批学生。

各位代表、同志们：

一年来，学校各项工作成绩的取得，是省委省政府和国家教育部正确领导与关心支持的结果，是学校党政领导班子全体同志团结协作、改革创新，各学院、各部处密切配合、通力协作，全校广大师生员工共同努力的结果。在此，我代表校党委、校行政，向一年来为学校改革发展付出辛勤努力的全体教职员工和一如既往关心支持学校工作的离退休教职工表示衷心的感谢！

回顾2009年的工作，我们深刻体会到，学校能够平稳地合并融合并取得“211工程”建设的良好开局，主要得益于以下四个方面。

第一，得益于省委、省政府以及国家教育部、财政部、发改委的英明决策和正确领导，得益于上级各部门的悉心指导和大力支持，得益于社会各界的密切关注和热情帮助。

第二，得益于团结奋进。学校党政班子始终坚持以大局为重，认真学习领会和坚决贯彻上级各项方针政策和指示精神，落实好党委领导下的校长负责制和集体决策议事规则，以坚强团结的班子，带领全校师生凝心聚力、奋发图强。

第三，得益于改革创新。学校努力克服原两校办学传统、制度文化等各方面存在较大差异的困难，锐意推进体制机制改革创新，有效调整了各层面的办学关系，不仅按预定计划落实合并、搬迁、省部共建三大任务，而且顺利进入“211工程”建设的轨道。

第四，得益于真抓实干。学校在不同阶段都适时提出具体的目标和任务，脚踏实地地克服困难、推进工作。全校师生对新海大建设“211工程”的荣誉感和责任感日益增强，大家满怀信心，以求实精神、务实态度和扎实作风全力追求教学、科研的新突破，使学校呈现出蓬勃发展、日新月异的喜人态势。

在充分肯定工作成绩的同时，我们也应该清醒地看到，与海南社会经济发展对学校的要求相比，与学校发展的宏伟目标相比，我们还存在不少困难和不足，主要是：学科建设总体水平与高水平大学的标准有较大距离，急需增列博士学位授权点，并在学科门类上有所突破；高端人才的引进有待进一步加强，教师和科研人员的团队精神有待加强；办学资源与学校发展所需存在较大差距，校园基础设施建设需要加快推进，建设资金的较大缺口急需筹措解决；旅游学院等历史遗留纠纷问题亟待解决等等。这些困难和不足需要我们在今后工作中付出更大努力，切实加以解决。

二、2010 年学校工作重点

2010 年是学校“211 工程”建设的关键年，时间紧迫，任务繁重。我们面临着不少困难，但也迎来加快发展的重大机遇。刘延东国务委员在视察我校时强调，学校要抓住海南建设国际旅游岛的机遇，抓住“211 工程”建设的机遇，充分发挥高校的三大职能，为海南经济社会发展，也为高等教育发展、改革创新努力探索，做出贡献。

我们在制订学校中期发展规划和“211 工程”行动计划时，提出了一系列体现学校核心竞争力的指标体系。其中，尤其要力争实现“五个 1”、“四个 2”和“三个 3”。“五个 1”即新增 1 个国家重点（扶持）学科、1 个国家重点实验室、获得 1 项国家级科研成果奖、年度科研经费突破 1 亿、1 篇全国百篇优秀博士论文（提名）；“四个 2”即：2 个国家级工程技术中心或人文社科研究基地、2 个教育部或国家自然科学基金委创新团队、2 个国家级教学团队、新增 2 门国家级精品课程；“三个 3”即：新增 3 个国家级特色专业、3 个博士点，3 位领军杰出人物（包括引进 1 位长江学者特聘教授、新增 1 名新世纪优秀人才或国家杰出青年科学基金获得者、1 名国家级教学名师）。要在有限的时间内实现这些目标，需要我们付出艰巨的努力，需要我们紧紧抓住学科发展、科研创新、人才培养、师资队伍四个关键点，统一认识，协调行动，下更大决心、花更大气力，采取更有力的措施，加快推进“211 工程”建设。落实到学院层面，尤其要抓好“一院六品”，通过推进学院的“品牌”建设，为提高学校的核心竞争力打下坚实的基础。

海南国际旅游岛建设对我校人才培养、科学研究和服务社会提出了新的更高的要求。面对新的形势，我们必须紧紧围绕“211 工程”建设这条主线，把强化特色学科建设作为工作全局的重中之重，把科研创新作为攻坚方向，把服务社会作为关键抓手，把人才培养作为立校根本，在服务国际旅游岛建设的实践中全面提高学校的办学实力和社会声誉。

今年要重点抓好以下几方面的工作。

（一）全力抓好学科建设。要始终抓住这个核心，全面落实以“211 工程”项目为主要内容的学科建设，使学校的重点学科，既有地方特色，又有竞争优势。本年度要重点做好三件事：一是重点抓好博士点和硕士点的增列工作，力争拓宽博士学位授权点的学科门类，适当增加硕士学位授权点。二是做好国家级重点学科的评估、第二批省级重点学科的检查、验收与评估的各项工作，以及国家级重点培育学科的申报，力争获得 1～2 个国家级重点培育学科，确保国家重点学科评估获得通过，省级重点学科评估获得优异成绩。三是做好第三批省级重点学科的遴选工作，争取获得 3 个重中之重学科，5～6 个一般重点学科。此外，要以 6 个“211 工程”重点学科建设项目为载体，选定 2～3 个学科作为重中之重加大培育力度，冲刺国家级重点学科。

坚实的科研基础是学科建设的重要保证，必须继续加大科研工作力度，不断提高科研整体实力和服务社会水平。一是进一步加强科研团队和科研平台建设，争取国家级科研项目，特别是国家重点和重大科技项目的立项，提高科研成果显示度；二是抓住海南国际旅游岛建设正式上升为国家战略，以及海南加快西部开发带来的机遇，争取更多服务地方的重大项目，增强学校在区域经济社会发展中的话语权；三是加大横向项目的鼓励支持力度，力争横向项目经费有大幅度增长；四是做好校内科研项目的中期检查评估和省重点学科项目的检查验收工作。五是做好国家级科研奖的培育及申报工作，力争本年度实现国家级科研奖的新突破。

（二）着力提高人才培养质量。要进一步深化教育教学改革，健全全方位育人体系，全面实施素质教育，培养具有社会责任感、创新精神和实践能力，具有国际竞争意识和竞争能力的高素质人才。加快试点专业文理科实验班人才培养体系的建设步伐，认真总结三学期制教学改革经验，深化人才培养模式改革试验。进一步健全教学质量保障体系，全面推进本科教学工作目标管理评价和教师教学质量测评。推进研究生培养机制改革，制定改革实施方案，建立具有我校特色的创新人才培养体系。要进一步做好大学生教育管理工作，完善贫困生资助体系，加强心理健康教育；加大就业、创业辅导，促进毕业生高比例就业、高质量就业。

（三）加大人才引进和培养的力度。坚持人才引进和存量激活相结合，一方面要全力以赴做好“长江学者”招聘工作，力争引进一名长江学者特聘教授；进一步落实“211 工程”项目中师资队伍建设相关内容，加大学科带头人引进力度。另一方面，进一步加大培养力度，继续选派骨干教师和优秀干部到国内外高校学习提高。全面开展岗位设置及聘用工作，力争在 2010 年完成学校各级岗位的设置及聘用工作，并按照国家及海南省绩效工资改革的进度进行我校薪酬制度的改革。

（四）切实加强公共支持系统建设。加快推进校园基础设施建设，建设经得起历史考验的美丽校园：要力争完成第五教学楼、19 号学生公寓、第六学生食堂、思源学堂、社科楼、城西学生公寓项目，为 2010 年新生入学提供硬件保障；要加快推进紫荆学生公寓、中日交流中心、理工楼、农学楼、周转房、集资房等建设项目，为儋州校区第三批搬迁做好准备。大力推进数字校园应用系统建设，重点推广学校管理、教学、科研、服务等方面的应用项目。加强图书馆基础服务建设，加大校区图书馆资源整合，提供优质服务。深化后勤体制改革，按行业标准做好各项工作，提供高质量的服务。做好儋州校区第三批搬迁的各项准备工作。进一步加强校园安全保障，建设和谐校园。

（五）努力提高精细化管理水平。要进一步完善“四级建制，两级管理”分层管理体系，明确责、权、利关系；积极推进学部的实质性运作；要抓住学校管理中各个关键环节，精确定位、合理分工、细化责任、量化考核，进一步提高管理效率、降低风险，增加透明度和参与度。特别是财务管理方面，要切实落实校内经济责任制；同时，对财政专项资金和校内安排的大额专项资金开展全面绩效评价，并将绩效评价结果与预算资金安排挂钩。此外，要增强大学经营意识，合理配置资源，积极推进资源有偿使用制度，落实责任，厉行节约，提高效益。

（六）进一步扩大对外合作交流。要切实落实对口支援工作，通过天津大学的帮扶和合作，使我校师资队伍水平、人才培养质量、科研服务能力和管理水平获得显著提升。在继续加强学校外事侨务工作的同时，要将重点转向扩大国际交流与合作上来，进一步推动师生交流、科研合作，在联合培养人才上取得更多的实质性突破。积极争取教育部和国家留学基金委的支持，加快发展留学生学历教育。做好第三届理事会成立工作，加大资金募集力度。加强兼职、客座教授的聘任工作，充分发挥柔性人才政策效应。办好“两岸博鳌企业实务论坛”，扩大学校知名度。

（七）发挥学院在学校发展中的主体作用。学院是学校办学的主体和基础，必须牢固树立起“品牌意识”，全力推进“一院六品，强化特色”，紧紧抓住学科、师资、人才培养、科研、基地平台、课程等六个方面重点建设，努力形成品牌，即“品牌学科”、“品牌教师”、“品牌学生”、“品牌科研项目及成果”、“品牌课程”、“品牌基地”。通过学院的“品牌”建设，切实将“211 工程”建设落到实处。此外，要加强系（教研室）

这个基础环节的建设，进一步强化其功能，增强其战斗力，使我们的人才培养体系有一个扎实稳固的基础。要加快推进儋州分校工作，力争2010年启动分校正式招生办学。

（八）大力推进社会服务拓展工程。要紧密围绕海南国际旅游岛建设和海南加快西部地区开发建设的重大需求，结合"211工程"建设实际，制订学校服务海南行动方案；集中学校优势资源，构建服务地方的科技服务平台；开展面向重大现实问题的哲学社会科学研究，推动地方经济社会和文化建设；利用学校优势，吸引海内外教育科研资源，共同参与海南国际旅游岛建设。用高素质的人才、高质量的科研和高水平的服务，赢得政府、企业和社会各界的更大支持，实现办学资源多元化，办学效益最大化。在服务地方发展的过程中，提高特色学科建设水平，提高学校的办学实力。

（九）积极清理解决历史遗留问题。历史遗留问题躲不开、绕不过，不解决就会妨碍发展、影响稳定。特别是旅游学院回收问题，一定要切实加以解决。

各位代表，今年是学校"211工程"建设非常关键的一年。我们一定要增强发展信心和使命感，按照校党委、校行政的统一部署，抓住机遇，团结拼搏，攻坚克难，共同将有特色、高水平"211工程"大学建设奋力推向前进！

在海南大学2010年科研工作会议上的工作报告

校长　李建保

（2010年11月29日）

尊敬的各位领导、老师们：

大家好！

2010年海南大学科研工作会议，是经校党委批准召开的一次非常重要的会议。会议的主要任务是：回顾和总结合并组建以来我校科研工作，表彰科研工作先进单位、优秀团队和先进个人，研究今后几年我校科研工作总体安排，部署重点任务，为“十二五”我校科研事业又好又快发展打下坚实基础。

2008年，在教育部、海南省委、省政府和省教育厅的正确领导下，在省有关部门和社会各界的大力支持下，我校成功跻身“211工程”重点大学建设行列。近年来，经过全校教职工的艰苦努力，学校的科研工作取得了长足发展，科研项目、科研经费、科研成果呈迅速增长之势，极大地提升了我校在学界和社会上的影响力，为学校“创一流学科，办特色大学”奠定了基础。但与此同时，我校科研工作依然面临着巨大压力，科研基础、高层次人才、研究经费等方面，与海南唯一“211工程”大学应该达到的要求还有较大差距。如何以科学发展观为指导，以“211工程”重点大学建设为契机，不断总结经验，开创科研工作的新局面，是我校当前面临的重大课题之一。下面，我代表学校向大会做工作报告，请予审议，并欢迎提出宝贵意见。

一、科研工作的回顾

“十一五”以来，特别是合并三年多以来，我校在科研团队建设、科学研究、科研平台建设、科研成果以及科研管理制度建设上，均取得了可喜成绩，进入了一个良性发展的新阶段。

（一）科研团队建设进一步加强

学校大力实施人才强校战略，加快人才引进和“团队建设”。通过中国教育和科研网等重要媒体向海内外大力宣传，重金聘请“长江学者”和各类高层次人才，取得了明显成效。引进中科院“百人计划”入选者何朝族教授担任国家重点学科“作物遗传育种”责任教授，引进包括海外博士在内的优秀人才70余人；培训各类在校教师300人次以上；选送在职教师攻读博士学位70多人，为学校“211工程”大学建设提供了坚实的人才保障和智力支持。其中，热带生物资源可持续利用国家重点实验室（培育基地）主任面向国内外公开招聘，支持经费高达1000万元，个人岗位津贴30万元；热带农业、海洋生物、化工材料等三个教育部重点实验室主任的年岗位津贴不低于10万元。这些措施为吸引人才、凝聚团队发挥了重要作用。

学校充分利用热区和海南的区位优势及资源条件，围绕热带农业、热带植物资源和热带海洋生物资源的开发与利用、新材料科学与化工制造技术、计算机技术与信息检索、食品科学与工程、旅游开发与管理、生态与环境保护、特区法制与公共管理研究、海南文化与区域经济发展等领域组建了多支科研团队，取得了突出的成果。

（二）科学研究实现跨越式发展

1．科研课题立项方面。科研项目立项渠道得到很好的拓宽，争取国家及各部委项目取得了较大的进步。“十一五”期间累计承担各类科研课题1673项，同比增长79%。其中，国家级项目185项，同比增长230%，部级项目119项，同比增长205%。

2．研究经费方面。“十一五”期间共获得

科研经费1.47亿元，同比增长240%,到账经费1.1亿元。其中国家级课题经费6676万元，占总经费的45%，部级课题经费4275万元，占总经费的29%。纵向课题到账经费9244万元，占到账总额的84%；横向到账1742万元，占到账总额的16%。

3．专利申请与授权方面。“十一五”期间（截至今年6月23日），我校共申请专利83项，同比增长245%。其中申请发明专利71项，申请实用新型12项。获得授权专利15项，均为发明专利。

4．科研奖励。共获得科研奖励117项，同比增长16%。其中省部级科技奖励30项，社科奖励42项，地区奖励45项。

5．科研论文。累计被“三大检索”收录科技论文288篇，同比增长279%。其中SCI收录142篇，EI收录100篇，ISTP收录46篇。

（三）科研平台建设初具规模

我校已建成国家级、部级、省级三个层次的科研平台，有国家重点实验室培育基地1个、教育部重点实验室3个、教育部工程研究中心2个、省级重点实验室6个、省级工程研究中心2个、省级研究所1个、省级文科研究基地1个。

2009年，化工学科荣获中央组织部等五部委联合表彰的“全国专业技术人才先进集体”称号。

2010年何朝族教授获首批“海南省高层次创新创业人才”称号，并获创新创业启动资金150万元。

我校科研基地的建设，极大地促进了科研团队的培养和形成，提高了学校科研竞争力和承担国家重大重点项目的能力。

（四）制度建设进一步规范

2007-2010年间，学校制定了若干科研工作管理制度，这些制度在规范科学研究，规范科研经费的使用，调动广大教师和科研人员的积极性，保障科研工作顺利开展，鼓励多出高水平科研成果等方面发挥了重要作用。这些制度包括《海南大学科研经费管理办法（修订）》、《海南大学流动科研编制及津贴计算管理办法（暂行）》、《海南大学科研奖励办法（暂行）》、《海南大学科研启动基金项目管理办法（修订）》、《海南大学科研启动经费使用办法（修订）》、《海南大学青年基金项目管理办法（试行）》等。另外，还拟定了《海南大学科研工作量计算办法》、《海南大学科研机构设置与管理办法》、《海南大学关于处理学术不端行为的暂行规定（试行）》等，提交本次会议讨论。

（五）服务地方的能力显著增强

学校针对海南发展战略和重大需求开展研究，调整和凝练学科方向，培植科研创新团队，提升科研服务地方的能力。三年来，我校与省内外有关企事业单位签订的合同150余项，经费1200万元；地方标准项目23项，经费100余万元。为海南省科技创新体系的发展和完善起到了重要的作用，为海南省的地方经济发展做出了应有贡献。此外，分析测试中心的对外检测服务量有了大幅度提升，以该中心为依托单位的“海南省大型科学仪器协作共用平台”正在加紧建设中。我校今年还派出专家20余次赴海口、文昌、定安等市县开展灾后技术指导和培训服务，有力地配合了海南省开展防汛救灾和灾后重建工作。

学校与海口市联合建立了知识产权站。海南省正在编制的科技规划和许多行业规划，海南大学的教师都在积极参与，我校作为海南最重要智囊库的作用日益凸显。

（六）对外合作与交流日趋活跃

近几年来，我校国际合作项目非常活跃，与美国、英国、法国、日本、澳大利亚、新加坡、台湾等国家和地区的72所院校和科研机构进行了合作。包括法国佩皮里昂大学国家研究中心、澳大利亚James Cook大学、日本国立水产大学、美国新泽西州立大学、美国犹他大学、澳大利亚昆士兰大学、达尔文大学、英国伦敦大学、纽卡斯尔大学、泰国国家水产研究所和新加坡国立大学等，国际合作项目经费达900多万元。

（七）学生科研创新活动丰富多彩

学校每年将“挑战杯”系列竞赛、学科竞赛等课外科研创新活动予以专项经费支持。建设大学生创新院、创业基地等，搭建“一体化的创新教育平台”，开设创新课程和专题讲座，设立6个创新实践班，初步形成了“创新人才‘123’培养模式”。

近年累计有2万多人次参加全国“挑战杯”系列竞赛、数学建模活动、“CCTV”杯全国大学生英语演讲和电子设计竞赛等，共获得全国性奖励150余项、省级奖励340项。其中，全国“挑战杯”一等奖等奖励21项；大学生数学建模竞赛全国一等奖4项，二等奖10项；全国大学生电子设计竞赛获一等奖1项，二等奖5项。还组织开展了大学生节能减排学科竞赛活动并取得优异成绩。

二、存在的主要问题

当前，我校在科研及科技服务方面存在的主要问题有：

1．总体研究力量仍显不足；

2．管理体制、机制需进一步完善；

3．科研领军人物与高层次科研团队不够；

4．申报国家级奖励的科研成果欠缺；

5．重大科研项目的组织有待加强，科研经费总量需大幅度提升；

6．科研为当地经济社会服务还不够，学校形象的显示度有待增强。

三、“十二五”科研工作的目标和措施

“十二五”学校科研发展的总体目标，是经过五年的努力，使学校自主创新能力显著增强，提高科研促进区域经济社会发展的能力，建立完善的重点学科、科研基础条件平台等创新基地体系，争取建成国家重点实验室1个，省部级重点实验室、工程技术研究中心、文科研究基地的数量达到20个，力争国家级重点学科、教育部文科重点研究基地有新的突破；造就10个左右科学造诣深、懂管理善经营的科研领军人物，形成一批优秀创新团队；培养、扶持20个左右具有突出创新能力的优秀学术带头人；培养100个左右学术基础扎实、学术思想活跃、创新能力强的青年科研骨干，形成与办学特色和学校定位相适应的塔形人才队伍结构；科研项目申报渠道全面拓展，横向合作进一步加强，纵向科研经费额继续保持较快增长；论文数量和质量大幅度提升，争取在国家级奖励上实现突破；全面提升哲学社会科学研究的综合实力，使我校成为海南国际旅游岛建设的重要智囊库；实施科技成果转化工程，推动区域经济建设和社会发展，使我校真正成为引领海南经济社会发展的重要力量，成为人才培养、知识创新和社会服务的重要基地。

（一）强化质量观念，显著提高我校科学研究的创新能力

在保证科研项目数量增长的基础上，注重科研工作质量的提升。加强在研项目的管理，提高项目研究质量。围绕地方经济社会发展目标，着力解决区域经济和社会发展面临的重大科技问题，在若干重要领域形成一批拥有自主知识产权的标志性科技成果。

（二）明确发展目标，全面增强我校科研的社会功能

今后五年，我校将进一步凝练学科方向，以海南建设国际旅游岛为契机，深入开展低碳产业技术、热带现代农业、海洋经济、新型工业、高技术产业、热带生态环境保护等方面研究，全面提升我校科研的社会功能，为国际旅游岛建设提供有力的科技支撑和保障。

（三）突出工作重点，为提高研究质量提供有力抓手

1．以学科建设为龙头，构建科研团队，提升综合实力。

以我校“211工程”重点建设的六大学科为龙头，充分发挥学科带头人和知名专家教授的作用，加快形成一批有一定规模、研究方向比较明确的科研团队，争取大项目，取得大成果。

2．以基地建设为依托，整合优质资源，构建学术高地。

加强科技资源和重点研究机构的整合与重

组，以国家和部级研究基地为核心，建立我校国家、部、省、市和学校科研平台体系，加大重点科研机构的开放度，构筑科技创新和创造型人才培养的宽松环境，逐步完善科研机构运行管理机制。

3．以项目研究为纽带，注重成果质量，培育创新人才。

以基础平台和特色学科优势为依托，积极拓展科研项目申报渠道。以项目为纽带，汇聚多学科人才，开展联合攻关，推出有重大理论价值或实践价值的跨学科研究成果。以项目带队伍，推动人才特别是青年人才培养。

（四）深化科研体制改革，为提高研究质量提供制度保证。

1．完善科研制度，创新管理模式，营造良好发展环境。

进一步理顺教学与科研的关系，创新运行机制和完善管理制度，建立有效的激励机制，营造良好的科研环境。形成质量导向明确、评估监督有力、成果转化迅速、组织运行高效的科学研究管理机制。

2．改进评价方法，强化质量标准，形成正确激励导向。

进一步完善分类考核与评价制度，建立科学合理的科研评价体系。要坚持按劳按质分配原则，使科研人员的收入、职称评聘与工作绩效挂钩，形成激励机制。完善科研成果奖励办法、科研成果有偿转让与利益分配制度，重奖有突出贡献的科研人员，鼓励自主创新与成果转化。

3．改进资助方式，优化资源配置，提高经费使用效益。

充分利用校内科研专项资金，设置不同类型的资助计划，突出重点研究方向，加强团队合作，培养青年科技人员，优化校内科研资源的配置，使有限资金发挥最大的效益。

（五）采取切实有力措施，推进科学研究迈上一个新台阶。

1．加强制度建设，营造有利于提高科学研究质量和创新能力的良好环境。

积极建立适应我校发展的现代科研管理体制，为科技创新提供良好的政策环境。改进科研项目组织管理模式，积极探索并努力形成以创新团队为主的科研组织管理模式，真正促进多学科的交叉和交融。实行科研管理目标责任制，推行二级单位科研管理目标责任制。

2．加强队伍建设，为提高研究质量提供人才保证。

大力实施人才强校战略，把创新人才和创新团队的培育作为科研发展的重要动力。积极创新科研队伍培养模式，组建特色科研创新团队。要努力培养和创造青年优秀科研人才，为实现学校科研工作可持续发展、提高学校核心竞争力提供强有力的保证。

3．加大经费投入，为提高科学研究质量提供必要的物质保证。

采取多渠道筹集资金，逐年增加科研专项资金的投入，逐步建立国家和省部投入、校地合作、地方政府投入、校企合作、学校投入的多元化科技创新投资体系。精心组织科研项目，重点抓好高层次、跨学科的重大科研项目的立项工作。充分发挥科研专项资金投入的导向作用，加强重点科研机构建设，不断改善科研设施条件，提高科研专项资金的使用效益，为各级各类科研条件建设创造良好的发展空间。

4．加强学术交流和合作，提升我校的国内外影响力。

进一步巩固与国内外高等院校、科研院所的协作与合作关系，不断扩展新渠道，全方位、多形式、多层次地推进科技合作与交流。吸引国外一流学者到我校工作、讲学、访问，促进人才培养和学术交流。鼓励和支持教师特别是中青年教师通过多种形式到国外著名研究型大学、高水平科研机构进修和从事合作研究。通过各种途径，扩大我校科学研究的影响力。

5．加强学生科研工作的组织领导，培养学生创新、创业能力。

一是以学生科研创新基金为着手点，促进学生较早地参与科研训练。二是以建设“海南大学大学生创新实训基地”等为重点，搭建本科生和研究生科研创新平台。三是以全国大学生“挑战杯”系列竞赛、数学建模竞赛等学科竞赛为着力点，切实推进我校学生创新精神与实践能力的培养。

同志们，

推动自主创新，建设创新型国家，是一项长期而艰巨的历史任务。增强高校自主创新能力，为经济社会发展提供人才、知识、文化贡献，同样需要付出艰苦卓绝的努力。充分发挥创新潜力，促进科学研究、社会服务与人才培养工作协调发展，是实现高等教育科学发展的必由之路。让我们在科学发展观指导下，坚持改革创新，发挥我校科研支撑作用，服务地方经济平稳较快发展，以优异的成绩总结“十一五”，迎接“十二五”。

谢谢大家。

在创先争优活动第二阶段动员大会上的讲话

校党委常务副书记　韦　勇

（2010 年 9 月 19 日）

同志们：

今天的大会非常重要，到会的都是我们基层党组织的干部、党的书记。学校党委非常重视创先争优活动，本来刘书记、李校长要来主持大会，但因刘书记到省人大开常委会，李校长出差，特别委托我和陈副书记来主持大会。受刘书记委托，我提一些建议和要求，与大家共勉。

一、高度重视创先争优活动，紧紧围绕学校的发展大局加强党建的基础性工作

我校这两、三年变化非常大，教师节前省委书记卫留成同志莅校视察工作，对学校的发展比较满意，对海大鼓励有加。他说有一个梦想争取在 2020 年前把海大建设成为全国性名牌大学。我有一个基本的观点，海大已正式成为国家“211 工程”重点建设高校，意味着海大已被纳入百强高校来建设。我原来经常对学工系统的同志讲：百强高校一定是百年建设。百年建设，就要有十年以上的功夫打基础，就像我们现在各个学院都在抓重点学科、优势学科、特色学科的建设，对现在没有而我们又需要的学科就要逐步建立起来，完善我们的学科结构；对于已有一定基础的学科要进一步提升，创立特色，争全国水平甚至是世界水平。同样地，党建工作在这一期间也要很好地夯实基础。所以党中央用两到三年的时间开展创先争优活动。一个大国要顺利发展，屹立于世界民族之林，对世界有所贡献，没有一个坚强有力的执政党领导是不可能实现的。就海南大学的现实来说，要成为有特色、高水平的“211 工程”大学，除了要有一流的学科，或者叫品牌的学科、品牌的团队，也要有一批品牌的学工队伍、一批品牌的管理队伍，更要有一支能够起到领导作用的领导干部队伍。如果没有这个坚强有力的基础，学校就难以发展。

回顾我们这几年的党建工作，应该说做了很多努力，为顺利实现两校合并提供了坚强的政治保障，加上原有两校的党建工作有很好的基础，这个基础为我们今后进入百强高校的党建工作奠定了坚实的基础。但是，如果只是在原有基础上推进，已经远远不能适应目前形势的要求。大家应该感觉到学校进入国家“211 工程”重点建设高校行列以后的一些变化，一个是与学校有关的大会、重要活动多了，一个是中央领导、省部领导的关注多了，还有学校一些部门的社会影响力大了，这事实上是对海大的工作要求更高了。我觉得对党建工作的要求也是如此。创先争优活动事实上就是要使我们基层党组织的先进性得到提升，使党员的先锋模范作用得到加强。基层党组织和党员要在全校的教职工当中发挥领头羊的作用，发挥骨干的作用，确实需要我们在创先争优活动中加强党的组织基础建设，把基层党组织建设成创先争优活动的组织者、推动者和实践者，不断提高党组织的创造力、凝聚力和战斗力。在创先争优活动中，要坚持和完善党的组织生活制度，坚持民主评议党员，提高民主生活会的质量。要着力抓好对干部的教育与管理，建立起有利于调动干部积极性的激励约束机制。要积极探索在学生公寓、学生社区和学生社团组织中建立学生党组织，不断创新党组织的设置形式。

要不断创新党组织活动的途径和方式，使党组织的活动更有吸引力和更贴近党员的思想、学习和生活实际。要积极认真做好发展党员工作，加大在青年教师和优秀学生中发展党员的工作力度。要增强党组织的服务功能，坚持为教学科研服务、为广大党员服务、为师生员工服务，不断增强党在师生员工中的凝聚力和影响力。总之，各基层党组织要好好根据校党委的安排和部署，围绕各个层面来开展创先争优活动，通过这些活动夯实我校的党建基础。

二、党建工作要由虚入实，由远及近，由空变真，成为推动学校各项工作的推进器

我们学校现在重点在抓学科建设，抓教学质量的提升，也在加强科研、管理、后勤服务等各项工作以及教师队伍、学工队伍等方面的建设。在这个过程当中，党建工作要发挥作用。原来提党建工作都觉得比较虚，没有抓手，都觉得这是个软性的工作，可下大力抓，也可以不抓，或者可以拖拖再抓，可以慢慢地抓，这种状态对于我们的党建工作和学校发展大局，是不相匹配的。尤其是，一些党的干部不抓党的建设份内工作，有些党员不发挥作用，不能在推动学校发展中起到示范带动的作用，先进性就体现不出来。

这次创先争优活动我们提出了三个字，一个是要更“实”。也就是说我们设计的活动方案和所选择的活动载体要更加结合本单位的工作实际，开展的工作内容要更加实在，工作要更加有实效。通过这些形式、内容和成效来切实带动我们党的基层组织建设更加扎实，也通过这样的一些行动来带动我们党员的形象更加真实。举很简单的例子，在开展专业教学和研究工作的过程中，我们的党员教师能不能在本专业中成为骨干，成为带动青年教师发展的一个重要引导力量？前段时间也讲到，现在我们引进了很多的博士，我们的博士知识水平很高，但是许多不是师范大学毕业的，没有经过专门的培训，讲课的艺术、授课的方法和效果并不一定很好。那么，我们的党员教师能不能在提高教学质量、提高青年教师的教学水平方面，发挥老教师、党员教师的模范带头作用？又比如说我们评选“十佳教师”，“十佳教师”里面有一些就是党员，这些党员教师能不能开展一些教学观摩活动，引导年轻教师上好课，这是实实在在的教研活动。再比如说，在学生党员开展文明宿舍的活动中，能不能按原有的要求（就是党员宿舍挂牌，可列为活动方案里讲的“亮牌示范”），在党员宿舍的管理、秩序维护以及学生上课情况等方面，定出一些守则、一些规定来引导我们的学生党员发挥作用？这就要求我们要通过实实在在的活动载体、活动形式，使党员在教学科研工作和学术活动中、在育人各环节的具体工作中，切切实实发挥出示范带头的作用，这样我们的基层党组织就能够为推动学校教学科研中心工作发挥出重要作用。还有，一段时间以来，不少同志对机关的服务有一些微辞，那么通过创先争优活动能不能使机关作风得到改进？机关各部门的党支部在创先争优活动中，能不能通过实在的具体的党员示范活动来带动机关的管理育人、服务育人？总之，我们明确提出“师德教育、岗位奉献、服务群众、亮牌示范、强基创先”五大活动主题，就是要求各基层党组织紧密结合本单位的实际和特点，选一些具体、有效的载体，选一些具体、有效的方式，选一些具体、有效的活动内容，来实实在在地开展活动。这里讲的是更“实”。

第二个字是要更“活”，也就是要求我们的活动方式、形式要活泼、灵活多样，要更有活力，要促进党组织生活，促进党的基层组织更有生命力、更有生机。在工作部署的过程中，学校创先争优活动领导小组的成员可以带着方案下到各个学院征求意见，甚至可以跟各个学院的具体部门来沟通，形成各个学院有特色的活动方式。

第三个字就是要更“信”，就是通过创先争优活动使党的基层组织在群众中更有影响，群众对党的组织、对我们的党员更有信心。如果党员还不如一般群众，那么我们党组织的形象、党员的形象在海大的群众当中就没有威信，也就不可能为群众树立信心。另一方面，还要通过创先争优活动使得我们的党员和党组织自身更有自信，使得党员和党员干部对信念信仰更加坚定，这样我们党的组织才更有活力、更有凝聚力。

更“实”、更“活”、更“信”，是我们开展创先争优活动的基本要求。如果我们的党组织做不到这“三个字”的要求，我想在三年内甚至十年内要打好党的基层组织建设的基础是不可能的。这次活动我们提出要分四个层面推进。第一个层面是教师基层党组织和党员。在为人师表方面、育人方面、师德建设方面，党员教师要通过这次创先争优活动扎扎实实发挥出先锋模范作用。第二个层面是机关基层党组织和党员，第三个层面是后勤、教辅单位基层党组织和党员，在这两个层面的活动中，我们的党员干部职工如何做到管理育人、服务育人并在其中起到示范带动作用？人事部门很快就要搞岗位设置与聘用，在这个过程中管理服务岗位的职责要明确，包括各个学院也要明确管理岗位的职责及服务范围，结合这项工作，我们可以提出一些创先争优的要求，开展一些活动方式，我认为这是可行的。第四个层面就是学生基层党组织和党员。学生党员群体比教工党员还要多，当然学生党员需要靠教师党员来带动，包括辅导员兼党支部书记、团委书记兼党支部书记都要发挥作用，但学生党员群体本身是可以有很多活动载体的。比如说，在班里可以签党员公约；又比如说学生党员可以保证这个学期不挂科，保证这个学期不迟到一次课，保证这个学期带上几个后进的学生，保证所在宿舍里通过党员的带动能够按时作息、按时上课，不到外面打游戏、搞一些违法乱纪的事等。我们能不能选几个宿舍、几个团支部，好好地来做这个“文章”。这样就可以通过学生的工作来促进教工，通过教工的工作来带动学生，再通过师生的共同作用使整个学校的学风校风有更好的转变。总之，我觉得这次的创先争优活动能否达到目的，关键在于我们怎么选择活动载体、活动方式和活动内容，特别是要通过确立鲜明的活动载体，增强广大党员的责任感和和使命感，使广大党员的主动性、积极性最大限度地发挥出来，从而真正将活动搞得更“实”、更“活”、更“信”。这就要靠我们的基层党委（党总支、党支部）和党员认认真真坐下来研究，我们现在面临的是什么问题，解决这些问题的途径在哪里？突破口在哪里？从而好好地找一找适合自身实际、能够充分调动党员主动性积极性的活动载体，然后扎扎实实地去做。先做这个学期，再做下个学期，我们明年再评，评完以后，再做上一年。即使到党的十八大以后，我们一些先进的好的做法还要再坚持下去，再做上五年、十年，我不相信海大的党的基层组织建设不能打好基础。只要这样坚持不懈地努力，我们完全有信心按照中央的部署、省里的要求，通过两、三年的努力全面夯实我们党的基层组织建设的基础，使我们学校的党建工作和党的先进性确确实实得到加强。

三、党风建设应成为大学人文精神建设的重要内容和核心价值导向

这次党委分工我还是继续抓宣传工作、教工思想政治工作和校园文化的推进工作。我现在很关注的一个问题，就是一所大学，如何称之为大学？有人说是要有大楼，有人说是要有大师。而我认为一所大学之所以成为大学，是因为它有引领社会发展的大学人文精神。当然大师具备了这样的精神素养和内涵，这种大师是值得敬佩的。但是大学人文精神不是某个大师所建的，是整个群体通过多年的发展沉淀、积累，才形成这个大学的文化、价值，为这个群体的所有人员所认同，而且自觉规范自己的行为成为一种文化现象。所以，海南大学要真正成为百强高校，离不开我们自己去创造或者凝练的人文精神。大学人文精神所在，要看我们的语言，看我们的行为，看我们的学生风气，看我们的教师为人师表的状态，这些就是行为文化，首先映入眼帘的是这些，然后通过这些外在的形式渗透到人们心灵深处，就成为我们整个群体的人所遵循的某种精神价值。

作为党员、党的组织，我们所提倡的党性修

养，或者党风建设，我想也应该成为我们大学人文精神建设的一个重要内容，并且逐步地走进大学人文精神的核心价值里面。作为一个执政党，要成为领导核心，关键在于其价值理念能不能够引领这个社会、有没有感召力，在于其所倡导的精神价值能不能吸引人、凝聚人、鼓舞人。所以，我们现在看待党建工作，就不能仅仅是限于政治的角度，而是要拓宽到这个大学的人文发展，从这个学校的长远发展或者大学人文精神价值底蕴来看。今年教师节期间卫留成书记视察学校时就讲对教师的要求，特别强调了要加强师德建设。师德建设就是一个大学的人文建设的精神所在，也是一个大学灵魂所在。因为育人以德为先，如果老师的道德远远赶不上学生，还能为人之师吗？在大学开展创先争优活动，目的是要加强我们党的先进性，而党的先进性体现在具体的师德建设当中，体现在具体的育人服务当中，体现在具体的党员的率先垂范当中，我想这应该成为我们大学人文精神建设的重要内容。作为一所大学，一个知识创新、精神引领或者文化创新的高地，我们要通过党建工作来带动大学的文化建设，带动大学的精神文明建设。所以，党员的党性修养、党组织的党风建设要作为这次创先争优活动的一个着眼点和重要内容，通过扎扎实实的工作使我们广大党员的党性修养和党组织的党风建设在这次的创先争优活动中确实得到加强。希望我们各个基层党组织认真按照学校创先争优活动方案的部署，结合所在单位实际，采取得力的措施、有效的活动载体和方式，大力抓好党组织和党员的思想作风建设，特别是要重视通过创先争优活动促进师德师风建设和行政作风建设，从而以优良的党风促成优良的教风、学风和校风，为培育、发展海南大学的人文精神打下坚实的基础。

总的来说，今天在这里跟大家谈一点想法，和大家一起共勉，就是想通过创先争优活动第二阶段的推进，扎扎实实地夯实我们学校党建工作的基础，确实在推进学校的教学、科研、管理方面发挥出党组织的引领作用，更重要的是能够通过这样的党建工作来加强我们大学人文精神的建设。不对的地方，请诸位批评指正。

谢谢！

文件及规章制度

上级机关文件

中国共产党海南省委员会 关于黄国泰等同志职务任免的通知 （摘录）

琼干[2010]49号 2010年2月24日

各市、县、自治县委，省委各部门，省级国家机关各部门、各人民团体党组（党委）：

省委决定：

黄国泰同志任省委副秘书长（负责常务工作，正厅级），免去其海南大学党委书记、常委、委员职务。

中国共产党海南省委员会 关于何西庆等同志职务任免的通知 （摘录）

琼干[2010]56号 2010年2月24日

各市、县、自治县委，省委各部门，省级国家机关各部门、各人民团体党组（党委）：

省委决定：

刘康德同志任海南大学党委书记；

韦勇同志任海南大学党委副书记（负责常务工作，正厅级，试用期一年）。

中国共产党海南省委员会 关于韦勇等同志职务任免的通知

琼干[2010]66号 2010年2月24日

海南大学党委：

省委批准：

韦勇同志任海南大学纪委书记；

免去刘康德同志海南大学纪委书记职务，另有任用。

中国共产党海南省委员会 关于杨逢春等同志职务任免的通知 （摘录）

琼干[2010]147号 2010年7月12日

各市、县、自治县委，省委各部门，省级国家机关各部门、各人民团体党组（党委）：

省委决定：

陈封椿同志任海南大学党委委员、常委、副书记，免去其海南师范大学党委副书记、委员、纪委书记职务。

学校文件

中共海南大学委员会办公室 海南大学校长办公室 关于印发《海南大学2009—2010学年度第二学期工作要点》的通知

海大党办[2010]1号 2010年3月18日

儋州校区管委会、各二级单位党委（党总支）、各部门、各单位：

《海南大学2009—2010学年度第二学期工作要点》业经校党委常委会1届57次会议审议通过，现予印发实施。请结合本部门、本单位实际制订具体实施方案并认真贯彻落实。

海南大学 2009—2010学年度第二学期工作要点

2009—2010学年度第二学期，学校将紧紧抓住海南国际旅游岛建设的重大机遇，围绕“211

工程”建设这条主线，把强化特色学科建设作为工作全局的重中之重，把科研创新作为攻坚方向，把服务社会作为关键抓手，把人才培养作为立校根本，全力推进各项改革与建设，不断提高学校的办学实力和社会声誉。重点开展以下工作。

一、扎实推进“211 工程”建设

1．全面落实《海南大学“211 工程”三期建设方案》和《海南大学“211 工程”建设行动计划（2009—2011 年）》，加强“211 工程”建设项目的依法监督和科学管理，提高建设效益。（牵头单位：“211 工程”建设办公室；配合单位：相关单位、部门和各项目负责人及团队；联系校领导：刁晓平）

2．抓好国家级重点学科的评估验收工作；组织整合资源申报国家级重点培育学科；做好第三批省级重点学科的遴选工作；以“211 工程”重点建设学科项目为载体，做好培育国家级、省（部）级重点学科、重点实验室（工程中心）创新团队的遴选工作。（牵头单位：“211 工程”建设办公室；配合单位：科研处、相关学院；联系校领导：刁晓平）

3．抓好新增博士点和硕士点的申报与建设工作，力争拓宽博士学位授权点的学科门类，适当增加硕士学位授权点；根据教育部要求调整科学学位与专业学位的结构，进一步加强专业学位的建设和增列工作。（牵头单位：研究生处；配合单位：各学位点申报单位；联系校领导：周兆德）

4．做好学校“十二五”发展规划的编制工作。（牵头单位：“211 工程”建设办公室；配合单位：相关部门及单位；联系校领导：刁晓平）

二、大力提升教育教学质量

5．进一步深化教育教学改革，积极推行以能力培养为核心的教学模式创新，探索联合办学、学生互派等开放式培养新途径。进一步完善文理科实验班培养体制和三学期制改革。（牵头单位：教务处；配合单位：相关教学单位；联系校领导：周兆德）

6．健全教学督导工作体系与工作机制。全面推进本科教学工作目标管理评价和教师教学质量测评。（牵头单位：教务处；配合单位：各教学单位；联系校领导：周兆德）

7．以教学质量工程为抓手，集中建设一批标志性项目和成果；抓好精品课程、特色专业、教学名师、教学团队和实验教学示范中心等质量工程项目的建设和培育工作。启动学校教师教学比赛活动。采取强有力措施切实提高学生英语四、六级过级率。（牵头单位：教务处；配合单位：各教学单位；联系校领导：周兆德）

8．积极探索高质量研究生的招收和培养机制，稳步推进研究生创新人才培养工程。进一步完善推荐优秀本科生免试攻读硕士研究生的工作。（牵头单位：研究生处、教务处；联系校领导：周兆德）

9．编制好 2010 年普通本科分省分专业招生计划和研究生招生计划。（牵头单位：招生办；联系校领导：周兆德）

10．推进大学生思想政治教育与日常管理机制改革；建立学院学生工作评估体系和辅导员考核评价标准。（牵头单位：学生处；配合单位：教务处、校团委、毕业生就业指导中心；联系校领导：韦勇）

11．努力拓宽毕业生就业渠道，探索境外就业途径，健全毕业生就业情况反馈机制，指导和支持毕业生开展创业实践，发挥校友力量促进毕业生就业工作。（牵头单位：毕业生就业指导中心；配合单位：学生处、校团委、教务处；联系校领导：韦勇）

三、着力落实人才强校战略

12．继续大规模引进高层次人才，全力以赴做好“长江学者”招聘工作，结合“211 工程”建设积极引进学科带头人和中青年学术骨干。（牵头单位：人事处；配合单位：科研处、“211 工程”建设办公室、各有关单位；联系校领导：李建保）

13．充分利用对口支援、留学派遣、校际合作、日贷项目等，选派优秀教师、学术骨干和优秀干部到国内外高水平大学攻读博士学位、访学、研修、挂职。（牵头单位：人事处；配合单位：组织部、各教学科研单位；联系校领导：傅国华）

14．制订学校岗位设置实施方案。（牵头单位：人事处；配合单位：组织部、教务处；联系校领导：傅国华）

四、全力提高科研创新水平

15．推进科研管理体制改革，调整优化学校科研机构布局。（牵头单位：科研处；配合单位：各教学科研单位及相关部门；联系校领导：傅国华）

16．召开全校科研工作大会，部署加快推进学校科研工作。（牵头单位：科研处；配合单位：各教学科研单位及相关部门；联系校领导：刁晓平）

17．加强国家级科研项目特别是国家重点和重大科技项目的培育和申报工作，加大对地方特色项目和横向项目的支持力度，力争全校科研项目立项数和经费额有新的增长。（牵头单位：科研处；配合单位：各教学科研单位；联系校领导：刁晓平）

18．加强产学研联合，做好与企业单位商谈合作项目以及与学部、学院的联络工作。制订实施鼓励科技成果转化和规范成果转化动作的配套制度。（牵头单位：科研处；配合单位：相关学院；联系校领导：刁晓平）

五、进一步扩大对外交流与合作

19．大力推进与天津大学、清华大学、南开大学等国内高水平大学的合作，抓细抓实具体合作项目。（牵头单位："211 工程"建设办公室；配合单位：科研处、人事处、各有关部门和单位；联系校领导：刁晓平）

20．深化与英国纽卡斯尔大学、美国犹他大学、澳大利亚达尔文大学等境外高校的合作，进一步扩大师生交流范围并提高交流层次。积极开展"1+2+1"、"3+1"等形式的中外人才培养合作项目。（牵头单位：外事侨务处；配合单位：人事处、教务处、学生处、研究生处；联系校领导：严庆）

21．加快发展留学生学历教育。扩大招收东南亚和俄罗斯留学生。积极争取教育部和国家留学基金委对我校招收中国政府奖学金留学生和港澳台学生的支持。（牵头单位：外事侨务处（国际文化交流学院）；配合单位：招生办、教务处、各学院；联系校领导：严庆）

22．做好学校理事会工作。承办好世界海南乡团联谊会理事会年会活动。加强与成功大学的合作，办好"两岸博鳌企业实务论坛"。（牵头单位：外事侨务处；配合单位：相关部门及单位；联系校领导：严庆）

六、加快提高社会服务能力

23．整合学校优势资源，构建海南国际旅游岛建设的服务平台，积极开展具有鲜明地方特色的科技和社会服务项目，多形式、全方位、高水准参与海南国际旅游岛建设。（牵头单位：科研处，配合单位：各教学科研单位；联系校领导：傅国华）

24．认真落实海南省西部开发战略中涉及我校的 16 项责任项目任务，积极为海南西部各市县经济社会发展做贡献。（牵头单位：科研处，配合单位：相关部门及单位；联系校领导：傅国华）

25．继续推进与海口市等海南市县的战略合作，启动一批重点合作项目。（牵头单位：校办；配合单位："211 工程"建设办公室、科研处；联系校领导：傅国华、曹献坤）

七、抓紧改善办学条件和育人环境

26．加快建设校园基础设施，确保下学期开学前完成第五教学楼、19 号学生公寓、第六学生食堂、城西校区二号学生公寓等新建项目和一号教学楼、艺术学院排演厅、海甸校区供电系统一期等改造项目；按既定计划抓紧建设紫荆学生公寓、中日交流中心、理工楼、农学楼、社科楼、思源学堂、教职工集资房、周转房等项目；抓好两个校区农学实践教学基地的建设（改善）工程；落实好4个校级基础实验中心的建设任务；大力推进数字校园应用系统建设；立项编制校园园林绿化规划；论证确定校园建筑风格。（牵头单位：基建处、国资处、网教中心；配合单位：计划财务处、审计处、后勤管理处、后勤集团及学校各相关部门、单位；联系校领导：曹献坤、刁晓平）

27．健全校内经济责任制，开展与年度预算挂钩的专项资金使用绩效评价工作，落实好基建资金贷款计划，确保学校经费运行安全及建设资金不断链。（牵头单位：计划财务处；联系校领导：李建保、傅国华）

28．进一步细化后勤改革实施方案并启动实施，组织开展全面整治校园环境专项行动，努力为学校教学、科研及广大师生提供优质的后勤服务保障。（牵头单位：后勤管理处；配合单位：后勤集团；联系校领导：曹献坤）

29．积极开展校园卫生防疫、交通安全、食品卫生安全、消防安全及安全生产等校园安全专项工作，进一步完善突发事件应急处理机制，确保校园安全稳定。（牵头单位：综治办、保卫处、后勤管理处；配合单位：后勤集团、校医院，各部门、各单位；联系校领导：韦勇、曹献坤）

30．抓紧实施儋州校区第三批搬迁计划。加快筹办儋州分校。（牵头单位：校办、后勤管理处、儋州分校，配合单位：基建处、国资处及学校各相关部门、单位；联系校领导：周兆德）

31．抓紧处理历史遗留的法律官司，切实保障好、维护好学校和广大师生员工的整体利益。加快推进市公安局拘留所等海甸校区周边土地的整合工作（牵头单位：国资处；配合单位：校法律顾问室、基建处；联系校领导：曹献坤、刁晓平）

八、切实加强党建与思想政治工作

32．认真贯彻落实党的十七届四中全会精神，召开学校党建工作会议，促进学校党建工作科学化水平的提高。（牵头单位：组织部、党办；配合单位：党委系统各部门，各二级单位党委、党总支；联系校领导：刘康德）

33．加大干部教育培训力度，切实提高党政干部的政策水平和业务能力。认真制订实施党政后备干部的培养和选拔方案。（牵头单位：组织部、党校；配合单位：党办、校办；联系校领导：刘康德）

34．进一步加强党风廉政建设，召开年度学校纪检监察工作会议，部署加强反腐倡廉工作；规范审计工作程序，加大对学校重要项目跟踪审计的力度。（牵头单位：纪检办；联系校领导：韦勇）

35．大力加强思想政治宣传，研究制定学校校园文化建设规划，开展校训校歌征集活动，广泛开展对内对外的正面宣传，在内聚人心、外树形象上争取新突破，进一步汇聚学校改革发展的强大合力。（牵头单位：宣传部；配合单位：党办、校办、校团委；联系校领导：韦勇）

中共海南大学委员会办公室 关于印发《中共海南大学委员会关于在全校基层党组织和党员中深入开展创先争优活动的实施方案》的通知

海大党办[2010]5号 2010年5月17日

儋州校区管委会、各二级单位党委（党总支）、各部门、各单位：

《中共海南大学委员会关于在全校基层党组织和党员中深入开展创先争优活动的实施方案》，已经学校党委常委会讨论通过，现印发给你们，请认真组织实施。

中共海南大学委员会 关于在全校基层党组织和党员中深入开展创先争优活动的实施方案

为贯彻落实《中共中央办公厅转发〈中央组织部、中央宣传部关于在党的基层组织和党员中深入开展创先争优活动的意见〉的通知》（中办发[2010]12 号）以及海南省委、省委教育工委的相关文件精神，学校党委决定在全校党的基层组织和党员中深入开展创先争优活动。现结合我校实际，提出如下实施方案。

一、总体要求

根据中央及省委文件精神，我校深入开展创先争优活动，要认真贯彻落实党的十七大和十七届三中、四中全会以及省委五届五次、六次全会精神，以邓小平理论和“三个代表”重要思想为指导，以深入学习实践科学发展观、实现海南大学又好又快发展为主题，以加快“211 工程”建设、促进新海大转型升级为载体，以树立优良校风学风和立足岗位奉献为重点，坚持服务学校教学科研和建设发展大局，振奋精神，改革创新，讲求实效，统筹推进党的建设及其他经常性工作，充分发挥基层党组织的战斗堡垒作用和共产党员的先锋模范作用，在推动科学发展、构建和谐校园、服务师生员工、加强基层组织以及服务海南国际旅游岛建设的实践中建功立业。

推动科学发展，就是要巩固和扩大深入学习实践科学发展观活动成果，进一步落实学校党委一届二次全会精神，加快“211 工程”项目建设，促进学校转型升级，着力解决影响和制约学校科学发展的突出问题，自觉在解决热点难点问题、推进学校发展上台阶上水平上当先锋、作表率。

促进校园和谐，就是要深入开展社会主义核心价值体系教育及优良校风学风教育，讲政治、讲团结、讲正气，营造崇尚先进、鼓励创新、明理宽容、互相尊重的校园风气，及时化解矛盾纠纷，竭力维护安全稳定，进一步融洽党群之间、师生之间、学校与社会之间的关系，努力创建文明校园、和谐校园。

服务师生员工，就是要牢固树立服务师生、服务社会的意识，认真倾听师生呼声，及时反映师生意愿，努力帮助师生解决工作和生活中遇到的实际困难；积极参加党员志愿者和“帮扶结对”活动，多为师生员工办实事办好事。

加强基层组织，就是要优化组织设置，创新活动方式，积极推进学习型党组织建设，增强党员队伍的生机活力，实施“强基创先”工程，造就高素质的基层党组织骨干队伍，充分发挥基层党组织的战斗堡垒作用，并带动业务单位或其他各类基层组织建设。

服务海南国际旅游岛建设，就是要深刻认识学校在海南建设发展中的特殊使命，解放思想、更新观念、深化改革、主动服务，大力加强特色学科和专业建设，大力提高教育教学质量和科研水平，大力推动校市（县）合作、校企合作，办人民满意学校，更好地为海南国际旅游岛建设培养优秀人才、提供智力支持。

通过开展创先争优活动，整体提高学校基层党组织和党员队伍建设水平，培养树立一批充分发挥战斗堡垒作用、先锋模范作用的先进基层党组织和优秀共产党员，为学校顺利完成“211 工程”项目建设、实现转型升级，进而更好地服务海南国际旅游岛建设提供坚强的政治保证和组织保证。

二、主要内容

这次创先争优活动，以创建先进基层党组织、争当优秀共产党员为主要内容。

先进基层党组织的基本要求是，学习型党组织建设成效明显，出色完成党章规定的基本任务，努力做到“五个好”：一是领导班子好。深入学习实践科学发展观，全面贯彻党的教育方针，认真落实党建工作责任制，努力提高抓班子、带队伍的能力，团结协作，求真务实，勤政廉洁，有较强的凝聚力、战斗力和创造力。二是党员队伍好。重视教职工党员的发展和教育，党员素质优良，有较强的党员意识和良好的精神面貌，切实发挥先锋模范作用。三是工作机制好。围绕单位改革发展开展形式多样的党建活动，规章制度健全完善，管理措施到位，长效机制建立务实有效。四是工作业绩好。在开展“211 工程”项目建设、深化教育教学改革、推进学校各项事业中强化党的政治领导，围绕中心、服务大局，解决问题、促进发展，改革创新、成效明显。五是群众反映好。尊重师生，爱护师生，诚心诚意为师生办实事；工作措施符合师生意愿，工作作风和工作实绩师生满意度高，党组织得到师生拥护，党群干群关系密切。

学生党支部主要突出“三个好”：党员培育好。能积极、有效做好大学生党员的发展、教育和管理工作，引导广大学生树立坚定的共产主义理想和信念；组织活动好。经常组织开展健康向上、丰富多样的支部活动，支部建设充满活力；发挥作用好。能校好地发挥支部的战斗堡垒作用，以党建带团建，以党建促进其他学生组织的健康发展和优良学风、班风、校风的形成，维护校园安全稳定，在学生中具有较强的感召力。

优秀共产党员的基本要求是，模范履行党章规定的义务，努力争当“五个模范”。教工党员要争当：（1）学习钻研的模范，认真学习实践科学发展观，刻苦钻研业务知识，努力提高自身的党性修养和能力水平，成为热爱学习、学会学习和终身学习的楷模；（2）岗位奉献的模范，忠诚于党的教育事业，具有强烈的事业心、责任感，爱岗敬业，勇挑重担，在教学、科研、管理或服务岗位上作出显著业绩；（3）为人师表的模范，养成求真务实和严谨自律的治学态度，树立高尚的道德情操和精神追求，教书育人、管理育人、服务育人，言传身教，甘为人梯，以大德树良师形象；（4）团结协作的模范，热爱集体，服务师生，团结友爱，坚决维护集体荣誉。树立大局意识和团队精神，以团队协作争创教学、科研的高层次成果，提升单位的整体管理、服务水平；（5）遵纪守法的模范，自觉遵守党的纪律，带头遵守国家法律法规及学校各项规章制度，坚持原则，弘扬正气，敢于同不良风气、违纪违法行为作斗争。学生党员则要争当努力学习的模范、实践创新的模范、自强自立的模范、尊师爱友的模范、遵纪守法的模范，努力使自己成为志向远大、品德高尚、知识丰富、能力较强的高素质的优秀学生。

三、方法步骤

按照中央和省委的要求，这次创先争优活动通过公开承诺、领导点评、群众评议、评选表彰的方式，围绕迎接建党 90 周年、向党的十八大献礼两个重大节点，有计划、有节奏地持续推进展开。根据省委教育工委、教育厅党组的活动部署，学校整个活动分四个步骤进行。

（一）动员部署、学习准备阶段（2010 年 4 月—6 月底）。主要抓好四项工作：

1.动员部署。学校和各二级单位要在 5 月下旬以前召开动员大会，进行安排部署，搞好宣传发动。

2.制定方案。各基层党组织（含二级单位党委、党总支，党支部）要围绕学校创先争优活动的主题、载体、重点和总体要求，从本单位实际情况出发，更具体、鲜明、实在地设计党员群众喜闻乐见的活动载体，找准开展活动的抓手和着力点，制定科学周密、富有特色、切实可行的活动实施方案；党员要围绕党性修养、作风养成、履行职责、岗位奉献等方面提出参加活动的具体打算。学校党委、基层党委（党总支）、党支部的活动方案和党员个人的具体打算要采取会议、网络、活动专栏等方式向群众公布，重点做出承诺，接受群众监督。

3.组织学习。基层党组织和广大党员认真学习胡锦涛总书记在全党深入学习实践科学发展观活动总结大会上的重要讲话和中央、省委相关文件精神，以及省教育工委、学校党委的重要部署，统一思想认识，积极投入到创先争优活动中来。

4.党性分析。基层党组织要在 2010 年春季学期结束前，集中一周时间，组织党员进行一次党性分析，在职党员应撰写党性分析报告，并组织群众对党员进行评议。

（二）全面创争、扎实推进阶段（2010 年 9 月—2011 年 6 月底）。学校各基层党组织和全体党员，根据实施方案和个人具体打算，紧密结合单位中心工作和日常工作，认真扎实、机动灵活地开展创先争优活动。具体围绕几项主题活动展开：

1．“师德教育”活动。充分发挥学校先进基层党组织、优秀共产党员、“十佳教师”、先进工作者的榜样和示范作用，采取编印事迹材料、组织座谈会、开展征文和网络、广播宣传等形式，在教师节前后，对教职工党员普遍进行师德师风教育，对学生党员进行优良校风学风教育，促使一批优秀共产党员成为“三育人”标兵、师德标兵或学生标兵。

2．“岗位奉献”活动。从新学期开学开始，引导全体党员认清自己的岗位职责和历史使命，刻苦学习业务，努力实践创新，开展“211”建设先锋、新海大创建标兵、海大之星等分别面向教职工、学生的不同内容的推选评比活动，比学习、比创新、比奉献，激励全体党员在本职岗位上创一流业绩、当先锋战士。

3．“服务群众”活动。各单位要根据自身实际，组织党员走向基层、走向师生、走向社会，开展志愿服务、结对帮扶、走访慰问等活动，使党员在联系基层、服务师生、奉献社会的过程中增强责任感、使命感。

4．“亮牌示范”活动。通过设置党员先锋岗、示范岗或挂牌上岗等形式，把党员身份亮出来，把党员形象树起来，促使党员发挥骨干作用和先锋模范作用。

5．“强基创先”活动。优化组织设置，创新组织形式和活动方式，加强基层党组织班子、阵地、条件和制度建设，强化组织功能，推动创新发展，真正发挥学校党委的领导核心作用和基层党组织的政治保证、战斗堡垒作用，努力提高学校基层党组织建设的科学化水平。

2011年“七一”前，学校党委要对先进基层党组织、优秀共产党员和优秀党务工作者进行推荐表彰。各二级单位党委（党总支）也要采取适当方式对先进党支部、优秀共产党员和党务工作者进行表彰鼓励。创先争优评选表彰要注重工作实绩和群众公认，采取自下而上、层层推荐的方式进行。

（三）典型带动、全面提升阶段（2011年9月—2010年6月底）。充分发挥在创先争优活动过程中先进典型的示范带动作用，全面提升活动的整体工作水平。主要抓好三项工作：

1．树立先进典型。以受表彰的对象为重点，学校确定一批“五个好”先进基层党组织和“五个模范”优秀党员、优秀党务工作者，采取组织先进典型报告会、观摩学习、宣传报道等形式，扩大先进典型影响力。

2．开展向先进典型学习活动。所有基层党组织和党员，都要对照先进典型，对照目标要求和岗位职责，查找自身差距，明确努力方向，制定跟进、赶超的具体措施，形成比、学、赶、帮、超的浓厚氛围。

3．实施全面提升工程。对照总体要求，着眼全面提升，加强不同层次党组织建设，使处于先进的当好标杆、中间状态的规范提高、相对后进的改变面貌，使“五个好”先进基层党组织和“五个模范”优秀党员、优秀党务工作者的比例有较大幅度提高。

2012年“七一”前，学校将根据上级组织部署，推荐表彰“2010—2012年创先争优活动”先进基层党组织、优秀共产党员、优秀党务工作者。

（四）回顾总结、完善机制阶段（2010年9月—党的十八大召开前）。围绕向党的十八大献礼，这一阶段重点抓好四项工作：

1．展示成果。通过举办创先争优活动图片展、创争经验交流会、理论成果研讨会等多种形式，全面回顾我校党的基层组织和党员深入开展创先争优活动情况，集中展示活动成果，特别要展示通过活动促进学校科学发展的成果。

2．搞好总结。学校和各二级单位都要对开展创先争优活动进行系统总结，认真总结经验、查找不足，进一步研究制定改进措施。

3．考核评议。学校党委对二级单位党委（党总支）、二级单位党组织对党支部、基层党组织对党员开展创先争优活动情况进行考核，并采取适当方式组织党员、群众进行评议。

4．完善机制。对开展创先争优活动中行之有效的科学做法用制度的形式固定下来，形成创先争优的机制。

本次活动期间跨度 2010—2012 年的三个学年、六个学期，其中包括三个暑假、两个寒假。二级单位要结合实际，合理利用寒暑假时间，带头搞好调查研究和社会服务，同时，要对创先争优活动及时进行阶段性梳理和总结，为下一学期活动做好准备。

四、组织领导

按照上级组织的要求，这次活动坚持服务大局、分类指导、群众路线和经常性为主的原则，确实加强组织领导。

（一）明确领导责任。学校成立创先争优活动领导小组，指导全校基层组织和党员开展活动。领导小组下设办公室，负责创先争优活动的具体工作。学校党委常委和领导小组成员要建立创先争优活动联系点。基层党组织委员会要具体负责本单位创先争优活动的组织实施，并建立党员领导干部党支部联系点。要以基层党组织和党员的创先争优活动带动基层业务单位和工会、共青团、学生会及社团等群众组织开展创建先进集体、争当先进个人活动。

（二）加强督促检查。采取听取汇报、专题调研、交流研讨、明查暗访等形式，了解活动进展情况，研究解决遇到的问题，总结推广经验做法，推动活动顺利开展。学校领导小组要加强对开展创先争优活动的具体指导和督促检查。学校党委常委和领导小组成员要对创先争优活动联系点情况适时进行点评，实事求是肯定取得的成绩，指出存在的问题和努力方向。对思想不重视、工作不得力的，要求限期整改

（三）搞好舆论宣传。充分利用报刊、广播、电视、互联网以及手机短信平台和信息简报等媒介，大力宣传我校先进基层党组织和优秀共产党员的典型事迹，大力宣传开展创先争优活动的经验做法和实际效果。各二级单位要通过设置活动专栏和网页、悬挂横幅等形式加大宣传力度，努力形成学习先进、崇尚先进、争当先进的活动氛围和校园风气。

附件：海南大学基层党组织和党员创先争优活动领导小组及其办公室成员名单

海南大学基层党组织和党员创先争优活动领导小组及其办公室成员名单

一、领导小组

组　长：刘康德（校党委书记）

副组长：韦　勇（校党委副书记）

成　员：黄　恒（校党委办公室主任）

郑再喜（校党委组织部部长）

张继友（校党委宣传部部长）

房云昆（校纪委副书记、纪检办主任）

王　强（机关党委副书记、校党委组织部副部长）

蔡鹤龄（校统战部部长）

王志芳（党校常务副校长、宣传部副部长）

王兆庆（综治办主任）

龙　腾（党委办公室副主任、党委秘书）

刘湘洪（校长办公室主任）

刘　雯（人事处处长）

王大群（学生工作处处长）

王丽娜（校团委书记）

覃金源（城西校区党委书记）

樊　春（儋州校区党委书记）

二、办公室

主　任：郑再喜（兼）

副主任：张继友（兼）

黄　恒（兼）

王　强（兼）

中共海南大学委员会办公室 海南大学校长办公室 关于印发2010—2011学年度第一学期工作要点的通知

海大党办[2010]8号 2010年9月21日

儋州校区管委会、各二级单位党委（党总支）、各部门、各单位：

《海南大学2010—2011学年度第一学期工作要点》业经校党委常委会1届66次会议审议通过，现予印发实施。请结合本部门、本单位实际制订具体实施方案并认真贯彻落实。

海 南 大 学 2010—2011学年度第一学期工作要点

2010—2011学年度是学校“211工程”建设的攻坚之年。本学期，学校将紧紧抓住海南国际旅游岛建设和“211工程”建设两大机遇，继续围绕落实“211工程”建设、深化合并融合、完成儋州校区师生搬迁三大任务，以增创特色、提高质量为核心，以加快建设、夯实基础为保障，以解放思想、改革创新为动力，大力推动学校中心工作再上新台阶，促进学校事业全面协调可持续发展。重点开展以下工作。

一、举全校之力推进“211工程”建设

1．认真落实《海南大学“211工程”三期建设方案》和《海南大学“211工程”建设行动计划（2009—2011年）》，加快“211工程”项目实施进度，提高项目管理水平和建设质量。制订评估验收计划，做好建设项目的凝练提升、合理调整和科学布局，采取有力措施培育建设项目标志性成果，对有特色、有亮点、有贡献度的学科项目给予倾斜支持。（牵头单位：“211工程”建设办公室；配合单位：相关单位、部门和各项目负责人及团队；联系校领导：刁晓平）

2．做好国家级重点学科的评估验收工作；组织整合资源申报国家级重点培育学科；落实第三批省级重点学科的建设任务。（牵头单位：“211工程”建设办公室；配合单位：科研处、相关学院；联系校领导：刁晓平）

3．全力抓好新增博士点和硕士点的申报与建设工作，力争实现学校博士点、硕士点布局取得新的突破。（牵头单位：研究生处；配合单位：各学位点申报单位；联系校领导：林强）

4．继续做好学校“十二五”发展规划的编制工作。（牵头单位：“211工程”建设办公室；配合单位：相关部门及单位；联系校领导：刁晓平）

二、大力提升教育教学质量

5．进一步推进教学质量工程项目建设；切实将教学督导工作落到实处，强化教学质量监控；进一步完善文理科实验班培养体制，扩大三学期制实施范围；积极推进网络辅助教学与网络教学，努力实现优质教学资源整合与共享；采取强有力措施切实提高学生英语四、六级过级率；进一步完善推荐优秀本科生免试攻读硕士研究生的工作。（牵头单位：教务处；配合单位：相关部门及各教学单位；联系校领导：周兆德）

6．深化研究生人才培养机制改革，稳步推进研究生创新人才培养工程；结合“十二五”的编制与实施，酝酿启动学校研究生院的筹建工作。（牵头单位：研究生处、教务处；联系校领导：林强）

7．推进大学生思想政治教育与日常管理机制改革；建立完善辅导员、班主任培训考核体系；加强心理咨询专业队伍的建设；抓好学生安全教育和卫生、心理健康教育；加大学生创新院的建设力度，加强学生创新能力培养和创业教育；进一步做好贫困生资助工作并提高资助的实效。（牵头单位：学生处、校团委；配合单位：教务处、毕业生就业指导中心及各教学单位；联系校领导：陈封椿）

8．努力拓宽毕业生就业渠道，落实就业率与招生挂钩制度。（牵头单位：毕业生指导中心；配合单位：学生处、校团委、招生办；联系校领导：陈封椿）

三、加快推进人才强校战略

9．结合“211 工程”建设，继续大规模引进高层次人才，全力落实长江学者引进计划，积极引进学科带头人和中青年学术骨干。关注高层次人才流动情况，稳定人才队伍。（牵头单位：人事处；配合单位：科研处、“211 工程”建设办公室、各有关单位；联系校领导：李建保）

10．充分利用对口支援、留学派遣、校际合作、日贷项目等，选派一批优秀教师、学术骨干和优秀干部到国内外高水平大学攻读博士学位、访学、研修、挂职。（牵头单位：人事处；配合单位：组织部、各教学科研单位；联系校领导：傅国华）

11．全面实施学校岗位设置实施方案。进一步规范和完善教师评价体系，健全科学的考核制度，形成有利于中青年教师脱颖而出的机制和环境。（牵头单位：人事处；配合单位：各教学科研单位；联系校领导：傅国华）

四、全面提高科研创新水平和社会服务能力

12．召开全校科研工作大会，凝聚共识，明确思路，完善机制，理顺关系，激发活力，开创科研工作新局面。（牵头单位：科研处；配合单位：各教学科研单位及相关部门；联系校领导：林强）

13．着力抓好科研团队建设。对基础好、潜力大、有特色的科研团队给予重点扶持，打造能够承担前沿性重大项目的高水平创新团队。（牵头单位：科研处；配合单位：各教学科研单位及相关部门；联系校领导：林强）

14．力争科研立项在规模和档次上取得新突破。以“十二五”国家科技计划预备项目为重点，全力组织做好国家级科研项目的培育和申报工作。加大对地方特色项目和横向项目的支持力度。（牵头单位：科研处；配合单位：各教学科研单位及相关部门；联系校领导：林强）

15．加强科研创新平台建设。建设好国家重点实验室培育基地。切实提高部省级重点实验室和工程研究中心的建设水平。实质性推进“海南低碳经济政策与产业技术研究院”、“海南国际旅游岛发展研究院”工作。争取与地方重点企业联合建立研发机构。（牵头单位：科研处；配合单位：各教学科研单位及相关部门；联系校领导：林强、刁晓平、傅国华）

16．加快推进科研服务地方战略。建立健全鼓励和规范教学科研人员开展科技成果转化及智力服务的政策体系与运行机制。整合学校优势资源积极为海南国际旅游岛建设提供高质量的服务。认真组织落实海南省西部开发战略 16 项责任项目的相关任务。梳理总结并宣传推介学校开展成果转化和智力服务的成功经验及项目典范，形成学校科研服务地方的良好氛围和舆论导向。（牵头单位：科研处；配合单位：各教学科研单位；联系校领导：林强、傅国华）

五、进一步扩大国内外教育合作与交流

17．大力推进与天津大学、清华大学、南开大学等国内高水平大学的合作，抓细抓实具体合作项目，重点推动院系级的项目合作。认真组织做好与天津大学、华南理工大学联合培养学生项目的实施工作。（牵头单位：“211 工程”建设办公室；配合单位：教务处、科研处、人事处、各有关部门和单位；联系校领导：刁晓平、周兆德）

18．继续深化与英国纽卡斯尔大学、美国犹他大学、澳大利亚达尔文大学等境外高校的合作，落实“1+2+1”、“3+1”等形式的中外人才培养合作项目；加快发展留学生学历教育，扩大学历留学生规模；积极争取教育部和国家留学基金委对我校招收中国政府奖学金留学生、港澳台学生以及申报国家资助出国留学研究生（联合培养研究生）项目给予支持。（牵头单位：外事侨务处；配合单位：人事处、教务处、学生处、研究生处；联系校领导：傅国华）

19．以建成国际化高水平旅游学院为目标，在优化旅游学院学科专业设置、理顺内部管理关系的基础上，努力推进旅游学院国际合作办学，开创旅游学院办学新局面。（牵头单位：旅游学院；配合单位：外事侨务处和各有关部门；联系

校领导：李建保）

六、抓紧改善办学条件和育人环境

20. 加快建设与完善校园基础设施，确保按既定计划完成各个基建项目。抓好两个校区农学实践教学基地的建设（改善）工程，落实好4个校级基础实验中心的建设任务。加快数字化校园建设步伐。加强数据化图书馆建设并做好迎接图书馆评估工作。推进海甸校园景观规划设计及建设工作。（牵头单位：基建处、国资处、网教中心、图书馆；配合单位：计划财务处、审计处、后勤管理处、后勤集团及学校各相关部门、单位；联系校领导：曹献坤、刁晓平、傅国华）

21. 配合省财政拨款制度改革，完善学校财务管理，提高财务服务质量和运行效益；制订实施经济责任制暂行办法；落实好基建资金贷款计划；积极跟踪争取中央支持地方高校三年规划专项资金。加强国有资产使用效益。（牵头单位：计财处、国资处；配合单位：各相关部门及单位；联系校领导：傅国华、刁晓平）

22. 以深化后勤改革、提升校园环境品位、推行精细化管理为重点，全面提升后勤管理水平、保障能力和服务质量；细化、落实后勤改革方案；进一步推行学校资源有偿使用制度及市场调节机制；采取有力措施加强节能降耗减排，建设低碳校园。继续推进校园公共安全体系建设，提高处理突发事件的能力；安装使用门禁系统，实施校园“一卡通”。加强和改善校园交通管理，认真做好重点场所、重大活动的安全防范工作，创造安全稳定的校园环境。（牵头单位：后勤管理处、保卫处；配合单位：后勤集团、网教中心；联系校领导：曹献坤）

23. 制订儋州校区第三批搬迁计划并积极做好各项准备工作。确保应用科技学院（儋州校区）办学进入正常轨道。（牵头单位：校办、后勤管理处、儋州校区管委会、应用科技学院（儋州校区）；配合单位：基建处、国资处及学校各相关部门、单位；联系校领导：周兆德）

七、切实加强学校党的建设

24. 按照创先争优活动方案部署，围绕“师德教育”、“岗位奉献”、“服务群众”、“亮牌示范”和“强基创先”等五项主题活动，深入扎实地开展创先争优活动。（牵头单位：组织部；配合单位：党办、宣传部、各二级单位党委、党总支；联系校领导：韦勇）

25. 围绕学习贯彻《国家中长期教育改革和发展规划纲要》、《海南国际旅游岛建设发展规划纲要》以及今年国家和海南教育工作会议、人才工作会议的精神，积极开展党委理论中心组学习活动，并组织全校性学习讨论活动，进一步理清办学思路、明确办学定位，为制订好学校“十二五”发展规划奠定坚实思想基础。（牵头单位：党委宣传部；配合单位：党办、组织部、党校、校办、“211工程”建设办公室、各部门各单位；联系校领导：韦勇）

26. 以提高执行力为重点加强干部队伍建设，积极灵活有效方式加大干部教育培训力度。（牵头单位：组织部；配合单位：党办、党校、各部门各单位；联系校领导：韦勇）

27. 加强校园文化建设，制订校园文化建设规划，落实好校训、校歌的征集、确定工作；积极开展丰富多彩、健康高雅的校园文化活动，打造校园文化活动品牌。（牵头单位：党委宣传部、校团委；配合单位：党办、校办、各有关部门；联系校领导：韦勇）

28. 抓好重点基本建设工程项目、物资采购、财务的审计和监督，促进规范管理、有序运作，为学校事业健康发展提供保障。（牵头单位：纪检办公室、审计处；联系校领导：韦勇）

机构设置及更名

中共海南大学委员会
关于成立校医院党总支的决定

海大党[2010]2号 2010年1月18日

儋州校区管委会、各二级单位党委（党总

支）、各部门、各单位：

校医院在整合原“两校”医院的基础上已正式成立，根据党的章程、《中国共产党普通高等学校基层组织工作条例》和学校有关规定，经校党委常委会研究决定，成立中共海南大学医院总支委员会。

中共海南大学医院总支委员会在中共海南大学委员会的直接领导下开展工作，其主要职责是：（1）宣传和执行党的路线、方针、政策，贯彻执行党中央、上级组织和学校的决定，确保校医院的工作与党中央、上级组织和学校的决定精神保持高度一致；（2）在发挥政治核心作用的同时，大力支持和保证监督校医院院长在其职权范围内，独立负责地开展医院管理工作；（3）组织做好校医院党的思想、组织、作风和制度建设，真正发挥出党政领导班子的领导核心作用、基层党组织的战斗堡垒作用和党员的先锋模范带头作用；（4）对要求入党的积极分子进行教育和培养，做好经常性的发展党员工作；（5）对党员进行教育、管理和监督，促进党员提高素质、增强党性，严格党的组织生活，开展批评和自我批评，维护和执行党的纪律，监督党员切实履行义务，保障党员的权利不受侵犯；（6）积极适应新形势，组织做好校医院职工的思想政治工作，凝聚人心，鼓舞士气，充分发挥广大职工的积极性、创造性，鼓励和支持他们为办好校医院贡献自己的聪明才智；（7）组织抓好校医院党员干部的教育和管理，监督党员干部及其他工作人员严格遵守党纪国法政纪校规；（8）领导校医院的统一战线工作及工会等群众组织的工作；（9）负责校医院的安全稳定工作；（10）贯彻落实中共海南大学委员会部署的其他工作。

中共海南大学委员会
关于儋州分校更名的通知

海大党[2010]7号　2010年3月30日

儋州校区管委会、各二级单位党委（党总支）、各部门、各单位：

根据教育主管部门的意见，结合学校实际，经校党委常委会研究决定，将“海南大学儋州分校”更名为“海南大学应用科技学院（儋州校区）”。更名后该学院办学与运作方式仍按《中共海南大学委员会关于儋州分校办学的若干意见》执行。

规 章 制 度

中共海南大学委员会办公室
关于印发《海南大学干部选拔任用工作保密纪律规定（试行）》的通知

海大党办[2010]2号　2010年3月26日

各二级单位党委（党总支）、儋州校区管委会、各部门、各单位：

《海南大学干部选拔任用工作保密纪律规定（试行）》业经党委常委会会议讨论通过，现印发给你们，请认真贯彻落实。

海南大学干部选拔任用工作
保密纪律规定（试行）

为严肃干部工作纪律，坚决杜绝跑风漏气现象，确保学校党委选准人、用好人，建设和谐校园，根据《党政领导干部选拔任用工作条例》和《中国共产党纪律处分条例》等有关规定，结合我校实际，针对干部选拔任用工作保密纪律作出如下十条规定。

第一条　学校党委领导及组织部门向干部本人征求任用意向意见，本人不得随意向其他人员泄露谈话内容。

第二条　二级单位党委（党总支）和机关部门以组织名义向学校党委推荐干部，党委班子及其他知情人不得向包括被推荐人在内的任何人泄露提名推荐情况。

第三条　领导干部以个人名义向学校党委推荐干部，推荐人不得向被推荐人或其他人员透露推荐情况。

第四条　参与酝酿调整任用干部的机关部门、二级单位领导及有关人员不得向包括拟调整对象在内的任何人泄露、扩散组织上沟通酝酿干部的情况。

第五条　学校党委主要领导或分管领导就人选意向与有关领导成员之间的沟通酝酿，参与酝酿的领导不得泄露有关干部选任或调整意向的信息。

第六条　参加书记办公会或学校领导务虚会研究酝酿干部工作的所有领导以及在场工作人员，不得向外泄露会议酝酿讨论情况。

第七条　任何人不得泄露学校党委常委会讨论决定干部任免表决情况和结果，包括与会人员提出的问题和个人表态意见。

第八条　学校党委常委会作出的干部任免决定，由学校党委委托组织部门或有关领导进行公布，在正式对外公布前，其他与会人员不得对外泄露。

第九条　组织部所有工作人员和参与干部考察工作的其他工作人员，要严格遵守干部人事纪律，严格保密。未经组织允许，不得向外泄露干部提名、推荐、测评、考察、酝酿、讨论决定等环节有关情况。

第十条　违反上述规定，视情节轻重，分别给予批评教育、责令检查、通报批评、调整岗位、党纪政纪处分。

中共海南大学委员会办公室
关于印发《海南大学科级干部选拔任用和管理工作实施办法（试行）》的通知

海大党办[2010]4 号　2010 年 5 月 6 日

儋州校区管委会、各二级单位党委（党总支）、各部门、各单位：

《海南大学科级干部选拔任用和管理工作实施办法（试行）》经中共海南大学委员会常委会 1 届 59 次会议审议通过，现予印发执行。

特此通知

海南大学科级干部选拔任用和管理工作实施办法（试行）

第一条　科级干部是学校党政管理队伍的重要组成部分，是学校干部队伍建设，尤其是后备干部培养的基础性工作。为加强我校科级干部的选拔任用和管理工作，根据《党政领导干部选拔任用工作条例》，结合我校实际，特制定本办法。

第二条　本办法中科级干部指在学校设置的科级机构、科级职数范围内任职的干部。各单位（部门）科级机构、科级干部职数以学校核定数为基本依据。

第三条　科级干部的选拔任用和管理工作在学校党委的统一领导下，党委组织部会同人事处、纪委办和二级单位党委（党总支）按照干部管理权限具体负责科级干部的选拔任用和管理工作。

根据工作需要，学校党委可以调动或者指派科级干部。

第四条　选拔任用科级干部，必须按《党政领导干部选拔任用工作条例》中的规定，坚持党管干部原则、任人唯贤和德才兼备原则、群众公认和注重实绩原则、公开平等和竞争择优原则、民主集中制原则、依法办事原则。

第五条　科级干部应当具备下列基本条件：

（一）具备良好的政治素养、思想品德和较高的政策水平，遵守国家法律法规，廉洁勤政。

（二）具有较强的事业心和责任感，有为教学科研服务的奉献精神，有良好的职业道德和敬业精神。

（三）有一定的实践经验，有胜任相应岗位的组织管理能力和专业知识水平，能熟练掌握履行岗位所需的理论和技能，能够正确处理日常工作，具有独立解决本职工作中实际问题的能力。

第六条　提任科级干部，一般要具有 1 年以上的本校在编工作经历（具有博士学位的除外），并具备下列相应任职资格：

（一）提拔担任正科级干部，原则上应具备下列资格之一：

1．在副科级岗位上工作2年以上（不具有本科以上学历人员适当延长规定年限）；

2．取得中级职称（经学校相关部门认可）；

3．取得博士学位。

（二）提拔担任副科级干部，原则上应本科毕业且工作满4年或取得硕士学位工作满2年。

选拔担任党团管理岗位的科级干部，还必须符合党、团组织的有关规定。

对于在校学习期间担任主要学生干部、表现特别优秀且符合特殊岗位要求，或者工作表现特别突出的青年干部，可以通过竞争性选拔等方式破格提任科级干部。

对于长期在党政管理岗位或多年在基层单位重要岗位上工作，表现突出但不具备以上资格的人员，经校党委同意，可以提任科级干部或享受相当级别待遇。

第七条　选拔任用科级干部，必须执行民主推荐、组织考察、决定人选、决定任免和办理任免手续等程序。

（一）民主推荐。选拔任用科级干部必须经过民主推荐提出考察对象。民主推荐可采用会议投票推荐或个别谈话推荐等形式进行。民主推荐由二级单位书记或部门主要领导主持，在广泛听取群众意见和征求行政主要领导、各分管领导意见的基础上，由二级单位党政联席会议或部门领导会议讨论确定考察对象。

（二）组织考察。对已确定的考察对象，由二级单位党委（党总支）负责组织考察。考察工作要按照上级和学校有关干部考察的条例和规定，全面考察其德、能、勤、绩、廉，注重考察工作实绩。特别要注意考察其近三年是否有严重的教学教育事故、是否有违规违纪行为、是否有参与破坏学校安定团结或声誉的行为。另外，还必须以书面形式征求校纪检办、计划生育办的意见。

实行考察工作责任制。考察工作必须坚持客观公正的原则，深入细致，如实反映考察情况和意见，并形成书面考察材料。

（三）决定人选。二级单位党委（党总支）书记主持召开党政联席会议，经讨论决定科级干部任免人选。在上会前，必须对考察人选进行充分酝酿，其中，选拔任用科级团干部和科级辅导员必须征求校团委、学生工作部意见；选拔任用学院教务办主要负责人必须征求教务处意见；选拔任用综合办主要负责人必须征求学校党委办、校长办公室意见。学校机关部门科级干部在征求相关部门主要负责人意见的基础上，由机关党委会议作出决定。

二级单位党委（党总支）决定干部任免事项必须严格执行民主集中制原则，应有三分之二以上成员到会，并在充分讨论的基础上进行表决，超过应到会成员半数同意方能形成任免决议。

（四）上报任用人选及材料。各用人单位经领导集体研究作出任免决议后，向学校党委组织部上报任用人选材料。上报材料包括：选拔任用科级干部工作及具体人选报告、干部任免审批表及书面考察材料。

（五）决定任命和办理任免手续。校党委组织部审查相关材料并作必要的调查了解后，召开由学校党委分管领导和组织部、人事处、纪委办等相关部门负责人参加的科级干部管理联席会议进行审议并决定任免。破格提拔的，由组织部向校党委汇报，经党委领导集体讨论决定。对决定提拔任用的科级干部，组织部在一定范围内发布公示，公示期为7天。公示结果不影响任职的，由学校党委书记签发、组织部发文任免。科级干部的任职时间，自学校党委组织部下文之日起计算。

第八条　校内公开选拔、竞争上岗是科级干部选拔任用的方式之一。公开选拔面向全校进行，竞争上岗在本单位内部进行，由学校党委组织部会同二级单位党委（党总支）或校团委组织实施。要加大学校竞争性选拔科级干部的范围和力度。

第九条　实行科级干部任期和交流制度。科级干部的任期与学校处级领导班子的任期同步，具体操作在处级领导班子换届完成后进行。

重要岗位的科级干部在同一职位上连续任职满 8 年，原则上不再推荐、提名或者任命同一单位的同一职务，可以交流到其他岗位或其他单位任职。

鼓励科级党政管理干部与业务干部进行合理、有序的交流，促进干部队伍的成长和优化。

为促进干部队伍年轻化，科级干部实行最高任职年龄界限，即男 55 周岁、女 50 周岁的科级干部，一 般应免去所担任职务，保留相应待遇，由原单位适当安排其工作。

第十条　实行任职回避制度和选拔任用工作回避制度。有夫妻关系、直系血亲关系、三代以内旁系血亲关系以及近姻亲关系的，不得担任直接隶属同一领导人的职务或者有直接上下级领导关系的职务。领导集体在讨论干部任免时，涉及与会人员本人及其亲属的，必须回避。干部考察组成员在干部考察工作中涉及其亲属的，必须回避。

第十一条　实行教育培训制度。学校将科级干部教育培训纳入干部整体培训规划，结合岗位要求，通过在职自学、专题讲座等方式适时进行培训，以提高干部的综合素质和能力。各二级单位党委（党总支）要高度重视本单位干部的教育工作，制定切实可行的培训计划，积极创造条件开展干部培训工作。科级干部或拟任科级干部必须积极参加教育培训。

第十二条　实行考核制度。各单位按照学校的有关规定对科级干部组织实施考核，考核结果作为选拔任用和岗位工资津贴评定的重要依据。

第十三条　科级干部有下列情形之一的，应当予以免职：

（一）年度考核为不称职，或者连续两年为基本称职的；

（二）不能履行岗位职责，经所在单位认定为不称职的；

（三）有严重违纪行为的；

（四）因工作需要或者其他原因必须免职的。

第十四条　选拔任用科级干部，必须严格执行本办法的各项规定，并遵守下列纪律：

（一）不准超职数配备干部；

（二）不准以其他形式代替领导集体讨论决定干部任免事项；

（三）不准临时动议决定干部任免；

（四）不准个人决定干部任免，个人不能改变集体作出的干部任免决议；

（五）不准在干部考察中隐瞒、歪曲事实真相，或者泄露酝酿、讨论干部任免的情况；

（六）不准在干部选拔任用工作中任人唯亲、封官许愿、营私舞弊、搞团团伙伙，或者打击报复。

第十五条　各单位在科级干部选拔任用过程中，涉及跨单位的科级干部的选拔任用，拟用人单位应当事先征求学校组织部、人事处和原用人单位同意方可进行。

第十六条　科级干部任期届满后的选拔任用工作由学校统一部署，科级干部个别晋升的工作一般每年集中安排在 5 月或 10 月份进行。

第十七条　科级干部的选拔任用工作中涉及的单位和部门必须严格执行本办法，自觉接受组织监督和群众监督。学校党委组织部对科级干部选拔任用工作的情况进行监督检查，受理有关举报和申诉，制止、纠正违反本办法规定的行为。纪检监察机关按照有关规定，对干部选拔任用工作进行监督。

第十八条　本办法由学校党委组织部负责解释。本办法自发布之日起施行，学校以前有关科级干部选拔任用工作的规定与本办法不符的，按照本办法执行。

海 南 大 学
关于印发《海南大学省部共建国家重点实验室培育基地和教育部重点实验室建设与管理细则（试行）》的通知

海大[2010]298 号　2010 年 11 月 23 日

儋州校区管委会、各部门、各单位：

《海南大学省部共建国家重点实验室培育基地和教育部重点实验室建设与管理细则（试行）》业经学校审定，现予印发执行。

海南大学省部共建国家重点实验室培育基地和教育部重点实验室建设与管理细则（试行）

第一章 总 则

第一条 省部共建国家重点实验室培育基地（以下简称“国家重点实验室”）和教育部重点实验室是我校组织高水平基础研究和应用基础研究、聚集和培养优秀科技人才、开展学术交流的重要基地，是我校实现科技创新的重要支撑。为加强省部共建国家重点实验室培育基地和教育部重点实验室的建设与管理，根据《国家重点实验室建设与运行管理办法》（国科发基[2008]539 号）和教育部《高等学校重点实验室建设与管理暂行办法》（教技[2003]2 号）要求，结合我校实际，特制定本细则。

第二章 实验室发展定位与目标

第二条 实验室根据国家、海南省科技发展方针，围绕国家及海南省发展战略目标，针对学科发展前沿和国民经济、社会发展等科技问题，开展创新性研究，培养创新性人才。坚持“开放、流动、联合、竞争”运行机制，加强实验室体系建设和资源综合集成，优化学科结构布局，进一步培育交叉和前沿学科方向，把我校省部共建国家重点实验室培育基地和教育部重点实验室建设成为高水平、有特色、在国内同类领域中有影响的研究基地，成为海南省基础研究和高技术前沿探索的核心力量。通过建设和发展，使实验室的验收和评估达到优良，并争取把省部共建国家重点实验室培育基地建设成为国家重点实验室。

第三章 实验室组织机构与人员构成

第三条 重点实验室（指国家重点实验室和教育部重点实验室，下同）的决策机构是主任办公会议，参加成员为实验室主任、副主任和学术委员会主任、副主任。

第四条 学术委员会是实验室的学术指导机构，主要任务是审议实验室的目标、任务和研究方向，审议实验室的重大学术活动、年度工作，审批开放研究课题。学术委员会会议每年至少召开一次。

第五条 重点实验室科研人员分为固定人员和流动人员。固定人员为实验室聘任的校内外科研人员。流动人员为承担开放课题的和有合作项目的校内外科研人员。教育部重点实验室之间固定人员不交叉，省部共建国家重点实验室培育基地的固定人员与教育部重点实验室固定人员可以重复。

第六条 重点实验室主任与学术委员会主任由学校推荐报上级主管部门批准并聘任。实验室副主任由主任提出人选，学校审定并聘任，主任与副主任签订目标责任书，实验室与固定人员签订岗位聘任书（或目标责任书）。根据实验室发展需要及所设的研究方向，安排若干名专职科研岗组建核心团队，其人员由固定人员中双向选择及按学校要求引进的高层次人才组成。各重点实验室根据所设的研究方向需引进高层次人才，实验室主任按其专业分别与相应专业学院协商同意后，报人事处，由学校审批。引进的人才其编制在相应学院，工作岗位为专职科研岗。专职科研人员的责权利通过实验室主任与当事人签订的目标责任书进行确定。

第七条 学校另安排每个重点实验室 2 个专职管理岗（用于专职秘书、仪器设备维护等管理人员岗位），具体人员由实验室挂靠学院安排，以协助做好实验室的日常管理工作。

第四章 实验室条件建设与管理

第八条　学校安排国家重点实验室和教育部重点实验室相对固定的实验场所，作为实验室的核心场所，用于部分实验用房、主要仪器设备的摆放以及专职人员的办公研究场所。根据实验室建设要求，其余实验室面积分布在各学院专业系或公共实验室。

第九条　学校将实验室建设列入学科建设计划，制定政策鼓励支持相关学科优秀人才在实验室和院（系、所）之间合理有效地流动，为实验室形成一支相对稳定的研究队伍创造条件。

第十条　重点实验室的建设与学科建设有机结合，将实验室作为我校国家、省部重点学科及“211 工程”重点学科建设的重点，将学科建设中购置的仪器设备相对集中在重点实验室的核心场所或学院的专业实验室，使国家和教育部重点实验室的核心场所或学院的专业实验室，使国家和教育部重点实验室成为我校学科建设和人才培养的重要基地。学校校内科研基金向重点实验室倾斜，支持组建学术团队，培养科技创新人才。重点实验室以优越的实验条件及组织、分配和优先推荐科研项目来吸引科研人员参与实验室建设。

第十一条　重点实验室的仪器设备优先、优惠满足实验室固定人员使用，所需的消耗材料费用由使用人支付，实验室固定人员与流动人员成果必须署名相应重点实验室为第一完成单位，其他人员成果必须致谢或在作者单位处合适的位置署名重点实验室。

第五章　实验室运行管理模式

第十二条　重点实验室采取人员挂靠学院，财务权相对独立的管理模式，学校直接对实验室下拨各项专项经费。实验室专职人员（指实验室主任、专职科研人员、专职管理人员）的组织、工会及工资福利等人事归属其挂靠或所在专业学院管理。学校对实验室专职人员的岗位津贴单独切块，其中专职科研人员和专职管理人员的岗位津贴下达到实验室，由实验室自行管理。实验室及其专职人员应支持其挂靠或所在学院的学科建设以及学位点和人才培养等工作。

第十三条　重点实验室实行主任负责制，主任为全职岗，负责管理实验室科研工作、仪器维护、日常事务及实验室专职科研人员和管理人员等，业务上对学校和上级主管部门负责。同时实验室主任应加强与相关学院的联系与沟通。

第十四条　学校每年对重点实验室工作进行年度考核，并将考核结果报上级主管部门。实验室主任由学校会同上级主管部门考核，实验室专职科研人　员和专职管理人员由实验室会同学校相关管理部门考核，其他固定人员与实验室相关的科研业务由实验室考核。专职人员为全职岗，以科研和管理为主。

第十五条　实验室主任在任职期间享受正处级待遇，可视情况参加学校同级别的重要会议和挂靠学院的科研工作有关会议，副主任不另行安排级别。

第十六条　学校科研管理部门负责对实验室实施业务指导以及业务经费的安排；负责不定期召开实验室领导班子与相关学院领导的协调会议，商讨实验室运行和发展中涉及实验室与学院关系的有关问题。

第十七条　根据科研方向需要，实验室可以跨院系组建，不同的科研专业方向，可以设置在不同的院系，或成立分室。

第十八条　研究生招生名额优先满足实验室固定人员（包括专职科研人员和挂靠学院的科研人员），研究行日常管理由研究生处和相应的学院管理。

第十九条　实验室的奖励只对重大的成果进行奖励。重大成果的界定由学校科研管理部门与重点实验室共同协商制定。重大成果的奖励额度参考学校的奖励标准，重复奖励的其额度不超过学校同类奖励标准的 50%。

第二十条　实验室固定人员申请的各类科研项目应明确标明所依托的实验室名称，学校对限项申报的项目、人才计划及重点重大项目的推荐等向实验室倾斜。

第六章　实验室经费管理

第二十一条　学校每年安排重点实验室一定的运行经费，用于合同聘任人员的人工费用、日常办公差旅、邮电通讯、出版和文秘资料费、水电动力使用费、设备维护费用、必要的实验室内部改造费用、学术交流、安全卫生、学术委员会会议费、实验室开放基金及重大成果奖励等。

第二十二条　学校每年给实验室主任发放主任岗位津贴，要求实验室主任以科研和实验室管理为主。校外学者应聘主任并入选者，按学校有关人才引进办法执行。

第二十三条　重点实验室的专职人员岗位津贴和实验室建设专项经费由实验室管理，经费单列，独立建账，其中岗位津贴（不含主任津贴）由实验室主任审批，建设专项经费由学校科研管理部门审批。实验室主任本人的开支由挂靠学院审批。

第二十四条　实验室主任应积极组织科研人员申报各级各类项目，多渠道争取科研经费。

第七章　实验室工作内容

第二十五条　实验室的工作内容为：

1．申请和承担各级各类科研任务，提高承担国家重大项目能力；

2．组建学术团队，培养科技创新人才；

3．凝练学科方向，促进学科发展；

4．获取原始创新成果和自主知识产权，多出高水平成果；

5．积极开展学术交流和国内外科技合作；

6．推进校企合作，促进科研成果产业化；

7．参与科学普及，宣传科学思想；

8．开展专业咨询及科技服务；

9．学校安排的与实验室相关的专项工作。

第八章　实验室主任的责任与义务

第二十六条　实验室主任对实验室负全面责任，包括科研事业发展、人才队伍、经费筹措、专项经费管理、学术交流、仪器设备管理、生产安全、学术道德等。

第二十七条　国家重点实验室主任的管理按上级科技主管部门和《国家重点实验室建设与运行管理办法》相关要求进行。教育部重点实验室主任采取“2+3”模式管理，即受聘的实验室主任工作2年后，教育部会同依托单位对实验室主任的工作和实验室的运行状况进行届中考核，考核通过后，继续聘任3年，否则予以解聘。

第二十八条　实验室主任经上级部门正式聘任后，须与学校签订目标责任书，明确其责任义务权利，明确分年度的工作任务和考核指标。

第二十九条　实验室主任每年应在学术委员会会议上向委员作实验室工作报告，及时组织编制年度报告，并按时报送上级主管部门。

第三十条　实验室主任需与实验室所有固定人员签订岗位聘任书，按需设岗，按岗聘任，明确双方权利和义务，建立实验室研究队伍和学术团队管理的长效机制。

第三十一条　学术委员会主任参与决策班子，联系学术委员会成员，对实验室的学科方向和科研业务进行指导。

第九章　附则

第三十二条　本细则未尽内容，学校将严格按照《国家重点实验室建设与运行管理办法》和《高等学校重点实验室建设与管理暂行办法》执行。本细则由学校科研管理部门负责解释。

第三十三条　本细则自公布之日起执行。

海南大学校长办公室
关于印发《海南大学“211工程”专项资金管理办法》的通知

海大办[2010]2号　2010年1月19日

儋州校区管委会、各部门、各学院：

《海南大学“211工程”专项资金管理办法》业经学校审定，现予印发执行。

海南大学“211工程”专项资金管理办法

第一章　总则

第一条　为加强对“211工程”专项资金的

管理，保证项目顺利实施，提高资金使用效益，根据财政部、国家发展和改革委员会、教育部关于《“211工程”专项资金管理办法》(财教[2003]80号）以及国家有关法律法规，制定本办法。

第二条 “211 工程”专项资金实行项目管理。

第三条 “211 工程”专项资金的管理原则为：统一规划、独立核算、专款专用。严禁任何单位和个人从专项资金中列支各类与“211 工程”建设无关的费用。加强财务监督，把事前、事中、事后监督贯彻到项目执行的全过程，确保专款专用，提高资金使用效益。

第四条 学校对“211 工程”项目实行“统一领导，集中管理，分工负责”的财务管理体制。学校“211 工程”建设领导小组负责对专项资金管理进行统一领导，“211 工程”建设办公室负责制定专项资金管理办法，会同计划财务处组织项目经费预算审批，并会同有关部门对项目经费使用情况进行监督、检查。项目具体实施单位对项目资金具体使用和管理负责。

第五条 凡使用“211 工程”专项资金形成的资产，均应纳入学校国有资产统一管理范畴，合理使用，认真维护。

第二章 资金预、决算管理

第六条 资金预算管理

（一）“211 工程”专项资金预算是学校综合预算的组成部分，应纳入学校总体预算，实现收支平衡。

（二）学校“211 工程”建设领导小组根据中央专项资金、地方政府配套资金以及学校自筹资金总投入额度确定当年“211 工程”资金总量及来源。

学校“211 工程”建设办公室和计划财务处按照国家发改委、教育部批复的《海南大学“211工程”建设项目可行性研究报告》及当年的资金总量编制年度预算方案。

（三）学校“211 工程”建设办公室和计划财务处按规定上报项目建设总体经费预算与年度预算。预算表中应体现项目名称、预期目标、具体实施计划、招投标情况、具体保障措施、资金预算安排建议等内容。

（四）“211 工程”专项资金预算一经审定下达，由学校领导与项目负责人签订责任书，交“211 工程”建设办公室和计划财务处备案，学校计划财务处按年度下达子项目建设专项资金。各项目负责人根据下达的经费指标制定具体的经费使用计划，报学校“211 工程”建设办公室及计划财务处审核后执行。

（五）“211 工程”专项资金年度使用计划应确保按期完成，如遇特殊情况不能完成的，由项目负责人向“211 工程”建设办公室提出未完成理由，经学校“211 工程”建设领导小组讨论决定未完成部分资金的处置方案。

第七条 资金决算管理

（一）每年度结束，计划财务处要根据财政部门年度决算工作要求，及时将“211 工程”专项资金支出情况按预算科目分别编制年度基本建设财务决算和行政事业单位财务决算，并报送“211 工程”建设办公室。

（二）“211 工程”建设办公室将所有资金渠道的总资金支出情况表报送海南省教育厅和教育部“211 工程”部际协调小组办公室。报表内容应包括：专项资金预算执行情况、资金使用效果、资金管理情况、存在问题和建议等。

第三章 资金开支范围

第八条 “211 工程”中央专项资金主要用于重点学科项目、创新人才培养和师资队伍建设（中央专项资金严格按照财政部国家发展和改革委员会 教育部颁布的《“211 工程”专项资金管理办法》执行）。

地方政府的专项配套资金和学校自筹经费，在优先保证重点学科和公共服务体系项目建设需要的基础上，主要用于师资队伍和与重点学科建设密切相关的基础建设，其开支标准和会计核算按国家有关财务会计制度和学校相关规定执行。

第九条　由地方政府和学校自筹经费主要用于业务费、设备购置费、修缮费用和其他费用等项目支出。

（一）业务费是指为完成“211 工程”建设任务而必需开支的各项业务支出。主要包括：劳务费、邮寄费、交通费、差旅费、会议费、培训费、咨询费、著作出版费、专用材料费、成果认定、国际国内学术交流及其他费用等。

（二）设备购置费是指购置的教学、科研仪器设备并经学校组织专家论证过的设备购置费用（含设备安装费、运输费和关税等）和大型图书资料的购置（含电子图书资料）。

（三）修缮费用是指为完成“211 工程”建设任务而必须进行的实验室改建及修缮费用。

（四）其他费用是指按照有关文件规定，为保证“211 工程”建设任务的顺利实施，必须开支的相关费用。

第十条　创新人才培养资金主要用于研究生培养机制改革、研究生科技创新计划、研究生科技创新奖励、研究生联合培养和访学资助、研究生联合培养基地与平台建设等。

第十一条　队伍建设资金主要用于人才引进及培训项目，包含安家费、科研启动费及配套经费、教师培训费用及其他有关费用。

第四章　资金管理与监督

第十二条 “211 工程”专项资金用于基建项目支出的，按照政府有关基建投资的管理办法进行管理。

第十三条　“211 工程”专项资金必须专款专用，不得截留、挤占、挪用。如发现有截留、挤占、挪用“211 工程”专项资金的行为，学校将对有关责任单位和责任人员作出处理，情节严重者，交由有关部门追究其行政和法律责任。

第十四条　学校“211 工程”建设办公室负责对项目的实施、资金的投向、年度计划调度安排实行全过程控制，以确保预期效益目标的实现。

第十五条　“211 工程”专项资金由“211 工程”建设办公室及计划财务处指派专人管理，对资金使用的合理性及有效性实施全面的监督，进行定期或不定期的检查，并组织相应的评估。各项目须按季度报送项目进展情况。

第十六条　“211 工程”专项资金执行中的管理审批，参照学校相关规定执行。

第十七条　“211 工程”项目执行过程中，因各种不可抗力造成的损失，100 万元以下的，须逐级上报上一级单位审批核销；100 万元以上的须报“211 工程”部际协调小组联合审批核销。

第十八条　所有与“211 工程”专项资金有关的各级领导、项目负责人和财会人员，都应自觉遵守国家财经纪律，同时接受有关主管部门和财政、审计、监察等部门的监督检查，发现问题，及时纠正。

第五章　附则

第十九条　本办法自颁布之日起实施。

第二十条　本办法由学校“211 工程”建设办公室和计划财务处负责解释。

海南大学校长办公室
关于印发《海南大学后勤管理改革方案》
的通知

海大办[2010]3 号　2010 年 1 月 25 日

儋州校区管委会、各部门、各单位：

《海南大学后勤管理改革方案》业经学校审定，现予印发执行。

海南大学后勤管理改革方案

根据国家和海南省关于进一步加快高校后勤社会化改革的意见，按照学校加强后勤管理，加快后勤改革，发展后勤产业，提高服务质量的总体思路，结合学校实际，特制订本方案。

一、指导思路、改革原则和改革目标

（一）指导思想

以科学发展观为指导，按照学校办学发展需要和对后勤工作理顺关系、加强管理、完善改革、稳中求进的要求，坚持为教学、科研、师生生活服务和管理育人、服务育人的服务宗旨，做好有利于提高服务质量和管理水平；有利于减轻学校负担，提高办学效益；有利于学校的稳定和发展。从实际出发，抓住机遇，勇于创新，进一步深化后勤改革，努力构建适应“211 工程”大学发展要求的后勤服务保障体系，为学校实现办学目标提供优质高效的后勤保障。

（二）改革原则

坚持遵循高等教育规律，服从、服务于学校办学发展目标的原则。始终坚持后勤为学校教学、科研、师生生活服务和管理育人、服务育人的服务宗旨。

坚持从实际出发，实事求是，逐步推进，讲求效益，量力而为的原则。做好因校制宜，正确处理好经济效益与社会效益的关系，统筹兼顾学校、后勤和师生员工等各方面的利益。

坚持“市场提供服务、学校自主选择、政府宏观调控、行业自律管理、职能部门监督”的后勤管理改革原则。全面推进学校后勤的行业管理，完善后勤服务市场监管体系。

（三）改革目标

总体目标：按照学校“211 工程”大学的总体要求，整合后勤资源，理顺关系，体制创新，完善改革，推行市场化的后勤运行机制。引入企业化管理模式，实现学校后勤集团化管理、集约化经营、专业化生产和社会化服务，形成适应海南社会经济发展和学校办学需要的后勤服务保障体系，为学校的教学、科研和师生生活提供优质的后勤保障。

近期目标：第一阶段，统一后勤管理机构，转变后勤服务职能，推进后勤行业管理。以儋州校区整体搬迁为契机，整合后勤服务实体，形成后勤管理服务和经营大一统的格局，逐步从准企业化向企业化管理模式的转变；在运行机制上，改行政拨款制为服务收费制，实行后勤服务项目管理；培育和开拓校内外市场，通过市场运作，形成规模经营和参与市场竞争。

第二阶段，推行后勤行业化、市场化管理服务，经过五年左右的规范化管理和准企业化经营的运作，夯实基础，形成规模后，通过股份合作、并入、托管、联办、连锁等方式，按照现代企业制度要求将条件成熟、适应市场运作的后勤集团的部分经营实体注册为独立企业法人，成为真正意义上的社会第三产业经济实体。

二、管理体制改革

（一）学校后勤建立“小机关、多实体、大服务”的管理体制。后勤管理处代表学校行使后勤行政管理职能；负责对各个后勤服务实体（集团）的日常管理监督等工作。

（二）后勤集团为学校内设处级后勤服务机构，实行总经理负责制。集团内部按照服务性质和行业特点设立若干服务经营单位，建立起以服务学校为中心、适应市场经济要求、参与市场竞争的高效灵活的企业管理体制。负责对学校属于后勤服务保障范畴的各个后勤服务项目提供有偿服务。后勤集团成立党委，发挥政治核心和监督保证作用，同时，建立团委、工会等组织，接受学校党委及相应的上级组织的领导。

（三）旅游学院、应用技术学院（城西校区）等的后勤服务实体，在学校后勤行政管理部门的监督管理下，以服务于学院的后勤保障为主，自主运作，依法开展经营服务活动。

三、运行机制改革

（一）机制转轨

1．按照后勤管理改革总体目标的要求，后勤运行机制转轨要坚定不移地向社会化方向全面推进，规范动作。在具体操作上，根据学校实际情况和后勤的现实基础以及发展能力，稳中求进，逐步实施，以确保学校合并融合、搬迁和“211 工程”建设的中心工作顺利进行。按照后勤资源所有权与经营权分离的原则，学校与后勤集团在后勤“项目管理”方面建立甲乙方的契约关系。在后勤改革近期目标阶段，学校在政策、资源和资金方面继续扶持后勤集团，随着后勤服务项目有偿付费服务机制的建立及完善和集团自我供养能力的提高，可逐渐递减扶持力度。后勤集团内部经营实体发展成为具有独立法人资格的企业，在保持国有资产保值增值的同时，按国有资产有关管理规定，集团要向学校上缴一定利润。

2.后勤服务实体（集团）参照现代企业制度，从准企业化逐步向企业化管理过渡。独立核算，自主经营，自负盈亏，自我滚动发展。

（二）人事机制

1.参照现代企业制度制定后勤集团人事管理、劳动用工制度，实行管理干部聘任制和劳动用工合同制。按照“人有其岗、事有人管、运转有序”的要求，本着精简、高效、满负荷工作的原则设置岗位，按“公平、公开、竞争、择优”的原则实行竞争上岗，以岗定人，合约管理。经学校核准同意，集团可组织人员实施岗位竞聘工作。

2．后勤员工实行“老人老办法、新人新办法”的人事管理制度。“老人老办法”即属学校在编的正式职工，保留其档案工资，并按政策晋级调资；住房、子女入学入托与学校在编职工享有同等待遇，由后勤集团按规定办理政策性的各类社会保险和住房公积金；退休时，由学校按事业单位职工办理退休手续，并享受事业单位职工退休的相关待遇。后勤集团科级干部选拔任用按照《海南大学科级机构设置和科级干部选拔任用管理暂行办法》执行。为提高后勤人员素质，稳定后勤队伍，对后勤人才的引进参照学校人才引进有关规定的正常程序办理，可适当放宽补充后勤人员的条件，重点评价工作业绩。“新人新办法”即后勤集团聘用的非学校事业编制的聘用人员，属企业编制，其待遇按企业有关规定处理。

3．后勤集团实行与档案工资脱钩的企业效益工资制度。遵循按劳分配、效益优先、兼顾公平的原则，按岗位职责技能要求、工作难易和贡献大小确定收入水平。

4．旅游学院、应用科技学院（城西校区）等后勤服务实体的人事管理等暂按现行办法执行。

（三）财务机制

后勤集团实行内部独立核算，独立建账，独立设置会计机构，主管会计由学校计划财务处委派。后勤集团执行高校会计制度，在财务和会计核算上接受学校计划财务处的指导和监督，年度预算和结算必须并入学校的年度预结算。

（四）产权机制

1．后勤资产实行所有权与使用权分离的原则，对划归后勤服务实体（集团）管理的国有固定资产、服务设施、场地和其他基础条件，原则上实行有偿使用。在后勤改革近期目标阶段，未注册为独立企业法人之前，学校按一定价格租赁给后勤服务实体（集团）使用，以支持后勤自我发展。后勤服务实体（集团）负有国有资产安全完整、保值增值的责任。

2．后勤集团投资建设的新办产业、新建项目占用学校土地等资源须纳入学校统一建设规划，其收益作为集团发展的经费来源。学校因统一建设规划需要利用后勤使用的场地和服务设施的，后勤服务实体（集团）应予服从。

3．后勤国有固定资产的报废和新增按学校有关政策规定办理。

（五）经营机制

1．变行政拨款制为服务收费制。学校取消对后勤的行政拨款，将原后勤经费指标安排给各用户单位（部门），由后勤集团通过承接服务项目并计价收费。对集团提供的公共性服务，学校按照服务内容和服务质量标准予以付费结算或承包。所有校内服务收费标准由学校确定，确需要更改的，由后勤集团书面提出，报学校按规定程序批准。在改革近期目标阶段，后勤服务的项目在同等条件下尽可能交由后勤集团承接。

2．儋州分校的后勤管理，待儋州分校管理体制确定并招生运作后再定。

3．旅游学院、应用科技学院（城西校区）的后勤服务项目暂由各自后勤服务实体承担。

（六）监控机制。学校按照管理职能部门的监督职责范围规定，对后勤服务实体（集团）的各项管理服务经营工作进行监控，确保后勤管理改革有序进行。

1．管理监督。后勤管理处代表学校按照项目管理责任协议的规定进行检查考核。后勤服务实体（集团）内部也要设立监督部门进行内部监控，使内部管理不断走向完善。

2．财务监督。学校计划财务处对后勤服务实体（集团）的财务收支、会计核算进行监管。

3．审计监督。学校审计处对后勤服务实体（集团）的财务开支、工程预决算、经营效益等依法进行审计。

4．资产监督。学校国有资产管理处对后勤服务实体（集团）占有使用的国有资产进行监管。

5．廉政监督。由学校纪检会、后勤党委负责后勤服务实体（集团）的民主公开、廉政建设等进行监督，杜绝违规操作行为，确保后勤的健康发展。

四、学校扶持与激励政策

（一）学校向后勤集团提供后勤资源。随着办学规模扩大，学校仍要加大后勤经费投入，加强基础设施建设，扩大后勤资源。属于后勤服务保障范围的公共设施新建项目或大型维修改造项目仍由学校投入或引进社会力量投资，建成、更新后委托后勤服务实体（集团）管理经营。属于经营性的项目，原则上由后勤集团自筹资金进行投资。

（二）学校向后勤集团提供后勤市场。后勤集团要通过自身的努力，完善管理，开拓市场。学校要合理支持和保护后勤的校内市场，并鼓励后勤集团通过以优质、高效的服务向社会辐射推广，开拓校外市场，壮大学校后勤经济实力，维护学校的稳定和发展。

（三）稳步开放校内后勤市场，建立健全后勤服务市场准入制度。学校既要为后勤服务实体（集团）开辟后勤资源和保护校内后勤市场，又要适度开放校内后勤的部分市场，引入竞争机制，最大限度地实现后勤资源的优化配置，充分利用社会行业先进的管理经验和管理技术参与学校后勤服务项目管理。对水电等一些可以规范化社会化的后勤项目，学校根据情况，通过股份合作、并入、托管等形式，直接面向市场选择服务企业，包括分离学校注册为独立企业法人的后勤企业，同时也要明确企业退出学校后勤服务市场的程序和方式等。使学校既减轻负担、规避风险，又得到更加优质、高效、安全的后勤保障服务。建立完善行政执法、行业自律、学校监管、师生参与、舆论监督相结合的学校后勤市场监管体系，保证后勤服务市场的规范有序。

（四）按照高校后勤社会化改革精神，在国家税收法规仍实行减免税政策的基础上，学校要积极争取政府部门对后勤服务项目物业收费的支持，用足用好国家扶持政策。

五、本方案由学校后勤管理处负责解释，从2010年1月1日起实施。

海南大学校长办公室
关于印发《海南大学新生注册前调整专业规定》的通知

海大办[2010]10号　2010年4月21日

各部门、各单位：

《海南大学新生注册前调整专业规定》业经学校审定，现予印发执行。

海南大学新生注册前调整专业规定

第一条　新生注册前一般不得调整专业。但新生注册前有下列情况之一者，可以申请调整专业：

（一）学生确有与要求转入专业相关专长（有省级以上与专业相关的获奖等证书原件，含以上），学校审核属实的；

（二）学生入学体检后发现有某种疾病或生理缺陷，经指定医疗单位检查证明和核对高考体检表，核实后确实不能在原专业学习，但尚能在其他相近专业学习的，具体标准见《普通高等学校招生体检工作指导意见》；

（三）新生保留入学资格复学时所录取的专业停招的，由学校安排转入相近专业。

第二条 以上调整专业不能跨校区（海甸、城西和儋州校区）、跨科类（文史类、理工类和艺术类）进行。

第三条 高水平运动员注册前调整专业按照学校相关文件执行。

第四条 新生注册前调整专业工作，在每年新生入学报到时间结束后两周内完成，逾期不再办理。

第五条 申请调整专业程序：

符合调整专业条件的新生到招生办公室领取并填写《海南大学新生注册前调整专业申请表》→转出专业所在学校提出意见→转入专业所在学院提出意见→招生办公室审核意见→分管校领导审批或本科招生领导小组审批→招生办公室发文→教务处办理相关手续。

第六条 批准调整专业的新生按所转入专业学费标准缴纳学费，并在规定的时间内到转入专业所在学院注册。

第七条 本规定从 2010 级新生开始实施，原学校相关规定同时作废。

第八条 本规定由海南大学招生办公室负责解释。

海南大学校长办公室 关于印发《海南大学教学督导工作规程（试行）》和《海南大学教师课堂教学质量测评办法（试行）》的通知

海大办[2010]11 号 2010 年 4 月 29 日

各部门、各单位：

《海南大学教学督导工作规程（试行）》和《海南大学教师课堂教学质量测评办法（试行）》业经学校审定，现予印发执行。

海南大学教学督导工作规程（试行）

第一章 指导思想

第一条 为构建与“211 工程”重点建设高校相适应的本科教学质量保障与监督体系，充分发挥教学督导在加强师德建设、提高教学质量、维护教学秩序等诸方面的积极作用，特制定本规程。

第二条 教学督导坚持“督”与“导”相结合，重在提高的原则，对全校本科教育教学工作进行全面督查、评估和指导。

第二章 组织机构

第三条 学校设立教学督导委员会（以下简称“委员会”）。委员会设专职主任委员（即总督导）1 人（人事关系仍保留在原单位；受聘期间保留原行政职位，但不参与单位的行政事务；岗位津贴比照副校长标准发放；参加学校处级干部会议和教务处处级干部会议）。委员（即督导员）16—20 人。委员会实行主管校长领导下的主任委员负责制。

第四条 委员会分设热带农业与生命科学、理工、人文科学、社会科学等四个教学督导工作组，每组设组长 1 人，成员 3—4 人。

第五条 委员会下设办公室，办公室挂靠教务处，负责学校教学督导的日常事务。

第六条 二级教学单位，根据实际情况制定相应的督导工作规程，设立以分管教学工作负责人为第一责任人的教学督导机构，负责本单位教学督导工作。

第三章 工作范围与对象

第七条 教学督导工作涵盖全校各个教学环节，重点是：

（一）承担教学任务的新引进教师、首次承担课程主讲任务的教师、承担新开设课程教学任务的教师、承担“质量工程”项目的主讲教师等；

（二）有学生投诉，所投诉事件严重影响教学质量或教学质量测评结果为“D 级”的教师；

（三）对学院的运转、教学管理和学院对学校工作任务、规章制度的执行情况、学校教学管理中的各个薄弱环节进行督导。

（四）配合学校各个发展阶段的教学中心工

作进行督导。

第四章 任职条件与聘任

第八条 任职条件

（一）拥护党和国家的教育方针、政策，有较丰富的教学实践经验，在校内外享有较高声望。

（二）坚持原则，团结合作，实事求是，客观公正；

（三）爱岗敬业，责任意识强，有奉献精神；

（四）高校教龄 5 年以上，具有副高及以上职称的在岗或离退休教师；

（五）身体健康、有时间和精力完成各项教学督导工作；

（六）“十佳教师”、“教学名师”及各类省级以上教学竞赛获奖者优先聘任。

第九条 聘任程序

（一）单位推荐或个人自荐；

（二）教务处审核；

（三）学校确定人选；

（四）正式聘任。

第十条 学校根据需要聘请一定数量的校外特聘教学督导员，具体工作内容及工作方式，由学校根据具体情况安排。

第十一条 教学督导委员会组成人员由学校确定后发文，并由校长聘用。主任委员每届聘期 2 年，教学督导员每届聘期 1 年，可以续聘。

第五章 工作职责

第十二条 教学督导委员会主任委员的主要职责

（一）根据学校教学工作安排，负责组织教学督导组开展督导工作，制定学年督导工作计划，落实督导工作任务，适时调整督导工作的重点；

（二）向学校反馈各类教学检查、评估等督导情况和建议；

（三）完成学校安排的相关其他工作。

第十三条 教学督导组组长的主要职责

（一）指导本组成员开展工作，完成教学督导任务；

（二）制定、落实本组教学督导工作计划；

（三）对学部各二级教学单位的教学管理工作进行评估、指导或提供咨询；

（四）完成学校、主任委员安排的其他工作。

第十四条 教学督导员的主要职责

（一）根据教学督导工作计划，深入教学第一线掌握教学状况，及时与任课教师或有关部门交流和反馈教学信息，帮助改进教学内容与方法，提升教学水平，提高教学质量。

（二）按规定完成教师课堂教学质量测评等相关工作；

（三）参加学校安排的教学评优评奖、检查和调研活动；

（四）完成学校、主任委员或组长交办的其他工作。

第十五条 教学督导工作以集体督导与个别督导相结合，通过听课、与教师交流、召开座谈会、查阅教学管理制度和实地考察等方式开展工作。

第十六条 教学督导委员会实行月例会制度，由主任委员主持。每学期举行一次由全体教学督导员和相关单位负责人参加的教学督导工作总结交流会，并请分管教学工作副校长到会指导，也可以根据工作需要临时安排会议。

第六章 工作纪律与要求

第十七条 建立主任委员的考核评价体系（考核办法另定）。主任委员须定期向学校教学指导委员会述职。

第十八条 教学督导员应恪守职业道德和组织纪律，参与评选、考核等评价工作时，须严格执行评价标准，做到客观、公正，不得私自外传督导组对参评对象的评价信息。

第十九条 教学督导员开展教学督导工作应认真做好工作记录，平均每周完成工作量一般在 10 学时左右，每月初将上月督导工作记录表及工作总结交办公室，未交者视同未完成工作量。

第二十条 在进行日常督导工作时，督导员因故离开学校一周以上，需告知组长和主任委员。在执行集体督导任务时，有事必须严格履行请假手续。委员请假 1 天，须经组长与主任委员同意；2 天以上，须经主任委员同意后报主管校长批准。组长、主任委员离开学校 1 天以上（包含 1 天），须分别向主任委员、主管校长批准。

第二十一条 教学督导员在进行现场督导时应佩带“海南大学教学督导员”胸牌。教学督导员应规范自身行为，开展工作时既要严格要求，又要耐心细致，杜绝简单粗暴的工作方式。

第七章 待遇与权利

第二十二条 教学督导员在聘期内完成相应的工作量后，由学校按相关规定统一发放教学督导津贴。

第二十三条 教学督导员有权按要求检查各类教学活动，查阅教学单位或教师个人的相关教学资料。任何单位或教师应予积极配合，并提供相关的材料或数据，不得以任何形式妨碍教学督导工作的正常开展。

第二十四条 教学督导员因特殊情况在中途退出督导队伍，应提前一个月告知学校，并办理申请退出手续。

第八章 学习与交流

第二十五条 教学督导员应积极参加国家教育方针、政策和学校相关文件的学习，了解高等学校教育教学改革形势，解放思想、更新观念，注重自身素质的提高。

第二十六条 教学督导员要虚心听取广大师生的意见，不断改进自己的工作方法，提高督导水平。

第二十七条 教学督导员应按计划到省内外其他高校交流、提高，学习督导经验。学校也可根据情况邀请其他高校教学督导员参与我校部分督导工作。

第九章 其他

第二十八条 无故不参与督导工作一个月者视为自动退出。

第二十九条 严重违反学校工作纪律者予以解聘。

第三十条 本办法由教务处负责解释，自印发之日起实行，原《海南大学教学督导委员会工作条例》（海大办[2008]18 号）同时废止。

海南大学教师课堂教学质量测评办法（试行）

为全面落实我校发展规划，构建与“211 工程”重点建设高校相适应的本科教学质量保障与监督体系，贯彻教育部《关于加强高等学校本科教学工作提高教学质量的若干意见》等文件精神和《海南大学本科教学质量与教学改革工作实施方案（试行）》的相关规定，促进师德和教风建设，提高我校本科人才培养质量，结合《海南大学教学督导工作规程（试行）》及我校当前实际，特制订本办法。

第一条 指导思想

（一）规范教学行为，强化教学过程管理，进一步完善我校教学质量保障与监督体系。

（二）增强教师爱岗敬业的责任意识，树立以身立教、教书育人的良好风尚。

（三）为教师提高教学质量提供有价值的指导性意见和建议，促使教师不断更新教学理念，改进教学方法，提高教学质量。

第二条 基本原则

（一）采用科学、合理的评价体系与指标，客观公正地评价教师课堂教学质量。

（二）学生评教、督导评教与教学资料评教三结合，测评体系设计以学生评教、督导评教为主，教学资料评教为辅，综合评价教师课堂教学质量。

（三）主评课程与参评课程相结合，通过对教师主评课程的综合评价，结合其余参评课程或授课班级的学生评教结果，得出综合测评成绩。

第三条 测评教师与课程

（一）测评教师

全校承担本科教学任务的在编在岗教师均须参加测评，每学期的测评时间及参评教师名单由学校确定。

（二）测评课程

凡为本科生开设的课程均须接受测评，测评课程分主评课程和参评课程。主评课程（班级）须接受学生评教、督导评教和教学资料评教，参评课程（班级）只接受学生评教。

承担两门及以上课程教学任务者，原则上由教师自选一门作为主评课程，其他课程作为参评课程。每一测评轮回（1 年），主、参评课程应轮换。承担一门课程多个授课班教学任务者，由学校随机抽取一个教学班作为主评授课班级，其他教学班作为参评授课班级。

第四条　测评体系构成

测评体系包括学生评教、督导评教、教学资料评教及加分项四个部分。

（一）学生评教和督导评教

根据课程性质不同，学生评教和督导评教设有理论课、实验课、体育及艺术类课程四个类型，每个类型设有师德表现、教学纪律 、基本技能、教材选择、内涵讲授、因材施教、学习兴趣和素质培养等八项评价指标（详见附表 1—附表 4）。

（二）教学资料评教

教学资料评教包括教案（讲稿）、教学日历（教学进度表）、作业、实验报告或课程论文等批改、学生平时成绩考核、试卷与考试评阅、教学辅助材料等六项评价标准（详见附表 5）。

（三）加分项

参评教师在教学改革工作中取得的成果，可在综合测评成绩的基础上予以适当的奖励加分（详见附表 6）。

第五条　测评总分计算与等级确定

（一）总分计算

学生评教、督导评教和教学资料评教以百分制计，三项的权重分别为 0.45、0.40、0.15。即测评综合得分＝学生评教得分×0.45+督导评教得分×0.40+教学资料评教得分×0.15+奖励分。教师承担多门课程（或多个教学班）的学生评教得分＝主评课程学生评教得分×0.60+参评课程（班级）学生评教得分（测评当年度内所有课程的平均值）×0.40。综合测评总得分保留 2 位小数。

在加权计算学生评教得分时，按照相应班级参评学生总数 10%的比例分别去掉头尾两个段位的评分。

（二）等级确定

根据测评综合得分，确定 A、B、C、D 四个等级。其中“A 级”≥90 分，75 分≤“B 级”＜90 分，60 分≤“C 级” ＜75 分，“D 级” ＜ 60 分。四个等级应大体符合正态分布，反映“两头小中间大”的客观现实。

测评当年度内，因教学事故受学院内部通报批评、因工作失误修改（补登）学生课程考试成绩、调停课 3 次以上或累计达到 12 学时以上等情况之一者，不得评为“A 级”；因教学事故受到学校通报批评及以上处理者，不得评为“B 级”以上（含）。

第六条　测评组织与实施

教师课堂教学质量测评由学校统一部署，教务处具体组织实施。

（一）学生评教

1．学生评教以教务管理系统为平台，通过网上评教的方式进行，各学院负责组织实施。学生评教结果以教学班为单位进行统计，评教信息属保密资料，由教务处授权专职人员统计和保管，未经批准，任何人无权查阅。

2．凡参加网上评教的学生数低于参评班级总人数的 2/3，视为无效评价，相应学院须重新组织学生进行评教。

3．学生完成网上评教后，方能查询成绩和进行下学期先课操作。

（二）督导评教

1．督导评教由学校教学督导委员会组织完成，学校可根据实际情况临时请少量校内外专家作为指导，参与评教。

2．各教学督导组成员根据参评教师的教学进度，结合实际情况，集中或分散听课。

3．教学督导员对测评的教师须随堂听课，并认真做好听课记录，填写《海南大学教师课堂教学质量测评表》

4．教学督导评教结果为各教学督导员听课后评教得分的平均值，且需三人以上评价，方为有效。

（三）教学资料评教

1．各教学单位负责组织收集本单位参评教师的教学资料。参评教师按要求将主评课程相关的教学资料整理成册，装入档案盒（袋），交所在单位备查。

2．各教学督导组检查教学资料，填写《教师教学资料评教表》（附表5）,提交教务处。

3．本办法所指的教学资料主要包括主评课程相关的：教材、实验实习指导书、教学大纲、教案（讲稿）、教学日历（教学进度表）、学生平时成绩记录表、试卷及试卷分析、批改过的学生作业（实验报告、课程论文）及其他辅助教学材料（如课件、调查报告、指导学生科研活动记录等）。

第七条　测评结果

（一）测评结果可作为教师课酬、津贴发放、评优评奖以及职称、职务晋升、进修或出国学习等的重要参考；测评工作的组织、完成情况可作为二级教学单位本科教学工作考核的重要依据。

（二）测评结果为“A级”者，根据其排名情况，在推荐“十佳教师”、“教学名师”、教学大赛等人选时，予以优先考虑。

（三）当年度测评结果为“D级”者，相关教学单位应暂停其教学任务一学期，并指定一名教学经验丰富的副高级以上职称教师帮助其提高教学水平，或让其在职自费进修。经业务提高后，需恢复教学资格，须经个人申请，并由学校教学督导委员会组织审核，试讲合格后，方能恢复教学资格。若恢复教学资格后，在下一轮测评中结果仍为“D级”，学校根据实际情况按转岗、分流等不同方式予以处理。

（四）测评结果由教务处汇总，并建立教师教学质量测评档案，测评结果在适当层面或范围内予以公布。

（五）教师本人对课堂教学质量测评结果有疑义的，从测评结果公布起10个工作日内，可向学校申请复查（申请表见附件7）.复查工作由学校组成的专家组负责，并于收到申请之日起10个工作日内予以答复。

第八条　下列情况可以免测

（一）具有正高级职称或50岁以上具有副高级职称的教师可以免督导评教和教学资料评教，其测评结果计为“B级”，该部分教师如需参加全面评教，须提出申请。免测教师为本科生开设的全部课程仍须接受学生评教，学生评教结果为下一轮是否免测的依据，即学生评教结果为“C级”或“D级”者，须参加下一轮的全面测评。

（二）省级以上等级教学大赛获奖者，可在下一轮测评中申请免测1次，其综合测评成绩记为“A级”。

第九条　本办法自印发之日起执行，由教务处负责解释。

附件：略

海南大学校长办公室
关于印发《海南大学研究生学术道德规范规定》等十一项研究生教育管理制度的通知

海大办[2010]14号　2010年5月7日

儋州校区管委会、各部门、各单位：

为加强研究生教育管理，学校审定通过了《海南大学研究生学术道德规范规定》、《海南大学博士研究生学位论文“双盲”评审实施办法》等2项制度，并对《海南大学博士研究生培养工作暂行规定》、《海南大学硕士研究生培养工作暂行规定》、《海南大学博士研究生在学期间发表学术论文的规定》、《海南大学博士、硕士学位授予工作暂行实施办法》、《海南大学硕士研究生学位论文抽查实施办法》、《海南大学优秀博士、硕士学位评选实施办法》、《海南大学研究生奖励实施办法》、《海南大学硕士研究生指导教师遴选办法》、《海南大学研究生指导教师工作条例》等9项制度进行了修订，现予印发执行。

海南大学研究生学术道德规范规定

为进一步贯彻《公民道德建设实施纲要》、教育部《关于加强学术道德建设的若干意见》、教育部《关于严肃处理高等学校学术不端行为的通知》（教社科[2009]3 号）和国务院学位委员会《关于在学位授予工作中加强学术道德和学术规范建设的意见》（学位[2010]9 号）有关精神，弘扬我校严谨求实的校风，培养诚实勤奋、热爱科学、求真务实、锐意创新、学风严谨、乐于奉献的高层次、高素质人才，提高我校研究生学术道德素质和综合培养质量，制定本规定。

第一条　我校各类研究生在科学研究和学术活动中必须遵守的原则：

1．严格遵守国家法律，保护知识产权，尊重他人劳动成果和技术权益。

2．忠于科学，探求真理，诚实守信，客观公正，严谨治学，服务社会。

3．刻苦学习，严肃认真，坚忍不拔，勇于创新，自强不息，洁身自律。

4．严格遵守学术研究和学术活动的基本规范，认真执行学术刊物引文规范，杜绝弄虚作假、抄袭剽窃现象。

5．正确对待学术研究和学术活动中的名利与收益，严禁沽名钓誉、损人利己行为，反对急功近利、粗制滥造现象。

6．坚持文责自负，对学位论文和其他自主发表的学术著作独立承担法律责任。

7．发现同学或同事有违反学术道德的行为要劝阻和制止，对严重违反者要及时向学校举报，敢于同不良的学术风气作斗争，维护优良的学术氛围。

8．在校期间和毕业以后都要始终如一，严于律己，自觉遵守学术规范和维护学校学术声誉。

9．研究生在校完成的学位论文内容，即使研究生已毕业走上工作岗位，研究生以学位论文研究成果发表论文，属海南大学主持的科研项目的学术成果，一律冠名为海南大学，研究生可以在标注中说明所在工作单位。

第二条　导师及学院（系、所）和管理部门的职责

研究生指导教师要以身作则，为人师表，在科学研究和学术活动中加强自律，严谨求实，决不弄虚作假，同时要加强研究生的学术道德教育，继承和发扬我校的优良校风。

导师是研究生学位论文和学术论文（著）审查的第一责任人。对于研究生的学位论文和拟发表的学术论文（论著），导师要切实履行审查责任，特别是对自己作为作者之一的论文，要以高度的责任心和文责自负的原则，对论文进行严格审查，做到实事求是，科学求真。

各学院、系、所及校学位评定委员会办公室均具有对申请学位论文答辩的研究生进行审查的义务，同时具有受理研究生违反学术道德规范行为举报的义务。接到举报后，应及时进行核查，并报研究生处审查处理，若属违法行为，应移交有关部门处理。

第三条　研究生在科学研究和学术活动中的学术道德规定

1．凡引用他人已经发表或未发表的成果、数据、观点等，均应明确说明并详细列出有关文献的名称、作者、年份等细节，已经出版的文献还要列出出版机构、出版地和版次等内容。

2．研究生发表学术论文（包括学位论文）必须将所有参考文献全部列出，重要参考文献和未公开发表文献应该主动向导师汇报或交导师审阅。

3．研究生署名“海南大学”或导师姓名（不论第几作者）所发表的学术原始稿件必须经过导师审核，导师签名后方可投稿。发表学术论文有其他作者的署名也必须征得署名者的同意。在标注各级基金项目资助时，必须经过导师或项目负责人同意。

5．研究生毕业以后署名包含导师姓名所发表的学术论文原始稿件也必须经过导师审核和同意后方可发表。

第四条　严禁下列违反学术道德的行为：

1．侵占、抄袭、剽窃他人学术成果（包括论文成果、技术报告、软件程序和研究数据等）；

2．篡改、伪造研究数据（包括实验数据、调查数据和软件计算结果等）；隐瞒不利数据从而用于伪造创新成果和新发现；

3．将本课题已有研究成果在自己的论文中不加标明而据为己有；

4．请他人代写文章，在撰写学位论文、其他拟发表论文的过程中存在文钱交易行为者；

5．在未参与工作的研究成果或论文中署名；

6．发表学术论文时未经别人同意使用别人署名，或未经项目负责人同意标注资助基金项目；

7．发表学术论文一稿多投；

8．虚开或篡改发表文章接收函；

9．以不正当手段影响研究成果鉴定、奖学金评定、论文评阅、论文答辩和考试成绩等；

10．诽谤、陷害、恐吓、报复、辱骂或恶意攻击领导、导师、任课教师、论文（或成果）评审人和有关同学等；

11．伪造导师或专家推荐信及其他评定（或审批）意见，伪造导师、领导或专家签名；

12．在承担助教、助研或助管等工作中以权谋私；

13．盗用、贩卖或擅自传播本课题组技术专利、专有数据、保密资料、有偿使用软件等未公开的技术成果；

14．制造或者恶意传播计算机病毒；

15．对自己认为本校（或其他单位）有关人员违法、违纪、违反学术道德行为，没有向本校纪检部门或相关管理部门反映举报（或举报后未经查证确认），就向媒体或公众传播而造成不良后果。

第五条　对违反学术道德规定行为的受理和鉴定

1．研究生处和各学位评定委员会负责受理有关研究生违反学术道德的事宜。

2．学校成立研究生学术道德鉴定委员会负责相关鉴定工作，并提出处理意见。必要时该委员会可聘请相关学科的校内外专家组成专门的学术道德鉴定小组对具体违反学术道德的行为进行鉴定。

3．研究生学术道德鉴定委员会的秘书处设在研究生处研究生管理部门。

4．认为对违反学术道德的行为处理不公的申诉由学校学位评定委员会受理。

第六条　对违反学术道德规定行为的处理

1．违反学术道德规定者，经查实后，若情节轻微，将分别给予：责令改正、批评教育、延缓答辩、取消相关奖项及取消申请学位资格等处理。

2．违反学术道德规定者，经查实后，若情节严重，影响恶劣，可给予记过、留校察看、勒令退学直至开除学籍处分。

3．违反学术道德特别严重而触犯法律者，移交司法机关依法追究法律责任。

4．研究生毕业3年内，若有严重违反学术道德规定的内容，涉及海南大学和研究生导师，学校将根据情节分别给予公开批评或撤销所授学位的处理。

5．对于违反学术道德规定的研究生导师，如果在研究生学位论文正式印刷前或发表的论文投稿前审核签字的，在处理研究生的同时也对作为第一责任人的导师作相应处理。根据情节轻重，分别给予通报批评、暂缓招生、取消导师资格等处理。

第七条　本规定从发文之日起执行，由研究生处负责解释。

海南大学博士研究生学位论文“双盲”评审实施办法

为了保证我校博士研究生的培养质量，强化博士生的创新意识和创新能力的培养，客观地反映我校博士生学位论文的真实水平，确保我校博士研究生培养质量，将制定本办法。

博士学位论文“双盲”评审指：评阅人在不知道学位论文作者及其导师的姓名，学位论文作者及导师不知道评阅人姓名的情况下进行评阅。

一、评阅人组成

博士学位论文评阅人由校外3名专家组成。评审专家应是责任心强、学风严谨、作风正派、在相同或相近学科领域学术造诣较深的博士生导师。

二、评审程序

1．拟申请学位论文答辩的博士研究生，根据校学位办公室关于学位论文盲审的要求，向所在学院提交“盲审”论文一式三份。

2．相关学院在规定的时间内，将博士学位论文及研究生名单送交学位办公室。

3．研究生处负责向论文评阅单位寄送“盲审”论文和相关材料。

4．论文评阅人对论文写出客观、公正、详细的学术评语。评语内容应包括：学风是否严谨、作者是否在本学科掌握坚实宽广的基础理论和系统深入的专业知识、是否具有独立从事科学研究工作的能力、在学科或专门技术上是否做出创造性的成果、对科学或经济建设有何使用价值或理论意义、论文存在的主要问题、是否同意进行答辩、是否建议授予学位等。

三、评阅结果的处理与反馈

1．博士学位论文评阅实行“一票否决制”，只有3位评阅人同时认定学位论文达到博士学位论文的学术水平情况下，该博士研究生才能参加学位论文答辩。

2．评阅结果一般在论文提交一个月后产生，研究生处以书面形式将评审意见和评审结果及时通知研究生和导师，并给出是否准予按期答辩的明确意见。

四、本办法2010年9月起执行，由研究生处负责解释。

海南大学博士研究生培养工作暂行规定

为做好我校博士研究生的培养工作，根据《中华人民共和国学位条例》、《中华人民共和国学位条例暂行实施办法》和上级主管部门有关文件精神，结合我校实际，制定本规定。

一、培养目标

博士研究生培养贯彻“面向现代化，面向世界，面向未来”的指导思想，坚持全面发展的方针和从严要求的原则。

（一）坚持四项基本原则，坚持改革开放，努力学习思想政治理论和党的方针、政策，遵纪守法，品行端正，服从国家需要，积极为社会主义现代化建设服务；

（二）掌握本学科宽广的基础理论、系统深入的专业知识、相应的技能和方法，具有独立从事本学科科学研究的能力，具有严谨求实的治学态度、献身科学的强烈事业心和创新精神；

（三）能熟练地运用第一外国语阅读本专业的外文资料，并具有较好的写作能力和听说能力；第二外国语具有阅读本专业外文资料的初步能力；

（四）身心健康

二、学制及学习年限

博士研究生的学制一般为3年，学习年限3—5年。如有特殊原因需要延长学习年限的，由本人提出申请，导师、培养单位签署意见后，报研究生处审核批准，学习年限可延长至6年。延长期的培养费用由其本人和导师解决。博士研究生不能提前毕业。

三、培养方式

（一）博士研究生的培养实行导师负责制。根据需要，可以成立博士研究生指导小组，指导小组以导师为组长，小组成员由导师提名 3—5 名副教授以上职称的专家（或相当职称的专家），所在单位和研究生处审核后确定。鼓励跨专业、跨单位或校外专家参加指导小组。

导师或指导小组的主要职责是：

1．制订博士研究生培养计划；

2．进行政治思想教育；

3．检查课程学习和论文工作情况，解答培养过程中研究生提出的问题；

4．根据实际需要，提出聘请学术水平较高、教学科研经验丰富的教授、副教授（或相当职称的专家）担任某一博士研究生副导师的建议。

在博士研究生学习和论文工作过程中，应充分发挥指导小组的作用，加强与科研单位、生产部门之间的学术交流和技术合作，使博士研究生扩大视野，增强解决实际问题的能力。

（二）提倡在职培养、联合培养博士研究生。学校鼓励在职人员报考博士研究生，鼓励与校外（或国外）科研单位或高等院校横向联合，相互取长补短，联合培养博士研究生。

四、培养方案和个人培养计划的制订

培养方案应体现博士研究生培养的基本要求，明确博士研究生应掌握的专业和相关学科基础知识的深度和广度，以及从事创造性科研工作应具备的能力。

博士研究生入学后一个月内，指导教师应根据学科专业培养的要求和研究方向，结合博士研究生的个人情况，制订培养计划。培养计划应对研究方向、学习年限、课程学习、文献阅读、论文开花和（包括论文开题报告、论文中期报告和毕业论文）、实践环节等作出具体安排。

培养计划经指导小组或学科组讨论修订，培养单位审批后，送研究生处审查、备案。

五、课程设置和考核

课程设置包括马克思主义理论课、基础理论课、专业课和外语课，总学分为 14—18 学分。

（一）马克思主义理论课：按教育部要求开设现代科学技术革命与马克思主义，要求博士研究生在自己学习马克思主义哲学有关原著和选读现代科学技术革命有关代表著作的基础上进行专题研究，并由教师进行讲授。要求在教师指导下根据马克思主义基本观点，结合本专业特点联系客观实际撰写一篇具有相应理论水平的课程论文。该课程经考核后由任课教师评定成绩。

（二）外国语：要求学习两门外国语，考试合格后获得学分。第一外语要求具有熟练的读、写、听、讲能力；第二外国语具有阅读本专业文献的初步能力。

（三）基础理论和专业课：由导师根据专业要求、科研课题的需要和研究生的情况，确定修读相关课程。

（四）文献阅读：根据学科专业的需要，阅读一定量的文献资料，为顺利开展学位论文工作打好基础。

六、中期考核

参照《海南大学关于研究生中期考核试行办法》（海大办[2008]92 号）进行。

七、学术活动

博士研究生应经常参加各种学术报告或学术研讨会，以开拓视野，增进知识，活跃学术思维，锻炼表达能力。在论文答辩前必须发表一定数量、水平较高的学术论文，具体参照《海南大学博士研究生在学期间发表学术论文的规定》（海大办[2010]14 号）执行。

八、科学研究与学位论文

从事科学研究和撰写学位论文是培养博士研究生独立从事科学研究工作能力的最重要环节，反映了博士研究生对本学科专业的基础理论和专门知识的掌握程度。

博士研究生入学后，应在导师指导下，明确研究方向，并在查阅文献和调查研究的基础上提出论文选题。论文题目应在第一学年内确定，并在导师指导下拟定论文工作计划，包括各阶段的主要内容、要求、进行方式和完成期限，并在第三学期初之前作开题报告，广泛听取意见后确定论文实施方案。开题报告经导师同意、培养单位审批后送研究生处备案。（具体参照《海南大学研究生学位论文选题和开题报告暂行规定》海大办[2008]92号）执行。

博士论文应是在本学科领域中，具有创新见解或创造性的成果，对社会主义现代化建设具有一定的理论和实践意义。博士研究生在论文工作期间，应定期向导师或指导小组报告研究的阶段性进展情况、存在问题及改进建设，以取得导师或指导小组的帮助，完成阶段性检查考核。

博士研究生通过学位课程考试，完成毕业论文后，经导师或指导小组审查通过，由学校学位办公室按照相关规定统一送校外同行专家评阅，评阅通过方能申请进行博士学位论文答辩。

九、论文答辩

（一）论文评阅人及论文答辩委员会

1．论文评阅人组成、论文评阅参照《海南大学博士研究生学位论文“双盲”评审实施办法》（海大办[2010]14号）执行。寄送论文及聘书由学校学位办公室负责。

2．论文答辩委员会由5—7人组成。答辩委员会主席由具备博士生导师资格的专家担任，答辩委员会成员由相关专业的教授或相当职称的专家（要求有一定数量的校外专家）。答辩委员会设秘书1人，由中级以上职称的教师或科研人员担任。申请人导师不参加答辩委员会。

（二）论文答辩

1．论文答辩一般要求以公开方式进行（保密课题除外）。

2．论文答辩的组织接待工作由培养单位负责，学位申请人及指导教师不得参与。

3．答辩程序

（1）答辩委员会主席主持会议，宣布答辩开始。

（2）申请人报告论文（时间30分钟）。

（3）答辩委员就申请人的论文及相关基础理论知识提问，申请人对每个委员的提问现场答复。

（4）申请人和列席会议者暂时退出会场，指导教师向答辩委员会介绍申请人情况（思想表现、学习成绩、论文工作情况等）。

（5）答辩委员会进行讨论，评议论文，宣读评阅人意见，并就是否通过论文答辩和建议授予学位进行表决。表决采取不记名投票方式进行，经全体成员的三分之二以上（含三分之二）同意方为通过。答辩委员会讨论时，学位申请人及其指导教师回避。

（6）答辩委员会主席当众宣布论文答辩和授予学位的表决结果（答辩决议书须经答辩委员会主席签字）。

（三）论文未通过者可在一年内重新申请答辩一次。博士研究生论文如未达到博士学位水平，但已达到硕士学位，且申请人又未获得过硕士学位的，答辩委员会可以做出授予硕士学位的建议。

十、本规定自印发之日起执行，由研究生处负责解释。

海南大学硕士研究生培养工作暂行规定

为了做好硕士研究生的培养工作，确保培养质量，根据《中华人民共和国学位条例》和《中华人民共和国学位条例暂行实施办法》以及教育部有关规定，结合我校实际，制订本规定。

一、培养目标

为适应我国社会主义现代化建设的需要，培养德、智、体、美全面发展的高级专业人才：

（一）较好地掌握马列主义、毛泽东思想、邓小平理论和“三个代表”重要思想，树立无产阶级世界观，热爱祖国，遵纪守法，品德良好，学风严谨，具有较强的事业心和献身精神，服从国家需要，积极为社会主义现代化建设服务。

（二）掌握本学科坚实的基础理论和系统的

专业知识；了解本研究方向的国内外发展动态，具有从事科学研究、教学工作和独立担负专门技术工作的能力；能用一门外国语熟练阅读本专业的外文专刊，并具有一定的听、说、写、译的能力。

（三）身心健康。

二、学制及学习年限

硕士研究生学制一般为3年，其中进行科学研究和撰写学位论文的时间不少于1年。

研究生应在规定的学习期限内完成培养计划要求的课程学习、实践环节（包括社会实践、教学实践和公益劳动等）和学位论文工作。提前完成培养计划所规定的学习任务、成绩优良，学位论文通过学校组织的匿名评阅并通过答辩者，可以提前毕业。个别因特殊情况，不能近期完成培养计划者，须按规定提出延长学习年限的书面报告，经研究生处批准，可适当延长，但最长不得超过两年。延长学习期间的一切费用自理。

三、培养方式

（一）采取课程学习与科学研究相结合，导师指导与集体培养相结合的培养方式。注意加强实践环节，培养研究生的自觉能力、创新能力和工作能力。

（二）要充分发挥指导教师和研究生双方的积极性，师生合作，教学相长。在保证基本要求的前提下，具体培养方法可以灵活多样，鼓励培养方法的创新。

（三）加强对研究生思想政治工作的领导，充分发挥指导教师的作用，既教书又育人。研究生应当积极参加形势与政策教育、公益劳动和文艺体育等活动。

四、培养方案和学习计划

（一）培养方案是制订研究生培养计划和进行培养工作的主要依据，是培养研究生工作的指导性文件。培养方案要体现研究生的培养目标，其研究方向应从社会发展和经济建设的需要出发，根据现代科学技术发展的趋势，结合学生实际情况确定。同时要根据社会经济、新兴学科、边缘学科发展的情况，及时调整研究方向。

（二）培养方案应对本专业研究生的培养目标、研究方向、学习年限、时间安排、课程设置与学分分配、实践环节、科学研究、学位论文、培养方式与学习方法等做出明确的规定，并对实验设备等物质条件做出说明。培养方案由学科组集体讨论制订，各培养单位分管研究生工作的负责人批准，并报研究生处备案。培养方案一般每3年修订一次。

（三）研究生入学后，指导教师应按照培养方案的要求，因材施教，指导研究生制订培养计划，对课程修读、学习内容与方法、学习重点、每学期的学分分配、教学实践、社会实践、学术活动、文献阅读、学位论文选题范围、科研工作和学位论文写作等做出具体安排。学习计划应于研究生入学后两个月之内提交学科组审查，经所在培养单位分管研究生工作的负责人同意后报研究生处备案。

（四）学习计划一经确定，不得随意变动。如因特殊情况确需变动时，须于每学期研究生处下达教学任务前，向研究生处提交书面报告，经同意后方可修改。对学习计划未安排而自行修读的课程，只计成绩，不计学分。学习计划已安排而擅自未修读的课程，按零分处理。

（五）以同等学力考取的研究生，须补修所录取专业的相应本科专业的不少于3门主干课程。补修成绩记入成绩档案，并注明“本科”字样。补修课程需在中期考核前完成。补修课程列入培养计划，但不计入总学分。

五、课程设置和实践环节

（一）研究生修读课程实行学分制。课程设置及学分要求，参照各专业培养方案。

1．学位课

（1）公共基础课：英语、政治等课程。

（2）基础理论课：按一级学科设置，课程设置门数各学科自定。

（3）专业基础课：按二级学科设置，课程设置门数各学科自定。

2．选修课程

选修课程包括学科、专业选修课和公共选修课。专业选修课按照一级学科或二级学科设定（有一级学科授予权的学科按一级学科设置）。公共选修课一般包含数学类、生物类、计算机类、外语类、人文类、经济类、心理类等，供全校研究生选修。公共选修课按需设置，并进行动态管理。各培养单位均可申报开设公共选修课。

（二）必修环节

各学科要对必修环节提出具体要求。学术活动、教学实践或社会实践必修，计1学分；文献综述和开题报告必须完成，记1学分。

研究生在学期间应参加教学或社会实践活动，时间累计不少于两周，结束时要写出总结报告，实践活动考核不合格者，不予毕业。入学前已具备教学经验的研究生，经本人申请，指导教师、培养单位分管负责人审核，报研究生处批准，可以免除教学实践环节。

六、课程修读与考核

研究生必须参加专业培养计划规定的全部课程学习。凡在研究生培养计划中规定的学位课程、必修课和一般选修课及各种教学环节，在授课完毕后都要进行考核。考核通过方能取得规定的学分。

考核分为考试和考查两种方式。考试按百分制计分，考查按优秀、良好、中等、及格和不及格五级评定。学位课程考核原则上采取考试方式，限选课和任选课程可以考试或考查。教学实践、社会实践、专题讨论、实验、文献综述、开题报告及学术活动等培养环节的考核采用考查方式进行。考查主要根据平时完成作业（包括习题、实验报告、课堂讨论、文献阅读的数量与质量等）的情况进行，并由导师或有关教师写出评语和确定考查结果，记入学习档案。

学位课程考试成绩 70 分为及格，其他课程考试成绩 60 分为及格。考试不及格的，研究生本人提出重考申请，允许重考一次，第一外国语可重考两次。

七、中期考核

参照《海南大学关于研究生中期考核试行办法》（海大办[2008]92号）进行。

八、学位论文工作

学位论文工作的目的是要使研究生在科学研究方面受到比较全面的训练，培养从事科学研究或独立担负专门技术工作的能力。学位论文应在指导教师的指导下由研究生独立完成，论文内容应以自己获得的第一手实验数据或调查材料为基础。

1．学位论文的选题及开题报告

学位论文的选题，研究生应从第三学期开始，应在指导教师的指导下，在本学科专业范围内，选择对经济和社会发展具有一定实用价值或理论意义的课题。选题应尽可能结合导师或学科组所承担的科研任务，研究工作要充分考虑实验室现有的条件（包括中外文资料），充分估计现有的物质条件、研究经费和工作周期。

学位论文工作计划及开题报告内容应包括：文献阅读、论文选题、科研或社会调查、研究方法、实验手段、理论分析、具体撰写等工作的进度计划。学位论文工作计划及开题报告经导师和学科组审核后，送所在培养单位主管领导审批，于第四学期结束时送交研究生处备案。（具体参照《海南大学研究生学位论文选题和开题报告暂行规定》海大办[2008]92号）执行。

2．学位论文工作

学位论文工作期间，应定期向导师报告研究的阶段性进展情况、存在问题及改进意见，以取得导师的指导和帮助，顺利完成学位论文。

研究生必须在规定时间内，按硕士研究生学位论文形式规范的要求，完成学位论文的撰写工作。超过规定时间按有关规定处理。

硕士研究生通过学位课程考试，完成毕业论文后，经导师审查通过，由学校学位办公室和学院按规定组织专家对学位论文进行评阅，评阅通过后，方能申请进行硕士学位论文答辩。

九、论文答辩

（一）论文评阅及论文答辩委员会

1．属抽查范围的学位论文，评阅人组成和学位论文的评阅参照《海南大学硕士研究生学位论文抽查暂行办法》（海大办[2010]14号）执行。学位论文的寄送及聘书由学校学位办公室组织。

2．不属抽查范围的学位论文，评阅人由2名副教授或相当职称的专家组成，如2位评阅人认定未达到答辩水平，则不能参加答辩；若有1位专家认定未达到答辩水平，可增聘1名专家评阅，如增聘专家仍持否定意见则不能参加答辩。学位论文及聘书的寄送由学院自行组织。

3．论文答辩委员会由5—7人组成。答辩委员会主席由具有教授或相当职称的专家担任，答辩委员会成员由相关专业的副教授（或相当职称）以上的专家（要求有一定数量的校外专家）。答辩委员会设秘书1人，由中级以上职称的教师或科研人员担任。申请人导师不参加答辩委员会。

（二）论文答辩

1．论文答辩一般要求以公开方式进行（保密课题除外）。

2．论文答辩的组织接待工作由培养单位负责，学位申请人不得参与。

3．答辩程序

（1）答辩委员会主席主持会议，宣布答辩开始。

（2）申请人报告论文（时间20分钟）。

（3）答辩委员就申请人的论文及相关基础理论知识提问，申请人对每个委员的提问现场答复。

（4）申请人和列席会议者暂时退出会场，指导教师向答辩委员会介绍申请人情况（思想表现、学习成绩、论文工作情况等）。

（5）答辩委员会进行讨论，评议论文，宣读评阅人意见，并就是否通过论文答辩和建议授予学位进行表决。表决采取不记名投票方式进行，经全体成员的三分之二以上（含三分之二）同意方为通过。

答辩委员会讨论时，学位申请人及其指导教师回避。

（6）答辩委员会主席当众宣布论文答辩和授予学位的表决结果（答辩决议书须经答辩委员会主席签字）。

（三）论文未通过者可在一年内重新申请答辩一次，答辩通过后，颁发毕业证和学位证。

十、本规定自印发之日起执行，由研究生处负责解释。

海南大学博士、硕士学位授予工作实施办法

第一章 总则

第一条 根据《中华人民共和国学位条例》、《中华人民共和国学位条例暂行实施办法》，结合我校研究生培养的实际情况，制定本暂行实施办法。

第二章 学位评定委员会

第二条 学校依照《海南大学学位评定委员会章程》成立学位评定委员会。学位评定委员会由25至33人组成，任期三年。学位评定委员会设主席1人，副主席2人，秘书长1人。

学位评定委员会组成人员包括校长、主管相关工作的副校长、具有丰富教学经验、参与研究生指导工作的教授、副教授或相当专业技术职务的专家，以及有关职能部门的负责人。学位评定委员会主席由校长担任。

第三条 根据工作需要，各学院（中心、所）成立由7—15人组成的学位评定分委员会，并履行相应的工作职责。

第四条 学位评定委员会的职责：

1．审查通过申请硕士、博士学位人员的名单；

2．做出授予硕士学位、博士学位的决定；

3．审核博士、硕士研究生指导教师任职资格；

4．审核并通过优秀博士、硕士学位论文；

5．审核申报增列的博士、硕士学位授权学

科；

6．做出撤销违反规定而授予学位的决定；

7．研究和处理与学位授予有关的其他事项。

第三章 学位授予条件

第五条 博士学位授予条件

1．拥护中国共产党的领导，拥护社会主义制度，品行端正，遵纪守法，身体健康。

2．按照博士研究生培养方案，修完全部课程和其他必修环节，成绩合格，取得规定学分。

3．通过学位论文答辩

4．在学期间发表与所学专业相关的学术论文的数量和等级要求如下：

（1）自然科学类博士研究生发表论文的要求：学位论文答辩前，以第一作者身份、同时海南大学为第一署名单位在SCI、EI检索源刊物上发表1篇或在国内重要核心期刊（以海南大学学术委员会认定的刊物为准）上发表2篇与研究方向相关的研究型学术论文。

（2）人文社科类博士研究生发表论文的要求：学位论文答辩前，以第一作者身份、同时海南大学为第一署名单位在SSCI检索源刊物上发表1篇或在CSSCI检索源刊物上发表2篇与研究方向内容相关的学术论文。

第六条 硕士学位授予条件

1．拥护中国共产党的领导，拥护社会主义制度，品行端正，遵纪守法，身体健康。

2．按照硕士研究生培养方案，修完全部课程和其他必修环节，成绩合格，取得规定学分数。

3．通过学位论文答辩。

4．在学期间在省级以上刊物上，至少发表一篇与所学专业相关的研究型学术论文，各学科专业可以根据实际情况，提出更高的要求。

第四章 学位论文评阅

第七条 所有参加学位论文答辩的学位论文必须按相关规定进行评阅。

1．博士学位论文评阅，按照《海南大学博士研究生学位论文“双盲”评审实施办法》（海大办[2010]14号）执行。

2．属抽查范围的硕士学位论文的评阅，按照《海南大学硕士研究生学位论文抽查实施办法》（海大办[2010]14号）执行。

3．不属抽查范围的硕士学位论文的评阅，按照《海南大学硕士研究生培养工作暂行规定》（海大办[2010]14号）执行。

第五章 学位论文答辩

第八条 学位论文答辩时间安排在每年5—6月和11—12月进行。

第九条 答辩委员会组成。学位论文答辩委员会，一般按学科专业，由5—7人组成，成员名单由学科组确定后，由学位评定分委员会审核，报学位学位办备案。

1．博士学位论文答辩委员会，主席由具备博士生导师资格的专家担任，成员由相关专业的教授或相当职称的专家（要求有一定数量的校外专家）组成。答辩委员会设秘书1人，由中级以上职称的教师或科研人员担任。申请人导师不参加答辩委员会。

2．硕士学位论文答辩委员会，主席由具有教授或相当职称的专家担任，成员由相关专业的副教授（或相当职称）以上的专家（要求有一定数量的校外专家）组成。答辩委员会设秘书1人，由中级以上职称的教师或科研人员担任。申请人导师不参加答辩委员会。

第十条 论文答辩程序及要求参照《海南大学博士研究生培养工作暂行规定》、《海南大学硕士研究生培养工作暂行规定》（海大办[2010]14号）中规定的答辩程序执行。除保密课题外，博士、硕士学位论文答辩一般应以公开方式举行。

第十一条 论文答辩委员会根据研究生答辩情况，就是否通过毕业论文答辩、是否建议授予学位做出决议。

第十二条 因故须推迟答辩的，由研究生本人申请、经导师同意或根据导师意见，学位评定分委员会批准，最长可推迟1年答辩，推迟答辩按正常答辩程序进行。

第十三条　论文答辩首次未通过者，可以在一年内申请补答辩1次。

第六章　学位申请

第十四条　通过学位论文答辩的研究生，可填写“海南大学博士、硕士学位申请书”，经导师推荐后，向所在学院提出申请。

第十五条　所在学院（中心、所）学位评定分委员会对申请人的政治思想、课程学习、教学实践、论文答辩、答辩委员会决议和发表论文等情况进行全面审核，并将是否同意申请学位作出相应决议。

第七章　学位授予

第十六条　学位评定委员会将拟同意授予学位者的材料报学校学位评定委员会审批。凡答辩委员会作出建议不授予学位决议的，学位评定分委员会和学位评定委员会不予审核。

第十七条　学位评定委员会作出授予学位的决议时，以无记名投票方式进行表决。出席会议委员（成员）应占全体委员（成员）的三分之二以上方得开会，赞成票超过全体委员（成员）一半以上方为通过。

第十八条　学校学位评定委员会审查、表决通过后，授予学位，颁发学位证书。学位证书生效日期从学校学位评定委员会通过之日算起。

第十九条　有下列情况之一者，不得授予学位：

1．研究生在学期间曾受过“记过”以上处分未被撤销的；

2．课程学习和论文工作不符合本办法规定的；

3．品德恶劣的（包括课程考试和论文工作中舞弊行为且情节严重的）。

第二十条　对于已经授予硕士学位，学位评定委员会如确认为错授或发现有舞弊行为，严重违反《中华人民共和国学位条例》规定时，应予以复议并经半数以上成员通过，撤销所授学位。

第八章　其他

第二十一条　本办法经校学位评定委员会讨论通过，学校批准后执行。

第二十二条　本办法由研究生处负责解释。

海南大学博士研究生在学期间发表学术论文的规定

为了引导我校博士研究生从事高水平的科学研究，提高博士研究生的培养质量，结合我校实际，对博士研究生在学期间发表论文做如下规定：

1．自然科学类博士研究生发表论文的要求：学位论文答辩前，以第一作者身份在SCI、EI检索源刊物上发表1篇或在国内核心期刊（以海南大学学术委员会认定的刊物为准）上发表2篇与研究方向相关的研究型学术论文。

2．人文社科类博士研究生发表论文的要求：学位论文答辩前，以第一作者身份在SSCI检索源刊物上发表1篇或在CSSCI检索源刊物上发表2篇与研究方向内容相关的学术论文。

3．博士研究生发表的学术论文第一署名单位原则上应为海南大学。

4．已满足上述条件的博士研究生凭发表论文的期刊或者论文接收函，向学院及学校提出答辩和授予学位的申请。

5．未满足上述条件，但满足毕业条件的博士研究生，允许组织学位论文答辩。答辩通过者，可先予以毕业，但学位评定委员会暂不审议其学位，直至在毕业后2年内满足我校博士研究生学位发表论文的基本要求后，由本人提出申请，现由学位评定委员会审议其学位。

6．本规定从2008级博士研究生开始执行，由研究生处负责解释。

海南大学硕士研究生学位论文抽查实施办法

为加强研究生学位论文质量监督，保证研究生培养质量，根据我校实际，制订此办法。

一、抽查的范围和时间

各类硕士研究生的学位论文（以同等学力申请学位者的学位论文除外），论文抽查在学位论文答辩前进行。同时学校可以对由学院组织评审的学位论文和已授予学位的学位论文进行抽查。

二、抽查评审方式

实行“双盲”评审，要求将“评阅人姓名”对学位论文作者及其导师隐匿，同时将“学位论文作者”及“导师姓名”对评阅人隐匿。

三、抽查对象确定

1．正常毕业的研究生的学位论文，抽查名单按当年毕业生总数的10%，采取随机抽样的办法确定；

2．根据往年评阅、答辩的情况，直接指定或追加抽查某一位导师指导的研究生的学位论文；

3．申请提前毕业的研究生的学位论文，一律作为学位论文盲评对象。

四、抽查程序

1．学位论文抽查由研究生处组织。

2．研究生处按随机抽样确定抽查名单后，通知到各学院，学院负责通知到研究生本人，并按规定的时间收齐学位论文后，统一报送研究生处。

3．研究生处根据学位论文研究内容，聘请相同或相近专业的外校专家作为论文评阅人，论文评阅人为3人。

4．凡参加学校组织的学位论文抽查的，各培养单位不再组织评阅。

五、抽查结果的处理与反馈

1．正常毕业研究生抽查、直接指定或追加抽查的学位论文，如有2位评审专家认定未达到答辩水平，则不能参加答辩；若有1位专家认定未达到答辩水平，可增聘1名专家评阅，如增聘专家仍持否定意见则不能参加答辩。

2．申请提前毕业的硕士研究生的学位论文，实行“一票否决制”，只有当全体评阅专家一致对论文持肯定意见时，才能参加答辩。

3．抽查结果一般在论文提交一个月后产生，研究生处以书面形式将评审意见和评审结果及时通知研究生和导师，并给出是否准予按期答辩的明确意见。

六、本办法自印发之日起执行，由研究生处负责解释。

海南大学优秀博士、硕士学位论文评选实施办法

为贯彻落实《面向21世纪教育振兴行动计划》，配合教育部研究生工作办公室和海南省学位办公室做好全国优秀博士学位论文评选和海南省优秀博士、硕士优秀学位论文评选推荐工作，切实加强我校研究生培养工作，鼓励创新精神，提高研究生，特别是博士研究生的学位论文的质量，制定本办法。

第一条　优秀博士学位论文评选条件

1．当年答辩的博士学位论文。

2．论文“盲审”成绩全部为良好以上，其中至少有一篇评阅结果为优秀。

3．论文答辩成绩为优秀（≥90分）。

4．在学期间，除满足学位授予条件的论文要求外，达到以下条件者可作为评选优秀博士学位论文的优先条件。

（1）自然科学类博士生，以第一作者身份在SCI、EI、ISTP收录期刊上发表学术论文者；

（2）获得省级三等奖以上科研奖励（提名第二）者；

（3）人文社科类博士生，以第一作者身份在SSCI、AHCI索引收录期刊上发表学术论文者。

第二条　优秀硕士学位论文评选条件

1．应届硕士学位论文。

2．论文抽查、评阅成绩全部为良好以上，其中至少有一篇评阅结果为优秀。

3．论文答辩成绩为优秀（≥90分）。

4．在学期间，除满足学位授予条件的论文要求外，达到以下条件者可作为评选优秀硕士学位论文的优先条件。

（1）以第一作者身份在全国一级学会刊物或全国中文核心期刊发表学术论文者；

（2）以第一作者身份（或独著）完成学术专著，或获得省级以上（含省级）与学位论文相关的科研奖励者。

第三条　评选比例

优秀博士、硕士学位论文评选的比例，原则上优秀博士学位论文不超过当年参加答辩学位论文总数的15%；优秀硕士学位论文不超过当年参加答辩学位论文总数的5%。

根据实际情况，学院不同学科、专业之间可进行适当调整。

第四条　评选时间、程序、办法

1．优秀学位论文每年评选一次，一般在每年的上半年进行。

2．每年学位论文答辩后，研究生本人提出申请，填写《海南大学优秀博士、硕士学位论文推荐表》，导师写出推荐意见，向学院（所、中心）学位评定分委员会申报参评。

3．学院（所、中心）学位评定分委员会审核后向学校推荐。

4．研究生处结合评审专家意见、答辩委员会意见、学位评定分委员会推荐意见及个人申请材料进行综合审核后，提出优秀论文候选名单，报学校学位评定委员会。

5．学校学位评定委员会对优秀论文候选名单进行审议，并以无记名投票方式进行表决，同意票超过到会委员半数以上为有效。按优秀论文评选比例，根据同意票多少，确定优秀博士、硕士学位论文名单。

6．研究生处通过校园网和公告栏公示评选结果，公示无异议后，由学校发文公布。

第五条　奖励办法

1．优秀博士学位论文：颁发优秀博士学位论文荣誉证书，并奖励论文作者3000元，指导教师1500元，同时推荐参加省级优秀博士学位论文的评选。

2．优秀硕士学位论文：颁发优秀硕士学位论文荣誉证书，并奖励论文作者1000元，指导教师800元，同时推荐参加省级优秀硕士学位论文的评选。

3．获奖者评选材料存入个人档案。

第六条　本办法自发文之日起开始执行，由研究生处负责解释。

海南大学研究生奖励实施办法

为鼓励我校研究生勤奋学习，刻苦钻研，培养研究生的创新精神，提高研究生的综合素质，根据教育部有关文件精神，结合我校实际，特制定本暂行办法。

第一条　奖励对象和奖励类别

奖励对象为我校在册全日制研究生。奖励类别分为优秀研究生奖、优秀研究生干部奖。其中优秀研究生奖分为一等奖和二等奖两个等级。

第二条　评选条件

1．优秀研究生

（1）坚持四项基本原则，拥护改革开放和党的各项方针政策，努力学习马列主义、毛泽东思想、邓小平理论和“三个代表”重要思想，坚持科学发展观，具有良好的道德品质，模范遵守学校各项规章制度。

（2）学习目的明确，刻苦钻研，成绩优良，学位课程单科成绩80分以上、平均成绩85分以上，考查课程成绩均在良好以上。

（3）具有较强的科研能力。

博士生要求评选学年在重要期刊（全国一级学会刊物）上至少发表学术论文1篇（自然科学类），或在CSSCI来源期刊上至少发表学术论文1篇（人文社科类）；或独著或以第一作者身份完成学术专著；或获得省级以上（含省级）科研奖励。

硕士生要求评选学年已在全国中文核心期刊（北京大学图书馆《中文核心期刊要目总览》，下同）上独立或以第一作者身份发表至少1篇与所学专业相关的学术论文；或独著或以第一作者身份完成学术专著；或获得省级以上（含省级）科研奖励。

所有参评成果应以海南大学为第一完成单位。

（4）积极参加各种有益的文体活动，身体健康。

（5）优秀研究生等级评定办法另文规定。

2．优秀研究生干部

（1）坚持四项基本原则，拥护改革开放和党的各项方针政策，努力学习马列主义、毛泽东思想、邓小平理论和“三个代表”重要思想，坚持科学发展观，具有良好的道德品质，模范遵守学校各项规章制度。

（2）培养计划规定的课程考试单科成绩 80 分以上，考查课程良好以上。

（3）工作认真负责，起模范带头作用，热心为同学服务，在同学中享有较高声望。

（4）具有良好的团队精神和合作意识。

（5）热心社会公益事业，积极组织同学开展健康有益的各项活动，效果良好。任职期间，表现出较强的组织和协调能力，出色完成组织交给的各项任务，受到学校的表扬和好评。

（6）担任研究生会、研究生党团支部等干部工作满一年。

第三条　评选及奖励比例

1．优秀研究生：不超过当年在读全日制研究生总数的 3%。

2．优秀研究生干部：不超过当年研究生干部总数的 15%。

第四条　评选时间及评选办法

1．优秀研究生评选在每年 6 月进行。由各学院（中心、所）根据学校安排组织实施。各学院将初评结果报研究生工作部审核（科研成果计算时间为上年 6 月 1 日起至评奖年 5 月 31 日止）。

2．优秀研究生干部评选在每年 6 月进行，由各学院（中心、所）根据学校安排组织实施。各学院将初评结果报研究生工作部审核。

3．研究生工作部审核后，通过校园网或公告栏公示评选结果，公示无异议后，报分管领导批准，发文公布。

第五条　奖励办法

1．优秀研究生：颁发荣誉证书，一等奖颁发资金 600 元，二等奖颁发资金 300 元。

2．优秀研究生干部：颁发荣誉证书和资金 300 元。

3．获奖者评选材料存入个人档案。

第六条　本办法自印发之日起执行，由研究生工作部负责解释。

海南大学研究生指导教师遴选办法

第一条　为了加强学科和学位授权点建设，建立一支高水平的研究生指导教师队伍，确保和提高研究生培养质量，根据教育部和国务院学位办有关文件精神，结合我校的具体情况，特制订本办法。

第二条　基本原则

（一）研究生指导教师是学校高层次人才培养的重要岗位，依照动态选聘、按需上岗的原则设置。

（二）研究生指导教师的遴选工作应有利于我校重点学科的建设和学科结构的调整，有利于高层次专门人才的培养。

（三）遴选研究生指导教师应坚持标准，遵循公正合理、保证质量、宁缺毋滥的原则。

（四）申请者一次只能在同一个一级学科下担任研究生指导教师，如确有必要跨学科门类或一级学科申请，必须经有关学科组织和学位评定分委员会同意并报校学位评定委员会审批。

第三条　研究生指导教师的基本要求和条件

（一）熟悉国家有关研究生教育的政策法规，有责任心，教书育人，为人师表；遵守学术道德和学术规范，治学严谨；富于创新精神；能认真履行导师职责，每年能保证有半年以上的时间在国内指导研究生。

（二）博士生指导教师申请者应为教授或相当技术职称任职资格，一般应具有博士学位，年龄一般不得超过 57 周岁。硕士生指导教师申请者应为本科以上学历、副教授或相当技术职称以上任职资格，年龄一般在 50 岁以下。

（三）申请者应具有较高的学术造诣和丰富的科研工作经验。

1．博士生指导教师申请者近 5 年取得的科研成果应满足下列条件中的 3 项，其中（1）、（2）项为必备条件：

（1）近 5 年主持过国家级项目 1 项以上或省部级项目 2 项以上。目前正主持省部级以上科研项目且可支配的在研经费（含横向经费）10 万元（自然科学类）和 3 万元（人文社科类）以上；不具有博士学位的教授（研究员）或具有博士学位、45 周岁以下的副教授（副研究员）目前正主持国家级科研项目 1 项以上且可支配的科研经费（含横向经费）30 万元（自然科学类）和 10 万元（人文社科类）以上。

（2）自然科学类以第一作者身份在 SCI、EI、ISTP 索引收录论文 2 篇以上或在自然科学核心期刊发表学术论文 5 篇以上；人文社科类以第一作者身份在 SSCI 来源期刊上发表学术论文 2 篇以上或在人文社科核心期刊（CSSCI 来源期刊）上发表学术论文 6 篇以上。不具有博士学位的教授（研究员）或具有博士学位、45 周岁以下的副教授（副研究员），自然科学类以第一作者身份在 SCI、EI、ISTP 索引收录论文 3 篇以上或在自然科学核心期刊发表学术论文 6 篇以上；人文社科类以第一作者身份在 SSCI 来源期刊上发表学术论文 3 篇以上或在人文社科核心期刊（CSSCI 来源期刊）上发表学术论文 8 篇以上。

（3）完成并正式出版学术专著 1 部以上。

（4）获国家级科研成果奖 1 项以上或省部级科研成果奖 2 项以上。

（5）获得国家发明专利 2 项以上（前 2 人）。

2．硕士生指导教师申请者近 5 年取得的科研成果应同时满足下列两项条件：

（1）主持并完成省厅级以上科研课题；目前正主持省厅级以上科研项目且可支配的科研项目经费（含横向经费）3 万元（自然科学类）和 5 千元（人文社科类）以上。

（2）自然科学类 3 篇以上（其中至少 1 篇为重要学术期刊论文）与申请学科专业有关的学术论文；人文社科类以第一作者身份在中文核心期刊上发表过 5 篇以上（其中至少 2 篇为 CSSCI 来源期刊论文）与申请学科专业有关的学术论文。

（四）博士生指导教师申请者要求至少已完整培养过一届硕士研究生，或参加过博士生指导小组工作并完整地协助培养过一届博士生。

（五）能独立开设本专业相关的研究生课程。

第四条　遴选程序

（一）个人申请

申请者对照如上条件，认真填写《申请表》，报拟申请担任导师的学科、专业所在学院。

（二）学院初审

1．学院对拟申报博士生指导教师的相关材料在全校范围内进行公示三天，征求异议。

2．学位评定分委员会按照研究生指导教师遴选条件，结合本学院学科建设的实际需要，认真审核个人申报材料，并将拟同意新增为研究生指导教师的名单、学科名称汇总，连同个人申报材料和公示结果，报校学位评定委员会办公室。

（三）学位办公室审查

学位评定委员会办公室会同相关部门对申报材料进行审查，对博士生指导教师的申报材料公示结果进行核实。未经公示的博士生指导教师申报材料一律不予受理。

（四）学位评定委员会审核

学位办公室将申报材料和公示结果核实情况等提交校学位评定委员会审核。获得到会人数 2/3 以上有效赞成票者，新增为研究生指导教师。

（五）评审结果公示和确认

学位办公室将学位评定委员会审核结果在校园网上公示 7 天，无异议后，由学校发文确认新增研究生指导教师名单。

第五条　学校引进的高层次人才（学科带头人或学术骨干），符合上述相关条件，可直接申请增列为我校博士生指导教师，在提请学校学位评定委员会正式审议前，经学校学位委员会主席批准，可先行列入当年的招生上岗计划。

第六条　申请增列为我校兼职指导教师者，除符合上述基本条件外，还需具备以下三项条件之一。

（一）通过学校人事部门正常程序已聘为我校兼职教授或副教授。

（二）申请者曾作为主要方向带头人，为我校学科建设和成功申报学位授权点做出过重要贡献。

（三）与我校有科研合作的热科院科研人员。

第七条　研究生指导教师遴选工作原则上每两年进行一次，学校可根据学科建设的实际需要确定遴选工作次数。

第八条　本办法自学校学位评定委员会通过之日起执行，由研究生处负责解释。

海南大学研究生指导教师工作条例

一、总则

第一条　为适应国家研究生培养体制改革的新形势，体现研究生导师动态管理的原则，规范研究生指导教师的管理，确保研究生招生和培养质量，根据教育部和国务院学位委员会的有关规定，结合我校的实际情况，制定本条例。

二、导师的岗位

第二条　导师是一个重要的工作岗位，而不是一个荣誉称号。

第三条　导师岗位按培养层次分为博士生导师和硕士生导师。

第四条　导师按指导方式分为专职导师和兼职导师。专职导师一般为本校的科教人员；兼职导师指校外科教人员。

第五条　导师岗位通过遴选确定，其招生资格采取确认的办法。

三、导师的职责

第六条　研究生教育实行导师负责制。导师对培养研究生应有高度的责任感，确保所指导的研究生德、智、体全面发展。

第七条　导师应忠诚党的教育事业，熟悉并执行国家学位条例和我校有关研究生招生、培养、学位工作的各项规定。

第八条　导师要全面关心研究生的成长，培养他们热爱祖国、为科学事业献身的品德，在治学态度、科研道德和团结协作等方面对研究生提出严格要求。应每月至少与所指导的研究生谈话一次，并协助研究生处、各学院或有关部门做好研究生的各项管理工作。

第九条　导师应承担研究生的招生、选拔工作，并进行招生宣传；参与制定本学科、专业的研究生培养方案，开设研究生专业课程或举办专题讲座，并协助考核小组做好研究生中期考核和筛选、开题报告及博士生综合考试等工作。

第十条　导师指导研究生根据国家需要和实际条件确定论文选题和试验设计，指导研究生按时完成学位论文，保证论文研究经费。要认真审定研究生的学位论文，坚持标准，严格把关，提出是否同意答辩的意见，配合所在学院（中心、所）做好学位论文答辩的组织工作。

第十一条　导师应协助研究生处和有关部门做好毕业研究生的思想总结、毕业鉴定和就业指导工作。

第十二条　导师出国、外出讲学、因公出差等，必须落实其离校期间对研究生的指导工作。离校半年以上，除按学校规定办理有关手续外，还应事先经学院同意，送研究生处备案。离校一年以上，报学院审核签署意见后，送交研究生处，报分管校长审批。

四、导师的招生

第十三条　导师岗前培训

学校每年举办一次导师上岗前培训班。所有

新增导师、指导的研究生连续两届或同一届有两名研究生论文评审不合格或答辩未获通过的导师，必须参加导师上岗前培训，培训合格才能正式（或重新）上岗。

第十四条　导师招生条件

1．博士研究生指导教师招生条件：博士生导师的年龄在招生当年一般不超过 62 周岁。当年以第一作者（或通讯作者）身份在重要核心期刊发表与专业相关的学术论文 1 篇以上，正主持省部级课题 1 项以上，可支配在研究科研经费(含横向经费）5 万元（自然科学类）或 1 万元（人文社科类）以上。

2．硕士研究生指导教师招生条件：硕士生导师的年龄在招生当年一般不超过 57 周岁。当年以第一作者（或通讯作者）身份在中文核心期刊发表与专业相关的学术论文 1 篇以上，正主持省厅级课题（含校级课题）1 项以上，可支配科研经费（含横向经费）3 万元（自然科学类）或 3 千元（人文社科类）以上。

3．确属特殊需要，经院学位评定分委员会推荐，学校同意，研究生导师的年龄、经费可适当放宽。

第十五条　导师招生资格的确认

指导教师招生资格实行年度确认制。研究生指导教师申请下一年度招生资格时，参照上述执行条件，填写《海南大学研究生指导教师招生资格年度确认表》，由所属单位学位评定分委员会审核后，报研究生处审查，确认后才能招生。研究生指导教师招生资格确认一般安排在每年 12 月份到下年 3 月份进行。

第十六条　导师招生专业及招生名额

博士研究生导师只能在 1 个一级学科下的 2 个二级学科专业或相近的两个二级学科专业上招生。硕士研究生导师最多只能在 3 个相近二级学科专业上招生。

博士生导师每年招收人数原则上不得超过 2 名；

硕士生导师每年招收人数原则上不得超过 3 名；

同时担任博士、硕士导师的，每年招收研究生的总人数不得超过 4 名（专业学位导师招生人数另行规定）。

第十七条　出现下列情况之一者，暂停指导教师招生资格。情节严重者，可取消其研究生指导教师资格：

1．在研究生招生、考试、科研、论文答辩等工作中有违反相关规定的行为。

2．指导的研究生连续两届或同一届有两名以上（含两名）研究生论文评审不合格或答辩未获通过。

3．出国时间超过一年以上，且不能保证正常指导研究生。

4．因个人原因连续两年未能招收研究生，视为自动停止招生资格。如需恢复资格需重新经过遴选。

5．因健康原因不能坚持正常工作。

五、导师的考评

第十八条　研究生处与各学院（中心、所）共同进行导师的考评。对于工作认真负责，既教书又育人，培养质量好的导师予以表彰和奖励。对于不能很好履行导师职责，难以保证培养质量的导师，各学院（中心、所）应进行批评教育，直到提出停止其招生或终止其指导研究生的意见，由研究生处报分管校领导审批。

第十九条　研究生培养过程中一般不更换导师，但确因未能预见的原因需要更换导师，应由所在学院（中心、所）及时提出变动报告，报研究生处审核。

六、附则

第二十条　本条例自公布之日起执行，由研究生处负责解释。

海南大学校长办公室
关于印发《海南大学公务接待管理规定》
的通知

海大办[2010]23 号　2010 年 6 月 8 日

儋州校区管委会、各部门、各单位：

《海南大学公务接待管理规定》业经学校审定，现予印发执行。

海南大学公务接待管理规定

一、公务接待的原则

（一）热情周到、勤俭节约的原则。接待人员要自觉遵守接待纪律，严格执行中央和省委关于加强廉政建设以及财务管理的有关规定。

（二）对等接待、对口联系、归口管理的原则。根据工作需要，安排分管领导和对口单位参加接待。学校接待一般由校办负责。

（三）接待人员要严格保守机密，遵守接待纪律。

二、公务接待的范围和对象

（一）中央及省、市、自治区厅（局）等上级机关的领导来学校视察、检查工作，由校领导出面接待，具体事宜由党、校办归口安排，费用由学校接待费开支。

（二）兄弟院校领导来我校考察，或由学校邀请的国内知名专家、学者到我校讲学，进行学术交流活动，由校领导出面接待，对口部门负责人陪同，其费用由学校接待费开支。

（三）凡对口到校内各单位（部门）检查、访问或洽谈工作的来宾，或由各单位（部门）邀请的专家、学者来校讲学，属于专项工作检查或工作会议的，应从专项工作经费中列支，没有专项经费的机关部门的接待由学校负责，其他单位的接待由各单位负责。各单位（部门）的日常工作接待应由各单位（部门）负责。确需校领导出面，应提前报告党办、校办落实。其费用按上述规定，由各单位（部门）负责。

（四）由学校各部门承办的各类会议及校领导出面宴请参会人员的，费用从会议专项经费中开支，不列入学校接待费开支。各单位（部门）承办的各类会议，其会议开支或校领导宴请，由各单位（部门）负责。

三、公务接待的规格与标准

（一）迎送。来访者系上级主管部门领导或兄弟单位主要领导的，由一名校领导负责接待；其他来访者，由校长办公室或对口单位安排人员接送。

（二）用车。以学校名义接待的客人，由党办或校办迎、送，各单位（部门）出面接待的客人，由各单位（部门）迎、送，接待用车公里数，原则上由接待单位负责。

（三）住宿。来宾住宿费用自理。特殊情况的由学校讨论决定。

（四）用餐。接待用餐分工作餐和宴请两种，原则上均安排在学校接待餐厅，陪餐人员一般不超过 3 人。工作餐标准为：每人每天 70 元（早餐 10 元/人，中、晚餐各 30 元/人）；宴请每餐标准按人头计，校领导接待的学校来客，每桌人均 80 元以内；各职能部门接待的学校来客，校级领导陪同接待的人均 60 元以内；处级领导陪同接待的人均 50 元以内。同一批客人在校期间，原则上只安排一次宴请，其他按工作餐接待。

（五）游览。一般情况不安排来宾参观游览活动，确有必要，须报经学校领导批准。

四、接待费用的审批和开支办法

（一）各单位（部门）接待的客人，原则上由单位（部门）开支，由学校开支的，须填写校内统一的接待审批单，经分管校办的校领导签字同意后，交校办统一安排。

（二）接待客人要严格执行规定标准，未经批准或超标准的，由接待单位有关人员负责；

（三）严格审批手续，所有接待票据，须由当事人背书接待事由。

（四）经校领导或校办主任批准同意的学校接待，一律由分管主任统一安排。未经授权，其他人员不得以学校名义进行签单订餐。

五、接待流程

（一）宾客到达前的准备工作

1．接到上级部门、兄弟单位来访的来函、来电，了解清楚来宾的单位、姓名、职务、性别、民族、人数及来访目的和要求，弄清来客抵达具体时间、联系方式和交通方式等详细信息。与来宾单位负责同志商议活动日程。

2．向校办主任或主管的副主任汇报，重要来宾要向分管校领导汇报。

3．制定接待方案（起草接待工作及座谈会安排表）。安排布置座谈会会场、欢迎水牌、座位贴签、准备校际间交换礼物。重大活动制作席卡。

（二）宾客到达后服务工作

1．迎接与欢迎。根据来宾人员和目的不同，确定迎候人员及地点、以及是否献花是否悬挂欢迎横幅等。重要客人客房摆放鲜花和水果，并通知相关校领导前往住地迎候并看望。

2．根据活动日程安排，按照对等原则，至少提前一天通知相应领导和部门负责人参加会见、座谈。

3．协调有关部门共同落实好接待工作，根据来宾人数安排陪同人员，原则上不能超过来访人数。同一批客人在校期间，原则上只安排一次宴请，其他按工作餐标准接待。

4．本着节约的原则，根据工作需要安排相应的参观游览。

5．帮客人订购返程车票。安排送站（时间、车辆、人员）。

六、其他规定

（一）公务接待中，一般不安排赠送礼品或纪念品，特殊情况须经校领导批准。

（二）不准用公款支付娱乐活动的费用，任何单位和个人不得用公款接待私客。

（三）每季度由校办向学校党政一把手及分管副校长汇报本季度接待工作开支情况。

七、本办法自印发之日起执行，由校长办公室负责解释。

协 议

海南大学 华南理工大学全面合作协议书

甲方：海南大学

乙方：华南理工大学

海南大学是2007年8月由原华南热带农业大学与原海南大学合并组建而成的海南省属综合性重点大学，也是海南省人民政府与教育部共建高校。2008年12月，经国家批准成为“211工程”重点建设高校。学校“立足海南、面向全国、辐射东南亚”，突出“热带、海洋、特区”三大特色，充分利用热区和海南的区位优势及资源条件，围绕热带农业、热带植物资源和热带海洋生物资源的开发与利用、新材料科学与化工制造技术、计算机技术与信息检索应用、食品科学工程、生态与环境保护、特区法制与公共管理研究、海南文化与区域经济发展等领域新组建了多支科研团队，取得了突出的科技成果。

华南理工大学是以工见长，理工结合，管、经、文、法协调发展的教育部直属全国重点大学，具有丰富的教育、科技资源。1995年学校进入面向二十一世纪重点建设行列（即“211工程”），2001年进入国家高水平大学建设行列（即“985工程”）。经过50多年的发展，学校的教育质量、科研水平和办学实力均居全国高校前列。学校坚持科学研究面向社会和产业、科技成果转化进入市场，积极通过产学研全面合作直接服务于地方经济建设，形成了多学科门类、多专业联合攻关，集基础研究、应用研究和开发研究于一体的科研格局，被社会誉为“工程师的摇篮”、“企业家的摇篮”。

为推进海南国际旅游岛建设，进一步提升双方的办学水平，促进双方学科、科技和人才的交流与合作，本着“精诚合作、优势互补、平等互利、共同发展”的原则，双方经过协商就有关合作事宜达成以下协议：

一、双方加强产学研合作，在相关领域共建面向海南国际旅游岛建设发展的产学研结合研发基地，共同申报各级政府科技计划项目，面向海南经济发展的需求，合作开展重大科技攻关和技术服务。

二、甲方协助乙方在海南建立科技成果转化基地，促进乙方相关科技成果在海南的产业化。在条件成熟的情况下，双方在甲方校内建立研究院，由甲方提供相应条件。

三、乙方根据国家相关研究生入学要求，接收甲方相关专业的优秀毕业生免试攻读硕士研究生。

四、双方在条件成熟情况下开展研究生交流学习和研究。

五、甲方选派优秀中青年骨干教师赴乙方开展在职进修培训，并由甲方负责相关费用的支出。乙方根据国家有关研究生入学要求，接受甲方相关教师在职攻读博士学位研究生。

六、双方加强学术交流与合作，根据相关学科建设的需要，互派教师开设学术讲座等学术交流活动。

七、甲方为乙方师生在海南开展相关科学研究、实践教学活动提供必要的条件支持。

八、双方同意成立专门的联络小组，处理全面合作的相关问题。

九、其他未尽事宜，在实施过程中由双方补充和完善。

十、本合同一式两份，双方各执一份，有效期三年。

二〇一〇年六月十三日

关于解除《合作创建海南大学三亚国际学院协议书》的协议书

甲方：海南大学

乙方：海南落笔洞投资有限公司

为了落实海南省人民政府与吉利集团签订的《关于三亚学院暨落笔洞项目合作框架协议》，在省教育厅和省发改厅的见证下，双方于2004年4月2日签订了《合作创建海南大学三亚国际学院协议书》（注：关于海南大学三亚国际学院名称问题见“关于《合作创建海南大学三亚国际学院协议》中学校名称的说明”）。2005年4月11日经教育部批准正式设立“海南大学三亚学院”。经五年多来的努力，学院积累了本科教育的经验，具备了独立设置民办高校的条件，双方合作目标业已实现。为便于今后更好发展，经双方充分协商，同意海南大学三亚学院申请转设为独立设置的民办普通本科院校，并就解除《合作创建海南大学三亚国际学院协议书》事宜达成如下一致意见。

一、双方同意解除《合作创建海南大学三亚国际学院协议书》。

二、海南大学三亚学院转设申请如获教育部批准，甲方将根据转设后成立的学院的需要进行必要指导，以保证新学院的平稳过渡；若未获教育部批准，双方继续执行原合作办学协议，但教育教学管理费用收取事宜需双方另行协商。

三、教育部批准海南大学三亚学院转设为独立设置的民办普通本科院校后，原海南大学三亚学院2008年4月1日以前招收的本科生符合条件的，在海南大学三亚学院或转设后成立的学院未取得学士学位授予资格以前，仍由甲方授予学士学位；取得学士学位授予资格后，甲方不再履行此项义务。

四、自教育部批准海南大学三亚学院转设为独立设置的民办普通本科院校之日起，“海南大学三亚学院”名称及“海南大学三亚学院”公章的使用仅限于转设成功前海南大学三亚学院招收的学生学籍管理和文凭发放之用，乙方不得再以“海南大学三亚学院”的名义开展除此之外的任何活动，并且在以海南大学三亚学院名义招收的学生全部毕业、结业或肄业等形式离校后，乙方停止使用“海南大学三亚学院”的名称，“海南大学三亚学院”公章按国家规定上交审批机关。

五、甲方在《合作创建海南大学三亚国际学院协议书》存续期间并未对海南大学三亚学院或其投资方收取教育教学管理费用，故无论海南大学三亚学院转设申请获批与否，均不存在此费用的历史遗留问题。

六、转设过程中甲、乙双方不存在资产分割、人员退出等纠葛问题。

七、以海南大学三亚学院名义办学期间，与海南大学三亚学院形成的债权债务以及其他任何个人、单位与海南大学三亚学院所产生的各种问题或者纠纷，与甲方无关，应由海南大学三亚学院或者转设成立的学院负责处理和承担全部责任。

八、为彰显校企友好合作历史，体现双方在创办海南大学三亚学院中的作用及未来（包括转设期间）合作需要，乙方愿意在甲方海甸校区捐建面积不少于7580平方米的校史馆壹栋（详见双方签订的《捐建协议》）。2011年10月1日前，乙方捐建的建筑物不能竣工交付使用的，本协议自动解除，但因甲方原因或不可抗力导致工程延期的除外。

九、本协议自签订之日起生效。本协议一式肆份，双方各执贰份，具有同等的法律效力。

二〇一〇年六月二十三

海南大学　南开大学
联合成立海南国际旅游岛发展研究院协议书

为响应党中央、国务院的号召，深入贯彻落实科学发展观，积极有效地推进海南国际旅游岛建设，本着高等院校“服务经济建设和社会发展”的宗旨，在“海南省——南开大学”省校合作的大框架下，根据两校签订的合作协议，海南大学与南开大学经充分协商，决定联合成立“海南国际旅游岛发展研究院”。现就相关事项达成如下协议：

一、建院宗旨

海南国际旅游岛发展研究院将“立足海南，面向世界”，通过“官产学研”相结合的方式，努力打造海南国际旅游岛发展的政府智库、业界智囊、学术高地和人才基地，真正为国际旅游岛建设提供科学研究、人才培养、咨询论证等多方面服务，满足国际旅游岛建设需要。

二、主要职责

1．承接省委、省政府下达的研究课题。研究院将围绕海南国际旅游岛的新定位和海南国际旅游岛建设中出现的重大理论与实际问题，在政策体系、法律法规、经济管理、社会事业等方面积极承接省委、省政府布置的研究任务，为实施建设国际旅游岛的国家战略，促进海南省的快速发展做出贡献。

2．主动为省委、省政府提供决策参考。研究院将通过研究旅游业创新、生态文明建设、国际经济合作、海洋资源综合开发、热带现代农业发展等方面的理论与实践问题，以及国际上同类经济区域的发展经验，形成自己的学术特色，并将研究成果上报省委、省政府作为决策参考。

3．承接企事业单位委托的科研任务。在国际旅游岛推进过程中，为企事业单位在旅游产品开发、营销策划、区域经济、城乡一体化、现代制造业、现代服务业、区域品牌和企业管理等方面献计献策。

4．承担人才培养任务，包括学历教育和非学历培训项目，为海南国际旅游岛建设培养所急需的高端人才，并积极开展各类职业培训工作。

三、管理运行体制

1．实行理事会领导下的院长负责制，挂靠海南大学。

2．建立创新开放体制。实行项目负责制，以项目为依托，动态设置专题研究组。

3．运行经费筹措、科研经费管理等由双方另行签署实施细则。

四、研究成果

研究院所取得的研究成果，如无特殊约定，其知识产权由南开大学和海南大学共享，事先有约定的，从其约定。

五、本协议未尽事宜由双方协商解决。自双方代表签字后生效。本协议一式2份，双方各执1份。

二〇一〇年六月二十九日

海南大学　中山大学合作协议书

为推进海南国际旅游岛建设，进一步提升海南大学的办学水平，促进两校的交流与合作，在省校合作框架下，本着“精诚合作、共同发展”的原则，经与中山大学共同协商，现就有关合作事宜达成如下协议：

一、针对海南大学的师资培养需求，中山大学根据国家有关规定可定向接收海南大学获得免试硕士生资格的优秀应届本科毕业生在相关专业免试攻读硕士学位；可接受相关专业研究生访学研究。

二、针对海南大学学科发展需要，中山大学根据学校具体情况选派教师到海南大学开展学术报告、专题讲座等学术交流活动。

三、为支持海南大学师资队伍建设，对由海南大学推荐的在职报读中山大学博士学位研究生或在职进修培训的优秀中青年骨干教师，中山大学在同等条件下优先考虑接收。

四、两校联合申报国家级重点课题，共同开展重大课题的研究；或根据海南经济社会发展的需求，合作开展基于海南省资源、区位和产业优势的相关课题研究，联合开展科技服务。

五、共同建设研发基地，为国际旅游岛建设提供技术支撑。

六、海南大学协助中山大学在海南建立专业学位研究生培养基地，并为中山大学师生在海南省内开展科学研究、实践教学等活动提供条件。

七、海南大学协助中山大学在海南建立研究成果推广和转化基地，促进中山大学科研成果在海南的产业化。

八、海南大学为中山大学教师开展合作提供必要的条件支持和保障。

九、本协议未尽事宜由双方协商。本协议自双方签字之日起生效。

二〇一〇年九月十七日

学校机构设置与领导名录

中共海南大学委员会委员名录

党委书记：黄国泰（2月止）
　　　　　刘康德（2月始）
党委副书记：李建保
　　　　　刘康德（常务副书记　2月止）
　　　　　韦　勇（负责党委常务工作2月始）
　　　　　陈封椿（7月始）
常　　委：黄国泰（2月止）
　　　　　李建保　刘康德　韦　勇
　　　　　陈封椿（7月始）严　庆（5月止）
　　　　　周兆德　林　强　曹献坤　刁晓平
委　员（按姓氏笔画排列）：刁晓平　韦　勇
　　　　　王　强　王大群　刘康德　刘湘洪
　　　　　严　庆（5月止）李建保　张继友
　　　　　张银东　陈险峰　陈封椿（7月始）
　　　　　林　强　周兆德　房云昆　郑再喜
　　　　　胡新文　徐　民　曹　阳　曹献坤
　　　　　黄　恒　黄国泰（2月止）　蔡鹤龄

中共海南大学纪律检查委员会委员名录

书　记：刘康德（2月止）韦　勇（2月始）
副书记：房云昆　陈泰豪
委　员（按姓氏笔画排列）：王志芳　王崇敏
　　　　刘康德（2月止）陈明宝　陈泰豪
　　　　房云昆　周孝怀　胡国柳　徐凤莲
　　　　黄海宁　樊　春

海南大学行政领导名录

校　长：李建保
副校长：严　庆（6月止）　周兆德
　　　　林　强　曹献坤　刁晓平　傅国华

海南大学党群系统机构设置和领导名录

一、党群管理系统

单　位	职　务	姓　名
党委办公室	主　任 副主任	黄　恒 龙　腾（党委秘书　正处级） 王兆庆（综治办公室主任　正处级）
宣传部	部　长 副部长	张继友 王志芳（正处级）
组织部	部　长 副部长	郑再喜 王　强（兼）　韩淑梅
党　校	校　长 常务副校长 副校长	韦　勇（兼） 王志芳（兼） 郑再喜（兼） 王　强（兼）
统战部	部　长 副部长	蔡鹤龄 林少敏
纪律检查委员会办公室（监察处）	主　任（处　长） 副主任（副处长）	房云昆 陈泰豪
教育工会	主　席 副主席	严　庆（兼） 吉布彦（正处级） 林方汉（正处级　专职副主席） 林章义 肖　霞
团　委	书　记 副书记	王丽娜（副处级） 谭　勇
学生工作部	部　长 副部长	王大群 邓秀成 马　莹
研究生工作部	部　长 副部长	王大群（4 月始） 蒋国洲
人民武装部	部　长 副部长	黄海宁 梁仲友

二、二级单位党委、党总支部

单　位	职　务	姓　名
机关党委	书　记 副书记	刘康德（6 月止） 韦　勇（兼）（6 月始） 王　强（正处级）
儋州分校党委（4 月止）	书　记	樊　春
材料与化工学院党委	书　记 副书记	李　光 王茂钢
食品学院党委	书　记	林章义
机电工程学院党委	书　记 副书记	符　新 黄国标
信息科学技术学院党委	书　记 副书记	陈明宝 蒙秋妍
农学院党委	书　记 副书记	黄承和 邱志春
园艺园林学院党委	书　记 副书记	黎　坚 王　珍
环境与植物保护学院党委	书　记 副书记	沈秀清 崔昌华
海洋学院党委	书　记	陈　平
经济与管理学院党委	书　记 副书记	符史岱 冯广波
法学院党委	书　记 副书记	徐　民 韩力光
政治与公共管理学院（社科部）党委	书　记 副书记	王默忠 段捷频
旅游学院党委	书　记 副书记	吕裕昌 金　晟
人文传播学院党委	书　记 副书记	符成彦 孙晓媛
外国语学院党委	书　记 副书记	吴华生 黄丽芹
艺术学院党委	书　记 副书记	王愉人 陈泰义
应用科技学院（城西校区）党委	书　记 副书记	覃金源 王　华

续上表

应用科技学院（儋州校区）党委（4 月始）	书　记	樊　春
后勤集团党委	书　记	徐凤莲
土木建筑工程学院党总支	书　记	黄玉端
国际文化交流学院党总支	书　记	华世佳
继续教育学院党总支	书　记	林尧俊（7 月始）
体育部党总支	书　记	林　健
图书馆党总支	书　记	顾江洪
离退休人员工作处党总支	书　记	陈行远
校医院党总支	书　记	于旭东（副处级　1 月始）

海南大学行政系统机构设置和领导名录

一、行政管理机构

单　位	职　务	姓　名
校长办公室	主　任 副主任 副主任、国内联络办公室主任 北京办事处主任	刘湘洪 梁　谋（正处级　1 月始） 杨　红 陈　琛 屈凯军（副处级　7 月始） 屈凯军（副处级　7 月止）
审计处	处　长 副处长	房云昆 邱华祥
教务处	处　长 副处长	欧阳克毅 邱锡光 罗丽娟 曲　涛
科研处	处　长 副处长	陈超核 章程辉 李辽宁（1 月始）
学生工作处	处　长 副处长	王大群 邓秀成 马　莹

续上表

研究生处	处　长 副处长	张银东 蒋国洲（兼） 朱国鹏
重点项目建设办公室（“211工程”大学建设办公室）	主　任 副主任	黄东益 李　婷 郑中兵
人事处（计划生育办公室）	处　长 副处长	刘　雯 黄海民 陈俊霖
外事侨务处	处　长 副处长	华世佳 佴建乔（1月始） 贾绍东 杨志昕（1月始）
招生办公室	主　任 副主任	林强盛 于文霞 胡　静
离退休人员工作处（关心下一代工作委员会）	处　长 副处长	汪热明 陈行远（兼）
计划财务处	处　长 副处长	陈险峰 粟火元 陈　晖
国有资产管理处（产业办公室）	处　长 副处长	卢江海 谭垂谓（正处级） 苏恩川 黄运鸣
基建处	处　长 副处长	李艳荣 邱宙廷（正处级） 刘佩军(7月止)
保卫处	处　长 副处长	黄海宁 梁仲友（兼） 符志新
后勤管理处	处　长 副处长	邢谷川 邓泽明 敖荷花

二、学部

名　称	所属学院（部）
理工学部	材料与化工学院 土木建筑工程学院 食品学院 机电工程学院、信息科学技术学院
热带农业与生命科学学部	农学院 园艺园林学院 环境与植物保护学院 海洋学院

续上表

社会科学学部	经济与管理学院 法学院 政治与公共管理学院 旅游学院
人文学部	人文传播学院 外国语学院 艺术学院 国际文化交流学院 体育部

三、教学单位

单 位	职 务	姓 名	下设系、部（教研室）
儋州分校（4月止）	校 长 副校长	廖建和 赖桂春 刘德兵	
材料与化工学院	院 长 副院长	曹 阳 陈泽林（正处级） 庞素娟 廖双泉 曹献英	化学工程与工艺系 材料科学与工程系 应用化学系 高分子材料与工程系 新材料开发应用研究所 教学与研究生管理办公室 分析测试中心 综合办公室 学工与团委办公室
土木建筑工程学院	院 长 副院长	卫 宏 陈奕柏 李光范 韩建刚（9月始）	土木工程系 建筑学系 综合办公室 教研办公室 学工与团委办公室
食品学院	院 长 副院长	仇厚援 李从发 林向东	食品质量与安全系 食品科学与工程系 教研办公室 试验教学中心 综合办公室 学工与团委办公室
机电工程学院	院 长 副院长	翁绍捷 李 粤	机械工程系 电气工程系 汽车工程系 综合办公室 学工与团委办公室
信息科学技术学院	院 长 常务副院长 副院长	杜文才 李文化（正处级） 陈明锐 杨 雄 尹建华	电子信息工程系 通信工程系 计算机科学与技术系 应用数学系 信息安全系 公共计算机教育实验中心 公共数学教学中心 教研办公室 综合办公室 学工与团委办公室

续上表

农学院	院　长 副院长	胡新文 吴蔚东 符常明 袁潜华 王凤阳	农学系 生物技术系 农业资源与环境系 草业科学系 动物科学系 生物技术研究所 教研办公室 综合办公室 学工与团委办公室 省部共建国家重点实验室 省级重点实验室 教育部工程研究中心 博士后科研流动站
园艺园林学院	院　长 副院长	李绍鹏 黄绵佳 许先升 杨好伟	园林系 园艺系 设施农业科学与工程系 植物学教学研究室 测量学教研室 植物生理生化教研室 综合办公室 学工与团委办公室 省部共建“热带作物种质资源保护于开发利用”植物学实验室教学示范中心 省香蕉产业工程教师研究中心
环境与植物保护学院	院　长 副院长	郑服丛 朱朝华	植物保护系 环境科学系 农药与农产品质量安全系 综合办公室 教学与科研办公室 学工与团委办公室 教研室： 植物病理教研室 昆虫教研室 农产品质量与安全教研室 农药教研室 微生物教研室 机具教研室 环境工程教研室 生态学教研室 大气科学教研室
海洋学院	院　长 副院长	陈国华 黄　勃 周永灿 赖秋明	水产养殖系 制药工程系 海洋科学系 海洋生物试验教学中心 生物技术试验中心

续上表

海洋学院			综合办公室 教研办公室 学工与团委办公室 热带生物资源教育部实验室 海南省热带水果生物教师重点实验室 国家级海洋生物综合实验教学示范中心 海南大学生物技术实验中心
经济与管理学院	院　长 常务副院长 副院长	胡国柳 黄淑芬（副处级） 韦　明 柯佑鹏 李均立	农业经济管理系 工商管理系 市场营销系 财务管理系 物流管理系 信息管理与信息系统系 人力资源管理系 金融学系 国际经济与贸易系 统计学系 综合办公室 学工与团委办公室
法学院	院　长 副院长	王崇敏 王　琦 宁清同 叶英萍	诉讼法学教研室 理论法学教研室 刑法学教研室 民商法学教研室 经济法学教研室 国际法学教研室 教务办公室 研究所办公室 法律硕士办公室 综合办公室 学工与团委办公室
政治与公共管理学院（社科部）	院　长（主任） 常务副院长（副主任） 副院长（副主任）	安应民 李德芳（正处级 1 月始） 张云阁 宋增伟	思想政治教育系 公共关系学系 土地资源管理系 行政管理系 综合办公室 教研办公室 学工与团委办公室 海南大学地方治理中心 思想政治理论课教学部 公共管理硕士（MPA）教育中心 社会科学研究中心 高等教育研究所

续上表

<table>
<tr><td>旅游学院</td><td>院　长
副院长</td><td>王　琳
陈扬乐
郭　强</td><td>旅游管理系
企业管理系
信息管理系
应用外语系
市场营销系
教务办公室
综合办公室
学工与团委办公室
饭店于利用业发展研究所
语言于跨文化交际研究所
利用营销于策划研究所
利用信息管理研究所
利用开放于规划研究中心</td></tr>
<tr><td>人文传播学院</td><td>院　长

副院长</td><td>孙绍先（1 月免）
闫广林（1 月始）
焦勇勤（1 月辞职）
阎金玲
刘　亮
刘复生（1 月始）</td><td>广告系
中文系
戏剧影视文学系
对外文学汉语系
海南历史文化研究基地
海南大学黎族研究中心
海南大学方言研究所
中国诗歌研究中心
传播学研究中心
普通话测试站
教研办公室
综合办公室
学工与团委办公室
影视于传播综合实验室</td></tr>
<tr><td>外国语学院</td><td>院　长
常务副院长
副院长</td><td>曹玲娟
陈鸣芬（正处级 1 月始）
彭晓华
金　山</td><td>英语系
日语系
俄语系
综合办公室
学工与团委办公室
教务室
大学英语英语第一教研室
大学英语第二教研室
综合办公室
学工与团委办公室</td></tr>
<tr><td>艺术学院</td><td>院　长
副院长</td><td>赵京封
钟　恒
张志强
邱海东（9 月免）</td><td>美术系
设计系
音乐系
舞蹈编导教研室
教研办公室
综合办公室
学工与团委办公室</td></tr>
</table>

续上表

国际文化交流学院	院　长 副院长	杨云升（1月始） 佴建乔（1月始） 贾绍东	对外汉语系 留学生部 综合办公室 学工与团委办公室
继续教育学院	院　长 副院长	段书臣 张延梅 王　之	教学（学籍）管理办公室 自学考试办公室 培训管理办公室 综合办公室
应用科技学院（城西校区）	院　长 副院长	潘贤丽（7月免） 覃金源（7月始） 陈　健 尤世珏 康由发	公共课教学部 管理系 农艺系 英语系 应用计算机系 旅游系 教研办公室 综合办公室 学工与团委办公室 实验实训中心 图书馆
应用科技学院（儋州校区）（4月始）	院　长 副院长	廖建和（4月始） 赖桂春（4月始） 刘德兵（4月始）	综合办公室 教务办公室 学工办公室 组织与人力资源办公室 财务、后勤、保卫办公室 公共教学部 外语系 管理系 农艺系 工学系 公共教学部 化学实验室 物理实验室 计算机实验室 语音实验室 园林绘画实验室 机械制图实验室 植物学实验室
体育部	主　任 副主任	肖水平 罗远标 肖　霞	游泳教研室 群体竞技教研室 选项课教研室 综合办公室

四、科研机构

单　位	职　务	姓　名
高等教育研究所	所　长 副所长	黄国泰（2月止） 张治库（正处级）
中国现代经济理论研究所	所　长	李仁君（副处级）

五、派出机构

单　位	职　务	姓　名
儋州校区管理委员会	主　任 副主任 成　员	陈琼花（正处级） 冯社洪（副处级 7月始） 符灶儒（副处级）

六、辅助机构

单　位	职　务	姓　名
毕业生就业指导中心（校友会）	主　任 副主任	周孝怀 陈卫东
图书馆	馆　长 副馆长	詹长智 顾江洪 刘乔志 李　春
档案馆	馆　长	范　明
学报编辑部	主　编 副主编	许文深 孙绍先（正处级 1月始） 郑小枚
网络与教育技术中心	主　任 副主任	周文山 张树亮
后勤集团	总经理 副总经理	单明华 李海清（副处级） 李长明（副处级） 许成强（副处级 1月始） 樊　燕（11月免 保留副处待遇）

七、附属机构

单　位	职　务	姓　名
海南大学医院	院　长 副院长	郭雅秦（副处级） 彭少华（副处级） 朱　萍（副处级）

海南大学各类委员会、领导小组及其成员名录

海南大学教学指导委员会及下设机构

海大[2010]39号

调整时间　2010年3月10日

一、教学指导委员会

主任委员：周兆德

副主任委员：欧阳克毅 张银东 王大群 刘雯

委　　员（共31人，按姓氏笔画为序）：

王大群　叶英萍　刘　亮

刘　雯　曲　涛　朱朝华

宋增伟　张云阁　张延梅

张银东　李文化　李均立

李　粤　杨好伟　肖水平

邱锡光　陈扬乐　陈明锐

陈鸣芬　陈奕柏　陈　健

周兆德　庞素娟　林向东

欧阳克毅　罗丽娟　赵京封

符常明　彭晓华　赖秋明

赖桂春

秘书长：曲　涛

二、下设工作领导小组

1．教学工作领导小组

组　长：周兆德

副组长：欧阳克毅

成　员（共8人，按姓氏笔画为序）：

张　岐　张治库　张银东　杨小波

杨国良　陈超核　罗丽娟　黄东益

2．文化素质教育工作领导小组

组　长：周兆德

副组长：欧阳克毅

成　员（共8人，按姓氏笔划为序）：

王大群　王丽娜　华世佳　安应民

张继友　邱锡光　赵京封　阎广林

3．实验室建设与实践教学工作领导小组

组　长：周兆德

副组长：欧阳克毅　卢江海

成　员（共7人，按姓氏笔划为序）：

曲　涛　朱朝华　李　粤　陈明锐

庞素娟　符常明　彭晓华

海南大学农业转基因生物安全小组

海大[2010]52号

成立时间　2010年3月31日

组　长：李建保　校长、教授（法人代表）

副组长：何朝族　国家热带生物资源可持续利用重点实验室（培育基地）主任、教授、博导

罗素兰　热带生物资源教育部重点实验室主任、教授、博导

成　员：章程辉　科研处 研究员、博士

袁潜华　农学院 教授、博导

王凤阳　农学院 教授、博导

郑服丛　环境与植物保护学院 研究员、博导

罗越华　农学院 副教授、博士

张银东　研究生处 研究员、博导

黄东益　“211”办 教授、博导

海南大学研究生思想教育与日常管理工作机构

海大党[2010]9号

调整日期　2010年4月1日

为加强我校研究生思想教育与日常管理，理顺研究生管理工作，校党委常委会研究决定，研究生工作部与学生工作部合署，实行学校统筹、学院为主的研究生思想教育和日常管理工作机

制。各学院研究生思想教育和日常管理由分管学生工作的副书记直接负责，学院学工办具体落实。

海南大学突发公共事件应急处置工作领导小组

海大党[2010]13 号

调整日期　2010 年 4 月 19 日

一、海南大学突发公共事件应急处置工作领导小组

组　　长：刘康德　李建保

副 组 长：韦　勇　严　庆　周兆德
　　　　　林　强　曹献坤　刁晓平
　　　　　傅国华　陈琼花

领导小组下设办公室：

办公室主任：韦　勇

副　主　任：曹献坤

办公室成员：黄　恒　王兆庆　房云昆
　　　　　张继友　林方汉　王大群
　　　　　王丽娜　黄海宁　梁　谋
　　　　　欧阳克毅　陈超核　蒋国洲
　　　　　刘　雯　华世佳　陈险峰
　　　　　邢谷川　卢江海　李艳荣
　　　　　覃金源　肖水平　顾江洪
　　　　　周文山　单朗华　郭雅秦

二、海南大学突发公共事件各应急处置工作组及办公室

1．社会安全类突发事件应急处置工作组

组　　长：韦　勇

副 组 长：黄　恒　王兆庆

成　　员：梁　谋　黄海宁　陈琼花
　　　　　覃金源　张继友　王大群
　　　　　王丽娜　华世佳　邢谷川
　　　　　蒋国洲　卢江海　李艳荣
　　　　　单明华

办公室主任：王兆庆（兼）

副　主　任：黄海宁

2．事故灾难类突发事件应急处置工作组

组　　长：曹献坤

副 组 长：王兆庆　黄海宁

成　　员：梁　谋　陈琼花　覃金源
　　　　　张继友　邢谷川　王丽娜
　　　　　蒋国洲　卢江海　李艳荣
　　　　　单明华　肖水平

办公室主任：王兆庆（兼）

3．公共卫生类突发事件应急处置工作组

组　　长：曹献坤

副 组 长：梁　谋　王兆庆

成　　员：黄海宁　郭雅秦　张继友
　　　　　王大群　王丽娜　蒋国洲
　　　　　华世佳　邢谷川　单明华
　　　　　陈琼花　覃金源　卢江海
　　　　　李艳荣

办公室主任：王兆庆（兼）

4．自然灾害类突发事件应急处置工作组

组　　长：曹献坤

副 组 长：王兆庆、黄海宁

成　　员：梁　谋　张继友　王大群
　　　　　王丽娜　蒋国洲　邢谷川
　　　　　单明华　陈琼花　覃金源
　　　　　卢江海　李艳荣

办公室主任：王兆庆（兼）

5．网络与信息安全类突发事件应急处置工作组

组　　长：刁晓平

副 组 长：张继友　周文山

成　　员：梁　谋　王兆庆　张树亮
　　　　　卢江海　顾江洪

办公室主任：周文山（兼）

6．考试安全类突发事件应急处置工作组

组　　长：周兆德

副 组 长：欧阳克毅 张银东

成　　员：梁　谋　王兆庆　张继友
　　　　　房云昆　邱锡光　蒋国洲
　　　　　林强盛　黄海宁　王大群
　　　　　王丽娜　周文山　卢江海

办公室主任：欧阳克毅（兼）

海南大学综合治理与安全生产委员会及下设机构

海大党[2010]14 号

成立日期　2010 年 4 月 19 日

一、综合治理与安全生产委员会成员

主　任：韦　勇

副主任：曹献坤

委　员：陈琼花　黄　恒　王兆庆　房云昆　张继友　林方汉　王大群　王丽娜　黄海宁　梁　谋　欧阳克毅　陈超核　蒋国洲　刘　雯　华世佳　陈险峰　卢江海　邢谷川　李艳荣　覃金源　肖水平　顾江洪　周文山　单明华

二、综合治理与安全生产委员会办公室成员

主　　任：王兆庆

常务副主任：黄海宁

副　主　任：陈琼花　覃金源　梁　谋　王大群

成　　员：周文山　符灶儒　梁仲友　黄运鸣　邱宙廷　符志新　邓泽明　李长明　蒋国洲　王丽娜

三、儋州校区综合治理与安全生产办公室

主　任：陈琼花

副主任：符灶儒　梁仲友

成　员：由学校教学、科研、学生工作、团委、国有资产管理、体育、图书、保卫、后勤等部门和单位派驻儋州校区的负责同志组成。

四、应用科技学院（城西校区）综合治理与安全生产办公室

主　任：覃金源

副主任：王　华　尤世珏

成　员：由负责应用科技学院教学、科研、学生工作、团委、国有资产管理、体育、图书、保卫、后勤等部门的人员组成。

海南大学新一届教学督导委员会

海大[2010]93 号

成立时间　2010 年 4 月 28 日

一、教学督导委员会主任委员（总督导）：杨好伟

二、教学督导委员会委员（教学督导员）：

理工学部：朱　文　钟　声　李有军　黄广民　罗盛旭

人文学部：纪俊超　翁秋河　李　平　仲冬梅

社会科学部：蔡东宏　李永文　林孟娟　陈思莲

热带农业与生命科学学部：杨好伟　张壮林　王　嫣　张荣意　林　电

海南大学学位评定委员会

海大[2010]114 号

调整时间　2010 年 5 月 12 日

主　　席：李建保

副 主 席：周兆德　林　强

秘 书 长：张银东（兼）

副秘书长：欧阳克毅（兼）

委　　员（按姓氏笔画为序）：

卫　宏　王愉人　王崇敏　王　琳　仇厚援　安应民　闫广林　李建保　李绍鹏　杜文才　肖水平　杨云升　陈国华　陈超核　林　强　周兆德　欧阳克毅　郑服丛　张治库　张银东　段书臣　胡新文　胡国柳　翁绍捷　曹　阳　曹玲娟　潘贤丽

海南大学"中国政府奖学金"领导小组

海大[2010]124 号

成立时间　2010 年 5 月 20 日

组　长：严　庆

成　员：华世佳　杨云升　梁　谋　欧阳克毅
陈险峰　卢江海　张银东　王大群
邢谷川　单明华

领导小组下设办公室

主　任：杨云升

副主任：贾绍东

成　员：曾　影　许　苗

海南大学保密委员会

海大党[2010]18 号

调整日期　2010 年 6 月 28 日

主　任：韦　勇

副主任：曹献坤

委　员：黄　恒　郑再喜　张继友　房云昆
梁　谋　陈超核　刘　雯　张银东
欧阳克毅 林强盛　华世佳　卢江海
周文山

委员会下设保密办公室，具体负责学校保密工作的指导、监督和检查，处理保密委员会日常业务，由黄恒兼任主任，廖秋里任秘书。

海南大学学生申诉处理委员会

海大党[2010]19 号

调整日期　2010 年 7 月 13 日

成员由以下人员组成：校纪律检查委员会办公室、校长办公室、毕业生就业指导中心、校团委负责人，校学生会主席、校研究生会主席、学院党委（党总支）分管学生工作副书记、教师代表 1 人、申诉人所在学院的学生会或研究生会代表 1 人。

委员会下设办公室，与校团委合署办公，负责受理学生申诉和协助学生申诉委员会工作。办公室主任由王丽娜同志兼任。

海南大学国内联络办公室

海大[2010]180 号

成立时间　2010 年 7 月 21 日

为了更好地融入社会、服务社会，争取更多教育资源支持学校发展，经校党委常委会 1 届 62 次会议研究决定，成立国内联络办公室，挂靠校长办公室，负责学校与国内各级政府部门和社会各界的联络协调工作。

海南大学推荐优秀应届本科毕业生免试攻读硕士学位研究生工作小组

海大[2010]204 号

调整时间　2010 年 9 月 3 日

组　长：周兆德

副组长：欧阳克毅 张银东

成　员（排名不分先后）：
林强盛　房云昆　王大群　胡新文
曹　阳　胡国柳　杜文才　曹玲娟
邱锡光

秘　书：胡先文　陈川栋

海南大学学生工作委员会及下设机构

海大党[2010]22 号

调整日期　2010 年 9 月 9 日

一、学生工作委员会

主任委员：陈封椿

副主任委员：王大群（学生处）　欧阳克毅（教务处）　周孝怀（就业指导中心）　蒋国洲（研究生工作部）　王丽娜（团委）

委　　员：郑在喜（党委组织部）　刘　雯（人事处）　邢谷川（后勤管理处）　黄海宁（保卫处）单明华（后勤集团）　黄玉端（土木建筑工程学院）　林章义（食品学院）　陈　平　（海洋学院）黄国标（机电工程学院）　蒙秋妍（信息科学技术学院）　邱志春（农学院）　陈泰义（艺术学院）　王　珍（园艺园林学院）　崔昌华（环境与植物保护学院）　冯广波（经济与管理学院）　韩力光（法

学院） 段捷频（政治与公共管理学院） 王茂钢（材料与化工学院） 金 晟（旅游学院） 孙晓媛（人文传播学院） 黄丽芹（外国语学院） 樊 春（应用科技学院[儋州]） 王 华（应用科技学院[城西]）贾绍东（国际文化交流学院）

学生工作委员会办公室设在学生工作处，王大群兼任办公室主任。

二、下设工作领导小组

1．学生评优奖励领导小组

组 长：陈封椿

副组长：欧阳克毅 王大群 蒋国洲

组 员：邓秀成 谭 勇 林章义 陈 平 陈泰义 冯广波 金 晟

2．学生违纪处分领导小组

组 长：陈封椿

副组长：王大群 欧阳克毅 黄海宁 蒋国洲

组 员：崔昌华 叶英萍 段捷频 王 华 孙晓媛 王茂钢

3．校内学生申诉处理委员会

主任委员：陈封椿

委 员：房云昆（校纪委）刘湘洪（校办） 周孝怀（就业指导中心）王丽娜（团委）邱志春（农学院）段书臣（教师代表）校学生会主席 校研究生会主席

申述人所在学院的学生会或研究生会代表1人。

委员会办公室与校团委合署办公，办公室主任由王丽娜兼任。

海南大学人口与计划生育委员会

海大党[2010]24号

调整时间 2010年9月19日

主 任：韦 勇

副主任：曹献坤

委 员：陈琼花 覃金源 黄 恒 郑再喜 房云昆 林方汉 刘湘洪 王大群 刘 雯 陈险峰 黄海宁 李艳荣 徐凤莲 杨 颜

中共海南大学委员会党校

海大党[2010]24号

调整时间 2010年9月19日

校 长：韦 勇

副校长：王志芳 郑再喜 王 强

海南大学党建工作领导小组

海大党[2010]24号

调整时间 2010年9月19日

组 长：韦 勇

副组长：郑再喜 张继友 王 强 韩淑梅 房云昆 王 丽 王大群 蒋国洲 刘 雯

海南大学编制工作领导小组

海大党[2010]24号

调整时间 2010年9月19日

组 长：李建保

副组长：韦 勇 傅国华

成 员：郑再喜 刘 雯 欧阳克毅 张银东 陈超核 黄东益 陈险峰

海南大学“李强国际旅游教育中心”项目小组

海大[2010]236号

成立时间 2010年9月20日

组 长：刘康德 李建保

副组长：周兆德 刁晓平 傅国华

成 员：梁 谋 欧阳克毅 陈险峰 卢江海 李艳荣 王 琳 华世佳

海南大学教学事故处理领导小组

海大[2010]240号

调整时间 2010年9月26日

组 长：周兆德

副组长：欧阳克毅

成 员（依姓氏笔画为序）：

王大群 曲 涛 刘 雯 杨好伟

林方汉 周孝怀 房云昆

海南大学科技救灾工作领导小组

海大党[2010]25号

成立日期 2010年10月11日

组 长：刘康德 李建保

副组长：林 强 曹献坤 刁晓平 傅国华

成 员：陈超核 胡新文 陈国华 李绍鹏

郑服丛 卫 宏 梁 谋

海南大学2011年艺术类招生专业考试领导小组

海大[2010]300号

成立时间 2010年11月24日

组 长：周兆德

副组长：林强盛 王愉人 闫广林

秘书长：于文霞（兼）

成 员：房云昆 张继友 于文霞 胡 静

张志强 赵京封 刘 亮

秘 书：林 华

海南大学研究生招生工作领导小组

海大[2010]329号

调整时间 2010年12月27日

组 长：周兆德

常务副组长：林 强

副 组 长：张银东 林强盛

秘 书 长：朱国鹏

成 员（按照姓氏笔画排序）：

卫 宏 房云昆 王崇敏 王愉人

王 琳 仇厚援 安应民 闫广林

李绍鹏 杜文才 陈国华 张治库

郑服丛 胡新文 胡国柳 翁绍捷

曹 阳 曹玲娟

海南大学各民主党派负责人名录

民革海南大学总支

主 委：宋静敏

副主委：王凤阳 刘远山 李 雯

林尤河

委 员：陈经武 林师森 王公法

肖 霞 闫 超 姜振民

民盟海南大学委员会

主 委：杨小波

副主委：张树亮 李仁君 王 宏

张 敏（1月增选）

委 员：王家儒 冯玉红 满彩云

卢莉华（1月增选）

民建海南大学支部

主　任：杜文才
副主任：潘　虹
委　员：孙达远　罗越华

民进海南大学支部

主　任：游长江
副主任：赵振华　李　婷
委　员：庞素娟　文　涛　云　敏
　　　　朱新民

农工党海南大学总支

主　委：陈祎平
副主委：邓世明
委　员：杨竹鹃

致公党海南大学总支

主　委：黄　勃
副主委：赵平孙　宫日英　谢　灵
委　员：王新广　高泽图　张志强

九三学社海南大学海甸校区支社

主　委：袁潜华
副主委：潘学峰　周又玲
委　员：陈志德　朱东根　严传东
　　　　沈　林

九三学社海南大学儋州校区支社

主　委：李从发
副主委：唐文浩
委　员：桂红星　陈小桃

海南大学归国华侨联合会成员名录

名誉主席：李建保
主　　席：严　庆
副 主 席：华世佳　陈琼花
常务委员：严　庆　华世佳　陈琼花　傅国华
　　　　　林少敏　黄　惜　黄绵佳
委　　员：严　庆　华世佳　陈琼花　傅国华
　　　　　林少敏　黄　惜　黄绵佳　云大津
　　　　　朱　文　刘国良　许德兴　杜文才
　　　　　杨志昕　杨重法　林尤奋
秘 书 长：华世佳
副秘书长：杨志昕　李群山
顾　　问：邓文端　冯推南　邱德勃　杨庆荃
　　　　　符华儿　程儒参　詹尊沂

学 科 建 设

【概况】 2010年，学校始终以学科建设为主线，以彰显学科特色、凝练标志性成果为重点，促进“211工程”各项工作的顺利进行。

2010年，学校围绕“211工程”建设中期检查，积极调整学科专业的布局，申报法学、理学及工学领域一级博士学位点及16个一级硕士学位点；提升优势学科层级，增设了10个第三批省级重点学科点，并申报了2个国家重点（培育）学科点；构建创新人才培养模式，实施研究生联合培养和访学资助计划，创建8个研究生联合培养基地，进一步加强高层次人才培养的力度；加强学科队伍建设，引进和培育一批具有高学历、较强学术水平的中青年骨干，进一步提升学科团队的水平；科研平台和科学研究工作取得一定的成绩。

【学科专业建设】 1．一级学科博士、硕士学位点申报工作。申报了法学门类法学一级学科博士点，工学门类信息与通讯工程一级学科博士点，理学门类生物学一级学科博士点，填补了学校这3大门类一级学科学位点的空白，这3个一级学科将覆盖23个二级学科博士学位点；申报了应用经济学等16个一级学科硕士点，这些一级学科将覆盖60个二级学科硕士点。新增工程硕士、国际商务、翻译专业学位。一级学科点的申报及专业学位点的建设，将使学校学位点布局逐步得以完善。

2．国家、省部级重点学科建设工作。以作物遗传育种国家重点学科为龙头学科，促进学科交叉。积极培育，并将植物学学科、作物栽培学与耕作学学科列为国家重点（培育）学科的培养对象，组织申报工作。加大省级重点学科申报力度，成功增列了作物学、化学工程与技术、法学、马克思主义理论4个一级学科，水产养殖、材料物理与化学、旅游管理、生物化学与分子生物学、通信与信息系统、农业经济管理6个二级学科，共10个学科成为海南省第三批重点学科，占全省重点学科总数的53%。

【学科队伍建设】 学校围绕重点学科建设，大力实施人才强校战略，注重引进高层次学术领军型人物，加强中青年教师的培养，使学科团队力量得到进一步增强。学校现有专任教师1571人，占全校教职工的63.40%；具有博士学位人员291人，高级职称人员791人；有国家级各类称号人员40余人。新增了“新世纪百千万人才工程”国家级人选3人，教育部“新世纪人才计划”1人，全国模范教师1人，新增特贴专家3人、省优专家5人；“515人才工程”第一层次5人，第二层次15人，第八届海南省青年科技奖获得者5人，首批“海南省高层次创新创业人才”称号获得者1人；新增国家级教学团队1个，获教育部创新团队1个（培育计划项目）。学校引进中科院“百人计划”入选者何朝族教授担任国家重点学科“作物遗传育种”责任教授，引进包括海外博士在内的优秀人才60人；培训各类在校教师200人次以上；选送在职教师攻读博士学位31人，有效地充实了学科团队力量。

【学科平台建设】 1．科研平台建设。新增1个省部共建国家重点实验室（培育基地）——“海南省热带生物资源可持续利用”重点实验室。学校与清华大学、中国可再生能源协会等单位合作创建了“海南低碳经济政策与产业技术研究院”，与南开大学联合成立了“海南国际旅游岛发展研究院”。学校已建成国家级、部级、省级三个层次的科研平台 16 个。这些学科平台的创建，为学校学科建设奠定了良好的基础，并为海南经济建设和社会发展提供了强有力的技术支撑。

2．公共实验教学平台建设。学校在“211 工程”公共教学平台建设项目中，逐步完善了基础物理、基础化学、生物学、电子、公共计算机、机械工程、语音 7 个基础教学中心的建设。

【学科建设成绩】 科学研究。2010 年科研项目立项渠道得到拓宽，争取国家及各部委项目取得较大的进步。获得科研经费 4341 万元，国家级课题经费 1335 万元，部级课题经费 1124 万元。申请专利 38 项，获得授权专利（发明专利）12 项。获得省部级科技奖励 11 项，学术论文被“三大检索”收录 105 篇。论著（专著等）107 部，教材 31 部。学校与省内外有关企事业单位签订合同 115 项，经费 1594 万元；地方标准项目 1 项，经费 5 万元。

人才培养。1．研究生创新能力培养。通过实施研究生教育教学改革、创新研究生培养模式等，研究生培养质量明显提高。在校研究生人数 3679 人，其中博士研究生 123 人；16 篇博、硕士学位论文获海南省优秀学位论文。为进一步促进创新型人才的培养，成立了环境工程与生态安全等 8 个研究生创新平台（创新）试验室，广泛吸收更多研究生进行创新型科研活动。派出 16 名研究生参加国内高水平学术会议，派出 9 名研究生到美国亚利桑那大学等地进行半年到 1 年的访学。

2．本科生培养。实施教育教学改革：实施“冬季小学期”制，邀请北京大学等 18 所重点高校及美国、英国、日本和新加坡等国知名大学专家、学者 26 名来校授课；实施文理科实验班精英教学计划；实施国际交换生计划，派出 52 名优秀本科生、研究生作为交换生赴英国纽卡斯尔大学等境外 11 所大学进行 1 学期至 1 学年的学习；实施推荐免试攻读硕士研究生计划，355 名优秀本科生成功获得 2011 年免试攻读硕士研究生资格并被各高校接收，其中 171 人被中科院及“985”和“211”重点高校接收。

3．质量工程建设。取得省级质量工程 16 项，国家级项目 3 项，即王崇敏教授领衔的民法学教学团队获国家级教学团队，经济与管理学院蔡东宏教授负责的《西方经济学》获国家级双语教学示范课程，农学院吴蔚东教授负责的农业资源与环境专业获国家级特色专业。至 2010 年，学校共有 15 个项目入选“国家级高等学校本科教学质量与教学改革工程”建设项目，在国内同类院校中居于较高水平。《农业资源与环境》等 4 个专业新增为省级特色专业建设点，至 2010 年，学校共有国家级特色专业 7 个，省级特色专业 11 个。获 8 项海南省高等教育省级教学成果奖，其中一等奖 5 项，二等奖 3 项。通过了设施农业科学与工程等 7 个 2010 年有首届毕业生的本科专业评估，评估结果全部合格。

条件建设。学校多渠道筹措建设经费，除了科研立项经费外，争取国家“211 工程”建设学科专项经费2950万元，海南省下拨经费1000余万元。另外，学校通过高校发展专项基金、生均奖补专项基金等来源渠道作好重点学科专项经费预算。各学科所依托单位也对各学科进行了投入。

【学科建设大事记】 1 月，省教育厅组织专家组对学校第二批省级重点学科进行了终期评估验收。专家组对学校在学科建设上取得的成绩给予了较高的评价，一致同意作物栽培学与耕作学、农产品加工及贮藏工程、民商法学、政治经济学、马克思主义与思想政治教育 5 个学科通过验收。

5 月，学校召开作物遗传育种学科建设暨学术研讨会，并对作物遗传育种国家重点学科的建设情况进行校内验收评估，效果良好。

6 月，学校化学工程与技术、法学、作物学、马克思主义理论、水产养殖学、材料物理与化学、旅游管理、生物化学与分子生物学、通信与信息系统、农业经济管理10个学科获批海南省普通高等学校第三批省级重点学科。尹学琼、何朝族、王崇敏、李德芳、周永灿、邓湘云、陈扬乐、黄惜、杜文才、胡国柳等10人任海南大学第三批省级重点学科责任教授。

8月，海南省财政厅下拨240万用于学校第三批省级重点学科建设。

海南大学重点学科名录

级别	序号	名称	所在学院	审批年
国家	1	作物遗传育种	农学院	2002
部级	2	作物遗传育种	农学院	2000
	3	农产品加工及贮藏工程	食品学院	1993
省级	4	化学工程与技术	材料与化工学院	2010
	5	作物学	农学院	2010
	6	水产养殖	海洋学院	2010
	7	材料物理与化学	材料与化工学院	2010
	8	生物化学与分子生物学	农学院	2010
	9	通信与信息系统	信息科学技术学院	2010
	10	法学	法学院	2010
	11	马克思主义理论	政治与公共管理学院	2010
	12	农业经济管理	经济与管理学院	2010
	13	旅游管理	旅游学院	2010

（撰稿：农伟强、林　华　审稿：黄东益）

招生考试

本科招生

【概况】 2010年新增广东和江苏2个省进入一本批次招生，至此，学校全面实现除港、澳、台外在全国31个省（市、区）进入一本批次招生的目标。面对激烈的生源竞争，学校采取校园开放日等多种举措，吸引优秀生源，生源质量得到进一步提高。

【招生计划】 2010年计划招生8440人，其中，本科8280人（不含招生录取期间教育部追加的50个计划），海南省专升本120人，海南省少数民族预科班40人，海甸校区6391人，城西校区830人，儋州校区1219人。一本招生计划4770人，占总计划56.52%，二本招生计划2997人，占总计划35.51%，艺术类本科计划362人，占总计划4.29%；高水平运动员计划45人，占总计划0.53%；预留计划66人（不含艺术类预留计划10人），占总计划0.78%，专升本计划120人，占总计划1.42%，2009级预科班转入40人，占总计划0.47%，海南省少数民族预科班40人，占总计划0.47%。招生总计划比2009年增加1000人，增幅为13.44%。

【录取批次】 北京、上海、陕西、湖南、宁夏、西藏、青海和广东8省（市、区）只有一本招生计划，天津、河北、山西、内蒙古、辽宁、吉林、黑龙江、江苏、浙江、安徽、福建、江西、山东、河南、湖北、广西、海南、重庆、四川、贵州、云南、甘肃、新疆等23个省（市、区），既有一本招生计划，也有二本招生计划（因为考虑到海甸校区农学类专业、城西校区和儋州校区专业的生源情况，仍将这部分专业安排在二本批次招生）。戏剧影视文学（影视编导方向）专业的录取批次由原来的本科批次调整为艺术类批次。

【招生录取】 2010年，本科实际录取8437人，其中一本4748人，二本3126人，艺术类专业362人，高水平运动员24人，海南省专升本137人，2009预科班转入40人。另外，海南省少数民族预科班录取40人。

【生源概况】 2010级录取的8300名新生中（含09预科班转入40人，不含2010级预科班40人和专升本新生），女生4369人，占52.64%，比2009年所占比例49.64%增加3个百分点；农村生源3736人，占45.01%，比2009年所占比例41.94%增加3个百分点；少数民族668人，占8.05%，与2009年所占比例8.11%接近；中共（预备）党员47人；小语种考生1人（日语），国家二级运动员26人（含2名非高水平运动员考生），获得国家级奖励103人次，省级奖励79人次。

【分类招生规模、录取人数和报到率】 截止2010年10月31日，录取本科新生实际入学8080人，其中一本入学4633人，二本入学2892人，艺术类专业入学359人，高水平运动员入学24人，海南省专升本入学132人，2009预科班转入40人。2010级本科新生报到率为95.77%，比2009年的94.60%提高近2个百分点。其中，一本批次录取新生报到率为 97.58%，高于 2009 年的 95.49%近 2 个百分点。二本批次录取新生报到率为 92.51%，与 2009 年的 92.81%基本持平。二本批次录取新生的报到率明显低于一本批次。少数民族预科班新生实际入学 40 人，报到率为 100%，详见表 1。

表 1　2010 年本科招生计划、实际录取、入学报到情况统计表

招生类型	招生计划	占总计划比例%	实际录取	新生入学	新生报到率%
一本批次	4770	56.52	4748	4633	97.58
二本批次	2997	35.51	3126	2892	92.51
艺术类专业	362	4.29	362	359	99.17
高水平运动员	45	0.53	24	24	100.00
专 升 本	120	1.42	137	132	96.35
09 预科班转入	40	0.47	40	40	100.00
10 预科班	40	0.47	40	40	100.00
预留计划	66	0.78	—	—	—
本科合计	8400	99.53	8437	8080	95.77
总　　计	8440	100.00	8477	8120	95.79

备注：新生报到率指新生入学后取得学籍人数占实际录取人数的比例。

【各省招生规模、录取人数和报到率】　在 2010 年实际录取的 7874 人中（不包括艺术类、2010 预科班、2009 级预科班转入、高水平运动员和专升本人数），海南生源 1239 人，占 15.74%；外省生源 6635 人，占 84.26%。招生人数排在前 15 位的省（市、区）分别是（人数超过 250 人）：海南、河南、安徽、四川、湖北、贵州、江西、福建、浙江、山东、湖南、山西、甘肃、重庆、广西，招生人数排在后 5 位的分别是（人数少于 30 人）：西藏、上海、北京、宁夏、青海。

理科新生入学报到率排在前 10 位省（市、区）是（报到率高于 96.86%）：北京、青海、西藏、湖南、海南、江苏、福建、浙江、辽宁、陕西，其中北京、青海、西藏 3 省（市、区）报到率均为 100%；报到率排在后 4 位的省（市、区）是（报到率低于 90%）：云南、甘肃、宁夏、上海。

文科新生入学报到率达到 100%的省（市、区）有 9 个：甘肃、湖南、江西、宁夏、青海、陕西、上海、天津、西藏；报到率低于 90%的 2 个市是：重庆、北京，详见表 2。

表2 2010年在各省实际录取和新生入学报到情况统计表

省份	科类	合计录取	一本录取人数	占全校一本录取人数比例	一本报到人数	一本报到率	二本录取人数	占全校二本录取人数的比例	二本报到人数	二本报到率	合计分省报到率
安徽	理工	345	200	4.21	193	96.50	145	4.64	137	94.48	95.65
安徽	文史	169	91	1.92	90	98.90	78	2.50	69	88.46	94.08
北京	理工	3	3	0.06	3	100.00	—	—	—	—	100.00
北京	文史	7	7	0.15	6	85.71	—	—	—	—	85.71
福建	理工	207	100	2.11	99	99.00	107	3.42	102	95.33	97.10
福建	文史	98	54	1.14	54	100.00	44	1.41	43	97.73	98.98
甘肃	理工	181	104	2.19	97	93.27	77	2.46	65	84.42	89.50
甘肃	文史	75	40	0.84	40	100.00	35	1.12	35	100.00	100.00
广东	理工	116	116	2.44	111	95.69	—	—	—	—	95.69
广东	文史	49	49	1.03	48	97.96	—	—	—	—	97.96
广西	理工	183	100	2.11	94	94.00	83	2.66	75	90.36	92.35
广西	文史	72	39	0.82	38	97.44	33	1.06	29	87.88	93.06
贵州	理工	247	150	3.16	146	97.33	97	3.10	86	88.66	93.93
贵州	文史	109	65	1.37	63	96.92	44	1.41	42	95.45	96.33
海南	理工	929	441	9.29	438	99.32	488	15.61	477	97.75	98.49
海南	文史	310	184	3.88	183	99.46	126	4.03	122	96.83	98.39
河北	理工	153	68	1.43	68	100.00	85	2.72	73	85.88	92.16
河北	文史	92	41	0.86	39	95.12	51	1.63	47	92.16	93.48
河南	理工	333	207	4.36	202	97.58	126	4.03	119	94.44	96.40
河南	文史	178	101	2.13	99	98.02	77	2.46	74	96.10	97.19
黑龙江	理工	106	50	1.05	50	100.00	56	1.79	47	83.93	91.51

续上表

黑龙江	文史	88	40	0.84	40	100.00	48	1.54	46	95.83	97.73
湖北	理工	247	157	3.31	150	95.54	90	2.88	76	84.44	91.50
湖北	文史	125	88	1.85	87	98.86	37	1.18	32	86.49	95.20
湖南	理工	181	181	3.81	179	98.90	—	—	—	—	98.90
湖南	文史	87	87	1.83	87	100.00	—	—	—	—	100.00
吉林	理工	123	80	1.68	78	97.50	43	1.38	39	90.70	95.12
吉林	文史	49	40	0.84	38	95.00	9	0.29	8	88.89	93.88
江苏	理工	106	61	1.28	60	98.36	45	1.44	43	95.56	97.17
江苏	文史	61	36	0.76	36	100.00	25	0.80	24	96.00	98.36
江西	理工	244	140	2.95	133	95.00	104	3.33	94	90.38	93.03
江西	文史	98	59	1.24	59	100.00	39	1.25	39	100.00	100.00
辽宁	理工	96	41	0.86	41	100.00	55	1.76	52	94.55	96.88
辽宁	文史	58	24	0.51	23	95.83	34	1.09	34	100.00	98.28
内蒙古	理工	113	69	1.45	68	98.55	44	1.41	40	90.91	95.58
内蒙古	文史	48	28	0.59	28	100.00	20	0.64	19	95.00	97.92
宁夏	理工	12	12	0.25	10	83.33	—	—	—	—	83.33
宁夏	文史	8	8	0.17	8	100.00	—	—	—	—	100.00
青海	理工	18	18	0.38	18	100.00	—	—	—	—	100.00
青海	文史	8	8	0.17	8	100.00	—	—	—	—	100.00
山东	理工	182	112	2.36	112	100.00	70	2.24	61	87.14	95.05
山东	文史	95	55	1.16	55	100.00	40	1.28	35	87.50	94.74
山西	理工	166	101	2.13	96	95.05	65	2.08	61	93.85	94.58
山西	文史	98	56	1.18	54	96.43	42	1.34	40	95.24	95.92
陕西	理工	159	159	3.35	154	96.86	—	—	—	—	96.86
陕西	文史	81	81	1.71	81	100.00	—	—	—	—	100.00

续上表

上海	理工	6	6	0.13	5	83.33	—	—	—	—	83.33
上海	文史	4	4	0.08	4	100.00	—	—	—	—	100.00
四川	理工	245	149	3.14	148	99.33	96	3.07	78	81.25	92.24
四川	文史	135	82	1.73	81	98.78	53	1.70	50	94.34	97.04
天津	理工	62	39	0.82	34	87.18	23	0.74	22	95.65	90.32
天津	文史	18	12	0.25	12	100.00	6	0.19	6	100.00	100.00
西藏	理工	2	2	0.04	2	100.00	—	—	—	—	100.00
西藏	文史	6	6	0.13	6	100.00	—	—	—	—	100.00
新疆	理工	57	35	0.74	33	94.29	22	0.70	20	90.91	92.98
新疆	文史	46	27	0.57	27	100.00	19	0.61	17	89.47	95.65
云南	理工	175	107	2.25	101	94.39	68	2.18	56	82.35	89.71
云南	文史	55	44	0.93	44	100.00	11	0.35	10	90.91	98.18
浙江	理工	172	88	1.85	87	98.86	84	2.69	80	95.24	97.09
浙江	文史	122	51	1.07	49	96.08	71	2.27	66	92.96	94.26
重庆	理工	169	98	2.06	93	94.90	71	2.27	67	94.37	94.67
重庆	文史	87	47	0.99	43	91.49	40	1.28	35	87.50	89.66
合计	—	7874	4748	100	4633	97.58	3126	100	2892	92.51	95.57

【各专业招生规模、录取人数和报到率】 2010 年，本科招生专业 70 个（含方向共 100 个），涉及经济学、法学、农学、理学、工学、管理学、文学、艺术学等 8 大学科门类，其中，新增专业 2 个：物流管理和商务英语；应用型本科招生专业方向 20 个；海南省专升本招生专业 2 个。专业报到率达到 100%的有财务管理、电子信息工程、俄语、广告学(网络传播方向)、汉语言文学、建筑学、旅游管理(旅游信息管理方向)、生物科学、数学与应用数学、信息安全、信息管理与信息系统、艺术设计、艺术设计(服装表演方向)、音乐表演、英语等 15 个专业；专业报到率排在后十位的是：交通运输(汽车服务工程方向)、风景园林(园林工程技术方向)、农学、行政管理(中英文秘书方向)、公共关系学(公关礼仪方向)、植物保护(农药方向)、网络工程(物联网方向)、动物医学、植物保护(农药与农产品安全方向)、农学(观光农业方向)，详见表 3。

表3　2010年各专业实际录取和新生入学报到情况统计表

序号	专 业 名 称	招生计划	录取人数	报到人数	报到率
1	草业科学	57	57	54	94.74
2	动物科学	48	48	47	97.92
3	动物医学	69	72	62	86.11
4	农学	86	92	83	90.22
5	农业资源与环境	58	58	56	96.55
6	生物技术	113	114	111	97.37
7	生物科学	69	68	68	100.00
	农学院 汇总	500	509	481	94.50
8	设施农业科学与工程	85	85	80	94.12
9	园林	160	160	152	95.00
10	园艺	111	113	104	92.04
11	园艺(花卉与景观设计方向)	95	96	93	96.88
	园艺园林学院 汇总	451	454	429	94.49
12	环境科学	80	81	79	97.53
13	农产品质量与安全	70	58	54	93.10
14	植物保护	110	111	104	93.69
15	植物保护(农药方向)	79	78	69	88.46
	环境与植物保护学院 汇总	339	328	306	93.29
16	海洋科学	65	67	66	98.51
17	水产养殖学	65	64	61	95.31
18	制药工程	85	86	85	98.84
	海洋学院 汇总	215	217	212	97.70
19	车辆工程	80	81	77	95.06

续上表

20	电气工程及其自动化	85	85	83	97.65
21	机械电子工程	80	82	79	96.34
22	机械设计制造及其自动化	80	79	78	98.73
23	交通运输(汽车运用工程方向)	80	81	79	97.53
24	农业机械化及其自动化	70	70	68	97.14
	机电工程学院 汇总	475	478	464	97.07
25	电子信息工程	60	56	56	100.00
26	计算机科学与技术	120	120	117	97.50
27	数学与应用数学	45	42	42	100.00
28	通信工程	120	115	110	95.65
29	信息安全	60	58	58	100.00
30	信息与计算科学	60	57	56	98.25
	信息科学技术学院 汇总	465	448	439	97.99
31	材料科学与工程	95	91	88	96.70
32	高分子材料与工程	80	78	76	97.44
33	化学工程与工艺	100	104	100	96.15
34	生物工程	75	75	72	96.00
35	应用化学	70	70	69	98.57
	材料与化工学院 汇总	420	418	405	96.89
36	食品科学与工程	150	147	140	95.24
37	食品质量与安全	95	93	91	97.85
	食品学院 汇总	245	240	231	96.25
38	工程管理	60	59	58	98.31
39	建筑学	30	30	30	100.00
40	土木工程	172	169	168	99.41

续上表

	土木建筑工程学院 汇总	262	258	256	99.22
41	法学	129	133	131	98.50
	法学院 汇总	129	133	131	98.50
42	公共关系学	80	80	77	96.25
43	思想政治教育	40	37	35	94.59
44	土地资源管理	80	76	72	94.74
45	行政管理	89	94	93	98.94
	政治与公共管理学院 汇总	289	287	277	96.52
46	财务管理	90	90	90	100.00
47	工商管理	70	70	68	97.14
48	国际经济与贸易	90	88	82	93.18
49	会计学	90	87	86	98.85
50	金融学	90	91	90	98.90
51	农林经济管理	70	65	62	95.38
52	人力资源管理	80	77	74	96.10
53	市场营销	80	79	78	98.73
54	统计学	40	40	39	97.50
55	物流管理	60	59	58	98.31
56	信息管理与信息系统	70	66	66	100.00
	经济与管理学院 汇总	830	812	793	97.66
57	旅游管理(高尔夫管理方向)	60	54	52	96.30
58	旅游管理(国际酒店管理方向)	90	88	86	97.73
59	旅游管理(旅游规划与景区管理方向)	60	61	58	95.08
60	旅游管理(旅游信息管理方向)	56	54	54	100.00
61	旅游管理(应用外语方向(英、日))	160	157	155	98.73

续上表

62	人力资源管理(旅游人力资源管理方向)	60	62	60	96.77
63	市场营销(电子商务方向)	60	59	55	93.22
64	市场营销(旅游市场营销方向)	98	96	91	94.79
65	资源环境与城乡规划管理	60	60	58	96.67
	旅游学院　汇总	704	691	669	96.82
66	对外汉语	112	115	114	99.13
67	广告学(网络传播方向)	100	100	100	100.00
68	汉语言文学	100	98	98	100.00
69	戏剧影视文学(影视编导方向)	70	70	69	98.57
	人文传播学院 汇总	382	383	381	99.48
70	俄语	30	30	30	100.00
71	日语	60	61	60	98.36
72	英语	113	111	111	100.00
73	英语(经贸英语方向)	90	92	90	97.83
	外国语学院 汇总	293	294	291	98.98
74	绘画	69	69	68	98.55
75	舞蹈编导	53	53	52	98.11
76	艺术设计	85	94	94	100.00
77	艺术设计(服装表演方向)	20	16	16	100.00
78	音乐表演(器乐二胡方向)	3	3	3	100.00
79	音乐表演(器乐方向)	17	16	16	100.00
80	音乐表演(器乐古筝方向)	4	5	5	100.00
81	音乐表演(声乐方向)	34	34	34	100.00
82	音乐表演(作曲方向)	7	2	2	100.00
	艺术学院 汇总	292	292	290	99.32

续上表

83	风景园林	70	71	69	97.18
84	会计学(注册会计师方向)	165	169	161	95.27
85	旅游管理	130	129	118	91.47
86	农学(观光农业方向)	75	78	63	80.77
87	商务英语	130	131	128	97.71
88	网络工程	130	132	122	92.42
89	行政管理(中英文秘书方向)	70	71	64	90.14
90	旅游管理(专升本)	60	67	64	95.52
91	会计学(注册会计师方向)(专升本)	60	70	68	97.14
	应用科技学院(城西校区) 汇总	890	918	857	93.36
92	财务管理(企业理财方向)	120	128	117	91.41
93	俄语(商务俄语方向)	80	87	82	94.25
94	风景园林(园林工程技术方向)	120	125	113	90.40
95	公共关系学(公关礼仪方向)	109	116	103	88.79
96	会计学(涉外会计方向)	120	129	124	96.12
97	交通运输(汽车服务工程方向)	120	126	115	91.27
98	网络工程(物联网方向)	110	116	101	87.07
99	行政管理(行政文秘方向)	120	135	126	93.33
100	英语(旅游英语方向)	120	126	119	94.44
101	园艺(草坪科学与工程方向)	100	97	89	91.75
102	植物保护(农药与农产品安全方向)	100	92	79	85.87
	应用科技学院(儋州校区) 汇总	1219	1277	1168	91.46
	民族预科班	40	40	40	100.00
	总 计	8440	8477	8120	95.79

备注：以上计划数据不包括招生录取期间的变动情况，录取人数和报到人数不包括新生入学注册前调整专业情况。

【在各省一本批次录取分数线】 一本批次共录取4748人（其中文史1554，理工3194人），达到一本分数线的新生4768人（含二本批次录取但达到一本分数线的考生192人，2010年一本录取未达一本线考生：北京6，广东128，吉林4，江苏5，上海10，天津19，共计172人），占本科生57.45%，比2009年增加761人，增幅19%。一本分数线除北京文理、天津文理、上海文理、广东文理、吉林理、江苏文降分以外，其余省（市、区）的分数线均高于各省一本控制线或持平。生源较好的有河北、湖南、宁夏、青海、山东、新疆、重庆7省(市、区)，文理科第一志愿率均为100%。分数线高出当地控制线10分以上的省（市、区）有：河北文理、内蒙古文、安徽理、江西文理、山东理、河南理、重庆理、贵州文理、云南文理、青海理、宁夏文、新疆文理，详见表4。

表4 2010年在各省一本批次录取分数线统计表

序号	省市	科类	当地一本线	录取分	录取分高出控制线	平均分	平均分高出控制线	最高分	最高分高出控制线
1	北京	文科	524	517	-7	528.14	4.14	566	42
		理科	494	482	-12	516.67	22.67	555	61
2	天津	文科	519	502	-17	519.83	0.83	542	23
		理科	509	499	-10	513.9	4.9	546	37
3	河北	文科	539	551	12	554.54	15.54	562	23
		理科	561	571	10	575.54	14.54	596	35
4	山西	文科	533	533	0	539.05	6.05	575	42
		理科	536	536	0	542.18	6.18	587	51
5	内蒙古	文科	475	487	12	497.36	22.36	516	41
		理科	510	515	5	529.03	19.03	556	46
6	辽宁	文科	531	534	3	537.79	6.79	551	20
		理科	518	518	0	527.12	9.12	543	25
7	吉林	文科	517	518	1	529.23	12.23	546	29
		理科	530	525	-5	538.43	8.42	575	45
8	黑龙江	文科	523	524	1	538.73	15.73	573	50
		理科	532	532	0	543.82	11.82	578	46

续上表

9	江苏	文科	345	344	-1	346.83	1.83	361	16
		理科	355	355	0	358.23	3.23	382	27
10	上海	文科	464	447	-17	448.5	-15.5	450	-14
		理科	465	440	-25	443.5	-21.5	448	-17
11	浙江	文科	590	595	5	598.39	8.39	617	27
		理科	551	559	8	563.95	12.95	590	39
12	安徽	文科	573	580	7	583.87	10.87	594	21
		理科	562	576	14	580.33	18.33	601	39
13	福建	文科	557	565	8	570.67	13.67	586	29
		理科	539	547	8	553.58	14.58	577	38
14	江西	文科	521	531	10	536.49	15.49	551	30
		理科	515	526	11	531.97	16.97	564	49
15	山东	文科	606	612	6	617.84	11.84	629	23
		理科	580	590	10	597.32	17.32	614	34
16	河南	文科	532	538	6	547.24	15.24	566	34
		理科	552	562	10	567.52	15.52	587	35
17	湖北	文科	530	531	1	537.41	7.41	555	25
		理科	557	557	0	566.14	9.14	590	33
18	湖南	文科	578	583	5	586.2	8.2	594	16
		理科	567	571	4	575.73	8.73	592	25
19	广东	文科	595	591	-4	595.31	0.31	610	15
		理科	621	609	-12	617.79	-3.21	647	26
20	广西	文科	510	510	0	521.26	11.26	533	23
		理科	500	503	3	516.14	16.14	534	34

续上表

21	海南	文科	670	671	1	684.98	14.98	744	74
		理科	624	624	0	638.79	14.79	695	71
22	重庆	文科	573	581	8	585.11	12.11	604	31
		理科	533	543	10	549.55	16.55	579	46
23	四川	文科	543	548	5	553.71	10.71	585	42
		理科	512	517	5	522.86	10.86	566	54
24	贵州	文科	514	527	13	532.31	18.31	550	36
		理科	481	505	24	512.31	31.31	538	57
25	云南	文科	495	517	22	521.8	26.8	534	39
		理科	500	512	12	521.25	21.25	552	52
26	西藏	文科	293/455	293	0	298.67	5	316	23
		理科	282/455	290	8	290.5	8.5	291	9
27	陕西	文科	559	564	5	570.51	11.51	593	34
		理科	556	558	2	567.05	11.05	609	53
28	甘肃	文科	511	518	7	523.93	12.93	538	27
		理科	531	531	0	544.96	13.96	599	68
29	青海	文科	430	430	0	442.25	12.25	470	40
		理科	405	421	16	430.76	25.76	452	47
30	宁夏	文科	496	507	11	508.5	12.5	510	14
		理科	474	480	6	486.75	12.75	498	24
31	新疆	文科	485	503	18	519.22	34.22	546	61
		理科	471	506	35	525.94	54.94	587	116

备注：西藏分数线分为少数民族和汉族分数线，左边的数字为少数民族的数据，右边的数字为汉族的数据；山东省根据不同地区有不同的划线，学校录取最高最低分统计时不考虑地区因素。

【在各省二本批次录取分数线】 2010年， 二本批次录取3126人（其中文史982，理工2144，不含高水平运动员），生源较好的有内蒙古、山西、新疆、浙江等4省（市、区），文理科第一志愿率均为100%。除天津文理科录取分低于天津二本线（部分考生享受加分投档政策），辽宁文理、黑龙江理、河南理、湖北理、甘肃理分数线与当地二本划线持平以外，其余省（市、区）文理科的录取线都高于当地二本控制线。生源较好的有（高于当地二本控制线20分以上）：河北文理、山西文、内蒙古文、吉林文、黑龙江文、浙江文理、安徽理、福建文理、江西文理、河南文、湖北文、广西文理、海南文、四川文、贵州文理、云南文理、甘肃文、新疆理，详见表5。

表5 2010年在各省二本批次录取分数线统计表

序号	省市	科类	当地二本线	录取分	录取分高出控制线	平均分	平均分高出控制线	最高分	最高分高出控制线
1	天津	文科	466	457	-9	478.17	12.17	505	39
		理科	445	435	-10	476.09	31.09	514	69
2	河北	文科	504	535	31	539.12	35.12	549	45
		理科	518	539	21	549.48	31.48	567	49
3	山西	文科	492	515	23	523.93	31.93	535	43
		理科	491	507	16	519.65	28.65	535	44
4	内蒙古	文科	423	460	37	472.7	49.7	496	73
		理科	442	454	12	490.57	48.57	521	79
5	辽宁	文科	465	465	0	496.94	31.94	534	69
		理科	442	442	0	467.87	25.87	516	74
6	吉林	文科	425	468	43	490.22	65.22	516	91
		理科	427	428	1	484.33	57.33	524	97
7	黑龙江	文科	450	489	39	509.73	59.73	543	93
		理科	448	448	0	495.32	47.32	544	96
8	江苏	文科	321	322	1	336.4	15.4	346	25
		理科	328	330	2	343.67	15.67	358	30
9	浙江	文科	459	530	71	535.61	76.61	548	89
		理科	402	480	78	488.58	86.58	507	105
10	安徽	文科	534	535	1	558.67	24.67	573	39

续上表

		理科	507	535	28	542.06	35.06	562	55
11	福建	文科	494	541	47	547.75	53.75	559	65
		理科	472	502	30	515.95	43.95	542	70
12	江西	文科	479	516	37	519.31	40.31	530	51
		理科	462	494	32	503.21	41.21	553	91
13	山东	文科	558	572	14	600.48	42.48	634	76
		理科	522	531	9	563.5	41.5	589	67
14	河南	文科	489	512	23	524.43	35.43	536	47
		理科	500	500	0	522.77	22.77	554	54
15	湖北	文科	488	514	26	524.03	36.03	534	46
		理科	506	506	0	533.17	27.17	556	50
16	广西	文科	453	499	46	507.15	54.15	526	73
		理科	433	462	29	485.92	52.92	538	105
17	海南	文科	600	643	43	654.46	54.46	681	81
		理科	563	576	13	594.37	31.37	644	81
18	重庆	文科	510	513	3	554.3	44.3	576	66
		理科	478	479	1	500.01	22.01	532	54
19	四川	文科	483	524	41	534.51	51.51	554	71
		理科	441	444	3	484.54	43.54	515	74
20	贵州	文科	448	506	58	510.25	62.25	521	73
		理科	415	458	43	468.98	53.98	495	80
21	云南	文科	450	496	46	501.91	51.91	509	59
		理科	430	464	34	478.35	48.35	506	76
22	甘肃	文科	467	496	29	504.29	37.29	519	52
		理科	481	481	0	499.51	18.51	548	67

续上表

23	新疆	文科	433	437	4	475	42	521	88
		理科	415	448	33	463.45	48.45	497	82

备注：北京、湖南、广东、宁夏、青海、陕西、上海和西藏8省（市、区）2010年无二本批次招生；山东省根据不同地区有不同的划线，学校录取最高最低分统计时不考虑地区因素；农科专业按专业志愿优先的原则录取，但本表最低分统计中不区分农科和非农科专业。

【特殊类型招生】 2010年，特殊类型招生主要有高水平运动员和艺术类本科专业招生。

高水平运动员招生。招生项目有篮球、排球、田径，招生计划45人，实际录取24人，其中：篮球项目11人，排球项目5人，田径项目8人；福建1人，海南15人，河南1人，山东5人，山西1人，重庆1人；男生16人，女生8人。录取专业分布在法学10人，工商管理1人，国际经济与贸易1人，计算机科学与技术1人，金融学1人，旅游管理3人(国际酒店管理方向、旅游规划与景区管理方向、旅游信息管理方向各1人)，人力资源管理1人，人力资源管理(旅游人力资源管理方向)1人，土地资源管理1人，行政管理4人。

艺术类本科专业招生。招生专业5个：艺术设计、绘画、音乐表演、舞蹈编导、戏剧影视文学，招生计划362人，实际录取362人；安排在安徽等12个省（区）招生。详见表6。

表6　2010年艺术类本科专业在各省录取人数统计表

省份	招生计划	录取人数	省份	招生计划	录取人数	省　份	招生计划	录取人数
安徽	25	24	湖南	49	52	广西	10	9
甘肃	15	18	江西	21	31	海南	10	15
河北	36	39	山东	53	53	预留计划	11	
河南	64	56	山西	36	33			
黑龙江	17	15	福建	15	17	合计	362	362

【招生宣传】 2010年，设计编印大版本招生简章5300份，寄发各省（市、区）中学、各省（市、区）招生办公室和部分兄弟院校近5000份，其余发放校内单位和参加各省招生咨询会使用。编印折页招生简章13000份，除一部分随同招生简章寄发外，其他主要发放到海南、江苏、湖南、广东的考生。制作《海南大学2010年报考指南》电子书，在海南、安徽、江西等省高考志愿填报指南和海南日报作平面广告，在教育部阳光高考、海南大学招生信息网、新浪等网络进行宣传。

2010年6月11日，学校首次组织校园开放日活动，邀请海南各市县教育局局长、中学校长、高三年级组长和班主任共计160人来校参观交流，进行现场招生咨询，并针对海南省考生设置新生奖学金。

【招生咨询】 通过海南大学招生信息网考生留言栏目、招生专用咨询电子邮箱、教育部阳光高考平台、考生专用咨询 QQ、高考 e 路通平台、学视通平台、中国教育在线平台、招生院校统一平台、重庆招考信息网、江苏省教育考试院网、湖南省高校招生网上咨询交流会、福建省教育厅阳光高考信息平台、新浪微博等多个网络途径进行招生咨询，其中就海南大学招生信息网留言板自 2010 年 4 月至 8 月份，回复考生近 5000 条咨询信息。还通过电话、面谈和招生咨询会现场等多种途径接受考生和家长的咨询。

撰稿：李布明（本科招生）胡 静（本科招生）统稿：于文霞 资料：黄 伟 审稿：林强盛

研究生招生

2010 年，学校各类研究生招生人数达到了 1294 名（其中博士 30 名,硕士 636 名,全日制专业学位 309 名，在职攻读硕士专业学位 319）。

1．硕士研究生招生。2010 年，国家下达给学校全日制硕士研究生招生计划共 900 名(其中：学术型硕士 616 名,专业学位 284 名)。研究生处在相关学院的配合下，进行了合理的调剂，并按录取人数与参加复试人数的比例 1：1.2 的原则组织了复试（包括同等学历考生的加试），经过严格的筛选，录取了合格考生 946 名，超额完成了国家下达的招生计划，同时也基本保证了学校特色优势学科的招生计划。详见表 1。

2．博士研究生招生。2010 年，国家下达给学校博士研究生招生计划 29 名。报名考试人数达 106 人，经过考试和严格复试考核，按照综合成绩排名确定了录取名单，共录取了 30 名合格的考生，顺利完成了招生任务。详见表 2 。

3．在职人员攻读硕士专业学位研究生也取得了较好的成绩，共招收 319 人（其中法律硕士 100 人，MPA 80 人，MBA 26 人，农业推广 64 人，高校教师在职攻读硕士学位研究生 49 人）。

至 2010 底，在校各类研究生人数为 3679 人。其中普通全日制博士研究生 123 人，普通全日制硕士研究生 2474 人，在职攻读硕士学位研究生 1082 人。

表 1　海南大学 2010 年硕士研究生分专业招生计划和录取人数统计表

序号	所在学院	专业代码	专业名称	2010 年招生	
				招生计划	实际录取
1	农学院	071008	发育生物学	6	5
2	农学院	071010	生物化学与分子生物学	24	23
3	农学院	090101	作物栽培学与耕作学	10	10
4	农学院	090102	作物遗传育种	24	24
5	农学院	090120	植物分子遗传学	8	7

续上表

6	农学院	090121	种质资源学	9	8
7	农学院	090122	农业生物技术	15	15
8	农学院	090124	橡胶学	5	4
9	农学院	090125	能源植物	3	3
10	农学院	090301	土壤学	6	6
11	农学院	090302	植物营养学	6	6
12	农学院	090503	草业科学	5	5
13	农学院	090701	林木遗传育种	3	3
14	农学院	090702	森林培育	3	3
15	农学院	090705	野生动植物保护与利用	6	6
16	园艺园林学院	071001	植物学	16	16
17	园艺园林学院	090126	南药学	5	5
18	园艺园林学院	090201	果树学	8	7
19	园艺园林学院	090706	园林植物与观赏园艺	15	17
20	环境与植物保护学院	071005	微生物学	16	14
21	环境与植物保护学院	071012	生态学	11	11
22	环境与植物保护学院	083002	环境工程	6	6
23	环境与植物保护学院	090123	分子植物病理学	8	9
24	环境与植物保护学院	090127	作物害虫学	4	3
25	环境与植物保护学院	090401	植物病理学	7	7
26	环境与植物保护学院	090402	农业昆虫与害虫防治	4	3
27	环境与植物保护学院	090403	农药学	6	5
28	环境与植物保护学院	090703	森林保护学	4	4
29	材料与化工学院	080501	材料物理与化学	10	10
30	材料与化工学院	080502	材料学	18	17

续上表

31	材料与化工学院	081702	化学工艺	6	7
32	材料与化工学院	081703	生物化工	8	9
33	材料与化工学院	081704	应用化学	12	13
34	机电工程学院	082801	农业机械化工程	6	5
35	经济与管理学院	020101	政治经济学	5	5
36	经济与管理学院	020105	世界经济	15	15
37	经济与管理学院	020204	金融学	13	13
38	经济与管理学院	120202	企业管理	16	20
39	经济与管理学院	120301	农业经济管理	12	15
40	经济与管理学院	125100	工商管理硕士（MBA）	110	134
41	政治与公共管理学院	030201	政治学理论	6	6
42	政治与公共管理学院	030204	中共党史	4	4
43	政治与公共管理学院	030501	马克思主义基本原理	3	4
44	政治与公共管理学院	030503	马克思主义中国化研究	3	4
45	政治与公共管理学院	030505	思想政治教育	13	14
46	政治与公共管理学院	125200	公共管理硕士（MPA）	50	48
47	食品学院	083201	食品科学	12	12
48	食品学院	097203	农产品加工及贮藏工程	12	14
49	法学院	030101	法学理论	5	5
50	法学院	030102	法律史	5	4
51	法学院	030103	宪法学与行政法学	3	3
52	法学院	030104	刑法学	7	7
53	法学院	030105	民商法学	15	15
54	法学院	030106	诉讼法学	12	12
55	法学院	030107	经济法学	6	8

续上表

56	法学院	030108	环境与资源保护法	3	3
57	法学院	030109	国际法学	4	4
58	法学院	035101	法律硕士（非法学）	60	59
59	法学院	035102	法律硕士（法学）	64	68
60	信息科学技术学院	070104	应用数学	8	7
61	信息科学技术学院	081001	通信与信息系统	12	15
62	信息科学技术学院	081002	信号与信息处理	6	6
63	信息科学技术学院	081203	计算机应用技术	12	10
64	外国语学院	050201	英语语言文学	10	13
65	海洋学院	070703	海洋生物学	8	9
66	海洋学院	090801	水产养殖	20	19
67	土木建筑工程学院	081401	岩土工程	8	9
68	人文传播学院	050101	文艺学	10	11
69	人文传播学院	050108	比较文学与世界文学	6	7
70	艺术学院	050403	美术学	9	10
71	旅游学院	050211	外国语言及应用语言学	10	11
72	旅游学院	120203	旅游管理	12	16
73	社会科学研究中心	010102	中国哲学	4	6
74	社会科学研究中心	010103	外国哲学	4	4
75	总计			900	945

表 2　海南大学 2010 年博士研究生分专业招生计划和录取人数统计表

学院名称	专业代码	专业名称	2010 年招生计划数	2010 年实际录取数
农学院	090101	作物栽培学与耕作学	4	0
农学院	090102	作物遗传育种	8	6

续上表

农学院	090120	★植物分子遗传学	2	3
农学院	090121	★种质资源学	2	3
农学院	090122	★农业生物技术	3	4
农学院	090124	★橡胶学	1	3
农学院	090125	★能源植物	1	2
园艺园林学院	071001	植物学	4	4
园艺园林学院	090126	★南药学	1	1
环境与植物保护学院	090123	★分子植物病理学	2	3
环境与植物保护学院	090127	★作物害虫学	1	1
合　计			29	30

注：有★的专业系一级学科下自主设置的二级学科

（研究生处供稿）

研究生招生考试

博士研究生招生考试

【博士研究生命题】 2010年博士研究生入学考试命题评卷工作自3月底开始到4月22日结束。

24名命题教师（中国热带农业科学院6名）参与了11个专业，31个方向，23个科目的命题工作（英语科目2名教师共同命题），其中新增命题科目9个，命题科目总数比2009年增加7个，印制试题336份（含备用题）。

【博士研究生评卷】 2010年，博士研究生报名考生104人，比2009年增加26人，增幅32.5%。实考90人，比2009年的74人增加了16人，其中硕博连读考生6人（只参加英语科目考试），业务课一（科目代码为200X）实考84人，业务课二（科目代码为30XX）实考83人（1考生缺考）。22名教师参与22个科目257人次评卷工作（英语科目2名教师共同评卷，微生物学和植物病理学科目1名教师评卷），详见表7。

表7 2010年博士研究生入学考试情况统计表

序号	科目代码	科目名称	应考人数	试题印数	实考人数	备注
1	1001	英语	106	110	90	
2	2001	高级植物生理学	14	15	10	
3	2002	生态学	6	7	6	
4	2003	分子生物学	56	58	48	
5	2004	高分子物理	3	4	3	新增
6	2005	植物病理学	7	8	6	
7	2006	昆虫学	5	6	3	
8	2007	资源经济学	5	6	4	新增
9	2008	植物生态学	4	5	4	新增
10	3001	高级作物栽培学	15	17	13	
11	3002	高级植物营养学	1	2	0	
12	3003	作物遗传育种学	24	26	19	
13	3004	植物生物学	6	7	6	
14	3005	种质资源学	12	14	9	
15	3006	基因工程原理与技术	13	14	11	
16	3007	现代微生物学	3	4	3	
18	3009	害虫治理	5	6	3	
19	3010	高分子化学	3	4	3	新增
20	3011	植物学	7	8	6	新增
21	3012	园林植物学	1	2	1	新增
22	3014	分子药理学	3	4	3	新增
23	3015	微生物学	5	6	4	新增
24	3016	植物生理学与生物化学	2	3	2	新增
	小计		306	336	257	

硕士研究生招生考试

【2010 年硕士研究生初试自命题评卷】 2010 年 2 月 21-26 日，83 名教师参与 2010 年硕士研究生入学考试 76 个初试考试科目 1361 份试卷的评卷工作。

【2010 年硕士研究生复试自命题评卷】 2010 年 3-4 月，硕士研究生复试由学院自行安排复试笔试时间，分 15 个单元印制 2010 年硕士研究生入学考试自命题 70 个复试科目试题 803 份，推免生 186 人免复试笔试。较 2009 年 68 个复试科目试题 976 份，增加 4 个复试科目试题减少 173 份，其中 68 名教师参与 72 个复试考试科目 803 份试卷的评卷工作。

【2011 年硕士研究生自命题命题】 2010 年 9-12 月，组织 157 名教师参与 84 个初试和 73 个复试考试科目命题工作，印制 85 个（其中 416《普通动物学与普通生态学》为外省命题，学校印制）初试考试科目试题 1899 份。

【研究生命题专家选拔】 2010 年 10 月，面向全校选拔博士、硕士研究生命题专家，共 35 个科目，62 名教师入选，其中硕士研究生命题教师 59 名（33 个科目），博士研究生命题教师 3 名（2 个科目）。

艺术类招生专业考试

【艺术类招生计划】 2010 年，艺术类招生专业考试为河北、江西、山西、安徽、湖南、山东、甘肃、河南、黑龙江、福建、广西、海南等 12 个省（区），与 2009 年相比，减少了内蒙古、青海，增加了广西。除海南省考生参加本省招生部门组织的专业统考外，其余 11 个省（区）的考生须参加学校在当地生源省（区）组织的艺术类专业考试。2010 年招生专业 5 个：艺术设计、绘画、音乐表演、舞蹈编导、戏剧影视文学，比 2009 年增加专业 1 个：戏剧影视文学。戏剧影视文学专业为 2005 年新办文史类专业，2010 年首次按艺术类招生，分别在湖南、山东、河南、河北等 4 个省进行专业考试。戏剧影视文学专业考试分面试、笔试两部分，面试 5 分钟，自我介绍和回答问题；笔试分文艺常识（30 分）、命题小品写作（70 分）和影视片分析（100 分），满分 200 分。2010 年招生人数 362 人，其中戏剧影视文学专业招生计划 70 人，其他 4 个专业招生计划 292 人，与 2009 年持平，详见表 11。

表 11　2010 年艺术类分专业招生计划

隶属学院	专业名称	2010 年	2009 年
艺术学院	艺术设计	105	112

续上表

艺术学院	绘画	69	65
艺术学院	音乐表演	65	70
艺术学院	舞蹈编导	53	45
人文传播学院	戏剧影视文学	70	-------
	合　计	362	292

【艺术类考生人数】 17037 名考生分别参加学校在 11 个省（区）组织的艺术类招生专业考试，比 2009 年增加 135 人，其中新增人文传播学院的戏剧影视文学专业在 4 个省考试人数 3419 人。艺术学院 4 个专业考试人数为 13618 人，较 2009 年减少 3284 人。其中艺术设计考生 8096 人、绘画 2482 人、艺术设计（服装表演方向）159 人；舞蹈编导 668 人；音乐表演 2213 人，其中声乐方向 1826 人，器乐方向 238 人，作曲及作曲技术方向 25 人，古筝方向 101 人，二胡方向 23 人。成绩录入总次数 403420 次。

撰稿：李布明（博士研究生考试）　林　华（硕士研究生考试、艺术类招生专业考试）

统稿：于文霞　资料：黄　伟　审稿：林强盛

教 学

研究生教育

【概况】 2010年，是学校“211工程”建设的第2年，是围绕“211工程”大学建设具体目标，实施研究生教育创新人才培养计划的关键年。研究生教育继续优化、完善学位点布局、调整人才培养结构，深化培养机制改革，加快应用型人才培养，提高创新人才培养能力和高层次应用型人才培养水平，提高研究生教育的质量。

至2010底，在校各类研究生人数为3679人。其中普通全日制博士研究生123人，普通全日制硕士研究生2474人，在职攻读硕士学位研究生1082人。

【学位点建设】 2010年，学校有11个博士学位授权点、70个硕士学位授权点、7个专业学位22个专业领域及20个高校教师在职攻读硕士学位专业。组织上报生物学、法学、信息与通信工程等3个一级学科博士点、工商管理等22个一级学科硕士点；新增工程硕士、国际商务硕士、翻译硕士培养单位（具体见附表）；新增学校法律硕士为全国专业学位研究生教育综合改革试点（全国共有64所大学列为试点单位），为学科结构的调整和优化、应用型人才培养奠定了坚实的基础。

2010年新增专业学位硕士点及专业领域一览表

专 业 名 称	专业领域名称	批准时间
农业推广硕士	农业信息化	2010年4月
	养殖	2010年4月
工程硕士	电子与信息工程	2010年2月
	材料工程	2010年2月
	化学工程	2010年2月
	食品工程	2010年9月
国际商务硕士		2010年9月
翻译硕士	笔译	2010年9月
	口译	2010年9月

【研究生培养与学位论文质量监控工作】为进一步规范研究生培养，提高研究生教育水平，修订并完善了研究生教育管理文件，编制了《海南大学学位与研究生教育管理文件汇编》(共24个管理文件)，同时制定《海南大学专业学位校外研究生指导教师聘任暂行办法》和《法律硕士

专业学位研究生教育综合改革试点工作方案》。

1．实施学位论文学术不端行为检测。为了进一步加强学校研究生学位论文质量的监控，净化学术环境，促进学术诚信，杜绝学位论文写作中的学术不端行为，更好地维护学校的学术声誉，2010年开始，采用了“学位论文学术不端行为检测系统”，对参加答辩的硕士、博士学位论文进行检测，把好学位论文质量的第一关。

2．实行博士研究生学位论文“盲审”制度。对申请答辩的15名博士研究生博士学位论文进行“双盲”评审，有1位博士的学位论文未通过盲审，不允许参加答辩。通过实行“双盲”评审，为严把博士研究生学位论文质量关奠定了基础。

3．实行了硕士学位论文抽查制度。抽查68位硕士的学位论文进行了“双盲”评审，其中5位硕士的学位论文未通过盲审，不允许参加答辩。经过抽查，把好硕士学位论文质量的第二关。

【论文答辩和学位授予工作】 严格答辩过程，规范答辩程序，在盲审和评审的基础上，2010年，共有14名博士、676名硕士参加了学位论文答辩，其中博士14人全部通过论文答辩，硕士668人通过答辩，8人未通过答辩。经校学位评定委员会审议，13名博士研究生获得博士学位、663名硕士研究生得硕士学位。

【优秀博士、硕士学位论文评审】 经通过评审、答辩委员会评定、学院分委会推荐，校学位评定委员会审核，4名博士学位论文、41篇硕士学位论文评定为校级优秀博士、硕士学位论文。有2篇博士学位论文、9篇硕士学位论文被评为海南省优秀博士、硕士学位论文

【“211工程”三期创新人才培养】 为加快创新人才培养，提高研究生培养质量，实施研究生教育教学改革计划、研究生科技创新平台建设计划、研究生联合培养基地建设计划、研究生联合培养、访学和学术交流资助计划，取得了较好的效果。

1．资助10项特色教材、9项精品课程、6项创新型实验课程和进行了管理模式研究。

2．依托校内重点学科和相关的重点实验室、工程中心、研究中心，建立环境工程与生态安全等8个研究生创新平台。

3．与企业和研究所联合建立材料学科与工程学科等9个研究生联合培养基地。

4．资助25名博士、硕士到国内外访学（其中到美国3人、澳大利亚1人、泰国1人、台湾4人、清华大学等国内大学和研究所17人）；资助58名博（硕）士研究生参加国内外高水平学术会议；资助材料与化工学院第一届研究生学术论坛。

5．研究生申请海南省研究生创新课题的能力不断增强。2010年获立项22项（其中博士6项）。研究生发表SCI收录论文20余篇，影响因子最高达到4点多，EI收录论文20余篇，ISTP检索论文10余篇，国内核心期刊论文300余篇，参与出版专著10余部，参与编写教材7部；获海南省研究生创新课题立项22项，其中博士创新课题6项，硕士创新课题16项。

【研究生导师】 根据《海南大学研究生指导教师遴选办法》的规定，经过严格遴选，至2010年底，学校共有博士生导师90人，硕士生导师550人。

【博士后科研流动站管理】 2010年，学校作物学博士后流动站招收名额3名，共接收自主招收申请材料6份，经校博士后科研流动站专家组及校学术委员会严格审核，有3名博士符合条件，并获得博管会批准自主招收。学校作物学博士后科研流动站首次与企业博士后工作站联合招收博士后2人。

【思想政治工作】 加强学生思想政治教育工作，建立专、兼职辅导员队伍，逐步规范学生

日常管理、学生资助、学生活动以及就业指导等方面的工作，明确校、院两级工作职责。重视研究生学生干部的培养，鼓励研究生参加科研创新和社会实践。开展“四人制”篮球赛、毕业生晚会、研究生圣诞舞会等活动，活跃研究生文体活动，组织“致远讲坛”、“学术十杰”等传统精品活动，在研究生群体中产生了较大影响。

（研究生处供稿）

本科教育

【概况】 2010年，本科教学工作继续以提高人才培养质量为核心，以大学生的能力培养为重点，以“高等学校本科教学质量与教学改革工程”为突破点，大力推进本科教学质量工程各项目建设工作的组织、指导和督促，在建设成效上取得新的突破；继续推进三学期制教学改革与文理科实验班试点工作，加强教学质量监控，积极探索教学目标管理办法，深化教学改革，强化教学管理，不断提高人才培养质量。

【本科专业建设】 重视本科专业特别是新办本科专业建设工作。2010年，新增4个本科专业：酒店管理、会展经济与管理、电子科学与技术和物流工程。农学院的农业资源与环境专业被教育部批准为第一类特色专业建设点。农业机械及其自动化、信息与计算科学、土地资源管理3个专业被批准为省级特色专业建设点。至2010年底，学校共有分属7个学科门类74个本科专业，其中国家级特色专业建设点8个，省级特色专业建设点10个。

2010年，园艺园林学院的设施农业科学与工程专业、机电工程学院的机械电子工程专业、经济与管理学院的人力资源管理专业、信息科学技术学院的数学与应用数学、政治与公共管理学院的公共关系学、艺术学院的舞蹈编导专业、应用科技学院的网络工程专业等7个新办本科专业，全部通过省教育厅组织的新办专业评估检查，取得学士学位授予权

【精品课程建设】 组织省级精品课程的申报工作。2010年，信息科学技术学院的《通信原理》、政治与公共管理学院的《思想道德修养与法律基础》、环境与植物保护学院的《热带植物病理学》、旅游学院的《旅游策划》、材料与化工学院《精细化学品与工艺学》、土木建筑工程学院《结构力学》和园艺园林学院的《观赏花卉学》7门课程被评为省级精品课程。至2010年末，学校共有精品课程87门，其中国家级2门、省级41门、校级44门。

【教材建设】 2010年，自编特色教材立项6项，资助总额12万。

【教学评估】 完成新一届教学督导成员按学部组建的工作，成立按学部为工作小组的督导队伍。修订《海南大学教学督导工作规程(试行)》、《海南大学教师课堂教学质量测评办法(试行)》，制定《海南大学本科教学工作目标管理评价办法(试行)》、《海南大学本科教学工作目标管理评估指标》。完成对全校842名教师进行课堂教学质量的全面测评工作。

2010—2011 学年第一学期启动学生网上评估工作，改变以往学生手工评估方式，实行学生网上给任课教师进行课堂教学质量评估；2010年被评估教师为4908人次。

【教师队伍建设】 2010年，曹阳教授、李京兵教授被评为省级教学名师，财务管理教学团

队、理论经济学教学团队和民法学教学团队被评为省级教学团队。学校累计有1名国家教学名师、15名省级教学名师、2个国家级教学团队、10个省级教学团队。

举办学校第六届青年教师教学大赛初赛，选出6名青年教师参加第六届海南省高等学校青年教师教学大赛决赛并取得优异成绩：政治与公共管理学院李辽宁老师、旅游学院范士陈老师获得省级一等奖，外国语学院覃成海老师、经济与管理学院曾峰老师获三等奖。在省高校思想政治理论课青年教师教学基本功比赛中，政治与公共管理学院丁艳平老师获二等奖，代表海南省参加第二届粤桂琼高校思想政治理论课青年教师教学基本功大赛并获一等奖。

【"冬季小学期"工作】 在前两届冬季小学期工作经验的基础上，2010年冬季小学期工作调整完善教学安排和管理，涉及11个教学单位的专业课程以及2门面向全校的公共选修课。本年度冬季小学期有3个特点：一是授课的专家、学者整体水平更高。邀请授课的25位专家、学者，分别来自北京大学等国内18所重点高校及美国、英国、日本和新加坡等的知名大学，包括2位院士和4位"长江学者"特聘教授。其中，中国科学院马志明院士是中国数学会现任理事长、国际数学联盟执委会副主席、国家"973"项目首席科学家，中国工程院杨宝峰院士是现任哈尔滨医科大学校长、国家"973"项目首席科学家。二是开设由国外专家讲授的与国际直接接轨的旅游管理课程。三是针对社会上日益关注的影响大学生成长、成才的热点问题，邀请校外专家、学者开设有关学生心理健康、职业生涯规划等受益面广的全校性公共选修课。

【文理科实验班工作】 学校自2008年起，从入学的新生中，选拔一批优秀学生单独组成"文理科实验班"，对提高人才培养质量起到重要作用。2010年，首届文理科实验班成绩喜人，2008级实验班英语四级一次通过率98%，六级通过率85%。理科实验班在首届全国高校环保科技创意大赛中获金奖、银奖、铜奖和优胜奖各1项。

2010级学生开设金融学、材料科学与工程2个专业文理科实验班，共招收学员60人，文科、理科各30人。

【实践教学】 加强"211工程"公共实验教学平台建设，改善公共基础实验教学条件，逐步理顺基础物理、基础化学等实验中心的管理体制，体现现有实验设备以及师资力量的整体优势，重新定位实验室名称、实验室功能、实验室专职人员，加强1个国家级、7个省级实验教学中心的建设。

承办省高校实验室工作委员会2010年年会，全省11所高校126名实验岗位人员参加会议。编印2010年海南省高校实验室工作委员会论文集；在评选2009年度海南省高校实验室工作委员会优秀论文活动中，学校选送的论文获一等奖5篇、二等奖13篇、优秀奖13篇。

【学科竞赛】 2010年，先后组织学生参加"高教社杯"全国大学生数学建模竞赛、"迅通杯"海南省大学生电子设计竞赛等高等级学科竞赛、"外研社杯"全国英语演讲大赛、全国大学生英语竞赛（NECCS）、全国大学生"飞思卡尔"杯智能汽车大赛、全国大学生节能减排社会实践与科技竞赛、文科计算机大赛、泛珠三角计算机作品赛、数学竞赛等9项学科竞赛。其中，获"高教社杯"全国大学生数学建模竞赛国家级一等奖1队、国家级二等奖1队、省级一等奖3队、二等奖5队、三等奖4队。获"迅通杯"海南省大学生电子设计竞赛等高等级学科竞赛一等奖3队、二等奖4队、三等奖6队。获"外研社杯"全国英语演讲大赛二等奖1名和三等奖1名。3人获全国大学生英语竞赛（NECCS)二等奖。在全国大学生节能减排社会实践与科技竞赛中，4个团队获三等奖。在"飞思卡尔"杯智能汽车大赛中，4 队获华南赛区四等奖，1 队获优秀奖。文科计算机大赛获国家三等奖1队。泛珠三角计算机作品赛，获省级一等奖2队、二等奖1队、三等奖1队，总决赛获三等奖3队。数学竞赛获省级专业组一等奖4名、二等奖2名、三等奖6名；非专业组获一等奖5名、二等奖8名、三等奖14名。

【学籍管理】 2010年本科学生学籍注册人数达到 28464人。顺利完成2010届毕业生资格和学位资格审查，2010届本专科毕业生6932人，授予学位 6392人。

【启动与天津大学联合培养本科生项目】 根据《教育部办公厅关于做好对口支援高校等有关工作的通知》，学校与天津大学商议，就两校联合培养本科学生达成协议，对联合培养的对象、人数、专业、模式、时间以及学分认定、毕业资格审定等工作制定了相应规定。

【推免生的推荐工作】 教育部分配给学校2010年推免指标345名，其中学术型指标315名，专业学位指标 30 名。学校实际可使用指标 335名，其中学术型指标 325 名，专业学位指标 10名。实际完成指标334名（1人在公示结束时受到不符合条件的举报，经查实后被去除名，此时已无法按程序增补），其中学术型指标324名（内推180名、外推144名），专业学位指标10名（内推4名、外推6名）。在实际外推的150人中，中国科学院11人，985高校100人，占外推人数的74%；非985的211高校24人，占外推人数的16%。接收高校包括北京大学、清华大学、浙江大学、南京大学、天津大学、北京师范大学等知名高校。校内接收184人，分布在各个专业硕士学位点。

继 续 教 育

【管理体制】 成人继续教育实行校、院二级管理体制，成人继续教育的管理由继续教育学院代表学校统一组织，各办学学院分类管理。

【办学类型与规模】 成人教育。2010年，成人学历教育类型有函授、业余两种形式，层次分高升专、高升本、专升本三类。开办成人教育专业 63 个，涵盖经济学、法学、文学、理学、农学、工学、管理学等7大学科门类（见附表）。年内在校生4551人，毕业2701人。学院在省外设有4个函授站（河南、湖南、福建、江西），在省内设有若干教学站点。

自学考试。2010年，以海南大学为主考院校的自学考试毕业生992人，学校与海口经济学院、海南政法职业学院、海南科技职业学院、海南经贸职业学院等高职高专院校合作举办自学考试“专接本”助学班，与海南省三亚技工学校合作举办自学考试“中接专”助学班，助学专业 10个，已累计招生7900余人。

【干部培训】 学院秉持“树海南大学形象，创干部培训品牌”的理念，贯彻“铸就品质、提升品位、打造品牌”的办学思路，积极探索独具特色的海南大学干部培训模式。2010年，举办澄迈县妇女干部领导能力提升班、保亭县党政干部领导能力提升班和省财政厅乡镇财政所长研修班（第二期和第三期）；举办2期省外领导干部培训班，一是河南省商丘市妇女领导干部研修班，二是江西省农业领导干部“推动农业结构优化升级”专题培训班，这是学校承接的规模最大、层次最高的省外培训项目，来自江西省各地的120名厅处级农业领导干部参加培训。

【合作办学】 为实现干部培训“三年打基础、五年上台阶”的战略构想，学院创设EMBA课程总裁班，全力打造高水平的企业家、政界精英学习平台。经过认真筹划，首期EMBA课程总裁班于12月23日顺利开班，迎来了首批来自省内外的140余名学员（含10名现职厅级领导干部）。总裁班项目的成功启动，标志着学校服务地方经济社会发展的能力和水平迈上新台阶，提升了学校的办学水平和社会影响。

【学术交流】 为提升干部培训的影响力和美誉度，为海南国际旅游岛建设提供高水平的学术交流平台， 10月，学校与省社科联、省工商联等单位共同发起成立 “国际旅游岛高管论坛”，学院邀请著名品牌管理专家余明阳博士、著名经济学家国世平博士分别做了“品牌价值的核心构建”和“投资之道与财富之路”的学术报告，促进了学术交流与研讨向高水平推进，提升了学校的教学与科研水平。

(继续教育学院 提供)

附表：

2010年成人高等学历教育专业设置一览表

高中起点升本科					
序号	专 业 名 称	专业代码	学习形式	学 制	科 类
1	法学	030101	脱产，业余	4年，5年	文史类
2	美术学	050406	业余	5年	艺术（文）
3	计算机科学与技术	080605	脱产，业余	4年，5年	理工类
4	会计学	110203	脱产，业余	4年，5年	经济管理类
5	农林经济管理	110401	函授	5年	经济管理类
专科起点升本科					
1	国际经济与贸易	020102	业余	2.5年	经济管理类
2	法学	030101	业余	2.5年	法学类
3	英语	050201	业余	2.5年	文史、中医类
4	广告学	050303	业余	2.5年	艺术类
5	音乐表演	050403	业余	2.5年	艺术类
6	艺术设计	050408	业余	2.5年	艺术类
7	舞蹈编导	050410	业余	2.5年	艺术类
8	资源环境与城乡规划管理	070702	函授	2.5年	理工类
9	机械设计制造及其自动化	080301	函授	2.5年	理工类
10	计算机科学与技术	080605	函授，业余	2.5年	理工类

续上表

11	国土管理	070702	函授	3 年	经济管理类
12	土木工程	080703	业余	2.5 年	理工类
13	管理科学	110101	函授，业余	2.5 年	经济管理类
14	车辆工程	080306	函授	3 年	理工类
15	工商管理	110201	业余	2.5 年	经济管理类
16	会计学	110203	业余	2.5 年	经济管理类
17	财务管理	110204	业余	2.5 年	经济管理类
18	人力资源管理	110205	业余	2.5 年	经济管理类
19	旅游管理	110206	函授	2.5 年	经济管理类
20	行政管理	110301	业余	2.5 年	经济管理类
21	农林经济管理	110401	业余	2.5 年	经济管理类
高中起点升专科					
1	作物生产技术	510101	函授，业余	2.5 年	理工类
2	农学	510101	函授	2.5 年	农学类
3	畜牧兽医	510301	函授，业余	2.5 年	理工类
4	建筑工程技术	560301	业余	2.5 年	理工类
5	建筑工程项目管理	560507	业余	2.5 年	理工类
6	给排水工程技术	560603	业余	2.5 年	理工类
7	数控技术	580103	函授	2.5 年	理工类
8	模具设计与制造	580106	函授	2.5 年	理工类
9	机电一体化技术	580201	函授	2.5 年	理工类
10	电气自动化技术	580202	函授	2.5 年	理工类
11	汽车检测与维修技术	580402	函授	2.5 年	理工类
12	计算机应用技术	590101	业余	2.5 年	理工类
13	计算机网络技术	590102	函授，业余	2.5 年	理工类
14	会计	620203	函授，业余	2.5 年	文史类
15	会计电算化	620204	函授	2.5 年	文史类
16	经济管理	620301	业余	2.5 年	文史类
17	市场营销	620401	业余	2.5 年	文史类
18	电子商务	620405	函授	2.5 年	文史类

续上表

19	工商企业管理	620501	业余	2.5 年	文史类
20	商务管理	620503	业余	2.5 年	文史类
21	物流管理	620505	函授	2.5 年	文史类
22	旅游管理	640101	函授，业余	2.5 年	文史类
23	涉外旅游	640102	函授	3 年	文史类
24	酒店管理	640106	业余	2.5 年	文史类
25	行政管理	650203	业余	2.5 年	文史类
26	国土资源管理	650206	业余	2.5 年	文史类
27	商务英语	660108	业余	2.5 年	外语（文）
28	公关文秘	660112	函授	3 年	文史类
29	艺术设计	670101	业余	2.5 年	艺术（文）
30	音乐表演	670202	业余	2.5 年	艺术（文）
31	舞蹈表演	670203	业余	2.5 年	艺术（文）
32	传媒策划与管理	670313	业余	2.5 年	文史类
33	法律事务	690104	业余	2.5 年	文史类

留学生教育

【概况】 国际文化交流学院专门承担全校外国留学生的招生、汉语言非学历留学生的教学及管理，学历留学生的涉外管理以及汉语水平考试（HSK）考点和国务院侨办华文教育基地的建设与管理工作。

【招生工作】 本年度共招收各类留学生共207 人（不含援外班学员）。

【生源地区】 分别来自 31 个国家和地区，其中亚洲占 38.7%，欧洲占 48.4%，美洲占 6.5%，大洋洲占 3.2%，非洲占 3.2%。

【教学工作】 外国留学生分别在学校学习汉语言文学、法学、经济、艺术、土木建筑、旅游、热带农业、食品等专业，其中语言生 182 人，学历本科生 24 名，研究生 1 名。与 2009 年相比，2010 年新增语言生 36 人，增长 24.6%，新增本科生 2 名，增长 9.1%。首次招收台湾宜兰大学的研究生，层次明显提升。

学校共接收 6 批境外交换学生共 17 人。

【对外交流与培训】 举办“第十一届中国海南大学•美国夏威夷大学汉语暑期班”，圆满完成由商务部主办、学校承办的“发展中国家热带农业与旅游研修班”、“发展中国家岛屿气候变化与旅游发展研修班”、“乌干达农产品加工技术培训班”等 3 期援外培训项目，共有 82 名来自亚洲、非洲、南太平洋的 33 个国家和地区的官员和技术人员参加了培训。

（国际文化交流学院　提供）

教 学 成 果

2010年获省、校精品课程情况一览表

序号	所 在 学 院	课 程 名 称	课程组负责人	职称	级别
1	信息科学技术学院	通信原理	周又玲	教授	省级
2	政治与公共管理学院	思想道德修养与法律基础	冯 颖	教授	省级
3	环境与植物保护学院	热带植物病理学	郑服丛	教授	省级
4	旅游学院	旅游策划	陈扬乐	教授	省级
5	材料与化工学院	精细化学品与工艺学	陈祎平	教授	省级
6	土木建筑工程学院	结构力学	陈奕柏	教授	省级
7	园艺园林学院	观赏花卉学	宋希强	教授	省级
8	海洋学院	水产生物遗传育种学	尹绍武	教授	校级
9	人文传播学院	大学语文	仲冬梅	教授	校级
10	经济与管理学院	成本会计	董建华	教授	校级
11	法学院	刑法学	童伟华	教授	校级
12	信息科学技术学院	Java程序设计	杨厚群	教授	校级
13	经济与管理学院	货币金融学	徐 艳	教授	校级
14	旅游学院	旅游资源学	田 良	副教授	校级
15	旅游学院	旅游经济学	范士陈	副教授	校级
16	信息科学技术学院	高等数学	李文雅	副教授	校级
17	机电学院	机械制图	廖宇兰	副教授	校级
18	经济与管理学院	市场营销学	曾 峰	副教授	校级
19	机电工程学院	电工电子技术	李有军	副教授	校级
20	环境与植物保护学院	植物化学保护	杨 叶	副教授	校级
21	应用科技学院	观赏植物栽培学	周其良	副教授	校级
22	政治与公共管理学院	当代社会思潮	李辽宁	副教授	校级

海南大学2010年度教育教学研究课题项目一览表

项目编号	项　目　名　称	项目负责　人	所 在 单 位	项目类别	完成时间	成果形式
hdjy1001	以交流应用为中心的专业英语教学法研究	刘进平	农学院	重点	2012.10	论文
hdjy1002	网络环境下设计类课程协作学习模式的研究	陈文庆	园艺园林学院	重点	2012.12	论文
hdjy1003	海洋生物实验教学创新性改革与实践	陈雪芬	海洋学院	重点	2011.12	论文或教材
hdjy1004	工科大学生毕业实习、毕业设计与就业一体化指导模式的研究与实践	陈振斌	机电工程学院	重点	2012.10	论文
hdjy1005	基于数学建模模式下数学教改的探索与实践	王浩华	信息科学技术学院	重点	2013.1	论文
hdjy1006	诊所法律教育与应用型法学人才培养模式创新的理论与实践	伍　奕	法学院	重点	2011.12	论文及调研报告
hdjy1007	大学生文化素质教育课程《美学入门》网络教学研究	章汝先	政治与公共管理学院（社科部）	重点	2011.6	网络教学平台及论文
hdjy1008	国际水准旅游人才培养模式创新研究	范士陈	旅游学院	重点	2012.12	论文
hdjy1009	应用型本科专业模块化课程体系的创新研究--以网络工程专业为例	彭金莲	应用科技学院(城西)	重点	2012.12	论文
hdjy1010	应用型本科实践教学体系构建的研究	赖桂春	应用科技学院(儋州)	重点	2011.12	论文
hdjy1011	利用“教学质量与教学改革工程”成果提高我校教学质量的方法和途径研究	杨吉琼	教务处	重点	2012.12	论文
hdjy1012	面向旅游农业农科类人才培养模式研究	杨志斌	农学院	一般	2013.1	论文
hdjy1013	基于“植物学课程群国家级教学团队”平台优势，探索园艺本科生创新能力的培养	吴友根	园艺园林学院	一般	2012.12	论文
hdjy1014	农产品质量与安全专业学生创新能力培养体系的研究与实践※	骆焱平	环境与植物保护学院	一般	2012.6	论文
hdjy1015	“校企结合”创新创业人才培养模式研究	崔昌华	环境与植物保护学院	一般	2011.12	论文

续上表

hdjy1016	海南大学高分子材料与工程特色专业建设	廖双泉	材料与化工学院	一般	2011.12	论文
hdjy1017	基于英国前沿建筑教育理念的建筑教育改革实践（中西建筑教育模式对比和探索）	张华立	土木建筑学院	一般	2011.12	论文
hdjy1018	旅游法学	刘云亮	法学院	一般	2011.8	教材
hdjy1019	法学教育与法律方法——需求导向的法律方法教育模式研究	张静焕	法学院	一般	2011.12	专著
hdjy1020	发展性教师教学质量评价体系构建研究	陈思莲	政治与公共管理学院（社科部）	一般	2013.1	论文
hdjy1021	短信：高校思想政治教育的新载体	陈丽琴	政治与公共管理学院（社科部）	一般	2011.12	论文
hdjy1022	基于产学研合作的创新创业人才培养机制研究	李伟铭	经济与管理学院	一般	2012..6	论文
hdjy1023	旅游资源学课程可视化教学内容、形式与教法研究	田　良	旅游学院	一般	2011.12	论文及教学课件
hdjy1024	非艺术院校戏剧影视类专业建设及发展模式研究	张　军	人文传播学院	一般	2012.7	论文
hdjy1025	海南高校大学英语课堂教学中的目的语文化知识输入模式研究	卢尚玉	外国语	一般	2011..9	论文
hdjy1026	自上而下阅读模式在《日语阅读》课中的导入	金　山	外国语	一般	2011.12	论文
hdjy1027	适应国际旅游岛建设的艺术设计人才培养探究	唐丽春	艺术学院	一般	2012.12	论文
hdjy1028	地方高校本科口译教学现状与对策研究	洪小丽	应用科技学院(城西)	一般	2012.4	论文
hdjy1029	应用型本科学生职业生涯规划教育研究	樊　春	应用科技学院(儋州)	一般	2012.4	论文
hdjy1030	海南省高等学校文化素质通识教育核心课程建设研究	胡先文	教务处	一般	2012.12	论文
hdjy1031	多渠道促进学生就业、提高学生就业率研究	周孝怀	就业指导中心	一般	2012..9	论文

2010年获省级、校极教学成果奖一览表

序号	获奖年度	成 果 名 称	获奖人(主要完成人)	等级		主要完成单位
				校级	省级	
1	2009	多方位构建大学生课外科技文化活动新平台	韦 勇 程立生 华世佳 符成彦 欧阳克毅	一等	一等	海南大学
2	2009	热带农业高等教育特色教材建设的探索与实践	周兆德 陈琼花 赖桂春 黄文强 程立生	一等	一等	海南大学
3	2009	地方综合性高校创新实验教学体系的研究与实践	程立生 张莉娜 虞海珍 于文霞 潘学松 郭桂英	一等	一等	教务处
4	2009	数学建模方法与高等数学课程融合的探索与实践	李志林 欧宜贵 王冬梅 程立生 陈明锐	一等	一等	信息科学技术学院
5	2009	地方综合性高校法学本科专业三元互动人才培养模式的探索与实践	王崇敏 谭 兵 王 琦 叶英萍 邓和军	一等	一等	法学院
6	2009	昆虫学课程群的建设与改革	程立生 蔡笃程 周 祥 叶卫东 黄光斗	一等	二等	环境与植物保护学院
7	2009	基于特殊体制下的产学研农科研究生培养模式的发展与应用	周兆德 张银东 朱国鹏 陈琼花	一等	二等	海南大学
8	2009	植物学精品课程体系的建设	罗丽娟 杨好伟 黄 瑾 陈惠萍 罗丽华	一等	二等	园艺园林学院
9	2009	国家精品课程《城市生态学》改革与建设	杨小波 吴庆书 杨定海 杨好伟 李东海	一等		园艺园林学院
10	2009	水产养殖专业应用型人才培养方案与模式的创新与实践	尹绍武 陈雪芬 陈国华 周永灿 赖秋明	一等		海洋学院
11	2009	精细化工课程群的整合、教学改革与实践	陈祎平 张 岐 李嘉诚 张德拉 袁文兵	一等		材料与化工学院
12	2009	诊所法律教育课程—法科大学生实践能力培养的成功尝试	叶英萍 董万程 张 卫 黄丽环	一等		法学院

续上表

13	2009	探讨学生社团开展课外科技活动机制，培养学生创新能力	林　电　邱志春 符常明	二等		农学院
14	2009	富有热带特色的植物学实验教学体系的建立与完善	陈惠萍　黄　瑾 尤丽莉　罗丽娟 单家林	二等		园艺园林学院
15	2009	药学专业“大药化”实验教学改革	王世范　陈雪芬 罗素兰　李　军 刘海青	二等		海洋学院
16	2009	双语教学课程教学建设	杜文才　王　琳 傅国华	二等		信息科学技术学院
17	2009	嵌入式网络单片机应用系统一学生实验数据的远程监控	杜育宽　陈褒丹 何　铮　邢海霞	二等		信息科学技术学院
18	2009	培养我省大学生试验设计及数据分析能力教学模式研究	韩汉鹏　唐燕琼 薛文珑　王　英 林海婵	二等		信息科学技术学院
19	2009	本科毕业论文“系列化”、“一体化”设计·写作·指导模式的探索与跟踪	谭　兵　叶英萍 段书臣　王崇敏 李建波	二等		法学院
20	2009	微观经济学	李仁君　余升国 段　愿	二等		经济学院
21	2009	本科院校高职教教学改革与实践	潘贤丽　康由发 邱锡光　肖　姝 李碧英	二等		应用科技学院
22	2009	多媒体及网络环境下的大学英语教学模式研究	陈鸣芬　覃成海 赖桂春　肖艳玲 史康	二等		公共外语部
23	2009	以“热”、“海”、“特”为主线 强化专业建设的研究与实践	周兆德　程立生 郭桂英　欧阳克毅 王愉人	二等		教务处
24	2009	大学生学籍预警制度的研究与实践	胡先文　程立生 赖桂春　杨志斌 黄文强	二等		教务处

2010年获国家、省级教学团队名单

序号	团队名称	所在学院	带头人姓名	职称	等级
1	民法学教学团队	法学院	王崇敏	教授	国家级

续上表

2	财务管理教学团队	经济与管理学院	胡国柳	教　授	省　级
3	理论经济学教学团队	经济与管理学院	李仁君	教　授	省　级

（教务处　提供）

海南省第十七届多媒体教育软件评比获奖名单

（课件类）

序号	等　级	题　　名	学　科	作　　者
1	一等奖	汽车构造——离合器	工程学科	李劲松　金志扬 刘燕霞　肖明伟
2	一等奖	计算机专业网络实践教学平台	信息技术	李怀成　胡怀谨 杨　雄　李文化
3	一等奖	Rbinsin　Cursoe	英语	王中香　肖立志　石　杰 周杰山　包文奇
4	二等奖	管辖	法学	王　琦
5	三等奖	社会心理学	心理学	严　峰　张　丹
6	三等奖	计算机硬件组成	信息技术	颜　磊

海南省第七届高校实验室工作论文获奖名单

序号	等　级	题　　名	作　者	所 在 学 院
1	一等奖	省级实验教学示范中心建设的几点体会	杜治光	土木建筑工程学院
2	优秀奖	改革实验教学，培养水产养殖专业应用型人才	黎春红	海洋学院
3	优秀奖	土力学地基基础实验课教学改革探讨	符晓乔	土木建筑工程学院

2010 年海南省高校思想政治理论课青年教师教学基本功比赛获奖名单

（本科组）

序号	等　级	姓　名	所 在 学 院
1	二等奖	丁艳平	社会科学部
2	优秀奖	涂刚鹏	社会科学部
3	优秀奖	陶欢英	社会科学部

2010届毕业生名单

研究生毕业生名单

博士研究生

作物栽培学与耕作学

张荣萍　周　珺　李福燕　耿建梅

作物遗传育种

冯翠莲　黄天带

植物学

闵　义　李瑞梅

植物分子遗传学

段瑞军　李辉亮　温　玮　王静毅

种质资源学

黄春琼

农业生物技术

袁干军

硕士研究生

（含在职获硕士学位名单）

材料与化工学院

应用化学

吕作凤　王　军　朱清梅　刘　娜　徐田军
齐江宁　秦志平　杜兵兵　陈　磊

应用工艺

刘慧宏

生物化学

杜晶晶　安婷婷　黄　卓　刘洋洋

化学工艺

刘慧宏

材料学

陈媛媛　王　军　周　娟　刘　欣　丁爱武
吴耀辉　胡　树　廖禄生　霍　凯　韩海臻
伊智峰　邱权芳　朱泓锁

材料物理与化学

赵小亮　李　婷　朱　容

土木建筑工程学院

岩土工程

夏小兵　刘亚洋　刘洪林

食品学院

农产品加工及贮藏工程

韩　林　姜　欣　万　婧　胡力飞　刘　杰
辛　波　黄翊鹏　方志飞　孙　琴　冯春芳
徐　飞　徐绍成　祖　鹤　潘　颉　赵　岩
刘新华　蔡　坤　王　珏　胡月英　高艳梅

食品科学

王化山　郑晓燕　夏　兵　陈小娜　王春燕

机电工程学院

农业机械化工程

陈　薇　付雪高　梁　栋

信息科学技术学院

应用数学

苏 藏 邓艳芳 王 烨 向炎春 耿 涛 林海婵

通信与信息系统

宫海梅 刘瑞雄 向凯尧 郑 帅 易巧玲 李宏梅 郭 祯 冯 曦 蒋良军

信号与信息处理

王海荣 沙 莎 陈维波

计算机应用技术

蔡 霖 赵 永 周 融 罗林波

农学院

草业科学

范小勇 李庆洋 丁 力 曾秀华 黄艳霞 单国燕 刘旃麟 董荣书 字学娟 赵琼玲 周少云

发育生物学

李文静 卢世香 李 江 邓载安

林木遗传育种

王小青 祝建顺 张越阳 张燕燕

农业生物技术

吴 瑞 陈加利 陈传文 梁 磊 陈雪婷 张科立 李锡敏 刘振旺 刘 磊 赵家桔 畅文军

森林培育

林木龙 李宝琦 曹 磊 王恩群

生物化学与分子生物学

罗 欣 郑 雯 张 毅 麻琼丽 薄维平 刘昌燕 王甲水 文明富 尹慧祥 杨 坤 林 峰 吴金燕 王 园 兰芳银 黄通谋 王 纪 胡 兵 刘术金 程文杰 崔艳艳 占宝林 祁君凤 高秋芳 张盛敏 王保社 王 胜

土壤学

陈贻钊 王 博 于 费 董兆佳 程宁宁 潘中耀

野生动植物保护与利用

王 轶 成 鹰 刘 涛

植物分子遗传学

马佛明 童和林 朱登峰 李和平 郑善清 鲁慧中 王 静

植物营养学

何明高 黄 涛 武 冲 黄 艳 王 羽 周玉杰 王晶晶

种质资源学

杨志才 黄明忠 马滋蔓 梁正芬 甘学德 任军方 齐 兰 冯 蔚 陈宝玲

作物遗传育种

郭庆水 李传代 马宏伟 于 伟 李小靖 邹丽梅 李敬娜 辛曙丽 汤银辉 邱海燕 宋 顺 袁建民 邓成菊 马 帅 姚 远 许志宇 但 忠 谭 昕 李 凯 周 鑫 徐智娟 刘 琳 甘 露 刘晓娜 潘雪莹 何 静 尹一伊 李传东 张 浩 黄关青 王绍华 钟淦彬 王 震 饶宝蓉 龙青姨 郑永清 闫庆祥 李宏杨

作物栽培学与耕作学

祝 飞 刘 鹏 李春子 李 静 严 炜 杨昭君 马旭东 龙 威 李一萍 吴露露 杨 珺 王 存 曾 迪 丁 璇 何 哲

韦娉婷　张绪元　左应梅

园艺园林学院

植物学

杨立荣　张彩凤　孙思胜　周　霞　古　艳
李亚男　李　明　杨德兰　倪燕妹　陈贵娜
邓必玉　李晓霞　马瑞丰　张全琪　吴金山
龚晶晶　李海燕

果树学

王　蕊　张金云　陶　亮　黄丽芳　安佳佳
陈晓雪　史俊燕　徐　缓

园林植物与观赏园艺

何建顺　石　晶　梁群英　易籽林　李　凤
孙君梅　水庆艳　云　蕾　李瑛捷　黎　伟
邓永锋　陈　燕

环境与植物保护学院

分子植物病理学

王　赟　黄伟明　罗婵娟　陶挺燕　吴育鹏
李继锋　刘　艳　秦涵淳

环境工程

文少白　季玉祥　周荣清

农药学

尚　静　张世瑞　戴进用　赵之亭　周楷博
庄礼珂　苏振国

农业昆虫与害虫防治

朱文静　张　妮　李志明　尹　炯　李国寅
黄　振　李　磊　黄　华　陈　静　陈丽云
金化亮　魏　娟

森林保护学

杨松灵　刘慧娟　辛　星　韦曼丽

生态学

张桂花　钟　庸　易晓洁　李晓波　陈　歆
李　叶　廖　丹　彭　懿

微生物学

王　成　孙慧洁　吴海平　隋金蕾　王小明
吴　琳　黄玖利　罗长辉　朱　梦　肖　川
李载渊　陈　博　彭　可　黄　珍

植物病理学

林　妃　姜　慎　高秀兵　杨顺锦　吕延超
陶明福　杨　芩　杨意伯　高　剑

海洋学院

水产养殖

宣雄智　刘　娜　黄宗文　都晶洁　王　吉
陈　诏　金　敏　陈圣丰　袁天昆　王小刚
殷安齐　符　浩　林　彬　齐　鑫　董　杨
唐天乐

海洋生物学

杨　凯　李金亮　王林桂　杨　光

经济与管理学院

世界经济

刘　玥　张文娟　李曾逵　梁　悦　金　丹
李　兰　李东方　吴洪玮　张先琪

金融学

方　炳　朱邵莉　朱维平　古月琴　王　姗

企业管理

周海娟　邹佳佳　李凌涛　石莹莹　李惠民
陈　坤　李佳宾　陶兢强　李　梅

政治经济学

吴　欢　陈首哲

农业经济管理

常博然 傅智鹏 胡文君

工商管理硕士

曾 兵 郭大刚 倪 力 刘 磊 宋南剑
李 著 谢壮志 韩素妹 王宓娜 符 文
冷 毅 张 厉 李瑞军 颜 磊 张丽影
刘 阳 王 承 陈 娇 李华丽 江 澜
孙立国 冯娴姬 王 清 刘昌军 许凌志
潘 斌 王 良 刘 雁 吴运尧 吴尚科
冉 哲 邵 尉 伍 丹 刘立武 马建东
张 良 雷石标 尤艳彬 王晨光 杜 娟
徐 黔 王 凯 韩 彬 罗保坤 张 亮
何 强 林 鹤 林 菁 陆芳娟 阮晓东
王 剑 魏国清 肖 丹 张 华 张会文
周丽平

法学院

法律史

罗 涛 关丹丹 彭传林

法学理论

杨 荣 朱 琳 温 波

国际法学

叶鑫欣 颜 芳 张小玲

经济法学

刘泽赫 王娜玉 盛宪鹏 郑海霞 刘剑波
吴 鹏

民商法学

张孝光 蔡燕飞 蒋珊珊 张永荣 谢海燕
杨新风

诉讼法学

余 浪 刘 怡 王美玉 石飞鹏 朱罗成
刘成良 陈俊明 崔声波 荣 燕 梅利娜
李文健 孙 娇 马维秋 杨瑞朝 陆建华
周 敏

刑法学

吴元一 封 雯 刘宝华 丁兆君

法律硕士

邹长桥 谭军峰 李秀峰 胡 娜 李华伟
刘 赟 李伟文 薛胜利 杨 文 何重华
吴 芳 何迪迪 陈体芝 邓婷婷 李允锋
吴 波 皮小慢 张 磊 李 美 邱一明
王芹丛 吴晓东 刘春林 禹 颖 杨梅英
王新华 秦晓阳 韩伟刚 丰宏亮 李燕青
沈 伟 王喜军 邱浩贤 胡 波 鄢月武
赵 越 杨江萍 陈生银 李泉辉 蔡清明
董 方 戴 坦 段晓云 雷发生 侯孝发
卜海涛 周 盼 李 刚 余 喆 陈 震

政治与公共管理学院

政治学理论

何志慧 唐 伟 张瑞芬 张忠雷

中共党史

郝伟锋 陈立超

马克思主义基本原理

董良杰

马克思主义中国化研究

朱双双 张冬苹 孙佳妮

思想政治教育

孙 超 刘保根 张 璐 李 琰 黄红梅
范 琼 彭青霞 刘志华 秦琬媛 程 飞
陈建辉

社会科学研究中心

中国哲学

李　凯　王启渊　袁　曦　夏　冰

外国哲学

唐　敏　牟　琦

旅游学院

旅游管理

康宏成　耿铭泽　申　涛　苏　鹏　张　燕

外国语言学及应用语言学

金银星　王　博　朱　瀚

人文传播学院

文艺学

张　琦　刘宝强　王小红　杨琴冬子　戴　哲
丁　洁　胡国峰　刘　扬　彭丽娜　王　哲

比较文学与世界文学

马　格　王　玲

外国语学院

英语语言文学

魏　巍　刘　敏　翟亚敏　谭云英　王　勇
马　丽

艺术学院

美术学

何素丹　张　睿　梁　子　侯静宏

本科毕业生名单

材料与化工学院

材料科学与工程

白玉龙　陈君冲　陈颖满　初江华　丁梧晟
段　奇　冯德智　冯庆涛　耿焕然　公　龙
郭庆云　黄　玉　李　鹏　李　岐　李　祥
李信余　李　雄　刘　鹏　刘玉才　吕鑫禹
马　英　莫海惠　牧　虹　潘能乾　秦　波
石小丽　田梦军　王　欢　王小玲　夏细胜
夏忠智　徐　健　许　辉　曾一达　宁　可
翟羽佳　张　超　章锞涛　赵永红　郑素枚
钟　华　周华明　周　琼　周　宇　邹　卫
陈　源　程荣龙　董　斌　窦　鹏　范佳如
符乃方　胡冠慧　黎冬容　李丹红　李金彪
李立芬　李世欣　李　欣　李　懿　梁文瑞
刘　昌　刘　明　刘婷婷　马　博　马俊超
马玲玲　莫泽晓　屈　娟　王爱明　王　超
王　程　王　曼　王晓锋　文　露　吴树园
吴　圆　吴祖芳　谢贵志　谢庆余　许　威
晏　龙　杨建鹏　杨小芳　游继威　曾令全
战光辉　张　烨　郑作宁　袁　扬　陈英群
陈　洋　胡文军　王天宇　郑庆交　马校风
宁鸿远　符贵江　王　炜　余应虹　陈修培
倪愈华

高分子材料与工程

姚　明　罗文祥　唐　铭　余学刚　刘宁发
周换萍　阮林熙　闫　宁　何毅刚　齐　稳
郭倩敏　黄国刚　寇含飞　周德发　罗明超
汪　辉　潘志明　于海谛　刘传高　袁吉龙
李燃燃　林添益　王树坤　王徐龙　董慧敏
刘红坡　刘　扬　王振宇　田晓青　崔　博
魏建波　关建源　焦新艳　卓书平　文德恩
谢林丹　郑　勇　廖　凡　侯勤凤　洪　森
郑强盛　陶春荣　李　晶　李小虎　李　洪
余苗苗　刘　鑫　张　哲　朱小芬　蒋　伟
李加广　刘小湖　邓青峰　邱于献　何达敏
马志武　楼攀胜　王振梼　任东喜　陈　涛
张俊杰　李　娟　郑绍君　张宏权　谢伟才
王艳妮　韦世宁　王爱丽　羊兴勇　关书政
罗发炫　周　敏　李金风

化学工程与工艺

关　超　唐明贤　白冬莹　曹　咪　陈敏亮
陈　微　陈宜林　陈英妹　陈玉环　邓运泽
董莉莎　龚　轩　胡会民　王玉芬　蒋津威
金丽萍　康　雪　李德平　李　辉　李　勇
李　喆　刘春英　刘红艳　刘胜龙　刘文桂
刘小琪　牛　迪　彭福林　秦延林　宋　健
孙　磊　王　博　王　海　王瑛琪　魏　峰
郗　珍　闫　虎　颜慧琼　袁宇峰　曾扬文
张　虎　张建福　张婷婷　张晓文　赵婷婷
郑义林　周政聪　朱　迎　祝振杰　安宇鹏
包竹聪　蔡　威　曹本男　陈少莉　陈裕博
何　鸣　何珍霖　胡文涛　黄凯贤　蒋　玲
康文婷　邝春容　李　彪　李伏坤　李冠君
李　军　林　周　刘　辉　刘仙平　孟　源
米　雪　聂　辉　宋英泽　宋悦怡　宋　喆
田　政　王昌显　王黎明　王丽华　王　文
王星朗　王　寅　吴　迪　武洪泽　熊宏海
余高波　张安菊　张　雷　赵雪花　郑吉智
符文松　李爱心　罗琳林

生物工程

李水根　黄秋丁　庞志兵　石　雷　冯红兵
杨　勋　赵仁学　陈德力　程晓波　崔　莹
段中菲　高灵巧　黄高波　纪子珍　江　洵
金春阳　雷清泉　李博杰　李　惠　李　硕
李　兴　李玉文　林师喜　刘　刚　刘　俊
刘　扬　马思宁　邱　建　屈晓洁　盛运亮
宋　明　宋印平　苏　斌　孙　健　万　里
吴　松　吴征征　熊荣清　徐鹏程　严　珊
杨　清　袁维道　袁怡君　张春娥　张　聪
张　玲　张　旭　周　武　左莎莎　卜要伟
陈　德　陈　龙　迟婷婷　代海峰　韩　力
韩龙龙　郝宗娣　何海娜　何　俊　孔　燕
雷浩宇　刘光泽　刘　奇　莫月琼　牟鸣薇
裴广胜　宋　丽　孙桂祁　田燕华　汪桂林
王文磊　魏　巍　吴术魁　吴　悠　徐　飞
许晓楠　杨亚涛　于淑楠　曾亚后　翟利萍
张　迪　张　花　张洁娜　张　倩　赵迎梅
李　燕　师立嘉　王海翀　罗晓楠　舒伟智
王怀虎　陈斌斌　李志文　王　阳　欧阳全林

应用化学

安　爱　崔永乐　符芳锐　顾光磊　郭佩佩
郭　鑫　何忠耿　侯光辉　黄荣绵　姜　侃
姜文超　李朝洪　李　华　李一平　林亚恋
刘林刚　刘子新　孟锦熙　裴　龙　冉丽娟
王毕健　王　亮　王雨亭　魏爱平　吴绍云
夏艳萍　徐小超　杨安雪　姚飞飞　姚丽平
叶春林　叶　鹏　曾　娟　张江涛　张　洋
章志学　赵盈江　周淑平　邹　涛　周　亮
蔡明慧　陈　思　陈希雯　陈月云　崔德玉
崔裕栋　邓　君　高　嵩　郭树峰　郭伟立
海　娟　韩巧淋　何　琴　和晋伟　贺江楠
黄兹腾　李　理　林叶挺　刘辉琪　刘司聪
刘小丹　刘　洋　南皓雄　沈　浩　石立娜
宋　垚　谈云龙　邬　琼　肖　雪　闫　浩
张敬迎　张鹏飞　赵　勇　郑如刚　左　敏
付立远　吴有丽　雷雪琴　吴东懋　黄文源
薄振峰　侯普乐　吴　刚　唐　权　苏　萍
向志敏　张周洋　周海峰　黄仙红　魏建波
曾春富　刘晓娟　杜　晶　邓志星　周　芬
孙梦华　袁声海　周晓艳　项双龙　谢延寿
张利伟　蔡剑铭　吴玉春　储文龙　范佳林
余蒙玲　尚国松　李雅慧　王瑞娟　刘源清
李　飞　程新峰　崔杰杰　宋　磊　李　恒
李　鑫　朱天平　张日洪　林　涛　罗文杰
朱小柱　黄莉莉　陈　文　王群颜　林　燕
文国元　吴贤帅　林　萍　谢礼新　景修宽
刘继宗

土木建筑工程学院

土木工程

符秋静　阎宏景　邵　林　张银鹤　杨茂林
王亿宝　曹洪皓　常　涛　陈吉全　陈　君
陈　俊　陈新超　陈永明　崔　勋　邓　勇

杜京兆 付成刚 宫平伟 郭 琪 何鑫海
侯立冬 黄 波 黄 刚 黄 著 蒋 辉
金 奎 廖信丽 林 勇 林 震 刘东洋
刘 凤 刘玉帅 罗龙云 马瑞霞 潘 兴
亓志鹏 祁永春 施立新 孙思朋 王 埔
王秋成 王小乐 王运优 王振华 魏 爽
文青蓝 武 帅 谢 杰 谢英波 杨晶晶
杨先荣 姚传气 叶桂成 袁晨恒 张广年
张生宏 赵庆峰 郑 波 周仁龙 蔡云亮
陈明程 陈 兵 丁建峰 丁 松 樊后猛
符常琪 符启海 郭小云 何年军 何文杰
姜 鹏 金若曦 李 东 李鹏宇 李 铁
李 炜 廖正军 林森英 林石金 刘飞乐
刘路平 刘应奇 刘志健 卢 松 郑宇秤
潘瑞武 曲 坤 王志杰 夏 强 谢海林
辛 建 邢 斌 熊 刚 杨 超 袁 莉
袁小龙 曾德智 张建昂 张茂强 张 鹏
张忠亮 赵 刚 赵骏文 赵丽娜 郑 菲
钟 灵 朱少丽 钟 维 曾赟盛 王 耿
徐 秀 梁鹏飞 彭山财 普凌翔 张兆方
周 斌 黄 颖 黄 伟 梁明培 周 勇
杨路平 锁必海

食品学院

食品科学与工程

李豫鹏 徐宏福 何 娇 王 婷 刘 磊
李文辉 孙 璐 闫 婷 徐斗勇 高 锋
刘丽华 柳 东 李 桦 肖港会 孟 颖
张继伟 田永奇 张雅琴 彭金峰 吴 琼
周 颖 吴方伟 李山丹 张 博 杨 盼
刘亚男 李晓敏 张 哲 浦洪涛 刘丹丹
曲 晶 李雁鹏 姜 然 袁蓓蕾 吴凤华
王 翠 陈 烨 祝春波 张建桢 王 阳
曹双双 张雪娇 童 清 胡俊杰 付 斌
张 玲 贺 勇 王 春 何梓妍 林志锋
汤 斌 唐东杰 吕晓雷 李 川 李 微
刘 哲 欧婷婷 陈尹伊 张砾珂 田 清
张丽娜 姚祖顺 周小莞 潘 微 潘明青

黄兆冰 程海桃 林柳君 王秋燕 李向飞
高 森 谢福彬 吴明刚 周 正 曾 辉
宋 鑫 梁 威 黄春梅 薛银玲 曾小莉
杨丽平 袁 芬 唐全仕 白浩钰 潘启鹏
李 伟 陈 冰 戴 萍 熊 亮 高绵飞
吴祥邦 丁 凌 刘钰雅 郑 烨 包文浩
邱林涛 张智刚 彤 祺 李彬彬 袁志能
钱 健 杨月岭 王晓蕾 吴焕生 陈 晨
陈金珍 黄良好 陈云青 李 婧 雷帮华
宁 毅 郭婷婷 杨 灿 黄小飞 李 蕾
罗 勇 安 妮 颜 浩 徐行军 刘先策
盛灵芝 翁建强 曾繁军 郭晓剑 章 飞
林成国 邢生智 李 寅 王雨菱 刘雄飞
时圣爱 盛 犁 姚兴源 黄 蓉 罗思胜
胡 贞 汪其运 景 涛 徐 锋 王立介
刘承泉 李海朝 欧阳志勇

食品质量与安全

瑶 远 陈筱松 申 圳 刘 耘 蒋 艳
莫雪菊 郑佳佳 汪清弘 刘 康 刘 洋
齐国艳 白红伟 张雪梅 杨 敏 米 兰
胡 毅 黄 欢 李芳芳 谌盛敏 肖 潇
夏光华 于 婧 宁年英 胡佳荣 陈义伟
刘佳彬 任振鹏 张仕强 王 蜜 陶 吉
赵 强 金春发 刘 颖 高 翔 蓝曼馥
王鹏燕 颜惠芬 王 莉 王慧用 曹贵兰
谭韩英 杨红秀 王 磊 王香花 贺 昊
张望月 廖倩琳 颜怀丽 田 龙 刘 洁
龚锡雷 侯晶晶 潘 超 罗 娇 熊 晶
周艳艳 卢声慧 兰海滨 林珂珂 张 力
万 杰 徐 威 常 刚 许芳连 李 声
戴春方 甘贤亮 高美营 魏茂琼 张少聪
张浩琪 谢 伟 何丽婷 黄亚易

机电工程学院

车辆工程

王 杰 张 渤 邓长飞 黄庆波 张化策
刘富天 邓成攀 王国军 彭才望 张 栋

王 斌 苏福军 张晓凯 钟 智 高鹏堂
罗 杰 李善梅 刚 伟 赵 航 黄 华
王 毅 郭伟伟 耿宝宝 宋嘉洋 朱 磊
王晓钧 张强华 赵海利 焦雅丽 吴本喜
叶 龙 楼敏杰 涂小燕 边 江 孟祥龙
刘 芳 马军科 南少奇 王天辰 衡晓程
邓光宇 段永超 徐卜云 杨 浩 杨红林
谭伟文 吴嘉荣 李佳骏 杨彦明 代晓江
王世军 曾祥豪 王铭峰

电气工程及其自动化

王时龙 黄宗明 倪选彬 范增福 程晓其
李春沅 魏 旋 王 彦 陈 莉 郑夕飞
郭志武 王立明 肖守平 陈 富 吕世宁
曾兴敏 谭慧明 但志敏 孙 鸿 沈 波
杨 瑞 朱信生 刘 旭 易必金 胡晓东
徐 瑛 张 建 郝伟超 李卓璇 张佳磊
陈 剑 贾景怡 束金成 尹怀德 刘玉锋
王 刚 罗 书 安生建 唐源海 陆柏壮
潘宜鹏 张 风 陈南桥 聂昫交 廖彬成
朱 敏 肖利平 张英豪 兰京成 王 涛
张志平 陈 萌 邓海伟 陈国兴 梁 玉
袁运霖 孟祥振 张建林 丘琼琪 钟林斌
虞铮彦 杨济文 李 强 王彦良 纪彬彬
任 林 赵侠涛 陈 华 凌忠辉 甘振威
陈善晓 郑诗坤 许纪波

机械电子工程

周登力 肖 杰 于 杰 张西保 唐大芳
汤登超 卢小平 李 鹏 宋森林 张学旭
刘 展 乔国情 辛建辉 林锦添 陈孙华
吴 昊 朱珈萱 李 强 黄开文 梁 辉
黄浩梁 梁伟强 赵 宇 张朋航 罗国基
王李康 焦青山 董永森 杨 奎 李 应
廖从建 张京辉 周贵勇 张方刚 王 帅
杨 康 余宇红 郭清平 朱启茂 陈 淦
魏 赞 王秋阳 孙 良 陈菊花 张 松
黄伟业 李凤新 赵明明 朱国亮 王焕文
田 东

交通运输

徐堂周 刘 建 黄廷霏 陈年华 邓承文
张朋朋 孙 瑞 罗 淋 秦安应 李国华
谢康丽 廖飞翔 郝俊明 张 锐 邓小全
苏 坤 关同恩 王 磊 夏 凯 王秋平
李勇波 孙 利 张祥钰 卢 清 王 龙
刘泓俊 柴 凯 冯俊峰 苏子阳 雷斌辉
张德涛 蒋万佛 刘李源 胡国清 余 素
南元森 申小强 于 豪 靳宁宁 别 海
王晓明 高绪马 杨 平 马红坤 胡山花
林向阳 李 杰 周裕峰 马海啸 张松飞
王辉泳 吴开林 王世平 王忠良 谭启萍
陈 赟 马寅桂

机械设计制造及其自动化

吴礼雄 赖鸿基 白运晓 张 权 古元彬
沈 金 黄德江 韦恩强 林 芝 赵维建
司建军 张 峰 罗 淼 马 静 张忠平
陈 创 蔡 旭 赵文鹏 吴友华 吴 成
朱 宇 傅 毅 曾新春 罗锦源 吴 达
周银锋 赵 辉 刘聚鑫 孙 敢 张 琦
冯中柯 仇倩倩 王汉民 马建飞 季顺东
佘俊鸿 张塞旗 陈焕友 陈生方 彭启万
覃保杰 张安振 周 正 胡 辉 熊 设
裴 玺 申小雷 姜 楠 刘海龙 吴 文
刘 晶 杨立明 王 平 杨 刚 林文全
杨 浩 胡 瑶 张立军 徐金虎 贾松华
白晓莉 张辉锋 胡 竟 胡祝红 梅振威
李 伟 杨家华 惠晓荣 刘维博 韩明亮
黄宏飞

信息科学技术学院

电子信息工程

旷 波 尚 婷 王 盟 梁德治 杨秀昆
尹 鑫 王若梅 康 姗 代伟亮 张明英
王蓓蓓 刘明军 赵青山 谢从丽 张本奎

刘立豪 邹文杰 卢新宁 马圣昊 万袁
朱艳 陈俭 郭龙盛 王晶璐 纪薇芳
郝金丽 崔复乾 刘慈冲 罗奎 吴建
王飞 陈荣军 毛剑 陈向旭 杨林
崔宁 张志刚 朱奕璐 蔡蛟洋 贾少博
丁鹤洋 石庆华 王欢 郑昕 隋秀月
汪伟 宋伟 王凯 徐飞 张赓
张磊 王莉君 李俊 郑丽君 庞博
谭俊 向芸慧 罗飞 杨懿平 陈琛
刘瑶 李锋 郭恺斌 吴观飞 范树云
代勇 熊海涵 张健 任玉莉 张飞
谢筱耸 陈建波 王文标 高月月 潘献化
马小康 李文喜 苗三三 赵云鹏 孔照昆
周世勇 杨雪蓉 肖松 胡永兴 胡烨幂
杨一伏 夏孟博 樊荣 霍鹏健 刘文
吴育旺 高翔 张巧云 王善 叶高平
杨芳 李日献 林石标 符芳武 陈丽群
邢维平 李火佑 何生芬 文家利 李光岳
张卿 任维 马更华 夏鑫 蒋鹏飞
程柳生 韦云 徐朋 戴凯朗 唐红
刘远星 宋晓军 景伦斌 黄兴鹏 刘端
钦艳梅 张秋红 邱敏 刘立 黄龙
林冠彬 巫小婷 裘佳杰 林剑 刘伟伟
陈红宇 艾磊 梁晓斌 韩苗苗 魏可嘉
刘建尧 古伟强 赵姣 陈新鑫 牟磊磊
郑林 梁亦辉 王军 张秋月 张辉
马俊平 张绍炳 张洋 李敏 贺茂伟
徐国锋 张文洁 张涛 郑亚男 陈鹏翔
刘鑫 陈影华 罗长文 仇成钢 朱占涛
陆开放 陈琳 李宪玉 张家宁 李静
钱超 李淑敏 梁乐华 薛洋洋 李庆亲
陈竹 程杰 张戈 郑桂阳 韩锦明
魏锋 汪洋 徐天鹏 张凯 刘建
马国壮 柯春花 张华贵

计算机科学与技术

曾珺 李明杰 杨响 万慧子 羊小溪
张荣 国双龙 武雪 赵绒绒 徐文博
段晓佳 麻莹 李国强 吴震 甘忠忠
吴丰博 王苏辰 周宏 董正 张永传
郝志涛 张海旺 罗黔 毛鑫 刘平
党戈 卢秋燕 周晓彬 李渝昌 吴晨升
付天纲 任卫 侯金龙 魏建平 熊净芳
郑青 王伟花 白丽民 樊勇 韩亮
葛得生 宫树杰 祖彦龙 焦占东 徐宗琦
崔桂林 马会民 赵德庆 李培 王颖
张丹阳 张超 叶威 李尤龙 朱国峰
李德斌 姜宜蒙 童晶 杨龙 王健
聂铭泽 高小盼 黄春容 彭玉剑 叶戈
戴福 钟鸿圣 何磊 陈迪 伍超
苏铅坤 陈荣金 詹元喜 罗耀强 刘鹏飞
史倩男 谷稳稳 吴晴晴 杨坤 李路
吴军 吕非同 王乃正 任睿 段婕
翁昌祥 江维 蒋臻良 蒙萌 赵明晖
林诗圣 陈俊 许宇宝 冯逸 黄矫坤
潘观颖 苏琼龙 林丰 周波 黄垂山
林明敬 滕龙 胡浩澈 周郡婕 何和明
杨瞬 王剑平 丁磊 欧阳粟 符圣
邹军 钟凤 刘龙 邓正文 姚创来
潘汉俊 赵怀晓 石君毅 邱学文 陈沁
马明 王俊 赵贵川 胡雷 周佳
郭晶晶 严乙淇 方贺香 黄海洋 江上威
吴龙辉 陈耀川 温德威 陈晓雷 李学力
寇圆圆 曹克朴 何小磊 李俊 李绮琦
叶俊贤 崔园园 朱春成 张楠 李科
王家元 胡小用 游侠 罗鑫 胡滕
杨远高 周孝海 李必春 李娥 舒学平
张维金 严祥欢 杨衡 徐晓敏 任苏立
吴员旺 陈荣华 许华锋 项俊峰 陈庆
赵俊刚 周昌伟 戚旺旺 朱双双 曹锐
罗金鑫 罗贵兴 龙源基 胡乐乐 杨业
徐锦 陈红冬 郑佳 郭凤 张丹
张露 陈思苑 孟祥欣 周颖彬 史亚雄
张超 宋小威 杨柳青 蒋志兵 陈超

通信工程

陈泰云 陶　攀 谢彦腾 张小奇 陈　辉
任香丽 魏　靖 衡　欣 刘　凯 董　婷
严　鸣 孔　龙 任传云 隋文东 李玉顺
谷继红 况　明 吴定硕 莫　拥 莫加检
马淑娟 何鹏宇 邢晓增 张真韬 陶武金
陈小春 林武俊 刘华斌 周　芳 李林森
李俊涛 孙晓敏 高月超 赵　阳 刘　燕
陈男男 王　猛 崔贞爱 赵嫚嫚 蒋　振
李　奇 郭海涛 陈晓晓 何　希 周玉朋
翟朝亮 郭海艳 邓　路 韩　洋 王　科
唐　达 王艳杰 陈　亮 张　曦 刘伟奇
郑从军 符云英 孙　乐 吴德春 熊　壮
余秋林 蔡泽群 罗　杰 孙丽霞 杨　东
仲雪冰 左　洪 李　峻 王　巍 李　明
杨振楠 杨　鹏 王海鑫 吕宴宾 陈一瑶
王成彦 马良虎 周　敏 牟　佳 李雁斌
周定国 吴　凯 闫莹莹 刘宇东 李自强
陈　颖 黄永胜 吴清信 邢增协 符文婷
杨　林 李　杨 陈　颉 林霁晗 柯丹婷
谢南星 侯智谋 路致奎 林元文 张　宁
安文秀 王　乐 张　平 吴岳发 刘上宾
蒋　兵 方正源

信息与计算科学

范冠肖 王淼鑫 李北北 王　浩 马小勇
车明哲 王　辰 王　岗 薛　强 屈红亮
马　亮 王　涛 吴道琴 孙伟超 邢小宇
郝冬林 解晓伟 薛盼盼 席俐鹏 杨天光
万度林 方诗伟 邹弯弯 周　鹏 吴　越
李银龙 刘　煜 马　巍 夏章楠 刘小忠
陶　然 南菊松 李　赓 姚自前 苏　刚
欧　剑 肖方亮 刘艳武 蒋　念 李智妮
倪少文 沈金泳 王　红 王　恒 赵　川
陈　明 牛银娜 徐鹏飞 宋文渊 徐梦露
李　诚 蔡家旺 袁小杰 韦花玲 龙　磊
蔡春蕊 符永权 赵美逍 许清拔 张　哲
齐占廷 蔡志军 柳灵杰 易湘红 严　敏

数学与应用数学

李　倩 任浩男 张玲兰 邵春昌 张　青
罗华贵 钟希莲 刘　静 康怀福 邹瑞芝
王　晗 徐珊珊 张艳辉 孟凡智 刘　佳
崔家鑫 谢戴丞 张　凡 潘　康 南　浪
张　文 吕　良 曾苏萍 潘心笑 陈慧星
祁帼娟 马　洁 苗　毅 彭　程 王帮猛
韩　波 吴玲玲 莫春燕 林立群 符策宇
殷诗润 许晓娟 陈婷娇 符干明

农学院

草业科学

曾令举 姚　益 邱　波 杨宗秀 廖兴业
梁　冰 冯思权 李伟生 刘源森 张　英
文　稀 宋文德 何晓磊 王静雯 程念念
王　敏 张国祥 吴流明 沈　路 叶　通
樊美玲 哈　春 李俊辉 黄合帅 施艳琼
潘海霞 何　觅 陈　青 蔡宇峰 林克虎
黎少雄 吴兴梅

动物科学

王国梁 訾　亮 马来玉 黄叶双 钟　提
郝永昌 俞观泉 但　锦 王　焕 周海蓉
李　宏 孙冀轩 李长茂 周　哲 杨　奎
马珊珊 杨舒慧 曾俊辉 陈修栋 曹　佳
崔海洋 樊则磊 吕　祯 杨银杰 焦寒伟
李丁秀 王雪梅 吴清梅 吴丹丹 邢曾碧
胡少剑 陈　娟 王关德 潘甫志 林家萱
陈翠菁 黄志文 李鹏辉 罗联锋 王　立
蒙　妮 吴国宁 谭桂国 张　伟 王　英
黄敏强 曾　敏 吕　攀 万烈虎 兰　莹
王　琰 许俊涛 张兴伟 孙　超 王　准
杨阜林 何　伟 曾良平 尚燕飞 邱　樱
詹桂兰 陈　波 金美佳 张彦星 郭永霞
张　宏 李　云 王　莹 杨庆刚 黄维汉
郑乙本 韦　征 胡少辉 吴晓莉 刘桂和
何廉苑 吴金瑜 谢树彬 朱大芬 李南军
尉睿伟 邢维权

农学

王俊林　赵　强　钟　坤　何珍珍　刘　康
张夏莲　卢　瑜　吴星露　叶秀婷　郑海川
王天地　杨兴日　陈汉炳　麦海萍　符　洁
胡小科　陈　云　陈怀志　邢　波　利召柏
张明艳　王先花　何书奋　王先旭　朱子建
卓宏森　黄荣霞　吴　姗　王　龙　陈　梅
王岸晖　陈里霞　李厚奇　姚诚孙　陈友喜
李世峡　范官俊　黎多弘　黄　霞　林仕文
王　桓　李丽童　王　娟　刘春江　王明繁
冯　俊　徐　丽　何　可　徐建球　陈　媚
刘迪发　史发猛　李晓天　唐一轩　刘　蓉
周　航　李慧琳　魏久镇　杨德锐　胡体嵘
刘　欢　易显良　黄开寿　肖　俊　刘进步
王　进　辛　阳　魏云霞　陈淮南　陈　颖
揭云东　陈　俊　王伟兰　罗剑斌　巫铁凯
何灵燕　张裕明　洪　虎　柯梁艳　周宗超
陈燕飞　蔡亦文　徐逢胜　周忠攀　吉训诲

农业资源与环境

罗　旸　杨　维　王千维　李　斌　秦俊豪
吕丽平　韦义波　王蓓蓓　张　玙　潘文娇
易珍玉　罗　丹　张　君　唐　静　张小亮
郭光勇　饶海权　王　昊　刘嗣晔　徐来明
傅斌辉　林永祥　孙慈锋　李　坤　张　曼
任士光　郑剑秋　李　勇　夏　琼　李业捷
梁权辉　杨　磊　吴清波　伍欢欢　吴小慧
彭　程

生物技术

皮小虎　杨学乾　张天军　黄启佳　梁　毅
袁兴福　孙诚琳　刘芳歆　张施政　商振羽
赵嘉幸　吉少国　闫路恺　刘迎豪　翟双灵
余　茹　黄　翔　苏承华　龚康华　甘　庆
熊瑶瑶　栗桂玲　邵将仁　许姗姗　刘雪莹
郭　强　王苗苗　李欣欣　陶　峰　封亚玉
贺庭琪　王海洋　胡文斌　彭志兰　郑生华
何桂桦　周　秀　孙　君　于晓惠　王召彬
周　宇　吴发超　郭　鑫　陈　欣　石运娇
张国萍　张钿玲　黎　帅　谢盛丽　蔡彩虹
王少云　钟　玲　林荣青　徐志兵　刘颖颖
高　战　杨金鑫　吴伦英　金　芳　唐小卫
牟廷玉　颜园园　朱淏芃　陈洋洋　肖　靖
金　玲　沈大龙　李　丽　尚　珂　陈沙沙
贺诗星　张建彬　余晓书　区小玲　陈　霆
罗天杰　林文婕　陶祥艳　韦　康　程芹芹
张　桥　李　杰　李雅超　刘　琴　邹　勇
冉长城　李　玲　夏　天　张晓娇　张　维
何小刚　洪君宝　胡香英　王良华　王　璨
侯亭亭　曹树威　宗林林　靳立兵　王兴顺
金　鸽　王　军　易达利　张　群　黄　伟
周志刚　官刘员　李婉琳　高　健　陈　鸥
周　兵　邓　亮

园艺园林学院

园林

吉训文　郭　军　项　行　崔武坤　雷　鸣
杨　衷　袁　超　卢　艳　李冰冰　陈利陶
张晶晖　张晓雯　唐金花　汪小平　章报韬
郑艳君　高洪贺　黄智敏　徐维斌　岑碧莲
王小燕　吴江焕　宪立杰　焦延磊　张　杰
马元元　李　浩　刘　飞　韩宗银　聂　静
王　旭　王　胜　张小辉　何志明　谢丽艳
沈鑫曌　文采丰　周小东　吴瑾洋　郭雪婷
彭晓彬　蔡振宇　蔡世晖　苏莹莹　刘清洋
吕　姣　高道禹　郭伦智　侯开硕　姚雪琳
张圣洁　陈忠群　冯红莲　符美玲　钟迎娣
陈应精　王小娜　徐　雷　夏钧耀　邓　涛
吕玲玲　慕晓东　陈全惠　李　飞　尚　进
廖　莎　林　鑫　覃颖莹　高芳震　何小方
余　渝　周　威　游立叶　张飞龙　王　建
张　婷　邵先文　侯　娇　赵　亭　马振宇
孔令成　张　彪　林澍祺　曹　都　廖　璐
梁华龙　张　璇　龚　琤　李　钊　孟晓飞
张晔俊　黎路路　余　健　张远波　周宇曦
袁晓军　陈连叶　刘燕芬　赵　瑜　范　敏

蒲少军 陈广廉 李春燕 黎学灵 王述江
杨扬 许洁聆 许梅 穆中亚 谢新
洪晓煜 覃俊果 刘子锟 杨州 陈传轩
危婷 刘军 周庆梅 赵超 王潇
郑方来 陈伟 王丽燕 王瑞 何传龙
祝志娟 詹先来 陈彬华 潘晓莺 徐晓亮
郑玲玲 王淑红 王祖力 吴大晴 陈理文
胡晓颜 段秋岑 唐翔 黎梓愔 李洁逸
陈佩霏 吴迪 陈淑珍 方宇杰 符枫
王明琛 谢南杰 王雪纯 周锦浩 史玥
许群 蒙坤 熊芸 李洪霞 潘婷
姚凯宇 蔡双双 张圣红 梁慧乐 张晶晶
李小琦 吴新 梁华龙

园艺

张跃惠 兰云峰 徐建华 章年宇 阮丽波
韦宗凡 牛青春 吴瑞刚 傅燕艳 宋星星
蔡兴伟 王爽 徐雪萍 金华鼎 曹子坤
滕建兵 陈新明 郑鑫洲 胡景许 申海艳
李碧玉 李庚虎 戴景 傅欣 贺艺
何辉学 李可天 陈娇 王艺 张哲
许海洋 张茹 陈飞 刘磊 黄继仙
唐绪飞 李健 周旺 朱翠云 李琴
叶富宏 蔡惠珍 陈莹 何有栋 王昌益
吴朵 黎春甜 王丽文 胡静 吕琴
杨康满 杨正晴 邓海菊 夏晓芸 陈宇萍
武华周 张鑫 龙青山 李爱平 余南洋
杜康 张俊 张志平 包全 周小凤
陈显军 唐芬 毛翠 贾鹏 张华
李俊俊 丁俊卿 文峰 黄李丽 韩萍萍
王丽楠 刘怡伶 阮婷 徐莉 戴世梅
张瑞梅 罗莎 吴海明 韦莉萍 李秋凯
蔡民 邢东江 万安霞 陈建凯 宋均庭
刘钦 谢琳 徐娜 党鸽 范重文
丁姗 卜广发 魏旭伟 许天福 黄志金

园艺(果树方向)

傅昌源 韩太鹏 熊平 彭香 刘翠霞
林义海 刁德峰 唐彪 杜军 庄奇
梁平安 龙梅 黄国洋 郑超 张镭
韩荣财 邓凯 欧许林 郭銮峰 王建辉
谢萍丽 虞勤慧 付俊 杨波 何秀芝
克兢 肖芸 李小霞 文国忠 肖镜明
蔡昌明 王聪 杨昌武 欧晶晶 符杨旭
曾小明 李博

园艺(花卉与景观设计方向)

成黎 李蓉 许宏凌 孙秀娟 熊丽梅
黄倩 黄梅梅 苏叶 黄静丽 韦江荣
罗意 王强 刘君 王殿军 闫静宜
罗群 罗先华 卓建 李江涛 商成名
孙海楠 吴小虎 彭婷 程纹 张宏
林铭伟 廖志鹏 陈玙璠 姚冰科 胡江龙
张琼 徐娟 邱玲玲 陈艳伟 李雪
黄霄 侯艳娇 杨晓霞 林洁 巫金敏
陈连珠 郑丽 李婷 李海平 陈蕾
羊爱霞 李腾敏 周玉贵 文继梅 陈筠
张海宽

设施农业科学与工程

雷均 陈洋 吴国波 奉代力 江健波
申运华 李正民 曾垂凤 屈华川 刘杰
谭德勇 王磊 王文彬 胡玉娇 张鹰
魏林锋 张帅 杨洪涛 杨智明 刘洪达
郑鹏辉 陶楚 孙威振 李线花 王军伟
成永三 邵其华 黄祖旬 李飞 谢永涛
尹正涛 张乾 莫毅 张江涛 张星
黄家健

环境与植物保护学院

环境科学

赵锟泽 张杏艳 韦念略 韩燕娇 董超
徐浩 雷振 旷辉芳 肖湘波 王子连
师晓峰 邹德军 付艺红 靳鹏飞 高鹏斌
杨燕 薛思蕊 朱道静 李武楠 钱洲
谷慧宇 黄震 李成 朱雄 陈楠

胡　越　陈建炜　江剑侑　楼　坚　庄　杰
李　杨　吕明超　张博博　张　昭　俞　跃
缪晓乐　王慧丰　程天鹏　丁　伟　滕　腾
冯威娜　万明松　黄国华　童文清　陈芳云
陈利萍　黄　裕　林明建　余舒舒　徐　莹
李佳灵　王争萌　高　优　何　洁　黎辉喜
张盈盈

农产品质量与安全

郭电荣　李光德　王　会　杨冬平　杨政芳
杨考年　覃祥芳　黄志海　何家琳　葛方晓
余　龙　钟　夏　谭芳容　万三连　安文江
何　鹏　林志军　王小飞　徐天意　范春云
龚敏敏　宋　赟　邹立飞　邱晓聪　苏郭寿
杨土元　吴小勇　周　铄　田　丰　刘海涛
张晶元　孙　亮　姚静静　陈二娃　孙　洋
汉艾维　李红林　陈　娅　张杏涛　李康乐
林玉娣　梁栋才　吴　娇　党　鹏　温国松
陈文君　纪定娟　黎学培　符诒叁　李玉娥

植物保护

刘　涵　王德辉　饶　瑾　杨仕美　詹慧晶
汪德锋　张萍基　陈玉兰　王开文　黄依然
谭雅萍　梁新庆　陈罗意　牟　燕　肖文芳
肖洲烨　黄　丹　蔡文斌　陈　杰　李　杨
刘进华　彭　帅　杨志信　陆卓婷　王　丽
龚金玲　肖春林　潘　舒　谢丽娜　蔡余高
冯　莎　王西洋　郑伟丽　姜　飞　任志强
蔡训磊　马兆波　王　琪　陈鹏飞　魏　娜
赵晓平　张文洁　毛亚福　杨云美　翁志聪
卢家明　谭露盈　张　宝　陈　强　林　娜
冯英姑　陈俊谕　陈泰运　钟昌科　薛乃升
王运文　谭小颂

植物保护(农药方向)

刘贵友　吴宏涛　苏剑程　张　艳　廖凤仙
樊兰艳　李　胜　吴洪刚　姚　瑶　郭亚明
张　俊　孙化川　龙　阳　方向春　骆香均
彭　冲　顾荣耀　张　亮　李平维　林志龙
李桂南　汤秋玲　程晨飞　龚　俊　李国辉
李亚东　李　杨　杨　旭　许洪波　刘一贤
谢冰墅　黎荣勇　吴小燕　张余胜　林亚金
麦世科　王应培　周　宏　高　婷

植物保护(专科起点)

石文娟　潘江禹　张海良　刘崇俊　苏是浒
刘甜甜　蒋昊洋　刘　霖　郭志云　李　辉
崔爱洁　李　虎　杜雄映　谭　博　罗睿雄
贺秋麟　叶才德　李银凤　李　卫　冯开心
黄　雄　冯　洁　汤静静　王清红　马文平
彭浩刚　王　琳　王千宾　陈少雄　袁廷庆
顾　瞳　李　玲　马　莎　梁冰心　刘　佳
沈笑霞　吴　斌　蓝　留　何石兰　杨志雄
蒋　丽　范愈新　刘文庆　徐弘霖　符　伟
王发民　李　肃　董德超　林文杰　王昌瑰

制药工程(农药方向)

郑晓迷　蒋　杰　邹启禄　经福林　廖远汉
劳微微　余　强　陆忠辉　刘祥民　刘菲菲
梁晓维　杨　波　李贤波　任　飞　罗湘仁
许　江　高　超　何小兵　吴　朗　李岳东
汪展英　李　锐　于丹丹　朱　明　杜　强
张高传　欧敏建　叶火春　黄雪梅　杨雷雷
陆雪华　孔祥驹　牛　婷　申培丽　刘增亮
杨石有　赵　丽　孙再飞　李郑仙　谭彦芳
陈茂舜　杨乔帅　高江涛　林上统　陈　进
李小娟　关义甫　黎金瓦　张　翠　徐　晓
李运彪

海洋学院

水产养殖学

郑敦秀　王　勤　刘安田　胡振国　宋法荣
马百凯　邓志友　谢桂连　郭少华　张欢庆
邱长美　柯韶文　陈金平　金　施　郭璐璐
庞兴红　张　晗　杨丽娟　朱　旭　叶　质
张　涵　陈翔宇　黄　敏　熊　雨　陈　翔

吉华松 温华茂 苏树叶 邱 勇 戴 伟
王小莉 毛漫虹 谢於健 黄显科 林声海
李 宁 邢治炫 王声亮 杨树茂 李光祥
陈秀恩 曾德垂 李世鹏 何艳华 许 超
文 伟 符武核 陈 帅 孙发尧 文 珍
吴祖学 赵智文 苏芋中 黎远希 王 充
符永翔 周 健 郭 恒 赵紫薇 马 劼

制药工程

王海辉 刘红瑞 孟令韬 陈亦强 周霞燕
李 倩 杨玲玲 王 嫚 郑 佳 蒙 鹏
郭 群 吴永钢 刘 强 刘文娇 李怡峰
黄招存 唐汉学 杨西竹 任 暾 梁文礼
戴鑫钢 程婷婷 徐志兵 黎 明 单书娟
胡丽丽 谢 鹏 邵 彬 李玲娜 李 超
王炳义 高 杨 陆 露 余辅松 杜和禾
余 斌 黄 凤 陈秀娟 丁 杨 魏明杰
谢中梁 刘 帅 孙瑞亮 何明峰 罗 娟
陈 玲 邓 琥 欧莹宝 罗国涛 阳 威
孔哓靓 邝俊维 文冬梅 周 姜 曾南春
李 飞 邹敏灵 谢修丹 王 俊 王宁丽
王 旭 王 昊 杨 茜 付 蕾 袁琳娜
何 艳 高 瑛 王月静 吴多宝 洪小沙
王天月 林玉喜 郑尚鸿 杨文秀 海 岗
符美珍 曾 金 李 珍 黄志爱 刘 达
万 磊 朱树杰

经济与管理学院

财务管理

徐永涛 权新宇 李天翼 刘茂宗 安森振
张彩霞 张 涛 史文亮 刘 帆 戴娟娟
徐俊峰 万鹏华 陈 鸳 王啸天 王 铁
陈 丽 彭 博 单利萍 卢娴姗 孙志远
郭亚楠 玄珍庆 朴 琳 范红艳 杨士途
李 军 李媛媛 徐 伟 郭 露 陈 侃
曾 文 周卫丁 伍 芳 龚 婷 杨 军
龙 俊 谢凌云 张绵宝 明 旭 印忠华
乔玉军 王 星 曾 寻 赵小舟 王 洋
朱彩霞 王瑞珠 高 容 倪玉锋 庄夏冰
陈 鸿 刘会业 王 英 段凯文 许嘉龄
刘珊珊 孙北雁 姚 娜 黄 捷 沈玉莲
李明华 梁 智 唐 飞 杨海琴 李凤霞
林运玉 周海波 张 琦 谭家容 周 遂
王 萍 蔡 娟 王 静 陈邦建 冯 铎
杨 侃 李 军 王冬生 刘 音 张若玲
李 勇 许淘沙 王 霞 吴奇财 王朝政
陈 伟 石 结 王艳红 张锦彪 弋兴飞
党国华 陈 婷 李仁臣 邢国豪 娄泽丽
殷贤芳 任 彬 苏玉峰 邓 君 胡 蓉
熊维群 郝如松 芶 霞 安妮娜 胡本承
范小伟 李树勇 刘成平 余祥根 杨碧芳
张碧蓉 王继祥 张华为 张海霞 马瑒浩
刘 健 徐国建 陈海锋 罗锦超 李碧梅
李 鹏 唐朝望 郭 龙 肖志环 王 仔
王 龙 邱育磊 陈凤贤 李寰宇 王 娟
龙训亮 王培程 日力么尔么

农林经济管理

杨剑莹 邓慧颖 刘 春 黄学林 文 艳
黄忠亮 谢兰香 刘云飞 池 勇 刘春艳
邵国彪 黄建忠 刘绍凯 万正敏 李隆伟
林 辉 田 苗 何长辉 彭 超 符友知
储晶晶 王 许 蔡 磊 叶建军 张承秋
吴敏忠 黄胜安 吴林华 苏幼丽 叶东友
余松钦 林 超 刘银鹏 牛 慧 孙荣君
邓文妍 刘丽鸿 戴子涵 王瑞涛 周 蔚
姚妙玲 黄 丽 江静虹 陈 桥 何丽云
方 鹏 党小强 陈小龙 邢 俊 刘有才
金 凤 高 亮 段 洁 王浩明 吴玉真
聂 勇 王钦涛

农林经济管理

龙 方 李素秋 张 岚 陆 淼 宋 寰
谢琳琳 刘云水 丁 桐 周 超 王 茜
杨宇斌 赵彦军 冯有红 段玉凤 封卫卫
余位凯 刘婉敏 张祥欢 李 雪 周 丹

庄希　吕佳　王婷萱　张海林　舒婷
母丽娟　王雅涵　李韵碧　王新　张桂敏
林昭阳　张虹丽　李江红　李涛　邓茹平
李阳　梁家湛　付海军　毕清昕　陈娟
张倩　吴莎莎　张周武　黄亚楠　王桂琴
边晨　龚欣　刘小慧　武岳衡　高志
潘文娟　刘芳　薛靖　杨晓忠　李鹏
谢莹

市场营销

吉毅　邹安欣　莫良科　张媛媛　熊庆
聂锐　邝桂华　李莎　刘志彬　朱健
王欢　吴世权　束卫　朱一丹　周密
蔡虹　朱国琴　邵橙　王帅　肖曼
秦丽　张红　房亚林　赵立城　李晓玲
陈郭缤　吴莉娜　田彩凤　李彩环　王远海
周理　陈玉婵　徐冲　滕国强　陈富群
段文华　鲁银霞　明飞　朱鹰　童杰
方婷　章艳军　蒋宗伟　熊曹安　彭余芳
敖斯颖　许娇娇　林敦　林聪洲　罗晓美
谌桂春　顾晨曦　杜婷　左瑞雨　贾静静
焦俊锋　张鹏　胡娟　沈冉　王鹏
董娜　鲁建辉　朱金丽　施增雄　钟其峰
蔺缤　陈圆圆　曹星　李刚　杨曜平
付连军　王洪刚　王迪　张少金　林斌
李良杰　尤继冰　侯艳　张万欣　任双喜
杨学书　魏磊　符天赋

人力资源管理

范才云　王芳　刘妮　张景婷　崔瑞琴
麻午帅　彭月月　曾姿娟　谢小勇　付雨萌
金莲花　李丽　翟月明　金丹　王斌
梁科源　赵龙龙　杨明易　胡月　江万里
张美霞　王泽道　马邦柯　张丽敏　左媚
孟辽阔　王林　徐嘉　孙成林　谢雨宏
杨雪　张长岭　杜娟　韦小娟　陈凤丽
邓章明　吕慧　张学刚　杨耿　曾娟
滕幸宇　王晶晶　雷歆　冯起升　张晶
曾颖娜　王筱煦　张禹　于淑平　郑达波
郭海增　何飞凡　于长龙　刘颖　金雪萍
熊灯　靳斌　朱江　李菲　雷佳妮
蒋晓丹　王俊淇　张卓然　徐博　董楠
陈瑶　单云龙　张瑞雪　王为　朱婷婷
王琳　许海芳　刘海玲　曾明章　郑鑫
官晓雪　毛淑娴　张利君　曾娟花

信息管理与信息系统

王敬　李俊池　黎尚银　李丹　杨雄
谭香柳　赵震　刘勋　蒋雪琴　秦海军
沈川　向玲利　余贤正　罗富晟　王崇磊
朱波　常永青　王玮　孙亮　鲍婷婷
王媛媛　刘勇涛　朱震杰　刘东群　王子腾
刘占海　温燕辉　冯祥斌　刘强　景茹
李琳琳　黄森鑫　郎聪　徐娟　冯红杰
王帅锋　卢东兴　李冬涛　郭军　余林
杨祎　马溢华　徐利　刀塬雨　石凤安
凌天科　林文燕　蔡明杰　徐鸣铎　王亮
蔡金菊　黄琳媛　陈德涛　涂鑫　王世荣

工商管理

赵冠宇　王坤　高笛　胡实　符燕梅
吴疆民　董蓓蓓　高建明　李煜　倪微
朱峰琦　张显玲　罗文近　张佩珍　陈尚
杨小燕　付林英　雷晓平　孟现强　王慧
吕传亮　孙炜　程增虎　韩若琳　刘光坤
吴放　吴迎春　程玉霞　王磊　余兰兰
谢文涛　丁海良　肖莹　阳小栋　侯闻天
张玲　唐华斌　黄超　熊润昌　罗文燕
潘林　吕艳　刘璐　窦丹君　林发彦
周海丽　兰青　李雪　奉晓莉　毛凯
仵涛　朱珠　陈菲菲　李英超　吴谈
赵汝英　刘玺珍　郑姣　李明明　汤迎女
吴一鑫　艾东　吕超　翁宋杰　金佩
俞文俊　许国栋　董杰　熊德军　官巧玲
王国贤　李娟娟　陈镜　孙小燕　李红
兰玉华　刘毅　刘波　代帅琦　杨波

朱倩 谢斌 李晓凌 吴碧霜 郭德莲
陈华锦 吴兴成 袁小妹 尹娜 杨欢
李鹏 范沙沙 陈红艳 张永桥 纪春宇
汪圣洁 陈玫 梁雷 郑一杏 王艳奇
叶淑芳 张玲妹 桂英豪 田边 苑争光
励欣函 张向旺 董奇 陈雪 李曼
兰才元 刘星 李霞 余金 柏文雨
李长金 涂翠 陈建海 方圆 张华伟
张明辉 李宗萍 阮舒 符秋博 吴庆
倪宏杰 符江 林辑 刘兰芳 姜广慧
辛雷雷 杨佩佩 金小蒲 张华英 王贵凯
周艳 唐雅琴 张居安 史琴琴 陈丽文
涂林辉 王雪 田启杰 杨宝军 何力敏
王立凯 王蒙 孙长好 李墨毓 彭海
吴雅琴 滕超 李旋 刘夏 肖志智
柴日 欧玲玲 何林 李平 胡文彪
曹晓雪 程伦 刘鹏飞 王媛 谭颖
高长松 符文萃 邢彩蝶 林豪山 黄叶虹
吕烈凡 周立志 万太丹 赵欢欢 刘洋
姜璐琪 王有为 林丽娇 张鑫 史衍超
彭旭君 谢建文 魏世福 张庭文 郭超

国际经济与贸易

胡自峰 赵玉武 梅李旺 宋美玲 张新成
刘芳芳 张都 汪秀娟 魏圆圆 赵天祺
徐辉 刘燕燕 李万升 郭又菲 吕希
张莹文 梁超 尹文静 赵培友 张磊
贺跃 陶懋炜 周神佳 李荣江 张静
沈明 欧龙华 赵勇宏 钟玲 蒋善武
田立果 麦捷琴 唐帆 李家松 周郁燕
万玉博 李青 裴春雨 刘健 赵琼尧
苏亚美 文浩 陈桦 刘衍锻 陈美颖
孙雯雯 李冠楠 王鑫杰 杨微 刘晶
马旭明 张裕加 方莹 张龙 高爽
冯华夏 钟丽君 肖亮 吕淏 喻丹
廖泽松 唐玉婷 王超 梁媛 王俊平
李凌飞 王炳龙 陈帆 郑琴 李鹏伟
邓中华 贺西英 彭炼 邱月洪 张丽婷

王森森 敬潇泓 卢正飞 宋春玲 王大鹏
李倩倩 彭虹菱 陈晓娟 苏人婧 苏小雪
何珠丽 卫晓琴 罗丹 周丽 李雪晶
刘炫妤 黄小玲 苏丹 郭菲 李常杰
苏萌 董小兵 张文利 冯娟 张琪家
刘伟 王菊花 王东升 余红玲 肖观生
刘兴 白芳芳 于雄 韩萌 王子铖
朱永馨 陈川东 雷亮 胡慧君 邓淼
鲁海锋 杨云 谢锦明 刘美伶 苟大舜
周权 唐明辉 张钰晨 冯珍珍 李艳玲
施精卫 丁乃宪 郑薇 易佳箭 何倩
李育花 胡芝丽 罗华平 侯婕 何魁
闫继春 陈振鹏 郑伟 马琳净 余水琴
吴传龙 云薛霏 丁武龙 王烨 时鹏
李林 潘熠伦 秦家丽 申玉璞 万鹏
曹也 张蕾 蒋晖 卢若曦 陆洋
洪光雨 林婉露 完伟伟 肖凌志 康贤
朱冲 赵铭 邓小燕 韩勇 李小红
谢世杰 李佳琳 张莉 韦林宏 孙颖 邓
芳芳 彭向阳 龙金花 罗慧燕 易小香
朴学 许丽 陶莹 郑海山 张维
张昕 孙艳丽 张璐璐 熊成 杨玉玲
常晓琳 王大坤 段雪宾 徐平安 魏园园
谢京辰 田国强 贾昆 孙祺昌 张宁
欧阳华勇

会计学

方剑晨 徐皓冉 符利秋 刘强 田莉
李伟辉 张旭榕 拓卫卫 白杨 李志鹏
苑西恒 韩秀娟 李江 张晶 刘丽春
谢萱 徐珠平 刘琴 孟祥莹 李英杰
张黎丽 马蒙 李政清 高琳 张正峰
杨利娟 蔡帆 沈朋 高龙 马会萍
刘文伊 王强 匡效良 刘芳 胡小飞
刘春 曹友燕 师园园 李飞飞 曹玉龙
乔琼 张廷廷 覃玲 李妹 沈涛
邢闪 何营 任峰 吴晓 闫丽曼
曲涛 王伟 杨道永 邵改华 王铭浩

高志强　张大为　李　珺　黄雪玉　邓云锦
崔荣林　汪文强　李筱坦　檀付月　郑国全
余海亮　田彦峰　杨菲菲　刘　芳　胡祥会
陈　欢　赵　轩　李　茜　魏俊臣　简　洁
王　征　刘链根　张　崇　詹忠忠　任晓萌
何　杰　王珊珊　李玉龙　吴惠贞　陈其锋
朱娇丽　李雪娇　冀承静　陈　韡　郭君丽
丁　波　何　丽　叶　丹　张文婷　胡　满
黄　兰　刘玉锋　梁　霄　潘小敏　时应生
乐　茜　曹诗博　经娅男　罗晓萌　聂林贵
姚艳飞　刘　娟　罗素芬　王　孜　唐胡涛
陈建宾　张闪闪　熊孝亮　甘　罗　周海江
李姗珊　符月秀　苏小艳　黄星方　潘丽云
董晓敏　彭　莉　史馨淇　李小敏　黎　冰
商泽勇　刘　艳　贾　宇　漆　芹　吴志琼
周　力　于建锋　孔　兴　张运红　尹孝星
李美娟　刘　江　李新连　王莒生　蔡渝莹
朱耀鹏　杨志华　陈　琼　韦　敏　苏丽婷
林　筠　戴晓郁　沈建雄　陈　琼　彭少永
刘　松　陈明超　周筱倩　丁珊珊　王　阳
张濒丹　刘申懋　谢家怡　陈嘉宝　付新强
莫　莹　劳笃林　张丽娜　李纯璞　蒋巧丽
胡善成　蔡世荣　张峰瑞　古万雨　周正红
朱宇星　周　麓　李　丹　王　梁　秦润华
刘芯语　孟玉娟　汪　巧　练怡君　周永刚
黄　兴　周燕文　刘敬磊　黄莉萍　吴志雄
周德建　费　云　任　飞　冀岚岚　李冉冉
王　朋　张　莉　陆　婷　李　晶　谢剑华
张宇雯　梁维涛　王菊庆　段张东　符　望
陈　彪　兰黔丽　沈永建　孟春华　雷　林
郎华国　冯　嫣　李　霞　张文锋　金梦影
陈　姣　肖学静　韩懿莹　徐方晴　崔立新
徐　烨

金融学

张　帆　叶怡琦　莫连灿　师珺婷　王文强
安　婷　雷瑞瑾　张莉花　孙星敏　孟祥鹏
张勇兴　吕　芳　王亚非　常　昌　潘　璐
杨珍云　王　莹　赵　健　黄薪如　吴玲玲
蔡小瑜　杜　威　李　佳　王建强　曹灵芝
占晶晶　吕春芳　丁　燕　邹　剑　王　超
李美棠　江　尧　黄　川　彭　双　谢冰青
李　濯　张哲恺　何立争　范雪梅　秦　俊
王　雪　王逵芬　彭智强　李宏秀　付喜梅
张文莉　李晓兰　姚姣姣　孙志鹏　丛成林
李　艳　黄黔川　魏泽熙　胡　健　张习华
杨　林　李晓明　葛凯卿　李　霁　聂冰妮
张　燕　刘翔云　张明林　徐倩倩　王书伟
姜　晶　方　意　胡　远　蒋新元　刘美叶
陈如青　任海龙　胡　芳　林龙忠　杨敏霞
李振华　郭辰飞　彭自翠　邱启迪　庞永昶
郑秋影　王关玉　汤贵如　姚宏甫　钟铭燕
程　惠　宋森言　韩素丽　秦晓婷　王　楠
刘春海　牟海涛　胡　聂　赖霄霜　林金波
侯玉洁　吕艳琼　许少明　陈　莹　沈益君
晋　君　郝冉冉　李　伟　安广贤　孔　曼
代少伟　廖星星　张　波　王辉燕　葛　露
刘建林　陈　城　谭　蒂　黄雪清　郑慰瑜
侯晓宁　杨蓓蓓　张健利　颜剑锋　杜　娟
石　拓　符珍珍　李照慧　陈英玉　宋　姣
张　琦　徐欢欢　王　刚　崔方方　张文静
阮仕勇　赵素云　王　利　张　萌　卜艺展
王世英　贾鹏飞　薛晓燕　胡　旭　蒋丽娟
吕艳梅　唐刘忠　娄晓菲　尤赛亚　陈靖尧
兰洪伟　梁　爽　丁　鹏　郝祝青　张小雪
胡　成　叶瑷瑷　韩岁岁　谌　运　刘书仙
张珂祥　汤素娅　袁　雷　安　妮　唐沁心
李文辉　张　韬　郑扬志　刘贤旭　李正骞
石　红　许国桢　贾　然　吴小花　朱晓晖
蒋巧勇　刘兴跃　张东辰　徐敏辉　王　蓓
张　伟　雷成虎　尹岑岑　马少雷　陈苗贤
李　高　陈晓强　刘　威　兰作俊　王雪婷
白光海　奉　君　周潇俊　李　雪　王兴龙
凌　杨　朱建军　孙淑媛

统计学

陈　佳　郑传荣　廖慧连　薛丽棋　张孝生
牟春花　胡文文　吴　忺　曹　勇　罗　平
谭小龙　钮晓萌　陈燕华　胡小莎　寇任宏
林宝英　刘长江　秦巧巧　郝伟伟　许　倩
张海峰　韩玉明　杨　丽　林晓奕　李　倩
陈曼娇　雷　勇　李光鉴　李静梅　孔　瑞
杨　雪　彭梦玲　张丽娜　邸海峰　赵斐斐
张斌斌　田文杰　董美月　王彩丽　吴炽演
缪美玲　朱旭杉　任会民　冯正伟　周冬萍
曹正新　范颖仪　吴波亮　田　鑫　吴子建
李　桔　王少媚

法学院

法学

余　慧　吴小青　姜飞洲　李　响　孙　标
陈芳梅　韩　超　于亚涛　赵　凯　赵婷婷
王乐文　余爽悦　刘潇键　韩　夏　贾　亮
李　琼　刘发强　易小辉　温　明　张鑫彤
祝　娟　谢　丹姜　华　　王睿昕　赵一辰
张城宝　李　娟　杜　俊　程　睿　冷迎银
张华均　罗　妩　李文建　唐玮浩　韦　利
赵文慧　干静薇　邓　煜　叶景远　张吉润
陈凤羽　姚　瑶　凌一非　杨　菲　何宗燊
王笑怡　王智灏　王玫珏　段晓萌　陈泽斌
赵秀洁　王阳洋　詹　会　张　苍　高美娜
张若浩　翟　晶　范祎龙　周　敏　肖忠让
黄　媛　陈亚辉　潘钊鋆　张　慧　李冬锴
朱单军　陈泓卉　武晓梅　赵康康　谢正海
刘　方　吴　昊　叶　爽　黄　琛　周灿楠
彭尚霖　何明贵　江倩莹　蒋佩瑾　刘　宝
黄徐前　谭海燕　张伟方　张　斌　卫竹霖
李　丽　简　畅　黎经苗　胡启博　曾　冕
江晓斌　黄玫瑰　肖　苑　杨秀玲　杨　哲
张　肖　武翠丹　李　星　曾　洋　杨志远
赵天水　王　宁　杨　敏　叶　玲　凌模森
邓文鹏　陈晓青　齐晓丽　赵亚君　郭　维
张一晨　方　凯　王阿敏　陈　虹　程　贇
王　瑞　胡舒蔓　郭卓君　田　进　龙　蒙
王　萄　吴　菲　张海江　廖　强　唐增德
罗　勇　梁超毅　杨　冰　程学歌　徐　硕
任俊龙　杨雅凌　黎家骅　王晓曦　陈　慧
卓怀清　杨　征　陈　琳　冯　博　王思霖
李兆敬　刘　友　何　蓓　甘　霖　蔡　蕊
杨星星　翟昕岳　冯飞虎　张功鹏　陈天一
鲍芙蓉　曹志芹　鲁　阳　王　超　罗　云
王　悦　王镜则　李　果　王　娜　张雅楠
刘阳明　邓红艳　周一心　吴　俊　刘　程
肖瑞泉　林　鑫　韩武站　詹志伟　郑菲菲
唐文波　赵国静　叶正阳　李　宁　苏　丽
陈赞宇　黄祝娜　王铭淳　符建山　陈　阳
李文婷　黄育坚　孙　铭　陈仕龙　刘　羽
李　侃　李书刚　董　玲　陈小芳　谢真光
颜怀荣　刘　倩　侯义鹏　邓自芬　涂立辉
王　乔　熊常平　王崇彩　张斌斌　杨　洁
王丽燕　苏　静　何新强　王宝宝　张　佳
赵　曼　陶美艳　李　勇　王堰埘　王　彬
司　茹　吴惠英　李倩晖　罗钊海　刘　庆
邹启群　廖　象　文　标　周超林　刘琛琛
程小梅　任新龙　李会兰　程　鹏　林清明
周优生　谷家峰　温小燕　王露露　王天玺
王金玉　贾　赛　刘和东　向晓韵　刘清云
刘　金　吴望转　黄　礼　兰恩元　陈　潇
杜昌奇　潘召勇　赵　莹　张　欣　姜广达
林崔红　黄锐金　林羽欣　梁列旺　钱万庭

政治与公共管理学院

思想政治教育

赵悦淳　王回令　韩阿伟　王婉莹　谢　强
安士强　高　飞　许莹莹　张　瑜　张红玉
朱　寰　蔡　奇　王　瑜　高丽云　李建国
郭子瑞　史　君　罗济标　吴青燕　袁小萍
李桃英　刘小男　臧彦华　姜　扬　倪晨艳
张慧娟　王　洋　宋停停　耿　看　张　燕
刘　雄　冯晓燕　陆　丹　岳红伟　王腾龙
庹江涛　胡　梦　廖俊宇　王沭朝　龚　娟
胡　进　朱桂芬　谭麒麟　乔　谦　罗　麟

杨生利 涂 意 陶文洁 简秋梅 梁 冰
王明亮 吴 蕊 夏东娥 杨海燕 刘 芊
张玮瑄 伍利梅 周建云 何 莹 陈小玲
莫奇冲 陈明珊 邓彦晶 王 慧 符晓娴
石佳瑞 邓伟程

行政管理

赵中慧 冼红丹 杨 茹 涂文君 范文樑
郭鹏飞 郭士博 郭 宣 蔡静静 尚 涛
罗 涛 刘妍琼 高 峰 陈艳芳 黄会有
门萃苗 王盛生 王东祥 马 刚 刘翔宇
刘小川 赵 映 马瑞云 饶 松 赖慧勤
王 佳 朱 磊 许泽华 王丽珍 张秋萍
卢永春 谢志刚 蒋 栋 汪丽红 赵 毅
邹东方 单斌斌 王 严 周文祺 纪名阳
孟祥龙 高 涛 朱春凤 张 坤 李红艳
董雪峰 朱丹丹 李 艳 汪玉姣 尉 鹏
胡 亮 程 淼 陈 利 贺 美 赵欢欢
马 瑶 李 广 徐 丹 秦仕金 李白山
刘 勇 黄 淮 蒋宗泽 郭晓倩 莫小东
易清银 陈 丽 李播妮 张 武 周述利
李泉源 廖艳红 唐 海 宋望波 李益杰
祁云龙 黄佳丽 刘 云 王 超 王见春
李 君 李春莲 姚 佳 李 星 徐正兴
赵 旸 夏云冬 杨常娟 杨应波 江 羽
李 筠 赖艳媛 李木生 伍 琦 吴艳虹
秦 汉 黎琼胶 黎明洁 李 琰 王杰亲
黄昌荣 王 颜 徐光泽 庞琼月 吴小薇
陈非非 符国际 李瑞龙 施 展 王丽君
袁 波 符靖宇 苏李燕 蒋华生 王怀志
杨 苓 吴卫琼 赵 泉 苟 琳 廖 中 张
阳 丁婷婷 朱恩林 林启徽 周国义 陈幼
明 俞征锦 林晓珍 张正钧 裴正涛
曾跃峰 李 娟 徐 婧 袁以茂 王 玲
饶 旭 刘 洋 王昌明 孟改行 吴锦平
肖中艳 郑 武 吕红艳 刘东峰 张莺姝
罗 蓉 刘海辉 王 琪 曾 诚 马德年
何晓倩 殷 波 朱 杰 易丽情 夏惠义
周 超 林彩虹 林侯德 王 倩 张 平
孙灵灵 李 宁 张 祥 陆华静 卢金海
袁晓杰 任 勇 綦 兵 孙 娟 陈 彬 诸
葛美平

公共关系学

何永亮 韦 友 施 璇 黄忠易 潘雅丽
田海凤 颜春香 田雁冰 郑 楠 张 兵
赖罗姣 钟迪辉 林芳芳 张昊冉 张 伟
宋海燕 洪海滨 母松艳 曾倩怡 徐 鹏
许 凯 劳 颜 陈代玉 林朴莲 付永霞
韦 敏 杨 帅 胡 琴 彭 静 周 正
徐 斌 彭 洁 陈雪芳 余洋洋 胡 晓
谢 洋 许爱琴 詹礼华 冯 立 程 君
单航宇 王 成 雷 虹 吴朝勇 马 娇
凌东安 申姣姣 胡小卫 张 爽 李玲聪
荣沙沙

土地资源管理

吕 锦 吴世斌 周 婷 陈 伟 罗琅尹
马宁玲 孟凡涛 刘 东 赖海霞 陈 杰
张巧力 王 定 张琼玉 余 乐 黎昌全
马兴茂 王宗彪 熊昌盛 林 盛 吕从震
杨坤朋 徐燕菲 何强磊 许行锋 陈笑双
蓝邵挺 张伟峰 吴素果 韦 茂 孙 冰
赵 薇 王睿南 肖 琼 黄华文 李进杰
柴 强 王明珠 史辉君 孙 羽 韦春丽
廖桂芳 李 杰 赵 旭 谢 可 冯晓晨
李晓权 皮程辉 邹 良 李 飞 钟丽华
翟汉江 徐 融 胡荣华 张 强 李 影
任吉军 姜红姝 林智勇 刘建春 赵芬芳
杨 勇 李 坤 杜云雷 宋正娇 王和艳
文水生 毕馨元 翁果城 段威虎 申晓平
杨致永 李章健 苏先玉 何 爱 沈慧琴
容贤都 陈 石

人文传播学院

广告学

冯成光 郑雯珺 冉 剑 胡 婧 王 瑞
朱海燕 刘晓欢 吕含玺 马玉峰 张生强
来佳玮 杨 朋 程晓庆 郭 鹏 刘 京
孙佳佳 刘兆君 莫志鹏 冷朝普 唐敏思
陆辉军 莫 昕 申 洁 姚 瑞 赵文娣
方李斌 李年智 黄 苏 周福群 程颖佳
高 军 张 玲 吴媛媛 陈佳音 刘晓蕾
孙锋力 李 健 刘 津 段书娟 杨明波
张贺峰 王运丹 费卫伟 敖海蓉 万 菊
王秀秀 谭志康 肖 季 韩晓丽 文 赢
陈 兵 刘春云 谢 丰 吴艳姣 秦利果
何 莹 王 婷 李 晶 曾军国 李慧子
马少滨 谢婷婷 刘 强 胡 全 刘 倩
李 帆 陈兴亚 吴万桃 伍 力 景金和
孙珍珍 陈 放 贾 娟 张保成 闫 实
王 斌 陈 璐 曾庆来 彭 斯 何昆伦
李彦梅 安正庚 何 鹏 赵 阳 刘谭乐
袁羽青 周子博 张钰苑 陈 芳 黄丁慧
王 花 谢惠乔 刘晓华 彭思哲 王 浩
李 亮 田孝江 裘 鑫 李虹莹 刘宇聪
余爱洁 张兴荣 费维珣烨 蔡伊思锐

汉语言文学

赵智轩 韦海燕 张 颖 张 岩 刘晶晶
宋诗睿 王宁宁 张 佩 杨安平 王 安
彭玉姣 刘天予 周洋洋 林梅竹 韩宗胜
糜 丹 周美美 晏立新 潘 娟 王 瑶
谢代思 郭 婧 张肖云 龚志远 王 楠
彭奕环 胡学慧 洪恩杰 吴 琰 魏蓬勃
王 敏 丁 晶 肖 狄 刘璐璐 王 冰
包晨露 丁宣含 夏磊敬 焦素叶 刘 伟
杨富尧 才建秀 黄雪寒 李 洁 朱帮伟
张 亮 张 瑞 王柏雄 彭 娟 刘 丽
蔡 佳 朱 伟 刘 倩 马亚迪 李婷婷
张海涛 郑晓娟 陈璋恒 刘小华 申文轩
周 涌 周静如 黄 婷 樊姣姣 崔平平
刘友平 张 标 纪秋英 刘永鲁 阳 洋
李 维 张萍萍 袁 涛 谢志强 杜传均
曹花杰 尹晓飞 田 地 李 娇 赵飞云
杨金斤 徐 燕 谷钟慧 李 雪 杨晓宇
杨玉林 李广旭 胡 烨 吴佳佳 覃燕茹
童瑞琼 卢 娜 周春燕 王玮玮 甘雪晶
李文君 符娇梅 彭家陵 张 文 苏 震
刘 秒 董学强 徐辉豪 卓萍萍 李 娟
唐文婷 周新宇 杨小平 王斯琦

戏剧影视文学

夏 奇 钟 科 亢 松 江婷婷 李蕊花
张学慧 鲁 璐 许园莹 张肖星 余 枫
王远露 张国梁 苗宝宝 缪影影 甄 燕
王圣洁 周 成 卫 然 田妯妯 余青娥
邵 莹 刘艳萍 王 雪 隋思慧 孟冠男
许长勇 张 娣 史春梅 时 丹 黄雅威
张乐田 周星宇 俞 君 孟宪超 昝文东
刘娇阳 施振兴 汤 浔 杨 振 吕邦武
林 玲 刘晓菡 侯 抗 陈 雪 余福平
高小平 刘凤丹 易 培 邓小群 刘从照
杨 茜 全昌科 李小玲 秦红卫 武丽魁
姚兰芬 曾 馨 张宇飞 刘 薪 唐 文
邓伯超 蔡春芳 阳佳龙 刘德林 王国珍
贾静一 刘春宇 沈 琦 孙 丹 孙福娜
王丹彤 刘 禹 孔维旭 施 琼 董 珊
和克侠 王晓津 苗春华 李恒君 王菁菁
何小吟 王智慧 高玉婷 孔婷婷 查 瑶
罗新峰 万 佳 朴英实

外国语学院

日语

李 颖 袁兴灶 李卫东 陈亚楠 荫 鑫
马青青 谢冬琴 金贞爱 孙 雪 冉 娟
杨元元 熊 蔚 张芳旭 火胜昌 彭春红
周 佳 胡精文 吴 婷 马 江 徐真真
陈文娟 薛 涛 尹 萍 陆文静 郑秋怡
崔 庭 林井珍 肖 洁 岳 珊 张 亮
吕 梅 郭敬柱 熊 玲 袁 超 胡 月
黄运芳 陈 瑜 付金平 刘秀玉 田晶晶

邓佳佳 李 晶 杨 越 符金勇 莫少红
王 娟 张先权 何芳杰 季圣雨 李 婧
廖 莹 李 威 顾 斌 杨怡熙 张 怡
赖 霆 付 静 朱莹慧 欧阳国尧 秦王莲子

英语

张雪梅 张全瑛 贾晓宁 何庆均 谢冬青
吴婉慧 石 超 计晓云 杨 娇 李志超
钟 晶 黄少翔 周美玲 陈媛媛 张 明
叶 爱 武泽原 张赛凝 石晓欢 别 琴
沈永霞 张成发 刘丰丰 石 敏 陈 蕾
何 丹 韩 丹 周 宇 张 迪 董晓婷
陈 晨 黄 茹 于倩倩 赵 珺 张 芳
方长元 曲 凯 高 威 刘雪涛 陈 虹
康特特 谢艳萍 李冬勤 武慧娇 刘 银
刘 庆 王欣童 黄妍琼 张 青 何小林
李彦林 周占华 田 园 肖惠敏 李学靓
林师浪 李 慧 陈星坪 娄建秀 刘少敏
王丽华 郑 鹏 杨 娜 惠 美 曾文玥
余水红 贾云雪 李莉莎 李丽秋 王成凤
郭承姣 陈廷娟 金 婧 方 舟 张 淼
王跃雄 钟 莉 蔡俊晶 杨学涛 闫 涵
张发莲 何夏婷 遇 蕾 张 靖 肖 敏
蒋春霞 卢兴良 胡 凯 黄晓彤 王 莉
孙婉慧 姜佩佩 孙 雪 曹 月 徐大双
李金菊 彭 元 谢群芳 廖久星 袁士情
朱 莉 房 泳 张丽颖 吴忠艳 李 广
龙玉蕙 付 茸 朱轩萱 弓晓敏 朱 钰
崔文哲 丁海振 袁逸寰 陈美伶 王 曦
潘雪云 汪 婧 张琴琴 张立娟 张秀秀
黄禹铭 程 湉 祁建建 罗天亮 陈 燕
文小丽 焦 颖 刘 忠 魏 岚 贺敬敬
简 易 盖楠楠 李虹波 陈 程 符敏芳
张 敏 窦忠美 郭玉芹 薄一楠 刘少华
卓桂梅 张 磊 钟 桅 樊桂花 施晓兰
徐玲玲 王少保 曹丽娟 陈 真 莫桂梅
陈荃显 赖茜茜 刘鹏渊 张雪皎 杨 韵
王文员 周 玲 罗 镜 沈 胤 万 然

陈逸群 代虎年 李媛媛 李雪红 胡建山
郑 聪

英语(经贸方向)

高夫辉 赵文婷 刘 珊 华水根 安 琦
李金花 郭翔翔 黄明青 刘春丽 王文章
李佳龙 张 刚 王家艳 姚文静 张 斯
徐 莹 乔 智 黄香莲 韩丽丽 阮受钟
吴青玉 李晶晶 徐榕徽 郝玉辉 杨博童
高 翔 王子君 李晓珊 郭秀萍 贺 杨
颜锦棠 刘春红 吴应四 贲春丽 胡胜丽
张 娟 田 冬 许姝敏 葛静楠 白 瑞
于 萍 于 洁 张 琦 金云霞 陈琳琳
何培元 缪智萍 徐侨键 郝玉琼 庞辛蕙
于 曼 唐东明 宋晓婧 李 宁 吴顺娥
王瑶婉 张金亚 李 明 杨海珍 张雪松
王 苹 雷小燕 陈 琛 刘俊奎 李维娟
施 猛 陈 艳 邓同森 黄 铛 仰丽华
章丽萍 武保新 邓文军 孔玲玲 汪清泉
李世界 杨丽清 朱志超 刘颖芝 边 芳
李苗苗 乔 妮 郑小慧 陈艳冰 李梅兰
王建民 成诗惠 文 想 刘 丹 林俊宇
杜鑫林 高 昂 卞念念 邵 燕 易 飞
邹文磊 凌 卓 邢晶晶 于建飞 胡营营
黄宗德 周梦寅 杨友松 殷 子 马 艳
刘庆怡 苏敏娟 韩芳娟 尤 瀚 洪 杰
符祯英 钱 睿 侯点友 朱莎莎 潘慧敏
邱丽娜 刘麦惠 孙红娟 刘 芳 茅新艳
陈荣桂

艺术学院

绘画

王 源 张英霞 许作文 魏红艳 张海波
韩 冰 刘克智 何瑶琳 朱 惠 李 洋
吴雯茜 马路遥 何彦文 李嘉鹏 李亚镁
刘寿玲 沈 洁 吴 衡 贾程翔 王建华
徐珊珊 王文静 许 雷 盈金华 赵 鑫
付 茹 张安顺 李维斌 全 岳 肖海涛

赵海亮 章海龙 薛　诚 黄　娜 赵迎春

艺术设计

王贤壮 郭存丽 王仁祯 吴鹏远 徐冰凌
赵琴梅 李俞伟 李　泉 黄梦禧 张　杰
王　静 石明青 徐占山 任建玲 冯玉龙
张　佳 沈艳艳 吴　兰 马烨飞 田立业
陈　卓 黄银霞 何园园 程亚茜 刘　波
姚斌祥 仇婷芳 周志刚 汪　洁 杨　琴
李若男 廖定飞 黄鎏冰 余小勇 熊一川
姚小娟 谭　军 陈智萍 刘　璐 余文忠
杨蜀虎 邹志华 赵　馨 张瀚文 高丹丹
董　旭 徐　闯 徐海仕 王　辉 王德昌
曾天参 卢运通 任丽君 陈建金 任　虎
李华林 王旭东 秦　亮 荣浩男 杜　宇
杜　婷 陈　金 张　瑶 陈　锐 李雪松
朱敏敏 高　钦 高　洁 陈　锦 胡　佳
戴　玥 张　婷 杜　姣 邱海英 张　静
卢潇然 陈晓萍 王　洋 宗　倩 孙爱霞
张　菲 慈　珊 方　健 郝平平 高　山
王春艳 王全升 王宁宁 刘灿灿 刘俊杰
胡姗姗 王永青 赵岩波 张　义 李　儒
龚　盟 杨　洋 孙建利 周栋栋 张　敏
谭祖鹰 王　潇 马立尧 程　瑞 闫　佳
闫亚龙 曲　良 吴江霞 席岳琛 刘天宇
付文斌 陈派顺 韩利江 张　武 王兴伟
李寿果 吴钟进 王海昌 彭海霞 王晶虎
徐　宁 李建奇

音乐表演

符业远 王华伟 王永莉 李　超 申　超
雷　浩 马海健 李　璇 张　蓉 匡惊竹
郑楚婕 章　珊 刘婷婷 刘鹭鹭 吴　迪
黄彩云 黄　茜 石一君 杨　弘 胡　鑫
武玉龙 陈稚拙 蓝海波 袁　鸣 王思琳
张艳明 孟　菲 周　文 郭　婕 陈梦影
朱　戎 易雅露 安　然 唐巾杰 朱海兰
徐　卉 肖　娟 李瑛超 庄婷婷 田　超
刘　鑫 高　静 张梦思 孙　敏 夏铭蔚
任　涛 董玉兰 黄苗苗 李玮珊 谭小婷
陈　良 李　阳 霍　苗 王竹峰 谭　芊
许　卉 闫　宇 牛天羽 邓　微 徐艺珍
王佩砚 肖　潇 吴汶洁

舞蹈编导

成云姣 李懿飞 苑栋栋 张阳阳 孟令明
朱石生 盛　硕 陈建凡 黄　琴 韩　艳
唐　琼 刘莎莎 肖　婷 向昭仪 李　洁
万　祎 刘　勤 熊思纯 孙　丹 冯　琪
李　彬 李海萍 潘　静 胡　璇 路璧汝
高　丹 赵静雅 董秋霞 杜璐璐 李　磊
王　鹏 梁苗苗 王玉晶 张英鹏 冀云峰

旅游学院

旅游管理

谷芳芳 王子瑞 陈灵灵 吴　伟 黎　琼
吴晓娜 晋　睿 高雪莲 李　丽 邱　霞
毋　磊 郝燕波 宋小燕 刘海燕 肖　林
廖益清 张利平 蒋春暖 万寅敏 何丹东
潘国洋 马泽琴 王少平 张玉香 张淑婷
乔　娟 周顺懿 周　玲 袁丽霞 符秋明
刘松岩 李明钢 侯　猛

旅游管理（企业管理）

李长春 代思浩 李日峰 王思雨 曹日扬
张雪卉 邢启艳 陈丽荣 陈剑斌 陈美璘
陈金华 陈玉坤 陈　强 张瑞虹 戴映科
董乐军 黄克己 冀奎鹏 江　兵 李东伟
张丽华 孔招娘 来　龙 蓝艺红 李　维
李　雪 刘万顺 廉红利 易　妮 罗超斌
梁燕兰 刘　梅 朴鹤松 秋　建 涂求明
庞　李 王子恒 邱　静 谢云太 覃　茹
徐依俊 杨　顺 吴　芬 张洁亮 吴金仙
吴巧芳 钟　亮 葛珺玮 潘泠聿 孟灵彪
夏　璐 符章纬 赵　勤 陈之海

旅游管理（人力资源）

蔡芝娇 王荣光 李 娟 李 涛 王 璐
于 冰 白晓明 陈 诚 谢银芬 陈亚娟
陈 锦 程 霞 俞思凡 陈庆鹏 代 华
董可心 郑 如 庄 园 高圆圆 张院阳
顾婷婷 郭晓明 韩 翰 韩 迅 韩美花
胡 飞 何 璇 胡和利 纪立新 贾淏婷
李丹丹 李丹丹 刘荣亮 刘 实 郑慈贞
孟思丞 刘 洋 邱志文 刘 宇 杨 虹
马宏杰 穆 瑾 潘 瑜 王 杰 蒲翠兰
乔欣怡 徐欢欢 徐婧璇 徐文娟 孙翠妍
熊照友 唐 宇 杨 戈 田传娜 王欣怡
叶 伟 云 帅 余 千 赵艺媛 朱 娴
项 凤 陈子文 黄 硕

旅游管理（应用日语）

陈树仁 戴 薇 董鹏鹏 郭宏祥 胡 波
李 平 凌 灿 刘 芳 刘启明 刘 帅
罗 靓 罗 兰 马星婷 南 男 任 洁
宋美娟 孙晓楠 童 心 王奋举 文冬韶
肖 辉 谢世芳 杨瑞馨 尹 涛 应 杰
于 淼 赵建芳 崔艳辉 赵亮宇 严 云
龙雨婷 荣 辉 付红妮

旅游管理（应用英语）

陈 霞 陈小兰 陈 雅 冯 朋 古小波
郭华丽 郭建洪 何 茜 侯峥羽 蒋晶晶
来 芳 李大梅 李 兰 李晓蕾 李智盟
刘 超 刘丛龙 刘 婧 刘 倩 刘 全
刘瑞霞 刘雁楠 卢奎宇 罗 玲 倪小伟
孙跃峰 唐 萍 唐乙平 田 丽 王 硕
王亭亭 王婷婷 王玉君 王正伟 魏子强
伍晓琳 徐 浩 张家旺 张 良 张赛亚
张 仪 张志娇 赵 博 赵 龙 柯凯莲
廖雪如 孙泽玲 雷 荣 朱 妍

市场营销

王海超 牛夕滨 谭 昊 金海英 李东波
何 寅 陈 靖 王 辉 陈富强 王 伟
王向东 陈丽娟 王 军 陈天容 章 晟
王鹤翔 王 琦 陈鉴清 陈 艳 张忠伟
陈江城 崔玉敏 陈 亮 单丽英 陈 然
符 莲 陈祥瑞 葛富香 陈燕甫 胡丹丹
陈永生 张李永 张明溪 黄彩燕 季 雨
杜 威 姜利利 方 孟 李宏宇 符廷立
李银花 胡 冲 历 楠 金利钢 刘丽娜
李成松 卢雪萍 马 煜 梅佳佳 李 光
任婷麟 李 平 史娟娟 李 琼 郃先智
李先景 谭霞丽 李业强 滕 达 李志平
汪 娟 廖念远 王丽荣 林大余 王 甜
林荣茂 吴爱昌 吴 凯 周 飞 林志武
文 静 刘 鹏 吴明明 吴 楠 吕 伟
夏 帆 罗良凌 谢 梦 张 岗 张和悦
张 俊 许振东 薛迪增 马轩清 徐 颖
潘晓斌 余子洁 彭 程 袁 迪 秦雪虎
张 娟 石海峰 张腊红 孙 帆 张欣茜
谢中武 谢 状 覃杰朋 张雅琴 张育芬
汤志生 袁树阳 张子怡 汪 鑫 钟晓虹
王榜恩 周亚娟 王 渤 朱 晓 张秀兰
贺 坤 严 俊 王允彪 周 创

旅游管理（专科起点）

郝珊珊 郭 洋 付 堂 葛培培 史克华
陈红胜 毛 敏 文裔娜 郭晨茜 余雅萍
梅林林 杨 帆 杨 新 谭 斌 江 丹
景宇宽 王 帅 李志敏 李 雅 韩 凡
李炻荣 张永康 崔惜民 沈延辉 潘 研
余宏杰 杨画麟 陈楚然 李 力 吴 凯
刘琪剑 肖尧木 候 洁 孙墨慧 聂 涵
张爱林 郝 媛 韩 冬 张丰硕 孟婷婷
潘小庆 周新法 郑田洋 郑 昕 梁 佳
胡伟娜 谷晓静 杨小娟 韦 健 王彬昊
殷真真 朱晓倩 贾 滢 童 艳 孙盈盈
刘欢欢 罗 倩 丰 攀 罗 黎 武卿华

应用科技学院（城西校区）

会计学（专科起点）

刘小军 吕　兰 罗　峰 陈晶晶 刘　平
刘　婷 苗保才 丁玉梅 郭腾文 文　文
徐　宁 许书福 姜金川 宋晓佳 黄　聪
岳小敏 高　媛 刘　江 黄　娜 蔺　楠
柳　云 贺　菊 王先伟 张　玲 景文君
牟　晋 梁虎生 张艳飞 江家俊 陈慧敏
杨　锐 郭高峰 李慧敏 龚胜飞 姚　澜
徐　敏 孙俊姣 柳　丹 刘　朋 汪　伟
贾　曦 闵　捷 周功兰 武罗松 万伶俐
王陆东 杜明云 刘海燕 陈秋萍 文鹏鹤
黄夏韡 汪　洋 陈永军 金　晶 颜运萌
符　思 张　铮 袁巧玲 罗铃丽

市场营销（专科起点）

范立静 刘亚平 刘　意 王丽华 廖　洁
邴长莹 李恭营 贺婷婷 赵坤力 吴晨琨
张志远 左方洲 全孝梁 潘　攀 薛　珍
庄新华 彭淑婧 王士南 叶子兰 刘　莉
黄向东 李　诚 邓亚宁 赵丹丹 谢龙宇
田旭玲 唐　叶 胡　燕 吴　倩 苗　雅
邸　丹 黎小英 周　燚 杜秀慧 林　媛
林雅颖 王跃民 宋　娜 任志胜 任明明
赖玉春 叶　念 袁　莎 才志为 赵　旭
徐　静 袁　沁 张杨阳 夏　竹 汪世国
胡　影 李耀国 孙郢茁 陈春园 郭晟汀
赵　莹 王　辉 范　娅 沈丽燕 刘玉慧

计算机科学与技术（专科起点）

孔秀军 邓　伟 张玲慧 李元春 王　星
朱超峰 王　豪 王　实 张秀徽 刘　婧
刘进放 陈超锋 陈　昆 晁　洋 李建东
李景国 魏　辉 王　芳 罗学娟 杨　超
丁晓红 万天培 刘　启 戈　莎 杨硕文
丁志敏 陈　凯 张　斌 韩建宝 赵文超
龚培森 陈子鑫 肖智艳 张晴旻 李良杰
邓丽丽 付玉广 韩加展 鱼　宁 黄汉文
胡俊洋 张艳萍 王　静 樊立宽 梁丽霞
靳　永 赵振飞 黄龙其 徐昌锐 陈小攀
胡正东 李晶鑫 李　娜 刘艳楠 张　茜
汪露露 章慧琴 谭　勇 王　强 张建辉
石　扬

会计学(注册会计师方向)

林　颖 毛一晶 李慧燕 程　彪 朱建兴
高凯鸿 陈雪玉 苏龙花 戴　蕾 张丹丹
王名波 黄田龙 符传刚 林师鑫 颜　韵
符策羽 符绩宝 唐才雄 林　捷 胡绍刚
黎　想 郑梦华 江　黎 陈丽香 刘萌萌
骆杨阳 黄　娟 文　翠 陈　秋 黄雯珊
骆华央 符青来 郑勇江 周吉兰 王晓秀
陈山青 周志英 柯　丽 辛思颖 陈婉莹
吴桂萍 朱　夏 黄　琳 白京姗 林　琳
梁志英 田晓江 闫　佳 张义昶 李卓琳
肖娟娟 叶美玲 刘利宁 孙英寅 胡昱恒
向　伟 吉琛玮 谷　雨 郭玉婷 王辉藜
周　单 曹志洲 吴江正

旅游管理

谢文龙 罗明玲 温　福 宾　梅 田俐萍
曾纪鹏 邹知新 李振刚 赖　超 陈　伟
黄品月 林　章 李　强 黄仕福 陈　华
柯海妹 张雅菲 陈海妹 郭美琳 王柳娜
邹　蜜 王　利 邓　雪 郭玉琼 闫丽丽
刘卫萍 杨小艳 吴艳丽 毕新燕 王有媛
梁启秀 郭教丹 林品秀 张江丹 王文胶
李　凯 李江妹 黎小花 吴丹静 胡　颖
杨祖文 弥　艳 蒋　林 张　莹 唐　玲
陈天川 周江艳 陈何耀 罗嘉明 肖　颜
杨得进 赵　娟 韩灵灵 郭瑞时 周晓燕
杜　芳 王学梅 陈士妙 柴晓宁 林爱雪
刘宗敏 陈积维 钟振玮

农学(观光农业方向)

陈　标 杨　芳 林秋英 谢　琼 王陛鑫
郑首彦 王琦琼 韩　浩 林　坚 朱　瑜

符　建　周　锐　卓书光　吴乾安　郑传议
郑春寿　朱树帜　叶家星　李圣助　杨富文
黄永升　黄碧邦　王太璋　杨　明　方其虎
李　君　许丽琼　陈春儒　王春燕　张　莹
黄彩芬　张　丽　杨东菊　钟明远　胡小芳
江贵贵　邹勇斌　郑　刚　吴敏剑　汤晶晶
冷　杰　黄　锐　孙孟哲　胡永春　杨　露
李小彬　罗志军　吴文博　梁建乐　张继方
胡时岳　程　隆　张　川

网络工程

叶世友　高元斌　姜为刚　张继兴　王燊杰
陈新斌　梁振宇　岳　辉　梁洪华　苏应发
黄裕松　纪小忠　吴道宽　薛逢祖　简　煜
陈　海　史方韶　张国政　廖　凯　符方昌
郭泽延　欧乙江　龙官积　张　旭　王　权
曾维锋　谢小龙　陈福双　吴　远　陈　强
林锦山　柯国才　符良君　曾庆诚　钟　兵
包竹滨　何荣心　吴　瑶　周承珠　凌丽丽
谢菲菲　王海青　宋宜航　周剑阳　郭　浩
廖佳维　邓承旺　孟吊芳　李志敏　黄家伟
赖赟昌　沈国发　李琪琳　陈学文　张巧明
郑　莉　戴　翊　李政亚　胡小敏　王范坤

行政管理(中英文秘书方向)

韦武芬　朱玉良　曹芳霞　蔡燕清　林镇勇
邱春红　李浩铭　蔡于彬　何利家　李书武
王和浩　李泓良　符志文　黎圣志　谢丕明
陈　为　张　帝　陈淑芸　吴　丽　吴　芳
陈海英　王思庭　张秋菊　王　琳　林明慧
杨　惠　凌冰冰　石秋荫　陈慧君　王春霞
关艳君　符芳叶　谭宏玉　蔡子娟　朱小洪
冯　萍　李晓青　廖芝丹　柯俊婕　文丹妮
吴伟梅　文金芳　刘　洁　张少科　曹娜娜
姚　丹　周　满　郑柳香　何　勇　朱　盼
吴　娜　李晨阳　刘子立　徐振毅　陈娟琴
殷一思　李扬威　陆艳梅　区桂婵　许乐红
蔡姝婧　陈积蕾

英语(商务英语方向)

高　震　蔡芸菲　黄建华　杜　莹　王建岛
周诗羽　陈　星　王　颖　陆曼娇　陈正玉
张　宁　占盈盈　吉莹婷　羊丹丹　梁伟倩
陈金妮　王若娇　黄玉婷　翁燕珠　黄　灵
吴广玉　陈泽婷　孙翠菊　彭　迎　肖　艳
李　路　胡和平　童立福　滕江明　余　静
平　盛　陈冠兰　耿　涛　王秀悯　王华珍
刘毅佳　冯少龙　吴　峰　陈　睿　李　岚
吴英蓉　李　琼　陈薇薇　张海丹　薛惠娇
梁晓菲　吕　莉　徐　聪　欧阳慧　孔祥玉
陈春燕　黄　宇　许碧玉　吴淑翠　刘莉香
孙　静　黄海琴　周凤儿　孙定雪　杨巾杰
刘春梅　陈　龙　李　雪　吴荟杰　古　彦
巢燕红

专科毕业生名单

酒店管理

陈　珠　姜又仁　雷　浩　李永国　饶龙丽
佘慧琳　张卫霞　刘　珊　张　洋　张熙衡
薛　卿　雷成凤　范玲玲　林秋紫　黄菊英
王　蕾　陈明玉　陈晓琳　吴淑蕾　蔡亲妃
邓海凤　张莉君　曾穗佳　陈卓雨　符永哲
王启莲　林书毅　杨　锋　陈金瑶　吴小玉
文丽珠　陈忠锦　黄　槢　蒙钟健　林　娟
黄远东　胡罗丹　吴光正　潘甫居　黄　金
薛以健　苏文放　孙磊磊　彭旭琳　冼舒毅
蔡　燕　蓝益壮　吴康伟　袁殷穆　符美琴
赵小雪　张　婷　羊丽英　苏　婷　古金梅
何务丹　陈　婧　罗　娜　李邦泽　黎莉莉
王运娇　何　花　孙　佳　王春花　李爱芳

严　鸿　王　宏　卓　然　林彦玲　吴　亚
林英玉　刘蛟龙　赖远名　符小青　黎雪燕
张会鹏　符海珍　韦　钰　陈辉伟　郭芳婷
马雯雯　符海浪　徐　源　祝　睿　王三妹
林　飞　林美蝶　吴利永　黄巧媚　史凤鸣
黎诗韵　陈　雪　吴　兵　高荣佳　符史君
诸玉兰

旅行社经营管理

张小宝　黄循语　符裕凤　庞文思　吴亚芳
云大霄　陈英彩　吴　平　张　茗　吉　珠
杨泽彪　陈　青　施　靛　曾文丽　杨振亚
蒲明灿　王巧娣　陈红霞　王　玲　林道芬
郭红丽　陈世坤　林惠燕　吴广丽　符秀俐
朱苑华　刘雅慧　章道鹏　张小曼　伍　佳
丁欣源　曾佳佳　叶裕存　袁嘉欣　梁亭亭
王秀兰　王　珠　苏东明　吴清龙　李文杰
陈　颂　刘　颜　王海向　陈谷雨　雷丽君
孙贞豪　林海文　陈莉云　朱应兰　邹振书
唐　艳　李　娜　彭飞翼　梁小瑜　赵开芳
邱春华　王　丽　陈　琳　陈名仁　陈　光
王诗琼　李晓琳　蔡乃立　符　帅　麦秋曼
黎志豪　云静雯

旅游管理（旅游信息管理）

邹彦萍　胡　琴　吴　楠　王　皓　洪德龙
林亨汕　杨积琴　刘盛梯　刘英冠　卓　亮
苏海琳　吉家伟　邓俊友　陈建宏　陈元山
王惠琴　杜秀明　张太东　李　果　李少英
陈　彦　陈德冰　黄春妹　王秋妍　胡金荣
柳　武　黄炎生　刘思好　何忠正　曾　文
黄玉英　王瑶瑟　王康精　陈运榜　王咸博
吴　婷　文　依　张少蓉　黎隆奋　毛惠敏
周雪晖　王启琳　陈华朵　谢佳龙　李晓颖

周小丽　许书文　蔡易坐　林　娜　黄飞鸿
张玉璇　符方雨　吉　星　彭　维　许娇玉
王珍妮　李　花　肖微微　尹婷婷　曾　原
谢伟杰　邹　楠　王惠普　吉家贞　李　越
栗源宏　陈增富　郑洁颖　苏　宁　黎秀凤
陶丹华　徐　瑞　邓　虹　林小燕　陈运剑

计算机网络技术

陈剑豪

计算机应用技术

张军瑞　钟　旭　吴德云

种植养殖

王圣开　陈创奇

商务英语

郑利钦

会计(涉外会计方向)

桂俊规　符妮娜　卢登州

电子商务

陈玉申

会计电算化

娄晓苹

市场营销

彭竹林　赵　敏　杨昆仑

艺术设计

陈祥弘　黄林专

科学研究

【概况】 2010年，科学研究工作围绕学校“立足海南，面向全国，辐射东南亚”的战略目标，以学校“211工程”建设为契机，抓科研促教学,实现教学、科研两翼齐飞，打造一批高水平的开放性、现代化学术创新平台。推进科研管理体制创新,整合资源，组织联合攻关，积极申报国家级重大科研项目和科研成果奖励。开展富有地方特色的科技创新活动，全方位为海南国际旅游岛建设出谋献策，为海南地方社会经济文化建设服务。

【科研项目及经费】 2010年，获各类立项科研项目共405项，其中，国家级项目47项，部省级项目137项，厅级项目91项，企事业委托（横向）项目78项，校青年基金项目52项。国家级项目有：国家自然科学基金项目28项，国家社会科学基金项目3项，国家863计划项目1项，国家软科学计划项目1项，国家973计划（前期）研究专项4项，国家科技支撑计划项目6项，科技部基础平台项目1项，国家农业科技成果转化资金项目3项。省部级科研项目有：自然科学类部级项目32项、省级项目65项；人文社会科学类部级项目10项、省级项目30项。

获批准资助科研经费4473.1488万元，其中，国家级项目资助经费1361.03万元，省部级自然科学类资助经费1376.52万元、人文科学类资助经费54.6万元，厅级项目资助经费559.5213万元，校级项目资助经费75.5万元，其他横向资助经费1045.9775万元。

【科研成果与奖励】 2010年，学校作为负责单位的已通过结题的科研项目共有320项，其中，国家级项目17项，部级项目31项，省级自然科学类项目50项、省级人文社会科学类科目14项，地厅级项目128项，企事业委托项目80项。

学校作为主要完成单位获得的科学研究成果奖主要表现为科学技术类奖励。共有11个科研项目获海南省科学技术进步奖，分别为一等奖1项，二等奖3项，三等奖7项。具体是：（一）李建保校长为负责人完成的“流动沙丘的固定和绿化用新材料、新结构及其野外实践效果研究”项目获海南省科技进步奖一等奖；（二）园林园艺学院杨小波为负责人完成的“海南城市与农村生态环境理论研究与应用”、海洋学院王爱民为负责人完成的“马氏珠母贝育种和养殖新技术”、材料与化工学院刘钟馨为负责人完成的“金、磷酸钙和氧化钛光功能纳米材料及性能研究”等3个项目获海南省科技进步奖二等奖；（三）材料与化工学院陈永为负责人完成的“二氧化锰纳米结构的制备及性能研究”、海洋学院王红勇为负责人完成的“几种重要经济虾蟹人工繁殖技术及斑节对虾多倍体诱导研究”、材料与化工学院胡广林为负责人完成的“中药煎制过程中微量元素及其形态的分布与调控及水煎剂中有毒元素脱除”、环境与植物保护学院谭志琼为负责人完成的“香蕉冠腐病菌生防细菌的筛选、鉴定及防病试验的研究”、农学院陈银华为负责人完成的“植物耐盐基因的挖掘及耐盐机理研究”、农学院刘进平为负责人完成的“12种重要热带植物组培快繁技术研究及应用”、李建保校长为负责人完成的“海南省高新技术产业发展战略研究”等7个项目获海南省科技进步奖三等奖。

【著作、教材及论文】 2010年，自然科学类：主编和参与编写的学术著作 30 部，教材 15 部。发表学术论文 603 篇，其中，核心期刊 295 篇，国外刊物 86 篇。三大检索收录共 105 篇。

人文社科类：主编和参与编写的著作 77 部（含文学艺术作品集），教材 26 部。发表学术论文 744 篇，其中，核心期刊 247 篇，国外刊物 7 篇。

【科研基地建设】 2010 年，学校新获批海南省热带生物资源可持续利用重点实验室——省部共建国家重点实验室培育基地。新筹建海南省热带动物繁育与疫病研究重点实验室。学校与清华大学、中国可再生能源协会等单位合作创建海南低碳经济政策与产业技术研究院，与南开大学联合成立 海南国际旅游岛发展研究院。

至 2010 年底， 学校拥有国家重点实验室培育基地 1 个，教育部重点实验室 3 个，教育部工程研究中心 2 个，省级重点实验室 6 个，省级工程技术研究中心 2 个，省级人文社会科学研究基地 1 个，省级研究所 1 个，市重点实验室 3 个，联合研究机构 2 个，校级实验中心 2 个，形成了国家、部、省、校四级科技创新平台体系。

【科技成果推广与转化】 2010 年，通过校内调研，做好本校科技资源的摸底工作；积极参加科技成果展示会或交易会，加强对学校科技成果的推介和转化工作；派出科技力量支援海南农业生产自救，用科学技术支持地方建设。

（一）参加成果推介会，扩大科研影响力。

加强与外部合作联系，筛选出有市场推广前景的技术成果进行宣传和推介，初步取得良好的效果。先后组织人员参加 2010 中国（长沙）科技成果转化交易会、第 12 届中国国际高新技术成果交易会（深圳）、全国科技兴海成果展览交易会（广州）、中国湖北第六届产学研合作洽谈会（武汉）、2010 海南省科技活动月、2010 关于科技应对气候变化南南合作研讨会、2010 年中国（海南）国际热带农产品冬季交易会、2010 年中国（海南）国际海洋产业博览会。海航绿色实业开发公司、海口中准会计事务所、国家科技部和厦门市政府共建的“国家科技成果转化（厦门）示范基地”的运营平台科易网（www.k8008.com）主动致电学校要求合作开发。

在 “绿动未来”2010 年高校环保科研应用技术支持计划”项目申报中，学校共征集研究开发“节能减排”先进适用新技术项目 7 项，其中我校“低成本高效隔热材料制备关键技术开发” 项目从全国 6500 项中脱颖而出，获得资助。

（二）贯彻落实省委《关于加快推进海南省西部地区开发建设的意见》。

根据校党委《贯彻落实省委〈关于加快推进海南省西部地区开发建设的意见〉责任分工方案》的要求，成立由材料与化工学院、经济与管理学院等 12 个单位组建的专家组，制定并落实各项目任务的具体实施方案和计划。

（三）发挥科技和智力优势，支持地方经济发展。

1．科技支撑：组织专家对儋州市海棠镇铁木匠村进行实地调查，对该村的手工艺品原料采集、工艺品形式构成、设计人才培养与引进以及经营管理、营销渠道等方面献言献策，拓展发展思路，为该村的发展提供技术指导和智力支持。

2．科技救灾：10 月，60 年不遇的强降雨给海南带来了严重灾情,为配合省里开展防汛救灾工作，由学校统一部署，组织热带农业、水产养殖等领域专家 20 人次分别赴海口、文昌、三亚、万宁、琼海、定安等市县进行灾情调研，开展灾后技术培训，发放宣传资料 5000 多份，指导各地农民冬季瓜菜备耕、育苗、栽培以及橡胶病虫害、动物疫病防控等工作。

3．科技扶贫：为落实省委办公厅、省政府办公厅关于联手扶贫工作的部署，结合学校的人才及技术优势，针对帮扶对象东方市天安乡天村的实际情况，帮助该村编制 1—5 年的脱贫规划，并制定具体帮扶计划。

【知识产权】 2010年，以学校为申请人，共申请专利57项，其中发明专利32项，实用新型5项。获得专利授权6项：利用酵母菌生产纤维素酶的方（200510070368.6）、一种防臭、防虫、防溢水地漏（20082007586.4）、双频兼容性柔软型薄片状电磁波吸收体（200810092494.5）、一种促进牡蛎和珍珠贝类精、卵排放的方法（200810148955.6）、一种热力喷雾机（201020003207.1）、一种超低量/低容量喷雾组合喷头（201020135491.8）。

（撰稿：杨德禧　审稿：章程辉　数据提供：杨德禧、张盛敏、初华丽、秦春秀、游建华、杜丽、洪玉珍）

科 研 机 构

2010年国家级、省部级重点实验室、工程技术研究中心（所）、人文基地一览表

序号	机 构 类 别	机 构 名 称
1	国家重点实验室培育基地	海南省热带生物资源可持续利用重点实验室——省部共建国家重点实验室培育基地
2	省部共建教育部重点实验室	热带作物种质资源保护与开发利用教育部重点实验室
3		热带生物资源教育部重点实验室
4		海南优势资源化工材料应用技术教育部重点实验室（立项建设）
5	教育部工程研究中心	热带作物新品种选育教育部工程研究中心（筹）
6		热带多糖资源利用教育部工程研究中心（筹）
7	海南省重点实验室	海南省耐盐作物生物技术重点实验室
8		海南省精细化工重点实验室
9		海南省热带水生生物技术重点实验室
10		海南省INTERNET信息检索重点实验室
11		海南省硅锆钛资源综合开发与利用重点实验室（筹）
12		海南省热带动物繁育与疫病研究重点实验室（筹）
13	海南省工程技术研究中心	海南省精细化工工程技术研究中心
14		海南省海洋通信与网络工程技术研究中心
15	海南省省级研究所	海南省食品科学研究所

续上表

16	海南省人文社科研究基地	海南省历史文化研究基地
17	联合研究机构	海南国际旅游岛发展研究院
18		海南低碳经济政策与产业技术研究院
19	海口市重点实验室	海口市动物基因工程重点实验室
20		海口市电子农务重点实验室
21		海口市海洋药物重点实验室

科研项目

2010年科研项目立项一览表

2010年国家自然科学基金项目立项一览表

序号	项目名称	负责人
1	金属-有机框架（MOFs）的机械化学法合成及其在此条件下的反应活性研究	袁文兵
2	椰壳活性炭固载金属离子有机络合物催化剂的制备与应用	熊春荣
3	椰子胚乳发育相关基因的筛选及部分候选基因的克隆	李东栋
4	金属基DTi薄膜的制备及其在热带海洋季风气候下的耐蚀性能研究	文　峰
5	可注射原位形成的透明质酸水凝胶的研究及其作为组织工程支架材料与间充质干细胞相容性的探讨	胡碧煌
6	马氏珠母贝生长性状关联SNP和EST-SSR标记筛选及其遗传效应分析	王　嫣
7	中国近海石斑鱼属染色体进化研究	王世锋
8	溶藻弧菌毒力菌株特异基因的克隆及其毒力相关功能研究	谢珍玉
9	海南岛和西沙群岛周边海域石珊瑚细菌性疾病的研究	周永灿
10	马氏珠母贝生长变异的生理能量学机理：异速生长和环境变化的作用	王爱民
11	以重组乙酰胆碱受体筛选芋螺毒素药物的关键技术	罗素兰

续上表

12	风力驱动热力循环海水淡化工艺应用基础研究	马庆芬
13	高管过度自信投资扭曲的治理机制研究	胡国柳
14	区域生态安全约束下的西沙群岛旅游资源可持续利用研究	游长江
15	非常规事件中旅游信息服务可靠性分析及相关安全机制研究	胡　涛
16	红树植物-角果木根系盐应答基因表达谱的构建及耐盐基因克隆	陈银华
17	甘蔗栽培品种中野生种血缘特异表达序列的分析	庄南生
18	橡胶乳管分化相关基因的克隆及功能鉴定	黄　惜
19	马宾灵基因(Mabinlin Ⅱ)体外甜味表达及活性结构发生规律研究	胡新文
20	海南野生胡椒种质资源遗传多样性分析和保护利用	刘进平
21	中国地毯草种质资源遗传多样性研究及优良抗逆种质筛选	王志勇
22	水稻隐性抗白叶枯病基因 xa5 显性化利用的研究	夏志辉
23	罗非鱼鱼片 OD 动力学和 OMD 形成机制研究	段振华
24	海上风电浮式基础动力特性研究	陈超核
25	2010 海峡两岸四地无线电科技研讨会	白　勇
26	面向海洋渔业的移动通信系统及关键技术研究	白　勇
27	海南热带雨林林窗对土壤种子库种子萌发的影响机制	杨小波
28	三色堇花斑色素形成关键基因的发掘	王　健

2010 年国家社会科学基金项目立项一览表

序号	项 目 名 称	负责人
1	创业资源整合与提升新创企业绩效机制研究	李伟铭
2	我国南海主权战略的海洋行政管理对策研究	安应民
3	南海问题及其解决方案法律问题研究	邹立刚

2010年国家863计划项目立项一览表

序号	项 目 名 称	负责人
1	名贵鱼类苗种规模化繁育	陈国华

2010年国家软科学计划项目立项一览表

序号	项 目 名 称	负责人
1	海南益寿型旅游产业发展研究	范士陈

2010年国家973计划前期研究专项立项一览表

序号	项 目 名 称	负责人
1	海南热带海洋富油微藻选育及培养条件研究	刘平怀
2	海南沿海森林植被变化对岛屿海岸带生态安全影响研究	杨小波
3	贝类珍珠质形成的关键基因及其网络调控机制	王爱民
4	高性能轮胎专用天然橡胶加工关键技术基础研究	廖双泉

2010年国家科技支撑计划项目立项一览表

序号	项 目 名 称	负责人
1	海南东寨港人工红树林生态系统底栖生物群落监测及其功能恢复评价	黄 勃
2	热带农业资源管理与特色农产品标识关键技术研究与应用	翁绍捷
3	荔枝中多效唑安全使用技术标准研究	章程辉
4	农业信息移动服务技术系统研发与应用	张 峰
5	热带特色作物生产智能管理系统	李文化
6	速生纸浆林可持续经营管理技术研究与示范	于雪标

2010年国家科技基础平台项目立项一览表

序号	项 目 名 称	负责人
1	海南岛高等植物标本收集	李东海

2010年国家农业科技成果转化资金项目立项一览表

序号	项 目 名 称	负责人
1	九孔鲍优质苗种繁育技术与绿色养殖示范	王爱民
2	含PEP型表面活性剂水基化农药的示范与产业化	李嘉诚
3	海南热带兰花高效栽培关键技术集成与示范	邵远志

2010年部级科研项目立项一览表

序号	项 目 名 称	负责人	资 助 单 位
1	908总报告专著及蓝皮书编撰（部分：潜在海水增养殖区评价与选划）	周永灿	国家海洋局
2	908总报告专著及蓝皮书编撰（部分：海南省海洋经济发展战略与海洋管理研究）	李洁琼	国家海洋局
3	908总报告专著及蓝皮书编撰（部分：海南省潜在滨海旅游区评价与选划）	陈扬乐	国家海洋局
4	麒麟菜生态系统恢复技术集成与示范	黄　勃	国家海洋局
5	超级杂交稻制种气象咨询服务业系统研发	罗文杰	国家气象局
6	能源植物种植的环境影响监测与预警技术研究	孟　磊	环境保护部公
7	海南省高校R&D资源清查及社科统计数据分析研究	杨德禧	教育部人文社科项目
8	基于知识网格的供应链协调机制研究	黄梦醒	教育部人文社科项目
9	新型孝道文化在高校思想道德教育中的应用研究	范启标	教育部人文社科项目
10	当代中国社会分层结构变迁与思想政治教育互动研究	李辽宁	教育部人文社科项目
11	橡胶乳管分化分子机理研究	黄　惜	教育部博士点基金
12	兰科植物极小种群华石斛的种子原地共生萌发与再引入技术研究	宋希强	教育部博士点基金
13	生长素逆转harpin激发的过敏反应及其分子调控机制	郑服丛	教育部博士点基金
14	番茄黄果突变的基因差异表达谱及基因精细定位研究	汤　华	教育部博士点基金
15	溶藻弧菌毒力基因系统的研究(1.8万美金)	谢珍玉	教育部霍英东基金
16	基于溶液方法的有机场效应晶体管的研究	林仕伟	教育部留学回国基金

续上表

17	绿色工艺生产甲醇下游产品：碳酸二甲酯	熊春荣	教育部留学回国基金
18	中国外商直接投资的影响因素分析，1979-2008	韦开蕾	教育部留学回国基金
19	高有序 TiO2 纳米管阵列能带调节技术的研究	林仕伟	教育部重点科技项目
20	香蕉枯萎病的抗病基因分离与抗性机制研究	汤　华	教育部重点科技项目
21	利用隐性 xa5 基因培育广谱、持久抗白叶枯病的安全转基因水稻	夏志辉	教育部重点科技项目
22	热带农业环境的政策研究	谭基虎	农业部南亚专项
23	香蕉技术集成示范推广	刘康德	农业部南亚专项
24	发展油梨产业的可行性研究	刘康德	农业部南亚专项
25	热作病虫害监测防控信息平台	郑服丛	农业部南亚专项
26	天然橡胶病虫害专业化防治试点示范	郑服丛	农业部南亚专项
27	天然橡胶病虫害监测预报	郑服丛	农业部南亚专项
28	油梨种质资源圃	李绍鹏	农业部南亚专项
29	薯蓣种质资源圃	黄东益	农业部南亚专项
30	热区科技成果转化率研究	樊孝凤	农业部热带作物农技推广与体系建设
31	天然橡胶产业发展问题研究	傅国华	农业部软科学项目
32	海南农村小额信贷发展模式创新研究	徐　艳	农业部软科学项目
33	木薯淀粉可降解药用膜及多孔载药缓释微球的制备与性能研究	曹　阳	农业部现代农业产业技术体系专项
34	香蕉果实品质与采前生理研究	黄绵佳	农业部公益性行业科研专项
35	利用有机（类）肥料调控我国土壤微生物区系关键技术研究	阮云泽	农业部公益性行业科研专项
36	热带亚热带果品加工产业升级改造研究与示范	李　雯	农业部公益性行业科研专项经费
37	转基因评价技术	袁潜华	农业部转基因生物新品种培育重大专项
38	抗逆抗虫抗病品质转基因水稻新品种培育	马启林	农业部转基因生物新品种培育重大专项

续上表

39	水稻 OsHUB1 和 OsHUB2 在纹枯病抗性中的功能分析	罗红丽	人事部留学回国项目
40	海南森林生态旅游环境保护现状调查和对策研究	胡　炜	人事部留学回国项目
41	椰壳活性炭固载金属离子有机络合物催化剂的制备与应用	熊春荣	人事部留学回国项目
42	10 种热作标准化生产示范园技术规程	林尤奋	中国农垦经济发展中心

2010 年省级自然科学项目立项一览表

序号	项 目 名 称	负责人	资 助 单 位
1	NCO 异构体结构与分析势能函数的理论研究	李　劲	省自然基金
2	机械化学法制备金属-有机框架材料	袁文兵	省自然基金
3	椰壳活性碳固载金属离子有机络合物催化剂的制备与应用	熊春荣	省自然基金
4	海口市沿岸水体中重金属元素的含量与形态特征	胥　涛	省自然基金
5	热带海水中假单胞菌及弧菌对碳钢腐蚀行为和力学性能的影响	柴　柯	省自然基金
6	超轻型宽带防辐射吸波板制备关键技术研究	郝万军	省自然基金
7	超临界二氧化碳辅助制备高性能聚乳酸复合材料的研究	徐　鼐	省自然基金
8	天然胶乳溴化反应机理的研究	李　光	省自然基金
9	海南超级稻光合器官微结构及光合功能衰退中相关酶研究	张吉贞	省自然基金
10	方斑东风螺养殖水体微生物多样性分析	方再光	省自然基金
11	云斑尖塘鳢的分子遗传多样性研究	骆　剑	省自然基金
12	马氏珠母贝在热带海湾的生长变异及其生理能量学机理研究	顾志峰	省自然基金
13	海南近海海域典型生态系统(珊瑚礁，红树林和海草床)小型底栖生物多样性的研究	刘均玲	省自然基金
14	山药杀虫活性应用研究	董存柱	省自然基金
15	海南热带海洋酵母多样性分析及新型活体微生物农药筛选	柳志强	省自然基金

续上表

16	芒果主要病害生物防治优化研究	刘晓妹	省自然基金
17	粉煤灰漂珠颗粒增强泡沫铝基复合材料的制备与性能研究	罗洪峰	省自然基金
18	基于神经网络的海南水产养殖环境因子智能监控的研究	袁　琦	省自然基金
19	露兜 中有效成分的研究	章程辉	省自然基金
20	淀粉纳米晶对天然乳胶性能的影响	林　华	省自然基金
21	主要发达国家利用境外农业资源的模式研究	邹文涛	省自然基金
22	海南农村家庭养老保障效果实证研究	袁　蓓	省自然基金
23	海南森林生态旅游环境保护与管理现状及对策研究	胡　炜	省自然基金
24	功能平衡目标下的城市住宅区土地集约利用优化研究	刘　玲	省自然基金
25	海南省高新技术产业竞争力评价研究	李玉凤	省自然基金
26	基于非参数 Malmquist 指数的海南农垦生产效率研究	许海平	省自然基金
27	基于产业升级的海南国际旅游岛高端旅游市场定位与开发	周金泉	省自然基金
28	草坪草根际促生菌（PGPR）特性研究及生物菌肥的研制	樊俊华	省自然基金
29	能源大薯新品系选育的研究	许　云	省自然基金
30	海南红原鸡与文昌鸡杂交 F2 代种蛋人工孵化效果的研究	李笑春	省自然基金
31	水稻硅与氮、磷、钾营养相关关键基因分子调控机制	常春荣	省自然基金
32	海南省道地药材裸花紫珠种质资源评价与优良种质筛选	廖　丽	省自然基金
33	海南省地毯草遗传多样性及其评价研究	王志勇	省自然基金
34	利用线粒体 DNA 分析文昌鸡的起源和遗传多样性	廖承红	省自然基金
35	诺丽叶降血压活性成分的研究	张伟敏	省自然基金
36	海南三株稀有放线菌的分离鉴定和活性成份的研究	范丽霞	省自然基金
37	利用诱导抗病性防治芒果采后炭疽病研究	潘永贵	省自然基金
38	指数积分法在生物学扩散方程中的应用	孙建强	省自然基金
39	基于.NET 的大整数精确运算系统的研究与开发	李文化	省自然基金
40	服务与南海渔业的新型移动通信系统研究	白　勇	省自然基金

续上表

41	基于结构数据挖掘的海南电网智能 PowerCRM 研究	杨厚群	省自然基金
42	海洋异构合成无线网络研究及网络应用	沈　重	省自然基金
43	海南岛园林类型调研与分类研究	申益春	省自然基金
44	基于活性成分和遗传多样性的广藿香优质基因资源的挖掘	吴友根	省自然基金
45	几种绿色技术单独和综合应用对芒果保鲜效果的研究	贾文君	省自然基金
46	海南极小种群华石斛的种群动态学研究	宋希强	省自然基金
47	甘蔗茎成熟相关基因的克隆与鉴定	陈　萍	省自然基金
48	血红素加氧酶延迟 GA 诱导的水稻糊粉层 PCD 的发生	陈惠萍	省自然基金
49	国际旅游岛背景下海南省土地资源可持续利用的生态安全评价研究	栾乔林	省自然基金
50	基于国际旅游岛建设的农村土地管理制度改革研究	黄朝明	省自然基金
51	基于系统动力学的海南国际旅游岛人力资本增值机制与制度政策研究	黄崇利	省自然基金
52	蔗渣纤维素可解磷固氮高吸水材料的开发	王　江	省重点科技项目
53	太阳能光催化处理城市污水的技术开发	刘钟馨	省重点科技项目
54	复合纳米氧化物抗菌多功能内墙环保涂料的开发与研制	吴进怡	省重点科技项目
55	瓜蒌胸痹滴丸新药临床前研究	陈祎平	省重点科技项目
56	海参人工繁育技术研究	冯永勤	省重点科技项目
57	海南省“十二五”科技发展规划编制研究	李建保	省重点科技项目
58	乙烯控制技术在芒果、番木瓜保鲜上的研究与示范	李　雯	省重点科技项目
59	航空航天领域用气凝胶隔热材料的开发与评价	卢凌彬	省重大科技研发专项（海航集团）
60	海南水产品安全风险预警系统应用的研究	曾水香	省重点科技项目（海南出入境检验检疫技术中心）
61	电解水保鲜热带果蔬技术的研究与推广	李从发	省重点科技项目（海南康美洁贸易有限公司）
62	废弃地沟油制备生物柴油新技术研究	曹　阳	省国际科技合作重点项目

续上表

63	基于无线传感器的智能电网监控管理系统	沈　重	省国际科技合作重点项目
64	文心兰施用微生物菌肥的高效增产栽培技术推广与示范	杨福孙	省科技成果示范推广项目
65	海南省“十二五”科技发展规划战略研究	李建保	省科技厅

2010年省级人文社会科学项目立项一览表

序号	项 目 名 称	负责人	资 助 单 位
1	民事诉讼程序保障的限度	邓和军	省社科基金
2	中国刑事法律近代化与固有法文化	罗旭南	省社科基金
3	海南省海洋管辖权法律问题研究	王秀卫	省社科基金
4	国际旅游岛建设中法律英语人才培养研究	何柳青	省社科基金
5	海南省热带农业科技推广网络体系的构建研究	蔡东宏	省社科基金
6	不动产税制改革与完善地方公共财政体系研究——以海南省为例	陈　弦	省社科基金
7	财政收入管理法治化研究	郭慧芳	省社科基金
8	海南产业结构演进问题研究	那声润	省社科基金
9	国际旅游岛背景下琼台两岛旅游业发展差异与合作研究	王丽娅	省社科基金
10	基于COSO框架的海南上市公司内部控制问题研究	黄淑芬	省社科基金
11	海南省提升高技术产业竞争优势的对策及政策支持体系的研究	李伟铭	省社科基金
12	公司治理与盈利管理关系——基于行业竞争性差异和股权分制改革的研究	余灼萍	省社科基金
13	博鳌亚洲论坛成员国与中国海南旅游资源互补研究	冯　源	省社科基金
14	国际旅游岛建设的科技支撑体系构建与创新策略研究	何　彪	省社科基金
15	黎锦产业化发展现状及其对策研究	孙海兰	省社科基金
16	《海南通史》(续)	周伟民	省社科基金
17	对外宣传中汉英翻译的创新、探索与研究	黄丹英	省社科基金
18	南海开发战略与强化海域行政管理研究	安应民	省社科基金

续上表

19	《周易》与苏轼贬琼期间立身处世研究	陈建锋	省社科基金
20	国学新论——国学基础及其若干热点问题研究	李英华	省社科基金
21	技术与社会：黎族现代化变迁——以崖城黄道婆居住地为视角	沈德理	省社科基金
22	转型时期海南农村群体性公共危机事件发生机理与对策研究	王　宁	省社科基金
23	南海问题中的美国因素及我国的战略对策问题研究	王　欣	省社科基金
24	海南国际旅游岛建设与公民素质提升研究	赵康太	省社科基金
25	基于系统动力学的人力资本增值研究——以“211 工程”建设中的海南大学为例	黄崇利	省社科基金
26	黎族宗教信仰的哲学思考	陈思莲	省社科基金
27	海南宗教文化资源调查	耿开君	省社科基金
28	“渊兮，似万物之宗”——从海德格尔看“诗与哲学之争”	贾冬阳	省社科基金
29	海瑞祖墓考古调查与研究	阎根齐	省社科基金
30	琼崖革命研究六十年	王齐冰	省社科基金

2010 年地厅级项目立项一览表

序号	项 目 名 称	负责人	资 助 单 位
1	海口市海洋环境监测浮游生物调查	李洪武	海口市海洋和渔业局
2	海口市‘十二五’科技、工业与信息化发展规划	刁晓平	海口市科信局
3	南海海藻活性多糖提取及生物药学性能对比研究	尹学琼	海口市重点科技项目
4	利用废弃地沟油制备生物柴油新技术研究	曹　阳	海口市重点科技项目
5	罗非鱼高效生态养殖及其病害防控技术的研究	周永灿	海口市重点科技项目
6	海口市海洋药物重点实验室	罗素兰	海口市重点科技项目
7	猪源 IV 型戊型肝炎诊断试剂盒的研制（海口市动物基因工程重点实验室）	王凤阳	海口市重点科技项目
8	电子农务服务支撑平台研发及其关键技术研究	黄梦醒	海口市重点科技项目
9	太阳能光催化污水处理新技术开发	曹　阳	海口市重点科技项目（科技部项目配套）

续上表

10	石斑鱼等热带海水养殖鱼类疾病免疫防治示范	周永灿	海口市重点科技项目（科技部项目配套）
11	热带水果酿酒关键技术研究与示范	李从发	海口市重点科技项目（科技部项目配套）
12	香蕉假茎生物饲料的调制加工应用技术的开发	杨劲松	海口市重点科技项目（科技部项目配套）
13	海口市“十二五”城市建设发展规划	卫　宏	海口市住房和城乡建设局
14	海口市“十二五”保障性住房发展规划	卫　宏	海口市住房和城乡建设局
15	海南省‘十二五’高技术产业发展规划编制	陈超核	省工业和信息化厅
16	蝴蝶兰脱毒苗工厂化繁育技术研究	王　健	三亚市科技工业信息化局
17	开发杂化溶胶一凝胶技术制成用于厨具之超硬不粘硅涂层以代替铁弗龙材料技术产业化	姚　远	广东省产学研结合协调领导小组办公室
18	保亭黎族苗族自治县低碳经济发展战略规划	傅国华	保亭县发改局
19	海南国际旅游岛建设背景下土地利用格局与效率研究	傅国华	国家土地督察广州局
20	热带主要作物设施农业技术信息集成与示范	傅国华	海口市重点科技项目（科技部项目配套）
21	海口市城镇居民住房和保障性住房专题调研	李仁君	海口市住房和城乡建设局
22	海南岛周边海岛开发开放的政策措施研究	陈扬乐	省发改委
23	海南省潜在海水增养殖区研究	周永灿	省海洋与渔业厅
24	海南省潜在滨海旅游区研究	陈扬乐	省海洋与渔业厅
25	海南省海洋经济可持续发展战略与海洋管理研究	李洁琼	省海洋与渔业厅
26	海南省海洋战略性新兴产业基地建设设想构架研究	李洁琼	省海洋与渔业厅
27	海南省海洋产业结构优化途径与对策研究	李洁琼	省海洋与渔业厅
28	假释制度研究	童伟华	省监狱管理局
29	海南省交通干部队伍绩效考核体系建设若干问题研究	郭　强	省交通厅
30	海南省瓜菜市场体系和营销服务体系建设规划	蒋国洲	省农业厅
31	海南省农业系统干部教育培训改革专题调研	钟哲辉	省农业厅

续上表

32	海南省屯昌县休闲农业发展规划	傅国华	屯昌县人民政府
33	低碳三亚发展战略课题研究	傅国华	三亚市发展和改革委员会
34	三亚市可持续发展战略研究	傅国华	三亚市科技工业信息化局
35	农村治理模式变迁中法律监督与实践创新研究	傅国华	省检察院
36	海南省住房公积金归集、管理和使用情况调研项目	刘家诚	省人大
37	海南省教育行业应对 GPA 预案报告	胡国柳	省教育厅
38	电感耦合等离子体质谱法测定人体血液和尿液中微量镍、铬的方法研究及其应用	于文辉	省教育厅
39	超声—TiO2 光催化联合降解有机污染物的研究	张　苹	省教育厅
40	面向地方经济发展 探索化工人才培养模式	庞素娟	省教育厅
41	教学用接触角表面能仪器的研究	曹　阳	省教育厅
42	海盗犯罪研究	童伟华	省教育厅
43	民事执行检察监督机制研究	邓和军	省教育厅
44	海南农垦改革中的土地法律问题研究	唐　俐	省教育厅
45	海南产芋螺毒素 K41O 合成与体外复性研究	吴　勇	省教育厅
46	基于线粒体COⅠ基因序列的DNA条形码在裸胸鳝属鱼类研究中的应用	齐兴柱	省教育厅
47	海洋酵母 Kodamaea ohmeri BG3 植酸酶基因在毕赤酵母中的表达及性质研究	李晓宇	省教育厅
48	无公害荔枝种植基地主要环境指标评价	王　磊	省教育厅
49	木薯收获机的关键技术研究	廖宇兰	省教育厅
50	对海南省高校国防教育的现状分析与对策研究	黄海宁	省教育厅
51	海南大学科研评价指标体系构建研究	张盛敏	省教育厅
52	中国古代文人笔记中的黎族文献考	杨德禧	省教育厅
53	高校突发公共卫生事件的危机管理研究——以海南省某高校突发急性肠道传染性疾病为例	王大群	省教育厅
54	基于 WebGIS 的海南省旅游信息系统建设研究	陈赞章	省教育厅
55	海南省农民收入问题研究	郭慧芳	省教育厅

续上表

56	海南房地产投资调控研究	马国强	省教育厅
57	基于“区域优势基准”的海南“国际旅游岛”建设关联产业选择研究	唐建荣	省教育厅
58	转型期海南城镇人口快速增长与住房保障的研究	黎兴强	省教育厅
59	高校二级教学单位内部教学目标管理体系研究	胡国柳	省教育厅
60	海南省高校教学团队建设研究——以“农业经济管理”省级教学团队为例	柯佑鹏	省教育厅
61	国际旅游岛背景下海南民族旅游资源的开发研究	吴　珏	省教育厅
62	旅游营销“移动实验室”教学模式探讨	魏成元	省教育厅
63	能源大薯种质资源鉴定与新品系的选育	许　云	省教育厅
64	海南省不同暖季型草坪草根际胶质芽孢杆菌遗传多样性及解钾活性的研究	张晓波	省教育厅
65	海南省高校自组织生存状况调查研究	符成彦	省教育厅
66	海南省品牌发展研究	何晶娇	省教育厅
67	BTH 诱导不同品种芒果抗炭疽病研究	潘永贵	省教育厅
68	武术精神在马来西亚的传播与演变	李　秀	省教育厅
69	数字图书馆企业运行机制研究	文　献 中　心	省教育厅
70	填海工程中管桩的抗震性能数值研究	胡　伟	省教育厅
71	大学英语四级网考形势下的教学模式改革与实施	符雪青	省教育厅
72	基于系统学习理论的虹膜纹理模式分类算法研究	唐荣年	省教育厅
73	常见水印攻击对灰度图像 bit 噪声分布统计分析	冯思玲	省教育厅
74	遍历矩阵在加密中的应用研究	周晓谊	省教育厅
75	海南高校计算机相关专业师资队伍建设对策研究	陈明锐	省教育厅
76	多位视角下海南黎族民歌本体结构研究	赵京封	省教育厅
77	基于 IPv6 的智能入侵检测系统研究	陈显毅	省教育厅
78	番木瓜主要病毒病分子探针技术研究	陈　萍	省教育厅
79	热激处理与芒果衰老相关酶之间的关系	贾文君	省教育厅

续上表

80	香蕉钾离子吸收及转运相关基因克隆和表达分析	姜成东	省教育厅
81	纯钛表面不同后处理及其生物活性研究	杨　亮	省教育厅
82	模拟审判教学法研究	王　琦	省教育厅
83	热带海洋科学特色专业建设的研究	李洪武	省教育厅
84	基于ADAMS的轮胎对汽车操纵稳定性影响的仿真研究	朱春侠	省教育厅
85	经管类专业分层次双语教学的理论研究与实践探索	蔡东宏	省教育厅
86	邢李火原与海南教育研究	周　洁	省教育厅
87	史蒂文森及其作品中的后殖民主义	孙成平	省教育厅
88	语言与思想的双重输出—辩论式英语口语教学的改革研究	曹玲娟	省教育厅
89	程控超声波实验系统	刘细阳	省教育厅
90	课程责任制与优秀教学团队建设研究	钟　声	省教育厅
91	园艺专业多样化创新型人才培养模式的探索与研究	杨好伟	省教育厅

2010年企事业单位委托项目立项一览表

序号	项 目 名 称	负责人	资 助 单 位
1	大型体育赛事与举办城市的体育发展	肖水平	北京体育大学
2	DH925A微波胶乳测试仪调试加密测试校准	方　林	澄迈金盛橡胶有限公司
3	DH925A微波胶乳测试仪检修校准	方　林	澄迈金盛橡胶有限公司
4	DH925A微波胶乳测试仪调试加密测试校准	方　林	澄迈县加乐民营乳胶厂
5	DH925A微波胶乳测试仪调试加密测试校准	方　林	澄迈县文儒橡胶加工厂
6	防治香蕉病虫害农药新剂型与施药技术的推广应用	朱朝华	儋州海森泉农业开发有限公司
7	海南省公共信息标识多语译法规范	郑世普 陈惠惠	地方标准
8	海南稻田生物多样性农民观念抽样调查	王　亮	国际水稻研究所
9	海南稻田生物多样性保护和生态系统服务	袁潜华	国际水稻研究所

续上表

10	国家开发银行开发性金融支持海南能源科学发展规划	胡国柳	国家开发银行海南省分行
11	国家开发银行开发性金融支持海南旅游房地产行业科学发展规划	张应武	国家开发银行海南省分行
12	国家开发银行海南分行业务发展四个规划	马国强	国家开发银行海南省分行
13	开发性金融支持海口城市投资建设有限公司四个规划	刘家诚	国家开发银行海南省分行
14	海口保税区开发建设总公司发展规划编制项目	胡国柳	海口保税区开发建设总公司
15	美兰区“十二五”规划重点课题	李仁君	海口市城市建设投资有限公司
16	永庄水厂原水补水渠道输水安全性评估及对策研究	李培红	市水务集团永庄供水公司
17	太阳能橡胶干燥技术	郝万军	海南澄迈双雄机械安装有限公司
18	生物柴油的检测技术研究及评价体系建立	张永明	海南出入境检验检疫局检验检疫技术中心
19	琼中县土地利用战略研究专题报告	蒋国洲	海南川海土地科学研究院
20	富力地产导向式人才培养项目	李　艳	海南富力房地产开发有限公司
21	海南海钢集团有限公司“十二五”发展规划	郭　强	海南海钢集团有限公司
22	制约产业的法律问题研究	徐　民	海南海药股份有限公司
23	海南省农村集体建设用地流转与市场交易研究	张继军	海南佳源土地矿产资源拍卖有限公司
24	机房环境监测系统	杜育宽	海南隆远自动化技术有限公司
25	规模化养殖气冲洗栏及猪粪尿资源化利用	余雪标	海南罗牛山畜牧有限公司
26	旅游用海专题分析	陈扬乐	省海洋开发规划设计研究院
27	海南省城市集中式饮用水水源地持久性有机污染物和重金属污染调查	唐文浩	省环境科学研究院
28	我国旅游改革实验区及世界一流休闲度假胜地干部培训调研与设计研究	王　琳	省旅游发展委员会
29	海南植被调查与生态研究项目（尖峰岭植被研究）	杨小波	省野生动植物保护管理局
30	海南旅行社等级与品质评定标准	周金泉	省质量技术监督标准与信息所

续上表

31	甜瓜设施生产技术规程	章程辉	省质量技术监督标准与信息所
32	海南农业标准专题数据库及服务平台	郑世普	省质量技术监督标准与信息所
33	海胶集团“十二五”发展规划相关问题研究	傅国华	海南天然橡胶产业集团股份有限公司
34	香蕉配方施肥技术指导	阮云泽	海南万钟实业有限公司
35	海南大学三亚学院风雨操场主体钢结构方案比选及受力分析	段晓农	海南元正建筑设计咨询有限责任公司第二设计事务所
36	海口美兰机场停车楼及景观菠萝塔结构优化方案及受力分析	段晓农	海南元正建筑设计咨询有限责任公司第二设计事务所
37	加工窄分子量分布低聚壳聚糖及金属配合物	张　岐	海南正业中农高科股份有限公司
38	HD 型全自动显微光度计备件	姚伯元	河北省邯郸市邯钢集团丰达冶金原料公司
39	HD 型全自动显微光度计与煤岩测定设备	姚伯元	河南豫龙焦化有限公司
40	水稻花粉扩散委托试验	袁潜华	南京信息工程大学
41	棕榈油境外开发战略研究	柯佑鹏	农垦实施“走出去”战略财政专项
42	β一寡聚酸分子量与分子量分布测定	张　岐	农业部规划设计研究院
43	HD 型全自动显微光度计与煤岩测定设备	姚伯元	平罗翔龙工贸易有限公司
44	DH925A 微波胶乳测试仪调试加密测试校准	方　林	琼海程林橡胶贸易有限公司
45	DH925A 微波胶乳测试仪加密测试校准	方　林	琼海程林橡胶贸易有限公司
46	HD 型全自动显微光度计与煤岩测定设备	姚伯元	山东铁雄能源煤化有限公司
47	HD 型全自动显微光度计与煤岩测定设备	姚伯元	山西省临汾市汾西煤气化有限责任公司
48	减少中国、南亚和东南亚水产养殖系统环境污染和可持续发展	赖秋明	上海海洋大学
49	臭氧浓度检测系统	张永辉	深圳市汇清科技有限公司
50	南丽湖风景名胜区总体规划环评合作研究	符国基	省环境科学研究院

续上表

51	美国州立高校特许模式研究及其对我国省属院校改革发展的启示	杨　婕	省教育规划办
52	HD 型全自动显微光度计与煤岩测定设备	姚伯元	台湾塑料公司
53	我国网络环境下大学英语听力教学研究述评	陈鸣芬	外语教学与研究出版社
54	HD 型全自动显微光度计与煤岩测定设备	姚伯元	徐州伟天化工有限公司
55	DH925A 微波胶乳测试仪加密测试校准	方　林	云胶股份有限公司景洪分公司
56	水稻抗病高产育种	夏志辉	中国科学院遗传与发育生物学研究所
57	转 Xa21 基因抗病水稻保持系 CX6221B 在海南在生产性试验	罗越华	中国科学院遗传与发育生物学研究所
58	生防菌评价	刘晓妹	中国热科院环植所
59	芒果复合保鲜剂的稳定性及保鲜技术的有效性	赵　超	中国热科院环植所
60	芒果保鲜技术测试	李　雯	中国热科院环植所
61	香蕉钾肥肥效试验研究	程宁宁	中国热科院品资所
62	甘蔗病虫害防控技术研究	李增平	中国热科院生物所
63	咖啡科研样品分析	程宁宁	中国热科院香饮所
64	咖啡科研样品分析	程宁宁	中国热科院香饮所
65	胡椒科研样品分析	程宁宁	中国热科院香饮所
66	胡椒样品科研分析	程宁宁	中国热科院香饮所
67	胡椒科研样品分析	程宁宁	中国热科院香饮所
68	香草兰样品科研分析	程宁宁	中国热科院香饮所
69	咖啡科研样品分析	程宁宁	中国热科院香饮所
70	胡椒科研样品分析	程宁宁	中国热科院香饮所
71	环境保护立法的新问题研究	宁清同	中国行为法学会
72	PPC 生产的相关分析检测方法研究	林　强	中海石油化学股份有限公司
73	HD 型全自动显微光度计与煤岩测定设备	姚伯元	中化镇江焦化有限公司

续上表

74	海口市供销社‘十二五’发展规划	李仁君	市供销合作联社
75	海口市供销合作社联合社'十二五'发展规划	李仁君	市供销合作联社
76	海南省女干部情况调研报告	焦勇勤	省妇女联合会
77	海南省城市社区女工作调研报告	焦勇勤	省妇女联合会
78	业务化风暴潮数值预报模型研究及可视化系统开发	李文化	省海洋监测中心

2010年海南大学青年基金项目立项一览表

序号	项 目 名 称	负责人	资 助 单 位
1	基于 miR-100 靶点的抗急性髓性白血病药物研究开发	郑育声	海南大学
2	木薯淀粉微球的制备及载药性能研究	王华明	海南大学
3	反季节蔬菜中农药残留在冷冻储存条件下的动态消解分析	周雪晴	海南大学
4	植物源农药异硫氰酸酯可控纳米胶囊的制备及其防治根结线虫的研究	刘艳凤	海南大学
5	红树林内共生真菌 Pestalotiopsis sp.次生代谢活性产物研究	徐　静	海南大学
6	从海南高岭土中制备纳米氧化铝优化条件的研究	徐树英	海南大学
7	罗非鱼高效生态养殖体系及其优化的研究	郭伟良	海南大学
8	马氏珠母贝在热带海湾的生长变异及其生理能量学机理研究	顾志峰	海南大学
9	斜带石斑鱼仔稚鱼个体发生及对饵料性状的选择	吴小易	海南大学
10	富含二硫键芋螺毒素多肽合成研究	吴　勇	海南大学
11	海南产山银花 ISSR 遗传多样性研究	胡远艳	海南大学
12	山药杀虫活性应用研究	董存柱	海南大学
13	共存污染物对抗生素在热带土壤中环境行为的影响	葛成军	海南大学
14	废水处理排放的动态智能化监控研究	王　忠	海南大学
15	香蕉秸秆切碎还田关键技术研究	张喜瑞	海南大学

续上表

16	水稻 OsHUB1 和 OsHUB2 在纹枯病抗性中的功能分析	罗红丽	海南大学
17	利用线粒体 DNA 分析文昌鸡的起源和遗传多样性	廖承红	海南大学
18	海南山药内生放线菌分离、鉴定及抗山药炭疽病活性研究	黄小龙	海南大学
19	椰子水发酵生产 γ-氨基丁酸的研究	王志国	海南大学
20	海南三株稀有放线菌的鉴定和活性成分的研究	范丽霞	海南大学
21	海南典型玄武岩风化红黏土结构性本构模型研究	胡　伟	海南大学
22	微分方程的数值解法	孙建强	海南大学
23	便携式果蔬农药残留快速检测仪	张永辉	海南大学
24	基于遥感影像的海南热带橡胶林模式识别研究	杨红卫	海南大学
25	罗勒属芳香植物种质资源和香味成分研究	张玄兵	海南大学
26	热带地区的叶菜周年生产水培系统的设计与生菜越夏切割再生体系研究	陈艳丽	海南大学
27	民事诉讼检察监督制约机制研究	邓和军	海南大学
28	房地产投资信托基金法律问题研究	陈龙江	海南大学
29	我国乡村治理模式变迁中的法律监督理论研究	刘国良	海南大学
30	国际旅游岛背景下海南观光休闲农业发展模式研究	郭　琦	海南大学
31	国际旅游岛背景下海南农业生产规模与效率研究-基于随机前沿方法	许海平	海南大学
32	基于国际旅游岛建设背景下的海南省应急财政问题研究	沈　琳	海南大学
33	胶工对天然橡胶树风灾保险需求的实证研究	张德生	海南大学
34	国际旅游岛视角下海南农垦热带农业生态旅游开发模式研究	曾　峰	海南大学
35	旅游产业关联度分析方法研究	黄建宏	海南大学
36	旅游系统管理及其与旅游可持续发展的关系研究	袁国宏	海南大学
37	我国旅游业发展中的政府角色研究——以海南“国际旅游岛”建设中的政府角色为例	王　红	海南大学
38	荣格生态文艺思想研究及其对海南民俗文化的意义	常如瑜	海南大学
39	传播媒介与文学叙事研究	鞠　斐	海南大学

续上表

40	中国电影发行放映体制改革研究（1977 年至今）	张硕果	海南大学
41	史蒂文森及其殖民母题文学研究	孙成平	海南大学
42	跨文化交际视角下的日本现代流行语研究	方海燕	海南大学
43	黎族鼓舞舞蹈风格研究	杨　晶	海南大学
44	海南民族音乐研究	罗晓海	海南大学
45	服装新面料创意造型	杨　洁	海南大学
46	主权争端背景下的南海开发问题研究	周　伟	海南大学
47	海南省统筹城乡社会保障制度研究	刘德浩	海南大学
48	土地利用规划与地质环境问题防治一体化研究	韦仕川	海南大学
49	异地养老者的需求及养老资源整合研究	李　芬	海南大学
50	古希腊柏拉图哲学研究	贾冬阳	海南大学
51	对清统治下海南社会若干历史问题的探究	刘冬梅	海南大学
52	我国利用海外农业资源的战略取向-东亚经验与启示	邹文涛	海南大学

科研经费

2010 年度立项项目及经费来源情况统计表

序号	项 目 类 别	项目数	经费数（万元）	备注
1	国家自然科学基金项目	28	678	
2	国家社会科学基金项目	3	34	
3	国家 863 计划项目	1	80	
4	国家软科学研究计划	1	0	
5	国家 973 计划前期专项	4	306	
6	国家科技支撑计划项目	6	187.03	

续上表

7	国家科技基础平台项目	1	10	
8	国家农业科技成果转化资金项目	3	66	
	小计	47	1361.03	
9	部级科研项目（小计）	42	1168.02	
	（1）自然科学类	32	1133.02	
	（2）人文社会科学类	10	35	
10	省级科研项目（小计）	95	263.1	
	（1）自然科学类	65	243.5	
	（2）人文社会科学类	30	19.6	
11	地厅级科研项目(小计)	91	559.5213	
	（1）教育厅高校科研项目	55	33	
	①自然科学类	19	16.2	
	②人文社科及教改类	36	16.8	
	（2）其他地厅级科研项目	36	526.5213	
	①自然科学类	17	333	
	②人文社会科学类	19	193.5213	
12	企事业委托项目（小计）	78	1045.977509	
	（1）自然科学类	53	861.724819	
	（2）人文社会科学类	25	184.25269	
13	校科研基金项目（小计）	52	75.5	
	（1）自然科学类	26	50	
	（2）人文社会科学类	26	25.5	
合计		405	4473.148809	

科 研 成 果

2010 年获专利情况统计表

序号	专 利 名 称	专 利 号	专利类型
1	利用酵母菌生产纤维素酶的方法	200510070368.6	发明专利
2	一种防臭、防虫、防溢水地漏	20082007586.4	发明专利
3	双频兼容性柔软型薄片状电磁波吸收体	200810092494.5	发明专利
4	一种促进牡蛎和珍珠贝类精、卵排放的方法	200810148955.6	发明专利
5	一种热力喷雾机	201020003207.1	实用新型
6	一种超低量/低容量喷雾组合喷头	201020135491.8	实用新型

2010 年科研成果鉴定情况统计表

序号	日　期	学　院	主　要 完成人	项 目 名 称	组织单位
1	4 月 15 日	材料与化工学院	刘钟馨	光功能纳米材料及其生物应用	省科技厅
2	6 月 13 日	农学院	刘进平	12 种重要热带植物组培快繁技术研究及应用	省科技厅

2010 年国家自然科学基金项目结题验收一览表

序号	项 目 名 称	负责人
1	海洋生物多糖高效催化降解材料—配位聚合物的合成、应用及其降解产物的生物活性研究	袁文兵
2	海南特有花狭口蛙海南亚种皮肤活性蛋白多肽的研究与利用	张英霞
3	新型噬菌体库的研究、构建以及芋螺毒素受体的噬菌体库筛选	俞集楠
4	我国特有产甜味蛋白植物资源-马槟榔保护利用的基础研究	胡新文
5	溶藻弧菌毒力基因的鉴定及其毒力菌株快速检测试剂盒的研制	谢珍玉
6	烟碱乙酰胆碱受体在蛙卵中的高效表达	罗素兰
7	海南植蕉可变电荷土壤氮去向研究	孟　磊

续上表

8	海南热带球囊霉素相关土壤蛋白质及其对土壤结构影响的研究	吴蔚东
9	热带海洋气候下海水中的微生物腐蚀过程对碳钢力学性能的影响	吴进怡
10	海南椰壳纤维制备中孔活性炭和活性炭纤维的研究	陈　永
11	多功能细菌纤维素共聚物分子设计及其结构控制研究	林　强
12	2010 海峡两岸四地无线电科技研讨会	白　勇
13	资源保护型旅游供应链协调机制研究	郭　强
14	旅游信息网格即时服务及其负载均衡问题的应用研究	胡　涛
15	以重组乙酰胆碱受体筛选芋螺毒素药物的关键技术	罗素兰

2010 年农业科技成果转化资金结题验收一览表

序号	项 目 名 称	负责人
1	泥东风螺苗种规模化繁育关键技术区域试验与示范	冯永勤

2010 年国家 973 计划前期研究专项结题验收一览表

序号	项 目 名 称	负责人
1	天然橡胶材料制备新方法探索及性能研究	张　岐

2010 年农业部项目结题验收一览表

序号	项 目 名 称	负责人
1	菠萝现代产业理论政策体系研究（子项目）	傅国华
2	天然橡胶现代产业理论政策体系研究（子项目）	傅国华
3	有机（类）肥料产业发展的技术研究	阮云泽
4	螺旋粉虱入侵生物学及物理与农业防治技术研究	但建国
5	海南水稻基因漂流控制措施的研究	徐立新
6	环境安全风险评价模型及相应数据库	袁潜华
7	转基因水稻向普通野生稻的基因漂流研究	袁潜华
8	抗布氏杆菌病转基因水牛的培育	王凤阳

续上表

9	OsLSD1 和 O 要 OsLOL2 基因功能的进一步验证和适于转基因育种的新载体构建	何朝族
10	转基因水稻向普通野生稻的基因漂流研究	袁潜华
11	海南水稻基因飘流控制措施的研究	徐立新
12	高滴度重组慢病毒的制备	王凤阳
13	热带农业环境的政策研究	谭基虎
14	香蕉技术集成示范推广	刘康德
15	发展油梨产业的可行性研究	刘康德
16	热作病虫害监测防控信息平台	郑服丛
17	天然橡胶病虫害专业化防治试点示范	郑服丛
18	天然橡胶病虫害监测预报	郑服丛
19	油梨种质资源圃	李绍鹏
20	薯蓣种质资源圃	黄东益
21	热区科技成果转化率研究	樊孝凤
22	天然橡胶产业发展问题研究	傅国华
23	海南农村小额信贷发展模式创新研究	徐　艳
24	香蕉果实品质与采前生理研究	黄绵佳
25	转基因评价技术	袁潜华
26	抗逆抗虫抗病品质转基因水稻新品种培育	马启林

2010 年国家海洋局 908 专项结题验收一览表

序号	项 目 名 称	负责人
1	潜在滨海旅游区评价与选划	陈扬乐
2	潜在海水增养殖区评价与选划	周永灿
3	海南省海洋经济发展战略与海洋管理研究	李洁琼

2010 年教育部博士点基金项目结题验收一览表

序号	项 目 名 称	负责人
1	表观遗传与巴西橡胶树幼态无性系高产的分子机制	彭世清

2010年教育部人文社会科学研究一般项目结题验收一览表

序号	项目名称	负责人
1	中外马克思主义理论教育比较研究	赵康太

2010年海南省自然科学基金项目结题验收一览表

序号	项目名称	负责人
1	热带海洋气候下海水中的微生物腐蚀过程对碳钢力学性能的影响	吴进怡
2	Ti2SnC 弥散强化 Cu 基复合材料的制备及力学性能的研究	吴进怡
3	水溶性生物分子与光功能金属纳米材料复合体的制备及性质研究	刘钟馨
4	基于溶液方法的有机场效应晶体管的研究	林仕伟
5	表面修饰磁性纳米晶在靶向药物中的应用基础研究	付云芝
6	石膏的高温特性研究	马艳平
7	纳米木薯淀粉/天然橡胶复合材料的研究	符　新
8	表面活性剂控制医用乳胶制品中蛋白质含量的因素研究	谭海生
9	低蛋白质天然胶乳的辐射硫化研究	何映平
10	不同分子量的细菌纤维素的合成和性质研究	吴周新
11	纳米短纤维细菌纤维素合成机理和颗粒控制研究	庞素娟
12	掺杂型荧光光纤温度传感技术研究	张月芳
13	用激光热应力法检测金属薄膜蠕变性能的基础理论研究	李　粤
14	基于逻辑映射的信息检索模型的研究与实现	伍小芹
15	多种推荐模式的电子商务推荐系统研究	邱　钊
16	基于数据字典的软件复用技术在 MIS 中的应用研究	杨红卫
17	分布式 PKI 数字证书撤销机制的研究	陈明锐
18	软件构件框架技术与软件系统集成研究	钟　声
19	基于位置服务的海南旅游导航系统研究	王凤霞

续上表

20	组合数学中几个专题的研究	高泽图
21	网络流媒体流调度算法研究	李太君
22	人造微孔骨组织结构设计技术研究	高新瑞
23	2006 年度海南省各市县科技进步统计监控及贡献率的研究	龙伦海
24	马槟榔快速繁殖技术与大田示范种植研究	胡新文
25	海南海桑耐盐相关基因的分离及功能分析	陈银华
26	导入外源 DNA 选育耐盐水稻新品种系的研究	陈银华
27	玉米耐盐突变体的培育及耐盐相关基金的标记定位	汤　华
28	热带水果采后衰老的调控及诱导抗病的机理	钟秋平
29	激素处理对槟榔开花及结果特性的影响研究	杨福孙
30	化学调控提高香蕉抗旱性的研究	李绍鹏
31	濒危植物水芫花(Pemphis acidula)繁殖保育研究	王　健
32	MabinlinA、B 亚基表达构建及其甜味活性获得	于旭东
33	猪链球菌 II 型毒力因子抗原的克隆与表达	郑继平
34	氟苯尼考对大肠杆菌体外药动－药效同步模型的研究	杨雨辉
35	依据 EurepGAP 标准对荔枝进行环境主要指标评价的研究	王　磊
36	中国热带海域石油污染微生物修复技术及机理研究	苏增建
37	海南尖椒辣椒素合成酶基因克隆及其与辣味关系研究	成善汉
38	农村专业合作组织发展的理论与运用于海南的实证研究	何国平
39	海南省农村信用社贷款定价机制研究	谢　妍
40	海南经济特区房地产投资风险控制研究	李仁君
41	海南古村落民族特色景观的调查与保护规划研究	杨定海
42	海南省尖峰岭国家自然保护区苔藓植物的物种多样性研究	张莉娜
43	海南新时期可持续建筑研究	陈超核
44	海南东寨港红树林湿地景观动态变化及其生态效应研究	韩淑梅

续上表

45	溶藻弧菌毒力菌株特异基因的鉴定	谢珍玉
46	织绵芋螺毒素基因文库的建立	长孙东亭
47	锯缘青蟹规模化生态育苗技术的研究	赖秋明
48	石斑鱼活性成分的分离及抗菌活性研究	张英霞
49	马氏珠母贝 Genomic-SSR 与 EST-SSR 标记遗传规律的比较分析	王　嫣
50	海南岛旅游开发与社会变迁共轭演进研究	范士陈

2010 年海南省哲学社会科学规划课题结题验收一览表

序号	项 目 名 称	负责人
1	我国跨境资本异常流动状况与对策建议研究报告	王丽娅
2	海南省大中型企业总会计师制度建设研究	胡秀群
3	海南国际旅游岛特色文化研究	焦勇勤
4	海南国际旅游岛企业文明研究	王志芳
5	临高渔歌“哩哩美”的社会生态考察研究	李群山
6	海南省信息资源元结构研究	王小会
7	台商在琼投资权益保护状况研究	王　琦
8	海南省热带体育旅游资源调查与开发利用	宋静敏
9	海南特区多元文化与语言政策研究	王　琳
10	理想人生，并不遥远——大学生社会化进程的教育与管理	吴　涛
11	海南国际旅游岛建设的社会变迁支撑研究	范士陈
12	民国时期海南利用侨资问题研究	张朔人
13	金融危机对海南国际旅游岛建设的影响及对策研究	王丽娅
14	国际旅游岛背景下琼台两岛旅游业发展差异与合作研究	王丽娅

2010年海南省教育厅高校科研项目结题验收一览表

序号	项 目 名 称	负责人
1	数学实验课程教学研究与实践	欧宜贵
2	0－200MPa下天然气水合物的电磁性质高压原位研究	王　赵
3	南药萝芙木的药用有效成分研究	冯玉红
4	重金属在南药不同时期的残留状况及迁移转化的数学模型模拟	范春蕾
5	海南温泉微量元素特征的分析研究	胡广林
6	海南特产沉香中挥发油与微量元素成分的分析及其鉴定	胡广林
7	苦丁茶树土壤中重金属的分布及迁移转化特征	罗盛旭
8	桶形芋螺毒管cDNA文库的构建	长孙东亭
9	番茄导入系耐盐相关基因的分离克隆	汤　华
10	利用RNAi技术抑制PRSV-HcPro 蛋白培育抗环斑病毒转基因番木瓜研究	翟金玲
11	典型热带水体营养状态定量评价及模型预测研究——以松涛水库为例	葛成军
12	海南东寨港红树林湿地景观格局变化研究	韩淑梅
13	海南省稀有放线菌的筛选及其抗菌活性	范丽霞
14	海南野生热带果树资源收集与驯化栽培	刘德兵
15	甘蔗赤条病的发生与危害情况调查	谭志琼
16	红掌黄化枯死病病原鉴定及分子检测的研究	张荣意
17	猪链球菌II型活疫苗的初步研究	郑继平
18	Cr3+:YAG荧光光纤温度传感系统研究	张月芳
19	自组装高有序氧化钛纳米管束的制备	曹　阳
20	电子信息类面向全球化CDIO工程人才培养模式创新研究	陈褒丹
21	外包软件人才培养模式的研究	陈　绮
22	核心数据的分布式安全存放系统	顾　剑
23	数字化校园整体解决方案研究与应用	李文化
24	手机流媒体播放软件在教学中的应用与研究	王隆娟

续上表

25	网络异构数据库集成访问研究	杨红卫
26	便携式三相多功能伏安相位仪研制	张永辉
27	MATLAB 在车辆工程专业课程教学中的应用	张建珍
28	公共管理的视角：我国汉语言文字政策的发展创新研究	韩晓莉
29	海南高校与日本高校创新型人才培养模式的比较研究	乔继红
30	大学英语电脑调适性测试题库开发与研究	梁 鲜
31	外语教学素材数字化资源库建设	吴碧丹
32	大学英语网络社区学习环境建设	陈鸣芬
33	模糊语言的语用意义研究	鲁 苓
34	中晚唐诗风与唐传奇的相关性研究	张 平
35	橡胶农场经济发展水平的评价研究	李均立
36	管理学科专业模块课程体系的研究与实践	韦 明
37	会计专业双语教学示范课程建设研究	燕新梅
38	海南农业组织化问题研究	王 芳
39	旅游院校实践教学体系的构建与运作研究	黄建宏
40	海南省新农村建设的财政支持研究	沈 琳
41	海南乡镇治理中的政治关系研究	李德芳
42	协商民主理论视野中的公共政策合法性研究	李宜钊
43	高校校园手机短信文化研究	吴朝阳
44	中美公司法律制度比较研究	赵振华
45	股权分置改革中的法律问题研究	董万程
46	原住民权利研究	王诗俊
47	海南经济特区建立自由贸易区研究	邹立刚
48	循环经济法与海南循环经济立法研究	刘云亮
49	海南省婚姻家庭状况法律研究	叶英萍

续上表

50	高校图书馆纸本期刊资源特色服务研究	李景芝
51	ISO9000族标准下高校图书馆的读者服务研究	卢莉华
52	构建海南省普通高等学校数字图书馆联盟的研究	张　敏
53	农科应用型人才实践动手能力培养的研究与实践	符常明
54	研究性教学模式在园艺专业课程的实践探索	李新国
55	海南省业余网球运动发展现状及对策的研究	蔡友凤
56	影响实施《国家学生体质健康标准》相关因素分析	邱庆棠
57	HDTV STB软件技术研究开发	王兆庆
58	异枝麒麟菜生长适宜环境条件的研究	王红勇
59	园林专业教学中的案例教学法研究	申益春
60	分形几何理论及其应用	龙伦海
61	不确定变量的收敛性质研究	王志刚
62	海芒果叶子杀虫成分的研究	朱　文
63	烷基硫醇自组装膜对海洋船舶防腐性能的电化学研究	付云芝
64	黑眶蟾蜍活性成分的分离及抗菌活性研究	胡文婷
65	海南省（农科类）大学生创新能力培养模式的实践与研究	周其良
66	干旱胁迫条件下槟榔生物学与生理特性的研究	杨福孙
67	橡胶籽油环氧乙烷化新型光固化树脂制备及应用开发研究	白新鹏
68	海南古村落民族特色景观保护规划与开发研究	杨定海
69	海南红色原鸡种质特性与杂交利用的研究	胡日查
70	热带微藻的分离、筛选与培养研究	王　珺
71	海南野生酿酒酵母筛选及应用研究	杨东升
72	絮凝剂的合成及其在制胶废水处理中的应用研究	何映平
73	减震天然橡胶材料的研究	赵艳芳
74	互换性与技术测量课程体系与实验改革的研究与实践	朱冬云

续上表

75	《单片机原理及应用》课程“案例+项目”教学模式研究	马志英
76	基于声卡的实验教学虚拟仪器设计	冯尔理
77	高校科研知识管理系统的研究与实现	陈明锐
78	基于图论的网上排课系统的研究	符浅浅
79	网络安全协议和安全威胁的研究	吴汉炜
80	基于数据挖掘的网络教育系统评估模型与方法研究	杨厚群
81	基于网络处理器及神经网络的信息过滤	张　晋
82	《化工原理》试题库及其试卷自动生成系统的制作	王小红
83	木质素-二氧化碳生物降解塑料共混改性的研究	潘莉莎
84	精细化工课程群的整合、教材建设及教学研究	陈祎平
85	胡椒抗氧化成分的分离与鉴定	陈文学
86	中国农垦天然橡胶生产效率测度及应用研究	许海平
87	增强自主创新能力与推进城市创新体系建设研究	王志芳
88	海南热带农产品绿色营销策略创新研究	曾　峰
89	海南新农村建设中的乡镇政府形象建设研究	徐艳晴
90	平面设计教学与海南旅游工艺品的特色研发	唐丽春
91	语言与思想的双重输出- 辩论式英语口语教学的改革研究	曹玲娟
92	海南自由贸易区建设与外语人才培养策略研究	陈传显
93	晚唐乐府诗研究	刘　亮
94	史蒂文森及其作品中的后殖民主义	孙成平
95	海南省上市公司治理结构与会计信息质量之关系的实证研究	韩葱慧
96	“TPP”教学模式应用于会计电算化教学的探索	万新焕
97	基于压力—响应模式的海南环境管理指标研究	陈新锋
98	法学硕士一级学科培养模式研究	宁清同
99	发达国家取消农业出口补贴对海南农业经济发展的影响	王　萍

续上表

100	海南省高校图书馆资源共享体系运行的理论与实践研究	李哲汇
101	图书馆与非物质文化遗产保护、开发研究	王贤芬
102	CALIS 海南省中心服务模式研究	钟哲辉
103	海南省普通高校实践教学工作评估方案研究	程立生
104	海南省高等教育学科专业结构调整和发展的研究	程立生

2010 年其他地厅级项目结题验收一览表

序号	项 目 名 称	负责人	资 助 单 位
1	海南桉树种植合理性及存在的生态环境问题调查	杨小波	省国土环境资源厅
2	海口市果树产业发展规划	林尤奋	海口市农业三项科技项目
3	蝴蝶兰脱毒苗工厂化繁育技术研究	王　健	三亚市科技工业信息化局
4	三亚市可持续发展战略研究	傅国华	三亚市科技工业信息化局
5	保亭黎族苗族自治县低碳经济发展战略规划	傅国华	保亭县发展和改革局
6	低碳三亚发展战略课题研究	傅国华	三亚市发展和改革委员会
7	海南岛周边海岛开发开放的政策措施研究	陈扬乐	省发改委
8	假释制度研究	童伟华	省监狱管理局
9	海口市海洋环境监测浮游生物调查	李洪武	海口市海洋和渔业局
10	海南省屯昌县休闲农业发展规划	傅国华	屯昌县人民政府
11	海南省农业系统干部教育培训改革专题调研	钟哲辉	海南省农业厅
12	海口市城镇居民住房和保障性住房专题调研	李仁君	海口市住房和城乡建设局
13	我国旅游改革实验区及世界一流休闲度假胜地干部培训调研与设计研究	王　琳	省旅游发展委员会
14	海口市“十二五”城市建设发展规划	卫　宏	海口市住房和城乡建设局
15	海口市“十二五”保障性住房发展规划	卫　宏	海口市住房和城乡建设局
16	海南省潜在海水增养殖区研究	周永灿	省海洋与渔业厅
17	海南省潜在滨海旅游区研究	陈扬乐	省海洋与渔业厅

续上表

18	海南省海洋经济可持续发展战略与海洋管理研究	李洁琼	省海洋与渔业厅
19	海南省海洋战略性新兴产业基地建设设想构架研究	李洁琼	省海洋与渔业厅
20	海南省海洋产业结构优化途径与对策研究	李洁琼	省海洋与渔业厅
21	海南省瓜菜市场体系和营销服务体系建设规划	蒋国洲	省农业厅
22	海南省交通干部队伍绩效考核体系建设若干问题研究	郭　强	省交通厅
23	海南省‘十二五’高技术产业发展规划编制	陈超核	省工业和信息化厅
24	海口市‘十二五’科技、工业与信息化发展规划	刁晓平	海口市科信局

2010年企事业单位委托项目结题验收一览表

序号	项目名称	负责人	资助单位
1	基于ISR序列的溶藻弧菌株型鉴定方法的建立	谢珍玉	中国科学院南海海洋研究所
2	升级偏光显微镜	姚伯元	曲沃县闽光焦化有限责任公司
3	热带特色香辛饮料作物综合管理智能专家系统构建与应用	黄国泰	中国热科院香饮所
4	转Xa21抗病水稻环境释放	罗越华	中国科学院遗传与发育生物学研究所
5	儋州市那大城区污水处理二厂项目用地土地利用总体规划局部调整方案	何国平	海南川海土地科学研究院
6	β－环糊精清洁、高效生产关键技术研究与产业化示范	张伟敏	中国热科院品资所
7	鲜切菠萝品质控制关键技术的研究	李　雯	华南农业大学
8	鲜切菠萝加工关键技术	潘永贵	华南农业大学
9	环境安全风险评价模型及相应数据库	袁潜华	中国农业科学院植物保护研究所
10	红树林湿地生态系统浮游动物种类测试	黄　勃	中国林科院热带林业所
11	全胶凝技术制备球形颗粒天然橡胶及性能研究	廖双泉	中国热科院农产品加工所
12	基于ISR序列的溶藻弧菌株型鉴定方法的建立	谢珍玉	中国科学院南海海洋研究所
13	典型抗生素在热带土壤中的环境行为和生物毒性研究	葛成军	中国农业科学院
14	太阳湾珊瑚产卵期调查与人工育苗技术的开发	李洪武	三亚蓝丝带海洋保护协会

续上表

15	海南省大型科学仪器共享协作平台二期工程建设技术	冯玉红	省科学技术信息研究所
16	永庄水厂水源污染源调查及整治措施建议	李培红	省供水排水协会
17	热带花卉病害调查及检测	张荣意	中国热科院品资所
18	海南省广播电视产业发展前景分析	鞠　斐	省广播电视台
19	儋州市那大城区污水处理二厂项目用地土地利用总体规划局部调整方案	何国平	海南川海土地科学研究院
20	转 Xa21 抗病水稻环境释放	罗越华	中国科学院遗传与发育生物学研究所
21	海南野生巢蕨属植物资源调查及驯化栽培研究	于旭东	中国热科院品资所
22	海南野生兰条形码构建技术研究	莫　饶	中国热科院品资所
23	民艺造型理念于当代艺术设计的价值取向	阎　超	海南岛派设计工程顾问有限公司
24	海南特色旅游纪念品的设计咨询	谭晓东	海南岛派设计工程顾问有限公司
25	华能海口电厂转运站结构加固效果分析评价	陈奕柏	海南慧立工程技术有限公司
26	10 种热作标准化生产示范园技术规程	林尤奋	中国农垦经济发展中心
27	棕榈油境外开发战略研究	柯佑鹏	农垦实施“走出去”战略财政专项
28	海南省公共信息标识多语译法规范	郑世普 陈惠惠	省质量技术监督标准与信息所
29	海南农业标准专题数据库及服务平台	郑世普	省质量技术监督标准与信息所
30	海南旅行社等级与品质评定标准	周金泉	省质量技术监督标准与信息所
31	甜瓜设施生产技术规程	章程辉	省质量技术监督标准与信息所
32	利用转基因糯性木薯淀粉开展生物新材料	曹献英	中科院上海生命科学院研究所植物生理生态所
33	908 总报告专著及蓝皮书编撰-海南省潜在海水增养殖区评价与选划	周永灿	国家海洋局第二海洋研究所
34	908 总报告专著及蓝皮书编撰-海南省海洋经济发展战略与海洋管理研究	李洁琼	国家海洋局第二海洋研究所
35	908 总报告专著及蓝皮书编撰-海南省潜在滨海旅游区评价与选划	陈扬乐	国家海洋局第二海洋研究所
36	南丽湖风景名胜区总体规划环评合作研究	符国基	省环境科学研究院

续上表

37	芒果复合保鲜剂的稳定性及保鲜技术的有效性	赵　超	中国热科院环植所
38	芒果保鲜技术测试	李　雯	中国热科院环植所
39	咖啡科研样品分析	程宁宁	中国热科院香饮所
40	胡椒科研样品分析	程宁宁	中国热科院香饮所
41	香草兰样品科研分析	程宁宁	中国热科院香饮所
42	海口市供销合作社联合社'十二五'发展规划	李仁君	海口市供销合作社联合社
43	海南省女干部情况调研报告	焦勇勤	省妇女联合会
44	海南省城市社区女工作调研报告	焦勇勤	省妇女联合会
45	富力地产导向式人才培养项目	李　艳	海南富力房地产开发有限公司
46	水稻花粉扩散委托试验	袁潜华	南京信息工程大学
47	超级杂交稻制种气象咨询服务业系统研发	罗文杰	湖南省气象培训中心
48	业务化风暴潮数值预报模型研究及可视化系统开发	李文化	省海洋监测预报中心
49	大型体育赛事与举办城市的体育发展	肖水平	北京体育大学
50	琼中县土地利用战略研究专题报告	蒋国洲	海南川海土地科学研究院
51	旅游用海专题分析	陈扬乐	省海洋开发规划设计研究院
52	β一寡聚酸分子量与分子量分布测定	张　岐	农业部规划设计研究院
53	海南省城市集中式饮用水水源地持久性有机污染物和重金属污染调查	唐文浩	省环境科学研究院
54	DH925A 微波胶乳测试仪调试加密测试校准	方　林	澄迈县加乐民营乳胶厂
55	DH925A 微波胶乳测试仪调试加密测试校准	方　林	澄迈县文儒橡胶加工厂
56	DH925A 微波胶乳测试仪调试加密测试校准	方　林	琼海程林橡胶贸易有限公司
57	DH925A 微波胶乳测试仪加密测试校准	方　林	琼海程林橡胶贸易有限公司
58	DH925A 微波胶乳测试仪调试加密测试校准	方　林	澄迈金盛橡胶有限公司
59	DH925A 微波胶乳测试仪检修校准	方　林	澄迈金盛橡胶有限公司
60	DH925A 微波胶乳测试仪加密测试校准	方　林	云胶股份有限公司景洪分公司对外收购部

续上表

61	HD 型全自动显微光度计与煤岩测定设备	姚伯元	山东铁雄能源煤化有限公司
62	HD 型全自动显微光度计与煤岩测定设备	姚伯元	台湾塑料公司
63	HD 型全自动显微光度计备件	姚伯元	河北省邯郸市邯钢集团丰达冶金原料公司
64	海南省农村集体建设用地流转与市场交易研究	张继军	海南佳源土地矿产资源拍卖有限公司
65	机房环境监测系统	杜育宽	海南隆远自动化技术有限公司
66	海口保税区开发建设总公司发展规划编制项目	胡国柳	海口保税区开发建设总公司
67	国家开发银行开发性金融支持海南能源科学发展规划	胡国柳	国家开发银行股份有限公司海南省分行
68	国家开发银行开发性金融支持海南旅游房地产行业科学发展规划	张应武	国家开发银行股份有限公司海南省分行
69	国家开发银行海南分行业务发展四个规划	马国强	国家开发银行股份有限公司海南省分行
70	开发性金融支持海口城市投资建设有限公司四个规划	刘家诚	国家开发银行股份有限公司海南省分行
71	加工窄分子量分布低聚壳聚糖及金属配合物	张　岐	海南正业中农高科股份有限公司
72	永庄水厂原水补水渠道输水安全性评估及对策研究	李培红	海口市水务集团永庄供水公司
73	海南海钢集团有限公司"十二五"发展规划	郭　强	海南海钢集团有限公司
74	美兰区“十二五”规划重点课题	李仁君	海口市城市建设投资有限公司
75	海胶集团“十二五”发展规划相关问题研究	傅国华	海南天然橡胶产业集团股份有限公司
76	海南大学三亚学院风雨操场主体钢结构方案比选及受力分析	段晓农	海南元正建筑设计咨询有限责任公司第二设计事务所
77	海口美兰机场停车楼及景观菠萝塔结构优化方案及受力分析	段晓农	海南元正建筑设计咨询有限责任公司第二设计事务所

2010年科研成果统计

2010年出版学术著作统计表

单位：部

	学术著作	大专院校教科书	编　著	工具书
自然科学	12	15	18	
人文社科	47	26	30	
合　计	59	41	48	

2010年发表学术论文统计表

单位：篇

	国外学术刊物	国内学术刊物
自然科学	86	517
人文社科	7	737
合　计	93	1254

2010年科技获奖情况

海南省科学技术进步奖

序号	成果名称	完成单位	主要完成人	获奖等级
1	流动沙丘的固定和绿化用新材料、新结构及其野外实践效果研究	海南大学、清华大学、青海大学、青海省畜牧兽医科学院草原研究所、青海省水利水电科学研究所、萍乡新安工业有限责任有限公司、青海省湖东种羊场、海南优势资源化工材料应用技术教育部重点实验室	李建保　陈　永　周青平 林　红　王　刚　邓湘云 徐成体　王宏生　曹　阳 李润杰　李金山　杜玉红	一等奖
2	海南城市与农村生态环境理论研究与应用	海南大学、热带作物种质资源保护和开发利用教育部重点实验室	杨小波　吴庆书　李东海 杨好伟　罗丽华　杨定海 张彩凤　贺晓娟　陈　辉	二等奖

续上表

3	马氏珠母贝育种和养殖新技术	海南大学、海南大学热带生物资源教育部重点实验室	王爱民 王 嫣 顾志峰 石耀华 郭希明	二等奖
4	金、磷酸钙和氧化钛光功能纳米材料及性能研究	海南大学、海南省热带生物资源可持续利用重点实验室、海南优势资源化工材料应用技术教育部重点实验室	刘钟馨 曹献英 文 峰 曹 阳 唐 哲 杨 亮 于晓龙 张理元 陈胜杰	二等奖
5	二氧化锰纳米结构的制备及性能研究	海南大学、海南优势资源化工材料应用技术教育部重点实验室	陈 永 李建保 洪玉珍 陈润六 马艳萍 李 玲	三等奖
6	几种重要经济虾蟹人工繁殖技术及斑节对虾多倍体诱导研究	海南大学、海南大学热带生物资源教育部重点实验室、	王红勇 赖秋明 吴洪流 黄 勃 王 珺 陈雪芬	三等奖
7	中药煎制过程中微量元素及其形态的分布与调控及水煎剂中有毒元素脱除	海南大学、海南省精细化工重点实验室	胡广林 张 岐 李 平 罗盛旭 胥 涛 梁振益 韩 彬 庞京团	三等奖
8	香蕉冠腐病菌生防细菌的筛选、鉴定及防病试验的研究	海南大学、海南大学热带作物种质资源保护与开发利用教育部重点实验室	谭志琼 阮云泽 张荣意 林运萍 刘爱荣	三等奖
9	植物耐盐基因的挖掘及耐盐机理研究	海南大学、海南大学热带作物种质资源保护与开发利用教育部重点实验室、海南大学热带生物资源教育部重点实验室	陈银华 汤 华 柳晓磊 韩淑梅 符秀梅 谢 俊 朱红林 夏幽泉	三等奖
10	12 种重要热带植物组培快繁技术研究及应用	海南大学、热带作物种质资源保护与开发利用教育部重点实验室	刘进平 莫 饶 黄承和 胡新文 黄东益 符常明 于旭东 吴繁花 莫廷辉 庄南生 赖杭桂 唐燕琼 王 英 蔡秀清 韩平原	三等奖
11	海南省高新技术产业发展战略研究	海南大学、海南省科学技术信息研究所、海口市科学技术工业信息化局	李建保 李仁君 熊春荣 陈超核 张先琪 吴进怡 邓 敏 邵立勤 徐 坚 朱东海 姜海宽	三等奖

海南省第六次社会科学优秀成果获奖名单

成果作者	单位	成果名称	出版社或刊物名称	出版或发表时间（期数）
专著一等奖（2项）				
曹锡仁、鲁　兵	海南大学 海口市委党校	现代化背景下的海南大特区	海南出版社	2008.11
李德芳、杨素稳	海南大学	中国共产党农村思想政治教育史	中国社会科学出版社	2007.8
专著二等奖（2项）				
王丽娅	海南大学	民间资本投资基础设施领域研究	中国经济出版社	2006.8
柯佑鹏、过建春	海南大学 琼州学院	中国天然橡胶经济问题研究	中国科学技术出版社	2006.10
专著三等奖（3项）				
段书臣、刘　澍	海南大学	证明标准问题研究	人民法院出版社	2007.1
符其武	海南大学	琼北闽语词汇研究	四川大学出版社	2008.11
张红霞	海南大学	图书馆质量评估体系与国际标准	国家图书馆出版社	2008.7
论文一等奖（3项）				
王崇敏、张丽娜	海南大学	论我国民法典总则中的知识产权保护规则	吉林大学社会科学学报	2008.3
胡国柳、黄景贵 裘益政	海南大学 海南经贸职业技术学院	股权结构与企业资本支出决策：理论与实证分析	管理世界	2006.1
郑小枚	海南大学	论黎族纹身的伦理隐喻	海南大学学报（人文社会科学版）	2007.1
论文二等奖（2项）				
张尔升	海南大学	制度递延逆反论——一个典型制度变迁的案例描述与推论	当代经济科学	2008.2
刘复生	海南大学	蜕变中的历史复现——从“革命历史小说”到“新革命历史小说”	文学评论	2006.6
论文三等奖（4项）				
梁亚荣、刘　燕	海南大学	构建正当的土地征收程序	中国土地科学	2008.11
徐明旭	海南大学	达赖喇嘛的鬼蜮伎俩	人民日报海外版	2008.9.30
张朔人	海南大学	海南疍民问题研究	安庆师范学院学报	2007.2
焦勇勤	海南大学	幽灵与惩戒：从电影《青红》的空间叙事谈起	电影文学	2008.7

续上表

编著二等奖（1 项）				
（明）丘濬著 周伟民、王瑞明、崔曙庭、唐玲玲点校	海南大学	丘濬集（10 册）	海南出版社	2006.3
编著三等奖（1 项）				
李仁君、余升国 段　愿	海南大学	微观经济学	清华大学出版社	2007.1
研究报告一等奖（1 项）				
阎根齐、梁小平	海南大学	海南文物保护、开发、利用与发展战略		

海南大学“吴多泰博士科研成果奖”

类　别	一等奖	二等奖	三等奖
成果类		符文英　段振华	刘德兵　石耀华
著作类	黄东益	杨小波	尹学琼
论文类	谢珍玉　林栖凤 汪志芬	王　嫣　石耀华　陈　永 王桂振　刁晓平	顾志峰　卢凌彬　李东栋 孙建军

2010 年海南大学科研先进单位

海洋学院、材料与化工学院、食品学院、经济与管理学院、法学院、旅游学院

2010 年海南大学科研优秀团队

海南大学化学工程重点学科组（全国专业技术人才先进集体，带头人：林强）

世界马克思主义理论教育比较研究团队（带头人：赵康太）

2010 年海南大学科研先进个人

郑服丛、罗素兰、袁文兵、姚伯元、多多、叶仄辉、林尤奋

学 生 工 作

【概况】 2010年，学生工作坚持“学生为本”的理念，围绕学校的中心工作和创新人才培养、和谐校园建设，以深化指导服务体系为重点，学风建设为基础，队伍建设为保障，创新学生工作方法方式，将学生教育、管理、指导、服务与研究有机结合起来，取得好成效。

【政治思想教育】 开展“新生入学教育”、“行为规范教育”、“安全教育月”、“深入践行科学发展观，全面推行学风建设活动”、“法律进校园”等多种形式的教育专题活动。坚持把解决思想问题与解决实际问题相结合，深入学生班级、宿舍，为学生学习成才、择业交友、健康生活提供面对面的帮助。注重通过实践活动塑造学生思想品质。编辑《学生工作简报》10期，组织学生座谈会40余次，力求全面掌握学生思想动态，详实记录学生思想政治教育工作的进程。

【辅导员队伍建设】 着力建设一支“政治强、业务精、纪律严、作风正”的高水平辅导员队伍。

1. 队伍建设以“专业化”为目标。对各学院辅导员队伍进行合理调整，辅导员队伍日趋年轻化、高学历化。

2. 提高队伍专业素质。对展辅导员集中开展心理学专业培训。从政策和经费上支持辅导员参加各项执业资格培训。2010年选派16名辅导员参加全国、全省学工干部业务学习班。

3. 创优争先活动。评选“优秀辅导员”，促进辅导员爱岗敬业，钻研业务，提高理论水平和工作能力。

【学生资助工作】 以“帮困重在育人”为工作理念，落实贫困学生的认定工作。建立家庭经济困难学生档案库，形成“助学贷款、奖学金、助学金、勤工助学、社会资助、临时补助、减免学费、绿色通道”等多元化的资助体系。

1．国家助学贷款工作。2010年学校累计发放国家助学贷款858.57万元，其中续放国家助学贷款43.1万元，并协助办理贷款延期手续。配合国家开发银行做好生源地助学贷款相关工作，2010年有1408名学生获得生源地国家助学贷款，贷款金额达815.47万元。

2．勤工助学工作。2010年，围绕“三助”（助研、助教、助管）开展校园勤助学工作，为困难学生提供1500多个学生助理、教学助理、贴报、校区内草地维护、校园绿化美化等常设岗位，共发放勤工助学酬金170.2389万元。开拓校外勤工助学市场。1月9日，举办2010年寒假兼职会，63家餐饮类、营销类、房地产类和通讯类用人单位，为留校学生提供700多个兼职岗位。3月7日，举行海甸校区2010年校级勤工助学招聘会，为海甸区家庭经济困难学生提供209个助学岗位。

3．开通“绿色通道”。为确保贫困学生顺利入学，根据教育部相关规定，执行“绿色通道”制度。共有1166名学生（其中海甸校区869人，儋州校区179人，城西校区118人）通过绿色通道顺利入学，约占2010级新生总人数的13.8%。

4．国家及社会力量助学。2010年，资助贫困学生的奖、助学金共12项，分别是国家励志奖学金、国家助学金、高等学校优秀贫困生奖学金、金光贫困大学生助学金、“刘建贤、张永清助学金”、宋庆龄基金会“中海油大学生助学基金”、中国农业科教基金会“何康奖学金”、“动感服饰”奖学金、“王伟光优秀贫困生助学金”、“心本爱心”奖学金、“王承守奖学金”、中国建设银行少数民族大学生成才计划奖（助）学金，资助贫困学生8791人次，资助金额达2772.8万元。

5．学费减免工作。按照中宣部 中央文明办 教育部及海南省相关文件精神，开展“西部开发助学工程”学费减免工作。根据学生的综合测评成绩，排在本专业同年级前30%的学生学费全免，排在30%-70%的学生学费减免一半。2010年学校“西部开发助学工程”减免学费共计 2.3万元。

6．发放学生临时补贴。据海南省财政厅（琼财教[2010]2092 号）文件要求，2010 年学校为31234 名在校生发放临时生活补贴 156.17 万元。

【学生管理】 1．加强学生信息员队伍建设。2010 年共接收学生工作信息队伍提供并反馈的有效信息 1200 余条，及时掌握学生思想动态。注意发挥学生网络信息员的作用，及时对校园网络上学生的不良信息作正面引导，妥善处理。

2．建立学生公寓辅导员队伍。公寓辅导员队伍由研究生组成，试行招聘制。职责是做好学生公寓文化建设，加强学生公寓思想政治教育工作，把学生工作延伸到生活区，化解各类矛盾与冲突。

3．推进大学生公民道德教育。结合学费缴纳偿还助学贷款及考风考纪建设，推进诚实守信教育。结合贫困生资助、勤工俭学，深化勤俭自强教育。结合毕业生文明离校，加强爱校守纪、就业观、择业观教育。鼓励学生参加形式多样的志愿活动、爱心活动等社会公益事业。

4．做好学生安全稳定和卫生健康教育工作。牢固树立“安全重于泰山”的思想，开展学生思想动态调查，了解学生关心的问题，掌握学生的诉求，及时发现问题，进行教育引导。加强法律法规、校纪校规教育，加强校园网络管理，保证校园安全稳定。做好交通安全、生活安全、人身安全以及公共卫生、个人卫生和食品卫生教育工作，排查安全隐患，引导学生积极锻炼身体，预防疾病，创建文明校园。

5．注重学风建设。抓制度建设促进学风建设，将学风建设纳入学生工作考评体系。2010 年，从抓落实、抓管理、抓教育、抓考风、抓活动等方面进行了考评，促进学生工作地发展。

6．创新学生资助工作机制。在坚持“以人为本”，“服务育人”的宗旨，做好“奖、贷、助、补、减”工作的基础上，不断创新工作机制，推进学生资助工作的特色化，为家庭困难学生成长、成才服务。扎实推进实践助学工作及学生自强、诚信、感恩教育，使学生在实践中提高创新能力。

【心理健康教育】 1．加强心理健康教育和心理咨询工作。2010 年安排 12 名持心理咨询师资格证的教师参与学校心理咨询室工作。编撰二期学生心理健康教育工作简报。组织团体心理辅导 8 场，心理健康教育中心接待咨询 534 人次。

2．推进心理健康教育软、硬件建设。对《海南大学心理咨询师工作职责》、《海南大学咨询室管理规章制度》、《海南大学学生心理危机干预实施办法》、《海南大学大学生心理危机处理工作指引》等文件进行修订。各学院制定《学院危机干预细则》。建立学生心理危机早期预警机制；学生心理健康普查制度；学生心理危机信息汇报制度；学生心理危机预警库录入制度。完善心理咨询室管理制度，坚持心理辅导员培训制度；心理咨询师督导例会制度，增配心理咨询室办公设备。利用心理测试系统开展心理健康普查，建立心理电子档案。编印《海南大学大学生心灵成长手册》 《大学生心理健康书签》。2010年参加心理健康普查的本科生 8204 人、研究生678 人。

3．开展心理工作者技能培训。2010 年举办专职心理辅导员培训班 3 期，举办心理健康培训教育与学生工作研讨会 2 期。先后选派 16 名辅导员参加海南省和国家专业机构举办的业务学习。

4．组织心理健康教育月活动。以“5.25（我爱我）心理健康活动月”为依托，开展一系列心理健康教育宣传活动，制作心理卫生知识宣传展板 19 块，开展专家心理咨询专场，发放宣传材料10000余份，1000多名学生到场进行相关咨询。对 1400 名学生进行心理问卷测评。举办名家论坛大学生心理健康专题讲座，发放健康纪念书签，举行心理电影展播。组织“和谐海大，微笑人生”主题班会 80 多场，李建保校长参与 2008 级理科实验班的主题班会。

【重要活动】 1．3 月 13 日，2010 年全国大学生思想政治教育处长论坛在学校举行。来自各省（市　区）教育部门有关处室和各高校学生工作部门的负责同志 300 余人参加了会议。省委常委　组织部部长楼阳生出席会议并讲话。

2．5 月 21 日，召开学生教育管理工作研讨暨学生安全教育宣传月部署会。

（撰稿：李江俊　何欢宝　王　静　审稿：王大群）

2010—2011 学年海南大学学生会组织机构

主席团

主　席：代晓光

副主席：王渊桂　史旭峰　闫汝冰　林治宇　谢　陶　曹　阳　黄山凌子

秘书长：王菁蕙（学生）

指导老师兼秘书长：陈广锐

办公室

主　任：李　力

副主任：李雅雯　林云志

干　事：韩智聪　石善为　段　勤　张博洋　钟泽璐　蔡　爽　胡珊珊　王萌萌

秘书部

部　长：张小妹

副部长：刘春阳　潘留珊

干　事：陈　楠　龚　晗　孙旭阳　朱思宇　王梦圆

学习部

部　长：王静霞

副部长：刘李阳　史甲恺

干　事：李　琳　陈子君　崔尉娟　苏　婉　贾鹏飞　黄晨光　王　宁

文娱部

部　长：高逸群

副部长：李禾臻　史锐敏

干　事：刘　越　孙　越　刘枝苇　罗　淼　曲经国　王科锦

体育部

部　长：迟也迪

副部长：王天意

干　事：罗　薇　张智生　谢杰坤　刘　凯　姜　丹　张　尧　马均瑞

新闻部

部　长：武奕含

副部长：张安宁　逄焕学　李甜甜

干　事：曹　璐　张　娜　潘媛媛　谢庸涵　胡　宪　崔　圣　高超阳

女生部

部　长：侯　雯

副部长：于　跃　叶晓璐

干　事：安昱宁　刘思远　薛冬凌　邹雅倩　唐　山　姜　洋　刘晋延

财务部

部　长：董　畅

干　事：王泽琼　刘一梦　任久祎

学风督导部

部　长：诸　燕
副部长：唐小龙　米　兰
干　事：李怡琪　赵　轩　陶晓强　于　鑫
隋鹏勇　王晓静　冼建伟　钱　鹏
魏　涛　张　默

文明督导部
部　长：王向阳
副部长：张　帅　林海兵
干　事：韩志伟　李　旭　刘　仲　刘子金
马海涛　王　楠　殷孟霞　曾令斌
郑舒尹　周凤娟

生活服务部
部　长：王　宁
副部长：迟　海　郝　敏
干　事：王晓娜　赵佩芝　佘倩楠　王　颖
王一琳　王　伟　叶　戈　金华平

权益服务部
部　长：李瑜皎
副部长：王润菡　权　强
干　事：孙　栋　周　栋　王　靖　王　展
秦思君　任　娟　周喜彬　王帅辉

实践部
部　长：时　雨
副部长：周　明　黄　蓉
干　事：李雨培　张　冀　张　艳　鲁　洋
赵坤鹏　张　鑫　宋子琛　李洪畅

外联部
部　长：张永超
副部长：林　杨　李　阳　吕周伟
干　事：李雅翔　李松霖　刘晓云　许晓东
申淇文　林　旭　阎　微　田敬玮

宣传部
部　长：刘伟豪
副部长：梅雪昂　冯可心　路　杨
干　事：吴　洁　鲍　杰　张　月　崔萍萍
万　炜　何镇东　郑钊峰　赵坚华
李泽峰

2010—2011学年海南大学研究生会组织机构

主席团
主　席：马艳彬
副主席：王　寅　陈　郴　郑志涛
秘书长：涂　意

办公室
主　任：蒋佩瑾
副主任：袁小雅　蒋晶晶　程　琼　王晶琪

财务部
部　长：李雪晶
副部长：雷茜茜

信息调研部
部　长：丁鹤洋
副部长：范宏彧　蔡蛟洋　孙　丽　李文豪

策划部
部　长：张晓旭
副部长：赵桂枝　王　会

活动部
部　长：刘欣欣
副部长：李　琼　陈　晋　李林津　许筱硕
谭韩英　吴廷昌　王欣欣

生活服务部
部　长：黄　霞
副部长：张霄羽　周德建　王　英　孙仁毅

宣传设计部
部　长：唐玉婷
副部长：张　娜　安晨曦　李广旭

网络编辑导部
部　长：王贵凯

副部长：曹晓雪　林梅竹

公共关系部

部　长：张　君

副部长：王一多　李雪玉　罗富晟　李磊鑫

陈雅诗

"海志"杂志编辑部

部　长：潘显云

副部长：李广旭

2010—2011学年海南大学学生社团联合会

主席团

主　　席：杨智伟

副 主 席：王一钦　王娅雯　初松峰　张　锐　杨　仑　周　红　姜治民　徐　凯

秘 书 长：闫　治

副秘书长：路　璐

办公室

主　任：颜朝阳

副主任：李思琪　易　娟

干　事：丁　悦　金　娇　金凌宇　刘松林　潘彦青　彭玉璐　曾　钦　张　明　赵　璨　林罗添骥

财务部

部　长：韩东来

副部长：商文婷

干　事：黄　可　王玲玲　遇　乐

人力资源部

部　长：杨　雪

副部长：王近维

干　事：尚　尚　崔苏欢　马强伟　宋恩宇　孙　帅　罗　婷　刘　明

宣传部

部　长：孙丹蕾

副部长：宋姝琳

干　事：关亚昌　卢　明　潘春城　王　麟　王雨蝶　魏小涵　徐礼泉　张春杨　张舒盈

文娱体育类发展部

部　长：王首超

干　事：汤　韬　翟晓云　张王波

文工团

团　长：李晓慧

干　事：王金璐　张艺凡　王　宵　刘　冬　郃雅兰　刘　莉　徐　辉

学生社团文化发展中心

主　任：邓迪丹

副主任：潘　妤　徐橙伟　李晓慧

干　事：陈　昊　程欣瑜　姜慧娟　施　俊　孙　纯　王子健　吴明芳　杨　帆　张贺雪　赵　帅

外联部

部　长：段威威

副部长：王跃淇　剡一尧

干　事：方至炜　邵余婷　陈舒婷　陈文晖　周长星　陈　平　张　驰　李明泽　赵　航　崔泷跃　曹　乐　郭　旭　刘心培

社会实践发展部

部　长：王　然

干　事：徐冠宇　杨永青　陈　鑫

科学技术类发展部：

部　长：肖道歌

干　事：傅有超　杨景朝

公益服务类发展部

部　长：何员华

干　事：郭怀频　慕婷婷

团工委(筹)

干　事：张黛琪　张海洋　董燕萍

儋州校区学生社团管理中心

管理中心

主　　任：徐　凯

副 主 任：雷英栋　韩　静

主任助理：卢小玉

办公室

副主任：张起杰　刘　璐

干　事：成玉德　聂帅英　苏　文　王建凯
　　　　王　威　文　静　吴小玲

人力资源部

部　长：徐伟瀚

副部长：吴昊燕

干　事：李丹丹　彭　胜　曲思同　王　程
　　　　魏　锋　张世佼

活动策划部

部　长：王如强

副部长：张　茜

干　事：董　栋　杜婉怡　高祥峰　李　进
　　　　孙美佳　陶小杨　王白杨　吴倩倩
　　　　武冬冬　徐　微

新闻部

部　长：罗培焱

副部长：汪礼超　刘　霜

干　事：陈　凤　成　欢　杜昌志　方　琪
　　　　李振宇　芦　萍　马亚峰　彭沐阳
　　　　谭　雄　王博亚　王　慧　吴　振
　　　　俞　娜　张正威　赵四菊

表彰与奖励

省级以上奖励与表彰

2010年“中国大学生年度人物”入围奖获选名单

姓　名	所 在 学 院	颁 奖 单 位
程　川	海洋学院	中共中央宣传部　国家教育部　共青团中央　人民日报社

2010年海南省优秀博士硕士学位论文

序号	论文作者	研究生类别	论 文 题 目	学科专业	指导教师
1	夏志辉	博士	水稻隐性抗病基因 xa5 的功能分析与基因工程	植物分子遗传学	陈守才
2	范　伟	硕士	海马齿根系盐诱导基因的克隆和分析	植物学	张治礼

续上表

3	徐小雄	硕士	23种红树植物根际土壤小双孢菌的选择性分离	植物学	洪 葵
4	吴紫云	硕士	橡胶树悬浮细胞有丝分裂同步化及微核诱导研究	作物遗传育种	黄华孙
5	胡 伟	硕士	香蕉谷氨酸脱羧酶基因克隆及对采后成熟的调控研究	作物遗传育	金志强
6	肖小虎	硕士	橡胶树超高产单株与普通株胶乳差异表达基因的筛选及初步分析	生物化学与分子生物学	唐朝荣
7	黄德宝	硕士	巴西橡胶树蔗糖转运蛋白基因的克隆和表达分析	生物化学与分子生物学	唐朝荣
8	邹枚伶	硕士	白木香自然种群遗传多样性与演化	种质资源学	王文泉
9	王向辉	硕士	苯并异噻唑啉酮类衍生物的设计合成及其抑菌活性	应用化学	林 强
10	周雯伊	硕士	激素诱导雄性花鳗鲡性腺发育及相关激素分泌的研究	水产养殖	林浩然
11	王 珺	硕士	石斑鱼工厂化育苗系统主要生态因子的研究	水产养殖	陈国华
12	佘晓东	硕士	微生物凝固天然橡胶分子结构的变化及期对性能的影响研究	农产品贮藏与加工工程学	廖双泉
13	田娟娟	硕士	酿酒葡萄叶和果实矿质元素的产区及品种特性研究	农产品贮藏与加工工程学	仇厚援
14	姜 岚	硕士	城与乡：小说时的人生界域——路遥侧论	文艺学	孙绍先
15	唐俊峰	硕士	普罗米修斯的“业”与“罪”——从普罗米修斯形象看技术的得与失	外国哲学	张志扬
16	李建波	硕士	司法文化若干问题研究	诉讼法	谭世贵

2010年高教社杯全国大学生数学建模竞赛（海南赛区）

获奖人员			指导教师	获奖等级
陈志中	肖礼祥	王　雁	教练组	一等奖
罗光富	林怀翔	王丽琰	教练组	
高　峰	葛同广	邝翼飞	教练组	
李　恬	曹国宝	柴锦春	教练组	二等奖
夏鸿君	林　勇	王　婧	教练组	
罗宋平	李文柯	刘讲武	教练组	
郭　肖	李瑞丹	林子浩	教练组	
戴成骏	李　邦	南雨宏	教练组	
曹维健	熊　迪	熊亚林	教练组	三等奖
刘　坤	谢凯明	董　凯	教练组	
李枚芳	葛志洲	张　博	教练组	
洪　豪	张　俊	彭玉艳	教练组	

2010年"通讯杯"海南省大学生电子设计竞赛

获奖队员名单	获得奖项
陈相羽　张　艾　孙会春	最高奖"通讯杯"
付　超　黄邦煌　林宏化　张国伟　张永超　廖　培	一等奖
刘雪亭　徐克楠　张永龙　余　卓　何承洪　李枚芳　夏三明　曹智勇 罗　伟　肖　飞　何幕峰　孟凡昌	二等奖
迟　迅　袁德雨　韦发响　魏　璇　朱　烨　纪执铭　高志龙　毛文东 曹俊利　王　笛　张南南　安冬辉　王　浩　靳文娟　李鸿博　李开龙 黄文涛　郭鹏飞	三等奖

校级表彰与奖励

2010届优秀研究生学位论文获得者名单

序号	论文作者	所在学院	论文题目	授予学位	学科专业	指导教师
1	李瑞梅	园艺园林学院	耐寒相关基因转化华南木薯品种研究	博士	植物学	郭建春
2	袁干军	农学院	红树林放线菌大环内酯化合物产生菌的筛选、产物分离鉴定及活性研究	博士	农业生物技术	洪 葵
3	段瑞军	农学院	海马齿盐适应细胞形态、结构变化和蛋白质级学及耐盐基因功能初步研究	博士	植物分子遗传学	郭建春
4	李辉亮	农学院	橡胶树自根幼态无性系与其供体(老态无性系)差异的分子基础研究	博士	植物分子遗传学	彭世清
5	刘洋洋	材料与化工学院	海南萝芙木清热解毒作用及其药效物质的研究	硕士	生物化工	刘平怀
6	刘 娜	材料与化工学院	新型对甲基苯甲醛肿胺类配合物的合成　晶体结构　表征及性能研究	硕士	应用化学	张 岐
7	韩 林	食品学院	槟榔中抗氧化成分的提取分离研究	硕士	农产品加工及贮藏	张海德
8	刘新华	食品学院	BTH 防治芒果采后炭疽病及其系统获得抗性机理	硕士	农产品加工及贮藏	潘永贵
9	苏 藏	信息学院	dh-闭　Gr.""obner 基	硕士	应用数学	李会师
10	丁 璇	农学院	巴西橡胶树砧穗互作的胶乳蛋白质组学初步研究	硕士	作物栽培学与耕作学	林位夫
11	董荣书	农学院	柱花草高效固氮根瘤菌株系的筛选	硕士	草业科学	刘国道
12	郑善清	农学院	盐滩植物海马齿全长 cDNA 文库构建及耐盐基因的克隆	硕士	植物分子遗传学	郭建春
13	李宝琦	农学院	桉树大径材良种中期选择研究	硕士	森林培育学	余雪标

续上表

14	祝建顺	农学院	巴西橡胶树 HbEBP1 基因表达及其功能研究	硕士	林木遗传育种学	黄华孙
15	邱海燕		巴西橡胶树 REF RT 与 SRPP 基因物理定位的研究	硕士	作物遗传育种学	庄南生
16	姚 远		木薯组培苗贮藏根淀粉积累的研究	硕士	作物遗传育种学	郭建春
17	尹一伊		橡胶胶乳特异表达锌指蛋白基因分离 克隆及表达分析	硕士	作物遗传育种学	彭 明
18	邓成菊		香蕉乙二醛基因抗非生物胁迫的功能验证	硕士	作物遗传育种学	徐碧玉
19	王 园		香蕉 ASR 基因抗逆功能的研究	硕士	生物化学与分子生物学	金志强
20	刘术金		橡胶树胶乳转化本酶基因克隆及其表达特性研究	硕士	生物化学与分子生物学	唐朝荣
21	李 江		CO NO 对干旱胁迫下水稻种子萌发过程细胞程序性死亡的影响	硕士	发育生物学	陈惠萍
22	邓载安		水稻 OsVTC1 基因的表达特性与功能分析	硕士	发育生物学	张治礼
23	王 轶		莫能菌素对蚯蚓的生态毒理效应	硕士	野生动植物保护与利用	刁晓平
24	吴 瑞		巴西橡胶树金属硫蛋白基因 HbMT 的克隆及功能分析	硕士	农业生物技术	张治礼
25	李 磊	环境与植物保护学院	红棕象甲基础生物生态学研究	硕士	农业昆虫与害虫防治	马子龙
26	钟 庸		不同林龄橡胶人工林磷循不特征的比较研究	硕士	生态学	蒋菊生
27	尚 静		水稻中农药综合风险与三唑磷膳食暴露评估研究	硕士	农药学	吴莉宇
28	吴育鹏	环境与植物保护学院	辣椒脉斑驳病毒文昌分离物全基因组序列分析和抗血清制备	硕士	分子植物病理学	刘志昕

续上表

29	王　成	环境与植物保护学院	文昌红树林根际土壤小单孢菌的分离与菌株 211018 的鉴定	硕士	微生物学	洪　葵
30	王小明		CMV 2b 蛋白与寄主互作研究中诱饵质粒的构建	硕士	微生物学	刘志昕
31	张全琪	园林园艺学院	巴西橡胶树 HbWRKY1 转录因子顶罪的克隆与功能鉴定	硕士	植物学	张治礼
32	王　蕊		不同基因组类型香蕉的抗旱生理机制	硕士	果树学	李绍鹏
33	李瑛婕		美花石斛优势内生菌根真菌生物学特性及其分子鉴定	硕士	园林植物与观赏园艺	李绍鹏 宋希强
34	杨德兰		小叶地不容块根中具有生理活性珠生物碱成分研究	硕士	植物学	戴好富
35	齐　鑫	海洋学院	人工诱导雌花鳗鲡性腺发育成熟的研究	硕士	水产养殖	林浩然
36	谢海燕	法学院	我国土地征收制度的完善与发展	硕士	民商法	王崇敏
37	封　雯		论诈骗罪中的诈骗行为	硕士	刑法学	童伟华
38	关丹丹		黎族传统社会婚姻家庭习惯法研究	硕士	法律史	陈秋云
39	彭传林		黎族“刑事”习惯法研究	硕士	法律史	叶英萍
40	张永荣		商业银行破产财产界定与处分研究	硕士	民商法	徐　民
41	王　玲	文学院	《孽海花》叙事研究	硕士	比较文学与世界文学	张江南
42	戴　哲		原乡想象 身份迷思以及身体隐喻——90 年代以来的乡村书写	硕士	文艺学	刘复生
43	董良杰	政治与公共管理学院 政治与公共管理学院	历史唯物的主义澄明之境——《德意志意识形态》第一章的研究	硕士	马克思主义基本原理	张云阁

续上表

44	陈建辉		孔子与杜威德育思想异同比较	硕士	思想政治教育	李英华
45	唐　敏	社会科学研究中心	柏拉图《会饮》中的苏格拉底“讲辞”	硕士	外国哲学	张志扬

2009—2010学年度海南大学优秀研究生名单

序号	姓　名	所 在 学 院	研究生类别	年 级　专 业
1	李瑞梅	园艺园林学院	博士	2007级植物学
2	黄春琼	农学院	博士	2007级种质资源学
3	王玲玲	机电工程学院	硕士	2008级农业机械化工程
4	朱清梅	材料与化工学院	硕士	2007级应用化学
5	方建辉	材料与化工学院	硕士	2008级能应用化学
6	王　园	农学院	硕士	2007级生物与分子生物学
7	景晓辉	农学院	硕士	2008级能源植物学
8	李海燕	园艺园林学院	硕士	2007级植物学
9	邓必玉	园艺园林学院	硕士	2007级植物学
10	张全琪	园艺园林学院	硕士	2007级植物学
11	唐天乐	海洋学院	硕士	2007级水产养殖学

2009—2010学年优秀研究生干部名单

序号	姓　名	性别	年 级 专 业	所 在 学 院
1	朱素娟	女	2008材料物理与化学	材料与化工学院
2	方建辉	男	2008应用化学	
3	马艳彬	女	2009材料学	
4	汪　沙	男	2009应用化学	
5	张一凡	男	2009应用化学	

续上表

6	杨瑞锋	男	2009 农业机械化工程	机电工程学院
7	成长玉	女	2009 食品科学	食品学院
8	陈 熙	女	2009 通信与信息系统	信息科学技术学院
9	刘 易	男	2009 通信与信息系统	
10	张天宝	男	2009 通信与信息系统	
11	吴 昊	女	2009 信号与信息处理	
12	韩 冰	女	2009 生物化学与分子学	农学院
13	李江渝	男	2008 作物遗传育种	
14	张建波	男	2008 作物遗传育种	
15	何美丹	女	2009 作物遗传育种	
16	祝 飞	男	2007 作物栽培与耕作学	
17	官春亭	男	2008 园林植物与观赏园艺	园艺园林学院
18	郭计华	男	2009 植物学	
19	罗召美	女	2009 植物学	
20	郑 鹏	男	2009 环境工程	环境与植物保护学院
21	王 宇	男	2009 森林保护	
22	龚 殿	男	2009 微生物学	
23	王 珊	女	2008 金融学	经济与管理学院
24	刘 阳	男	2009 农业经济管理	
25	郭红星	男	2009 企业管理	
26	贾 雯	女	2008 法律	法学院
27	谢玉滨	女	2008 法律	
28	谢 楠	男	2009 法律	
29	肖 剑	男	2009 法律	
30	李云林	男	2008 法学理论	
31	戈 晶	男	2008 民商法学	

续上表

32	廖　斌	女	2008 民商法学	法学院
33	魏　微	女	2009 民商法学	
34	徐　洋	女	2009 诉讼法学	
35	王　兵	女	2008 诉讼法学	
36	徐晓影	女	2008 刑法学	
37	韩小洁	女	2009 刑法学	
38	曾庆敏	男	2008 英语语言文学	外国语学院
39	朱　茜	女	2009 比较文学与世界文学	人文传播学院
40	张　琳	女	2009 比较文学与世界文学	
41	王　蒙	男	2009 比较文学与世界文学	
42	陈婷婷	女	2009 马克思主义基本原理	政治与公共管理学院
43	陈建辉	女	2007 思想政治教育	
44	刘扬雄	男	2008 思想政治教育	

2009—2010 学年度优秀学生会干部名单

单　位	姓　　名
土木建筑工程学院	祁永成　刘艳光　林资胜　陈虹霖
材料与化工学院	王云龙　郭晓明　杨舒宇　张东剑　栾皓然　纪鹏宇
信息科学技术学院	孙　正　崔旻迁　武　杰　李　欣　于　颉　李世强
食品学院	吕　霞　张楠楠　马春华　张铭润　成一伟　胡冰洋
机电工程学院	赵英岐　章泽泉　张晶晶　陆　韬　保振安　张　玉　朱　江
农学院	张首仁　赵文恺　谢绍雨　赵越超　左　斌　欧　悦　刘　浩　陈德富
环境与植物保护学院	高薇珊　安　妮　孙　萌　袁锐星　罗赵安　刘　晓　彭　赟　杨诗光
园艺园林学院	荆　潇　苏　丹　王　敏　李　杰　郑美霞　郑欣欣　唐佳瑄　张　薇　杨　扬
海洋学院	程　宁　徐李阳　姚　瑶　王兴亚

续上表

艺术学院	赵　舟　郭　雁　胡　越　陈　柳　卜纪中　李　鑫
外国语学院	丁再星　周　骏　许珊珊　相璐娜　杨天娇　陈　飞　姚丽梅
人文传播学院	孙　妍　黄　槚　赵乃钰　姜　蕾　何　杏　徐　洋　李彩红
法学院	吴博雅　程若锦　马艺榕　庞　森
政治与公共管理学院	易　鑫　蒲艳萍　王　佳　李　奇　张　露　徐永恒　刘梦娜 夏　缘　莫锦玲
经济与管理学院	李威霖　余鹏飞　刘小鹏　张旦红　李　灏　李　龙　周　珍 马园园　杨雁飞　何柳静　陶卉珊　宫　瑾　滕　云　周成河 李雪峰　朱玫林
继续教育学院	赵　楠　戴安娜　王　越
旅游学院	刘文超　原新星　黄娅娜　王立家　王永斌　杨　阳　王姝莞 黄泽伟　王洁琳
应用技术学院	谷　婷　苏海江　时会科　李慧迪　卢　翔　张　奎　单　昆 陈露尔　赵汉青　夏　凡　黄天时　李博然
校学生会	林云志　韩智聪　王萌萌　陈　楠　龚　晗　王梦圆　贾鹏飞 王　宁　史锐敏　曲经国　王天意　崔　圣　李泽峰　胡　宪 刘思远　唐　山　任久祎　陶晓强　魏　涛　张　默　李　旭 郑舒尹　迟　海　王　颖　王一琳　周喜彬　任　娟　宋子琛 张　冀　张　鑫　李　阳　田敬伟 刘晓云　李松霖　何镇东
儋州校区学生会	邹德海　陈悠笛　闫永哲　宋昌吉　黄文财　盛尚品　高　放 张晓晗　郭少敏　董润华　邓承玉　彭紫枫　陈思琦　胡　鑫 叶志林　李居一　房　韬　欧阳辛颖

2009—2010 学年度海南大学学生社团标兵

社 团 名 称	所 属 校 区
英语俱乐部	海甸校区
中外文化经典研习社	儋州校区

2009—2010 学年度海南大学十佳学生社团

社 团 名 称	所 属 校 区
爱心协会	海甸校区

续上表

棋弈俱乐	海甸校区
绿岛环境保护协会	海甸校区
独轮车协会	海甸校区
青年法学社　法律援助社	海甸校区
功夫协会	儋州校区
卉园艺协会	儋州校区
电脑协会	儋州校区
心海爱心协会	城西校区
排球协会	城西校区

2009—2010 学年度海南大学优秀学生社团干部名单

所属校区	姓　名	所在社团
海甸校区	池　驰	桌球协会
	何　昌	吉他协会
	黄胤杰	足球协会
	吴小慧	大道小报社
	何　超	形象礼仪协会
	龙福旺	数学建模协会
	黄卫和	棋弈俱乐部
	申　晨	器械健身爱好者俱乐部
	马欣欣	英语俱乐部
	周柱斌	市场营销协会
	刘永峰	武术协会
	应　验	书法协会
	张一鸣	网球协会

续上表

海甸校区	温宝璇	法律外语协会
	陈慧宇	未来经理人俱乐部
	周华庆	青年励志协会
	孙　磊	青年法学社　法律援助社
	赵　燕	独轮车协会
儋州校区	朱静静	海韵话剧社
	梁其业	昆虫爱好者协会
	梁　净	雏音心理协会
	李海波	书画群英协会
	韦瑞杰	双飞交谊舞协会
	王金路	电工协会
	罗伟成	金牌棋友协会
	王海霞	植物保护协会
	李梦婷	资源与环境协会
	雷枝新	溢茶社
	周　云	电脑协会
	马晓冬	中外文化经典研习社
	王富强	绿苑环保协会
	李光乐	机械协会
	黄生锐	职业发展协会
城西校区	李梦婷	书画精英协会
	许阳菲	紫珊瑚文学社
	姜　坤	公共关系协会
	莫安民	排球协会
	梅晓丽	蓝眼睛英语协会

续上表

城西校区	熊　峰	com 计算机协会
	林冠颖	心海爱心协会
	王泽萍	绿叶环保协会
学生社团联合会	金　娇　彭玉璐　张　明　赵　瓅　曾　钦　易　娟　遇　乐 王玲玲　吴明芳　孙　纯　施　俊　徐橙玮　崔苏欢　方至炜 尚　尚　宋恩宇　杨　雪　李明泽　陈　平　陈舒婷　周长兴 王跃淇　关亚昌　张春杨　卢　明　魏小涵　傅有超　刘振东 徐冠宇　熊伟俊　王　然　慕婷婷　徐　凯　雷英栋　卢小玉 韩　静　罗培焱　刘　霜　张起杰　徐伟瀚　张　茜　王如强 王梦丹　尹　昱	

2009—2010 学年度优秀学生统计表

学　院	特等综合奖学金	一等综合奖学金	二等综合奖学金	三等综合奖学金	单项奖学金	三好学生	优秀学生干部	最具创新与实践能力大学生
土木建筑工程学院	5	15	53	82	10	73	28	2
材料与化工学院	11	34	102	159	30	135	48	22
信息科学技术学院	13	48	110	179	19	125	45	6
机电工程学院	10	33	105	164	30	101	39	20
农学院	11	33	105	165	28	77	40	
园艺园林学院	9	30	92	123	33	67	34	1
环境与植物保护学院	7	22	53	75	11	47	27	
海洋学院	4	14	43	68	12	44	17	2
食品学院	5	16	52	82	18	53	30	1
经济与管理学院	19	65	191	428	77	214	80	11
法学院	1	5	35	60	21	10	17	2
人文传播学院	9	29	93	145	17	82	35	6
外国语学院	6	23	74	116	12	60	28	2

续上表

政治与公共管理学院	7	23	73	111	20	73	28	
艺术学院	3	9	76	124	10	82	30	
旅游学院	12	53	175	307	44	199	70	4
应用科技学院	17	53	167	209	12	94	62	
合　计（人）	149	505	1599	2597	404	1536	658	79

2009—2010 学年度先进班集体名单

所 属 学 院	先 进 班 级
土木建筑工程学院	2008 级土木工程（3）班
	2009 级建筑学班
材料与化工学院	2007 级高分子材料与工程（1）班
	2007 级应用化学（3）班
	2008 级理科实验班
	2009 级材料科学与工程（1）班
信息科学技术学院	2008 级电子信息工程班
机电工程学院	2007 级电气工程及其自动化（1）班
	2007 级农业机械化及其自动化班
	2007 级机械电子工程（1）班
	2008 级交通运输（2）班
	2009 级交通运输（2）班
食品学院	2008 级食品科学与工程（1）班
农学院	2007 级级农学班
	2007 级生物技术（1）班
	2007 级生物技术（2）班

续上表

农学院	2007 级草业科学班
	2009 级生物科学（2）班
园艺园林学院	2007 级园艺（1）班
	2008 级园林（2）班
	2009 级园林（5）班
环境与植物保护学院	2007 级植物保护（农药方向）班
	2007 级制药工程（农药方向）（1）班
	2008 级植物保护（农药方向）（2）班
	2008 级植物保护（农药方向）（1）班
海洋学院	2007 级海洋科学班
	2008 级水产养殖学班
经济与管理学院	2007 级财务管理（2）班
	2007 级国际经济与贸易（1）班
	2008 级会计学（1）班
	2009 级农林经济管理（2）班
	2009 级信息管理与信息系统（1）班
	2009 级国际经济与贸易（1）班
	2009 级金融学（2）班
	2009 级工商管理班
法学院	2008 级文科实验班
	2008 级法学（1）班
人文传播学院	2008 级戏剧影视文学（编导方向）班
	2009 级对外汉语（1）班
外国语学院	2008 级英语（4）班
	2008 级俄语班

续上表

外国语学院	2009 级英语（经贸方向）（1）班
政治与公共管理学院	2007 级行政管理（3）班
	2008 级思想政治教育班
	2008 级土地资源管理（2）班
艺术学院	2007 级绘画（雕塑方向）班
	2007 级艺术设计（装潢设计方向）班
应用科技学院	2007 级会计学（注册会计师方向）（1）班
	2008 级会计学（注册会计师方向）（2）班
	2009 级会计学（注册会计师方向）（3）班

海南大学 2010 届优秀毕业生名单（总计 207 名）

所属学院	优秀毕业生姓名
土木工程学院	曹洪皓　郭　琪　蒋　辉　廖信丽　马瑞霞　曾赟盛 梁鹏飞
材料与化工学院	秦延林　王　海　程荣龙　赵雪花　刘红艳　严　珊 郝宗娣　万　里　张　烨　王　欢　李　辉　许　辉 郑素枚　陈　源　许　威　袁　杨　曾　娟　夏艳萍 石立娜　刘小丹　黄仙红　周　敏　刘红坡　闫　宁 马志武　陈　涛
机电工程学院	梁　辉　唐大芳　廖从建　余　素　肖平平
信息学院	赵嫚嫚　刘　燕　孔　龙　董　婷　陈　颉　何　希 翟朝亮　赵绒绒　麻　莹　宫树杰　徐宗琦　史倩男 谷稳稳　李　培　朱国峰　张本奎　王蓓蓓　刘　瑶 康　珊　王　飞　谢筱耸　徐鹏飞　夏章楠　郝冬林 陈　明　殷诗润　刘　静　李　倩　陈慧星　李　锋
食品学院	周　颖　彭金峰　李　川　柳　东　彤　祺　戴　萍 张浩琪　谭韩英
农学院	訾　亮　李长茂　詹桂兰　粟桂玲　郭　鑫　尚　珂 程芹芹　陈　媚
园艺园林学院	闫静宜　张　哲　傅燕艳　陈　娇　胡　静　文采丰 汪小平　郭雪婷
环境与植物保护学院	石文娟　潘江禹　于丹丹　刘菲菲　申培丽　汤秋玲 樊兰艳　万三连　谭芳容　苏郭寿

续上表

海洋学院	邱长美　金　施　郭璐璐　庞兴红　朱　旭　叶　质 张　涵　苏树叶　刘　强　陆　露　王　俊　程婷婷 杜和禾
经济与管理学院	王　许　李凌飞　阳小栋　张显玲　杨　波　董　娜 郝伟伟　田文杰　徐俊峰　左　媚　王晶晶　冯起升 于淑平　熊　灯　朱　江　官晓雪　彭　双　胡　健 沈益君　刘春海　娄晓菲　蒋丽娟　秦海军　罗富晟
法学院	谢　丹　翟　晶　周　敏　蒋佩瑾　武晓梅　叶　玲 王　瑞　陈　虹　罗　勇　何　蓓
人文传播学院	樊姣姣　周美美　方李斌　沈　琦　缪影影　董　珊 刘　禹　蔡春芳
外国语学院	钟　晶　张赛凝　武慧娇　余水红　徐大双　朱轩萱
政治与公共管理学院	王　倩　吕红艳　丁婷婷　汪玉姣　赵　毅　李白山 李泉源　陈笑双　杜云雷　杨　帅　史　君　涂　意
艺术学院	李　彬　慈　珊　邱海英
旅游学院	蒋晶晶　王婷婷　王玉君　王奋举　陈丽娟　季　雨 崔玉敏　陈子文　徐婧璇　代　华
应用科技学院	黎小花　杨得进　吴　娜　王秀悯　王燊杰　廖佳维 李卓琳　张义昶　朱建新　苏龙花　林秋英　汤晶晶 杨　芳　刘小军　张　斌　刘亚平

各类奖学金

2009—2010 国家励志奖学金获奖名单

土木建筑工程学院（海甸校区 28 人）

阴壮琴　和　茹　王维兰　翟江涛　张　婷
赵　科　江　鹏　黄　飞　杨小乙　屈建民
姚芹芹　杨天赐　周　也　阳征干　赵忠岳
邹光华　陈　强　梅加河　庄丽娜　曾　晨
许海雄　王绍任　黄宽星　米　鹏　张智升
张椿民　刘艳光　祁永成

材料与化工学院（海甸校区 54 人）

田　甜　文丽娟　张蕊蕊　冯礼兴　李　崴
赵峰惠　王镜渊　胥文华　王盼盼　任伟军
罗宋平　许祖钊　龙春丞　钟炫崇　郑治伟
沈　进　周荣杰　王宏伟　冉东升　陈　琅
侯　雪　黄德江　陈建华　支春辉　张坚强
韩　娟　张育莲　李文龙　刘红梅　陈　航
黄　勇　冯　修　梁远学　杨　豆　刘　琴
周翠翠　刘　燕　肖归喜　罗　宁　钟宇航
王文婷　孙世贤　付美琴　严子人　张　艳
陈彩霞　周光菊　杨天明　曹　丽　黄　荣
范石根　赵丽萍　胡　婷　上官勇仁

信息科学技术学院（海甸校区 63 人）

谭晓娟　方玉英　李　建　贵　健　邓丕雄
谭青青　田文飞　张国伟　王金凤　蒋智威
李　敏　肖礼祥　郑兰琴　景晨蕾　李小龙
卢献涛　曹颜岭　赵　真　徐　凯　张源方
覃思伟　叶　丹　韩　路　邝翼飞　李瑞丹
殷雪琴　刘讲武　何旺岚　叶春艳　胡文杰
李定波　刘宝龙　关刚凤　谢春艳　朱莉红
张勇华　王宏艳　张　军　张　静　任呈祥
管四海　李龙雨　翁思俊　辛海洋　徐克楠
李松芳　刘　坤　陈经伟　全永奇　王亚丽
石永彪　石　玲　高　伟　杨　锋　宁晓晴
王彦江　孙　晶　焦鹏飞　姚春英　姜　月
赵　丰　孙海丽　王洋伟

食品学院（海甸校区 28 人）

曹宝庆　于　洋　惠靖宸　杨　康　彭　健
孙晓欢　李娇妹　朱萍萍　王剑功　张　丽
彭　捷　刘　艳　李　庆　杜胜民　汤忠妹
陈莉萍　李　雅　张湘娥　陈宝珠　储　炫
张　巧　李亦恒　郭洁玉　和　斐　桑亚秋
王思怡　张　浩　陶　摸

法学院（海甸校区 25 人）

向　阳　侯　慧　诸甲池　黄雅琴　袁世华
梁　晶　朱玉娇　张　莉　张世友　曹金京
蔡拾梅　袁昌慧　周立魁　费凯学　唐江荣
石　婷　简　爱　陈婷婷　石春雷　秦智慧
陈文秀　刘　晋　李衢飞　钟　鸿　吴　优

海洋学院（海甸校区 27 人）

杨存瑞　杨亚辉　马倩倩　李俊元　黄　文
王　婷　崔玉兵　郑阵兵　吴小梅　靳丽敬
龙元蔫　易　容　饶秀平　曹贞洁　孟　林
彭喜霞　杨　阳　金远香　孙海燕　杨锦玲
吴喜英　樊红波　曾　游　刘秀娟　高　泳
蒙爱云　万义超

环境与植物保护学院（儋州校区 40 人）

王贞丽　陈　淼　叶春艳　吕　敏　曹雪枫
侯　伟　黄艳波　胡　鹏　张晓娟　于锦蓉
宋风雅　姜红艳　王　琼　邓艳凤　黄晓英
劳淑华　肖海艳　王　翠　娄　辉　陈丽博
傅　帅　杜尚达　赵　艳　张晓杰　杨永利
石黔凯　王冬冬　陆均雄　袁淑芬　刘　欢
张　青　房欢欢　崔　璨　苏慧君　魏　鹏
江雅琴　徐启森　宋根苗　农金梅　吴春丽

机电工程学院（儋州校区 56 人）

秦俐俐　栾　天　聂　松　丰成杰　段马超
舒俊华　陈　源　夏好鹏　王　春　黄邦煌
靳文娟　李中品　陈　奎　黄文涛　张雪松
卢　兵　黄明华　刘欣荣　何幕峰　赵美佳
连祥威　李俊锋　徐　顺　涂明建　尚江坤
李雪平　胡　静　彭学玉　尚金锋　肖仁鹏
李　军　董梦龙　罗林辉　张旭飞　朱晓闯
张腾飞　杨　彪　高建伟　卢从坚　柳　青
黄耀棉　曹迎春　齐忠妍　丁　冬　王云辉
周足明　郑兵艳　刘卫平　姚　华　郑涵文
李海波　钟丽平　赖　星　郑美云　张晓东
李　媛

经济与管理学院（海甸校区 116 人）

滕丽莉　刘松坤　伍金林　黄卫卫　周　琼
王　敏　姜　灿　石秀丽　王　娟　郭方园
杨　迎　赵敏如　周莹华　黄雅茹　李　铭
李翻翻　杨　静　高海峰　邓　芳　崔　柳
李至波　陈　浩　刘晓婷　卢　敏　朱庆捷
杨洋华　王振江　李　明　张　培　张小燕
徐文俊　张　晓　吴小雪　窦成龙　曾　婷
王　菲　陈　珊　丁　娟　井晨光　刘　翼
王想英　朱春雪　邢小勃　李全秋　邓雅兰
高　静　邓红军　王　娟　张历琼　汤海瑞
王华艳　王　倩　金红霞　李菊阳　包庆林
彭倩倩　冯纪燕　张瑞琼　贺淑玉　王慧方
汪　楠　张　欣　姚　彬　郑荣信　宋　鑫

詹婷婷 徐晓晴 王亚平 康秋菊 刘美英
杨冬月 冉应健 张 鹏 蔡 对 吴园园
张 佳 申梦玲 贺东亚 鲁 彦 王 月
刘 芳 许青青 刘 卫 赵 杠 程青竹
周逢慧 朱彩云 欧阳敏 王 红 石美玲
王 盼 李淑云 朱 玉 陈爱弟 左月月
刘飞飞 刘义波 姜 薇 周 媛 韩 雪
肖道歌 孟小娟 肖秀美 翁永林 杨宏恩
易文玲 阳超兰 邹珊珊 蒙海珍 李龙辉
贺佩兰 张 龙 黄 雪 杨 婷 詹玉林
陈志毅 左保杏子

（儋州校区 44 人）

黄 彬 沈晓坤 杨 龙 牟全江 王仁亚
张 静 周 旋 梅江秀 袁明英 张茂星
苏兰茜 陈小花 白亭玉 金宝森 刘志涛
罗 宇 陈甲贤 王维领 翟李楠 钟健月
秦兴春 杨冬良 钟 萍 程 雄 王 薇
高奎友 冉孟琴 潘凤娥 章 旭 朱森林
李 丹 林春凤 刘芬玲 符冬妹 彭小燕
魏丹萍 李春红 米金瑞 李 洋 胡雪停
徐志军 张 莹 钟 宝 曾健明

旅游学院（海甸校区 93 人）

李 辉 张玉强 邢利娟 王晴晴 熊 杰
汪 凤 李晓燕 任丽娜 郑 柱 冯 兵
李敏江 彭慧娟 陈星娜 欧贻琼 林日恋
杨海坤 蒋 梅 王若男 张宇涵 符 丽
王朝丹 林少儒 潘晓婷 谢添珍 韩向华
高力学 陈 芬 贺雄飞 徐龙军 罗运英
王 群 费 格 冯 娜 肖鹭鹭 赵 溪
邹文凤 黄丽婷 汪珍珍 李小强 周丽芬
林凤梓 郭 斌 黄松珍 李丹丹 林荣兰
苗莹莹 郑羡于 李广元 张 耀 乔仁平
田世民 龚金金 朱晓芳 李 婷 杨 茹
冯发姑 李泽鹏 苏为飘 蒋 晶 胡贵双
马 唯 邓 媚 王 芳 张兵荣 石庆书
曾丽俊 彭俊水 陈雪芝 邓雪飞 李小桃
汪 樱 储丽华 郭丁丁 罗 佳 薛 婷
向晓琴 郑静静 谭 婷 贾晓霖 安艳红
安全超 肖 莉 姚 鑫 程金朵 董正平
陈 浩 田秀明 徐 娟 贾林瑞 范绪维
彭 鹏 符菊凤 王童慧

农学院（海甸校区 21 人）

梅小惠 曾维霖 卢 琦 陈娈娈 罗霭玲
何 翠 吴 愁 张 响 谢 珲 杨芳丽
宋 慧 朱华培 方 娜 李祠称 王 颖
周 霞 陈 磊 肖晓蓉 龙佳佳 台建林

人文传播学院（海甸校区 50 人）

郭月超 黄才颖 吴琪晖 张小燕 吴 蕾
李 丽 黄艳群 张丽娟 纪晓娇 景兰星
李沛沛 陈 烛 罗春玲 孙 妍 张 妮
王楚皓 胡 岗 陈丽丽 阙庆元 沙 嘉
罗 甜 甄淑静 程结枝 马梦欣 魏 娟
张 玉 王旭东 郝晓芳 喻小燕 黄旭霞
李 坤 刘秀秀 蒋桂芳 闫超凡 王 欢
朱妍娇 郭 琎 田舒夏 谢 玲 丁小丽
武田田 夏晓庆 李小丽 刘瑞青 王汀若
何旭萍 丁 旭 丁传亮 李 冰 向玲玲

外国语学院（海甸校区 40 人）

周 云 刘 美 夏真重 朱炳轮 何琴琴
康 岩 黄春霞 崔晓晓 刘相锦 张彩霞
姚小燕 杨 浩 郑梅园 陈健媚 向秀峰
张 娜 姚新芳 柳 洁 赵丽娜 谢春梅
储召苏 历福文 雷定坤 周芳琴 覃连甘
赵才香 巫 平 宋丽虹 朱 腾 孙燕萍
刘赛兰 杨 洁 张梦迎 张 雪 刘翠红
刘洁丽 何丽霞 赵一力 刘 晴 谭小芳

艺术学院（海甸校区 34 人）

于 晶 陈华敏 李 冉 潘明波 薛 晴
何 玮 周介东 陈华妮 罗树福 陈雪平
郭 雁 付云凤 张芳芳 黄 波 樊瑜君

庞树浩 秦义凯 任新敏 季 博 包丽羽
杜金龙 向美蓉 李 博 喻 娟 吴佩夫
查 颖 咸 阳 侯三得 朱津津 赵添添
马英明 段娜娜 付 娟 叶自健

园艺园林学院

（海甸校区6人）

陈春宇 郭旭阳 胡 琴 程江波 曾 彬
郑乾坤

（儋州校区52人）

牛 涛 王映娜 周海梅 王桦艳 李 蕊
解雪华 王冬霞 文亚迪 曾刚强 阳 剑
赵立明 方 忠 李 慧 周玉良 苏 关
崔学强 万景刚 朱东波 张 娟 杨国盟
左苏曼 张国亮 岳凤祖 陈宝娟 孙聚荣
王晓霞 孙 蓉 苏 婷 程 静 董瑞云
张迎霞 唐 亮 龚 雪 齐瑞瑞 周 映
张凤琴 段艳丽 吴小丽 胡建广 高龙燕
龙 芳 李 蓓 宋海波 曹双菊 张海波
罗文启 熊梦辉 丁 灵 王文婷 黄婷婷
郑美霞 赵 倩

政治与公共管理学院（海甸校区40人）

黄 伟 姚利芳 董 杏 王丽伟 梁 彬
刘莉丽 颜 宏 吴 刚 张丹丹 曾 虹
李晓军 罗淋耀 胡丽萍 史亚博 周斌雄
陈 刚 陈竹红 杜宝娟 李 敏 林 筱

秦春兰 刘灿华 岳文举 王雪银 尚 辰
高茂森 李家胜 余茂盛 张 通 葛小抱
陈凤娇 全峥嵘 段慧娟 张隆敏 徐 四
李 俊 梁文霞 唐小龙 贺 俊 唐宗玲

应用科技学院

（海甸校区6人）

王秋丽 渠玉柱 杨 梅 张月辞 解进河
白利云

城西校区（78人）

谭海燕 吴丕菲 孙 园 符海丁 张金露
王培茂 禤小凤 吴海虹 胡晓雷 王茜茜
付邵武 朱小安 王 瑶 付端阳 刘宗锦
吕亚玲 郜华丽 罗 阳 凡东升 李帅宇
方文霞 宋丁山 卢安英 陈小红 王 敏
王 凡 黄玉贵 付 梅 陈朵苹 张 丽
刘定兵 肖 廷 梁华丽 高淑娟 梁志念
刘秀军 丁丽云 从前胜 王俊陵 游 纯
修伟娜 柳星诩 吴小娟 雷亚迪 钱 琼
胥芝华 徐自强 张亚丽 王陛威 翁 媛
禤文伟 陈丽娇 廖 坤 祝 利 黄权力
谢 浩 蒋 荣 赖阳燚 罗良耀 钟坯平
杨粒镭 刘向满 马晓莉 陈光坪 姜 坤
张 朵 黄洁苗 徐艳萍 朱冬发 庄甜甜
刘 媛 陈元瑞 赵少华 彭中美 毕佐琳
张晓明 唐 娟 李君君

2009—2010学年度普通高等学校国家奖学金获奖名单

序号	姓 名	所属学院	专 业
1	谢瑞敏	海洋学院	海洋科学
2	王 莉	海洋学院	制药工程
3	弓晓颖	政治与公共管理学院	思想政治教育
4	卢 霞	政治与公共管理学院	行政管理
5	李 静	政治与公共管理学院	公共关系学

续上表

6	支璐洁	经济与管理学院	市场营销
7	王若鸣	经济与管理学院	会计学
8	康丽群	经济与管理学院	工商管理
9	刘军锋	经济与管理学院	农林经济管理
10	何　雅	经济与管理学院	人力资源管理
11	行　丹	经济与管理学院	金融学
12	徐　龙	经济与管理学院	财务管理
13	乔　楠	法学院	法　学
14	纪洋洋	法学院	法　学
15	孙　会	旅游学院	人力资源管理
16	高换宁	旅游学院	人力资源管理
17	资晓健	旅游学院	院外专升本
18	周彩霞	旅游学院	应用英语
19	林晓欣	旅游学院	07 市场营销
20	李厚芳	旅游学院	信息管理
21	范昕伟	人文传播学院	广告专业
22	王　希	人文传播学院	戏剧影视专业
23	张亚萍	人文传播学院	汉语言文学专业
24	应　验	人文传播学院	对外汉语专业
25	陈　俊	土木建筑工程学院	土木工程
26	张文振	土木建筑工程学院	土木工程
27	王　玉	信息科学技术学院	计算机科学与技术
28	南雨宏	信息科学技术学院	计算机科学与技术
29	嵇　璠	信息科学技术学院	通信工程
30	杨灼其	信息科学技术学院	通信工程
31	刘　涛	艺术学院	绘画（雕塑）
32	张含冬	艺术学院	装　潢
33	刘亮明	应用科技学院	旅游管理专业
34	罗　易	应用科技学院	网络工程专业

续上表

35	张馨玉	应用科技学院	行政管理专业
36	范秀婷	应用科技学院	行政管理专业
37	李　阳	应用科技学院	注册会计专业
38	张　苏	应用科技学院	商务英语专业
39	陈龙龙	材料与化工学院	应用化学
40	刘恩世	材料与化工学院	生物工程
41	郭　肖	材料与化工学院	理科实验班
42	王俊杰	材料与化工学院	应用化学
43	肖　峰	农学院	生物技术
44	章盈盈	农学院	生物技术
45	犹昌艳	农学院	农学系
46	万春红	农学院	农　学
47	马玉乾	农学院	生物科学
48	智丽琴	环境与植物保护学院	环境科学
49	单　颖	环境与植物保护学院	环境科学
50	梁庆梅	环境与植物保护学院	植物保护（农药方向）
51	许明涛	机电工程学院	交　通
52	李湘勤	机电工程学院	农　机
53	蔡坤海	机电工程学院	农　机
54	汪礼超	机电工程学院	电　气
55	吴玉姣	园艺园林学院	园　艺
56	黄　辉	园艺园林学院	设　施
57	史书菡	园艺园林学院	园　林
58	刘雯雯	园艺园林学院	园　林
59	赵鹏飞	外国语学院	英　语
60	张卓尔	外国语学院	英　语（经贸方向）
61	王笑雨	外国语学院	英　语
62	王　瑶	食品学院	食品质量与安全
63	熊　盼	食品学院	食品科学与工程

2010年海南省高等学校优秀贫困生奖学金获奖名单

所属学院	姓　名	校　区
材料与化工学院（28人）	刘江涛　陶　揉　孟令宾　刘秋凤　胥富宝　苏　俊 华建才　鲁涛天　蔡晓霞　张　鸿　赵容丽　李易玲 粟高敏　温贤勇　黄歆晨　熊　迪　宋新乐　魏军才 刘　丹　陈利水　赵晓青　邱　华　李　洁　何艳红 王雅琴　侯　杰　李世民　张　娜	
土木建筑工程学院（14人）	陈　源　李婉莹　刘万根　胡小俊　董洋洋　李春艳 秦胜菊　蔡茂江　郑佳丽　林　坤　王　帅　李　彬 刘慧娟　仵世友	
信息科学技术学院（33人）	白洪瑜　黄丽琴　王　政　林红静　管丽娜　杨正辉 张　婷　沈丽娜　曹　静　姬晓鹏　赵勇波　徐华勤 黄翠丽　杨　紫　张雪梅　冯亚沛　庞　洁　陈　贇 鲍艳会　祝清琴　李赞山　李勇军　魏玉洁　姚平平 程昌宁　杜美葶　肖志坤　陈　适　武　婧　黄月萍 于小青　周丽萍　郭　兵	海甸校区
食品学院（14人）	潘欢欢　张　丹　李幼梅　任意可　杨　昭　李　影 周苗苗　刘　欢　肖鑫鑫　许美玲　彭　瑶　张　新 谭家学　严宇浩	
海洋学院（14人）	陈敏洁　段秋红　孙丽娜　李　瑶　王　宇　温发娣 谢　志　刘　勇　王　成　袁　卫　王卫成　魏文超 丁文慧　关燕云	
环境与植物保护学院（20人）	胡加谊　陈祖聪　宋秋明　李　妮　王　清　许　攀 江天涯　唐宏玉　魏金标　张　雪　肖　娜　李　曼 耿彬彬　柳　璐　李秋洁　林文萍　温健春　滕　峰 张慧敏　杜　智	
机电工程学院（29人）	王　军　姚　渠　曹运新　蔡言言　刘功明　邱永进 陈泽建　尹翠翠　王飞虎　刘玉盛　王　科　唐义华 罗伟成　刘庆国　李　伟　刘　明　赵亚光　龚龙中 邹　荣　陈芝伟　孟凡昌　郭鹏飞　吴永硕　杨　虎 李发盛　胡　军　豆宏盼　樊世华　马宇翔	儋州校区
农学院（33人）	陈　旭　覃朝燕　汤　涵　柳春庆　陈　青　卢庆富 谢晓洁　雷　超　王　应　姚亚运　温柳斌　蒋恩冬 李成明　闭献展　王乐乐　曾冬冬　张巧玲　修　皓 张旭东　王金良　黄议锋　汪　梅　杜　玲　贾晓晓 朱晓波　郭佳佳　李晓丹　孙　瑜　高文超　莫启文 谢少林　周　超　王德化	海甸校区

续上表

园林园艺学院 （30 人）	胡　娟　施秀光	海甸校区
	杨胜涛　张兴梅　周双云　赵枢纽　李雪峰　崔　明 周海兰　冯崇高　肖春花　银华梅　夏李云　肖蓓薇 叶妹玉　陈欣怡　黄学超　贾行飞　许文才　曾　珍 谢紫君　黄仕雄　程秀真　王小青　赵　斌　胡香英 周　燕　陈冰冰　陈仕丽　陈华丰	儋州校区
法学院 （13 人）	张　玲　陈雨晴　潘婷婷　高合静　魏丽霞　闻婷婷 叶陈义　吴　琼　黄钟初　鲁国军　吴跃进　李亚华 周小燕	海甸校区
政治与公共管理学院 （20 人）	戴永明　袁　超　卢　霞　谢芳辉　王　磊　汪娟娟 凌　蒙　曾　盛　王向阳　翁　玲　肖　磊　邓慧君 何晓霞　周利乔　鲍丹丹　何宏米　梅显康　刘丽君 叶　俊　夏君香	
经济与管理学院 （60 人）	周卫华　文　丽　王婷婷　张淑征　罗春梅　孟沙沙 刘妍玲　杨海辉　牛　苗　任跃文　廖己君　李克雪 孙衍龙　刘冬梅　李　川　吕　丹　李红丽　王立夏 张　晓　蒋小艳　赵　云　王玉平　原婷婷　宋翠英 孙　杰　王莉颖　陈德全　胡云燕　余清华　赵　辉 许婷婷　王丹霞　余道远　赵军会　李妙音　杜　娟 王建宏　张　蕾　金海玉　朱莉娅　刘　婷　林嫚妮 李文娟　王　灵　南彦哲　周于艳　许美珠　谢家平 赵宝龙　黄　超　王　飞　邓佳佳　李志梁　张昌凤 许卫蕾　肖丽娟　龚　敏　陈丹敏　任梦娇　陈浩武	
外国语学院 （20 人）	严雪晴　杨成书　雷欢欢　陈礼义　符平妍　王含滨 程　乐　丁乐乐　孙　科　高艳平　杨　颖　李　花 刘　歆　曹芳芳　欧阳丹　王中容　潘艳梅　王艳霞 卫晓龙　方　云	
艺术学院 （18 人）	刘丽媛　谢灿秋　刘世禧　林新子　吴彩嘉　顾乃珊 周　建　刘昊勋　梁志君　祝　丝　胡　越　宋恩宁 于文晓　张宁宁　王长青　张俊芳　邵锦玉　雷成媛	
人文传播学院 （26 人）	王俊华　王　强　唐　轲　胡　滔　魏小利　郭　娟 邓书贤　陈露露　陈春杏　肖　昂　柴婉清　罗德强 梁　玲　宋献志　邢子凯　李小红　萧惠开　邹复顺 程青梅　白　杨　陈桂兰　张冬云　罗天望　丁文泽 赵炯明　邹晓丹	
旅游学院 （48 人）	韩德明　伍　燕　林　影　李　璐　邱　丹　李　艳 符美燕　李海丽　刘　博　王少杰　郑德丽　何　霞 杨　倩　周俊良　姬海瑞　唐张莲　凡小娜　杨　丽 郭　强　吴　敏　梁生慧　王传姿　范丽娥　张　放 胡　铭　漆　恬　洪　伟　李丽敏　曾维嫦　罗　瑶 何　鹏　符庆妍　王燕倩　符春桂　曾艳凤　唐纪平 王　猛　石　娇　张利敏　谭晓青　吴莺莺　张同虎 殷思明　赵九霞　蔡子劲　丁欢欢　蒋婷婷　凌苗苗	

续上表

应用科技学院（43人）	贾瑞春 苟国琴 贾媛媛 邱 丽 彭丽娟 韦柳静 康美芳 钟 好 刘罗妹 郭 菲 肖娜娜 江云姣 郑 真 许夏妮 李有花 宋 涛 田慧珍 张海惠 陈锦曜 李 静 张 耀 丁正毅 孙政政 王 芳 刘芳呈 李 欣 王妙花 屈 瑶 刘燕子 李春妹 刘 静 王子帅 郭金兰 李 琼 钟 梅 陈 玲 李春荣 王洪梅 陈德杰 陈 丹 王康原 喻雪梅 钟 瑜	城西校区

2010年度国家助学金受助学生统计表

海甸校区

所属学院	一档（人）	二档（人）
材料与化工学院	194	194
土木建筑工程学院	104	104
机电工程学院	70	71
经济与管理学院	405	405
海洋学院	98	98
食品学院	101	101
信息科学技术学院	219	219
农学院	135	138
环境与植物保护学院	60	60
园艺园林学院	71	71
人文传播学院	176	176
法学院	81	81
外国语学院	139	139
政治与公共管理学院	138	138
艺术学院	125	125
旅游学院	331	331
应用科技学院（海甸）	15	15
合　计	2462	2466

儋州校区

所属学院	一档（人）	二档（人）
环境与植物保护学院	84	84
农学院	100	97
机电工程学院	132	131
园艺园林学院	141	141
应用科技学院（儋州校区）	133	133
合　计	590	586

城西校区

学　院（单位）	一档（人）	二档（人）
应用科技学院（城西校区）	298	298
合　计	298	298

2009—2010 学年少数民族大学生“成才计划”奖（助）学金获得者名单

序号	姓　名	民 族	年级专业	校　区
1	马乙布拉	回　族	2008 级土木工程	海甸校区
2	刘海静	白　族	2008 级材料科学与工程	
3	韦伟梅	壮　族	2009 级高分子材料与工程	
4	卓怀忠	苗　族	2009 级电子信息工程	
5	罗雄伟	黎　族	2007 级通信工程	
6	高大富	水　族	2008 级信息管理与信息系统	
7	黄梦莹	壮　族	2008 级食品科学与工程	
8	韦江云	仫佬族	2007 级农学	
9	金万磊	土家族	2009 级制药工程	
10	符景兰	黎　族	2009 级农林经济管理	
11	覃　情	壮　族	2009 级会计学	
12	赵　明	苗　族	2009 级市场营销（电子商务）	

续上表

13	覃　炜	土家族	2008 级法学	海甸校区
14	王　帅	回　族	2009 级行政管理	
15	刘忠玲	黎　族	2009 级经贸英语	
16	文兴八	苗　族	2009 级应用英语	
17	蓝　叶	壮　族	2007 级汉语言文学	
18	邓海凤	苗　族	2008 级艺术设计	
19	马润娇	回　族	2009 级戏剧影视文学	
20	邓晨飞	满　族	2007 级人力资源管理	
21	董典丽	黎　族	2007 级人力资源管理	
22	崔红燕	土家族	2008 级电气工程及其自动化	儋州校区
23	王　毅	土家族	2006 级车辆工程	
24	陈燕茹	黎　族	2008 级生物科学	
25	张　艳	瑶　族	2006 级植物保护（农药方向）	
26	赵立明	蒙古族	2008 级设施农业科学与工程	
27	苏　颖	壮　族	2007 级园艺（花卉与景观设计方向）	
28	欧兰雅	壮　族	2009 级注册会计	城西校区
29	杨燕美	彝　族	2007 级注册会计	

2010 年“宝钢优秀学生奖学金”获奖名单

序号	姓　名	所 属 学 院	专　业
1	蔡珊娜	应用科技学院	农学（观光农业方向）
2	陈　彬	材料与化工学院	生物工程
3	陈相羽	信息科学技术学院	电子信息工程
4	李欣欣	旅游学院	旅游应用英语
5	刘逸晨	海洋学院	水产养殖学
6	滕　起	土木建筑工程学院	建筑学
7	王玲玲	机电工程学院	农业机械化工程
8	余佳维	人文传播学院	广告学
9	张兴梅	园艺园林学院	园艺（花卉与景观设计）

2010年“慈航精英学子奖学金”获奖名单

序号	姓　名	所属学院	年级专业
1	陈　琦	法学院	法　学
2	胡　欣	人文传播学院	广告学
3	梁　村	人文传播学院	戏剧影视文学
4	罗光富	海洋学院	海洋科学
5	荣　磊	旅游学院	应用英语
6	王金良	农学院	生物技术
7	王玲婷	海洋学院	制药工程
8	杨　葵	旅游学院	旅游管理
9	杨　覃	海洋学院	水产养殖
10	张子扬	应用科技学院	英　语

2010年宋庆龄基金会“中海油大学生助学基金”受助学生名单

序号	姓　名	院系及专业	校　区
1	郭　旭	土木建筑工程学院2007级土木工程专业	海甸校区
2	王和强	材料与化工学院2010级化学工程与工艺	
3	罗晓磊	信息科学技术学院2009级计算机科学与技术专业	
4	覃柳香	食品学院2008级食品质量与安全专业	
5	杨　丽	农学院2008级动物科学专业	
6	梁志伟	海洋学院2009级海洋科学专业	
7	覃　佩	经济与管理学院2008级国际经济与贸易专业	
8	何非非	经济与管理学院2007级农林经济管理专业	
9	陶　星	法学院法2010级法学专业	
10	朱海杰	外国语学院2009级英语专业	
11	李　晴	政治与公共管理学院2008级公共关系专业	
12	黄才颖	人文传播学院2007级对外汉语专业	

续上表

13	李晓夏	艺术学院 2008 级动画专业	海甸校区
14	王　勇	旅游学院 2007 级市场营销	
15	刘译婷	旅游学院 2009 级应用日语	
16	廖名洋	机电工程学院 2007 级电气工程及自动化专业	儋州校区
17	陈成龙	环境与植物保护学院 2009 级环境科学专业	
18	陈　鑫	园艺园林学院 2010 级园艺专业	
19	杨慧杰	应用科技学院 2010 级植物保护专业	
20	何晓伟	应用科技学院 2010 级观光农业	城西校区

2010 年度“何康奖学金”获奖名单

序号	姓　名	所属学院	专　业	校　区
1	张　莲	环境与植物保护学院	制药工程	儋州校区
2	李　迁	环境与植物保护学院	植物保护	
3	吴继恒	农学院	草业科学	
4	范　洁	农学院	农业资源与环境	
5	刘国银	园林园艺学院	园艺	
6	张娴静	园林园艺学院	园林	
7	李文霞	海洋学院	制药工程	海甸校区
8	文万慧	应用科技学院	旅游管理	城西校区

2010年“刘建贤、张永清助学金”受助学生名单

序号	姓　名	所属学院	专　　业	校　区
1	赵　科	土木建筑工程学院	建筑学	海甸校区
2	黄德江	材料与化工学院	高分子材料	
3	蒲婷婷		理科实验班	
4	王银芳		生物工程	
5	陈素兰	食品学院	食品科学与工程	
6	邓小琴	海洋学院	水产养殖,	
7	韩丽萍	信息科学与技术学院	信息管理与信息系统,	
8	李　杰		电子信息工程	
9	王　振		计算机科学技术	
10	李鹏飞	机电工程学院	农业机械化及其自动化	儋州校区
11	曾祥淼		农业机械化及自动化,	
12	王大益		电气工程与自动化,	
13	张永利	环境与植物保护学院	植物保护	
14	文承功		植物保护	
15	陈　旭	园艺园林学院	园艺花卉与景观设计	
16	陈祖诚		园林	
17	李　权	农学院	生物技术	
18	杨云明		生物技术	
19	马能凤		动物医学,	海甸校区
20	杨勇超	法学院	法学	

续上表

21	王玉萌	法学院	文科实验班	海甸校区
22	徐送丽	经济与管理学院	会计学	
23	王　琳		统计学	
24	靳　姣		市场营销	
25	邓　媚	旅游学院	市场营销	
26	代继军		人力资源管理	
27	王　璇	外国语学院	日语	
28	彭陇刚		英语	
29	赵虹霞	政治与公共管理学院	公共关系	
30	夏森林	人文传播学院	对外汉语	
31	张凤波		广告学	
32	张芳芳	艺术学院	绘画	
33	夏　欢		绘画	
34	吴青玫	旅游学院	国际酒店管理	
35	李雅迪		应用英语	
36	陈秀丽	应用科技学院	注册会计	城西校区
37	曾　媛		观光农业	
38	韦　娜		网络工程	
39	苏　铮		旅游管理	
40	密向磊		商务英语	

2010 年“动感服饰奖学金”获奖名单

序号	姓 名	专 业	学 院
1	程 乐	室内设计	艺术学院
2	张冰阳	版画	
3	刘 志	室内设计	
4	苏小凯	计算机科学与技术	信息科学与技术学院
5	李同标	计算机科学与技术	
6	甘庆晴	计算机科学与技术	
7	林文琼	旅游管理	旅游学院
8	曹庆林	旅游管理（市场营销）	
9	冯 娜	旅游管理（企业管理）	
10	曾丽俊	市场营销（电子商务）	
11	许美丽	旅游管理（人力资源管理）	
12	李中平	旅游管理（应用英语）	
13	黄娅娜	旅游管理（应用日语）	
14	于美灵	旅游管理（应用英语）	
15	王 芳	市场营销	
16	蔡 霜	旅游管理（信息管理）	
17	蒋婷婷	旅游管理（国际酒店管理）	
18	赵九霞	旅游管理（校外专科升本科）	
19	孟小娟	市场营销	经济与管理学院
20	谢清翠	市场营销	
21	李晓光	法律学	法学院（研究生）
22	姚 俊	法律学	
23	姚 斐	旅游管理	旅游学院（研究生）
24	赵善梅	旅游管理	

续上表

25	温　强	外国语言学及应用语言学	旅游学院（研究生）
26	苏会娜	外国语言学及应用语言学	
27	廖梦南	外国语言学及应用语言学	
28	韩　笑	外国语言学及应用语言学	

2010年“王伟光优秀贫困生助学金”受助学生名单

序号	姓　名	所　属　学　院	年　级　专　业	校　区
1	周文聪	土木建筑工程学院	2007级土木工程	海甸校区
2	徐桂琛	土木建筑工程学院	2010级土木工程	
3	陈曼萍	材料与化工学院	2008级应用化学	
4	谭　丽	信息科学技术学院	2008级通信工程	
5	李宋书	信息科学技术学院	2007级电子信息工程	
6	罗长龙	食品科学	2008级食品质量与安全	
7	唐春飞	食品科学	2009级食品科学与工程	
8	李　玲	法学院	2008级法学（文科实验班）	
9	谢锦锋	经济与管理学院	2007级工商管理	
10	王　泽	经济与管理学院	2010级物流管理	
11	韦　汇	人文传播学院	2007级戏剧影视文学	
12	张宝钿	外国语学院	2009级经贸英语	
13	邓细亮	艺术学院	2008级艺术设计（装潢）	
14	郭　敏	政治与共管理学院,	2007级土地资源管理	

续上表

15	胡梦姚	旅游学院,	2008 级旅游管理（应用英语）	海甸校区
16	何家瑚	旅游学院	2008 级市场营销	
17	刘　军	机电工程学院	2008 级车辆工程	儋州校区
18	赵亚光	机电工程学院	2007 级电气工程与自动化	
19	何家候	应用科技学院	2010 级行政管理	
20	王双宾	应用科技学院	2009 级旅游管理	城西校区

2010 年“心本爱心奖学金”获奖名单

序号	姓　名	所　属　学　院	年　级　专　业
1	曹　雄	土木建筑工程学院	2007 级土木工程
2	许静贤	材料与化工学院	2008 级材料科学与工程（理科实验班）
3	李青倩	信息科学技术学院	2007 级电子信息工程
4	赵小洋	机电工程学院	2008 级交通运输
5	王　云	食品学院	2007 级食品科学与工程
6	丁雪瑶	农学院	2008 级动物医学
7	董　慧	园艺园林学院	2007 级园林
8	毛　勇	环境与植物保护学院	2007 级农产品质量与安全
9	冯冬洁	海洋学院	2009 级海洋科学
10	陈　红	法学院	2008 级法学
11	周丽娟	经济与管理学院	2008 级财务管理
12	熊　艳	经济与管理学院	2008 级国际经济与贸易

续上表

13	印春梅	政治与公共管理学院	2009 级公共关系
14	王　璇	外国语学院	2009 级日语
15	廖　娟	人文传播学院	2008 级汉语言文学
16	戚亚楠	艺术学院	2008 级艺术设计（装潢）
17	李　楠	旅游学院	2009 级旅游管理
18	苏庆联	旅游学院	2008 级旅游管理（国际国酒管理方向）
19	杨　鼛	应用科技学院（城西校区）	2007 级网络工程
20	吴韦华	应用科技学院（城西校区）	2009 级观光农业

2010 年“王承守奖学金”获奖名单

序号	姓　名	所　属　学　院	年　级　专　业
1	林叶峰	土木建筑工程学院	2006 级建筑学
2	代志祥	材料与化工学院	2008 级高分子材料与工程
3	蔡秀云	机电工程学院	2009 级交通运输
4	戴子俊	信息科学技术学院	2009 级计算机科学与技术
5	谢　赛	食品科学	2007 级食品科学与工程
6	何　瑜	农学院	2009 级生物科学
7	陈积玲	园艺园林学院	2007 级园艺
8	肖宾宾	环境与植物保护学院	2007 级植物保护
9	韩玉龙	海洋学院	2009 级水产养殖
10	徐　娜	经济与管理学院	2007 级会计学

续上表

11	江　露	经济与管理学院	2008 级金融学
12	张晓东	法学院	2008 级法学（文科实验班）
13	赵俊良	政治与公共管理学院	2008 级公共关系学
14	唐国英	人文传播学院	2007 级戏剧影视文学
15	彭陇刚	外国语学院	2009 级英语
16	刘　雪	艺术学院	2007 级绘画（版画）
17	刘丽君	旅游学院	2008 级信息管理
18	马　波	旅游学院	2007 级企业管理
19	彭小强	应用科技学院（城西校区）	2007 级网络工程
20	冯　媛	应用科技学院（城西校区）	2009 级风景园林

2010 年度“吴多泰博士奖学金”获奖者名单

序号	姓　名	所在学院	所属班级
1	韩　娟	材料化工学院	2007 级化学工程与工艺
2	胡凌俊		2008 级材料科学与工程
3	张文振	土木建筑工程学院	2007 级土木建筑学
4	李　靓		2007 级土木建筑学
5	孟巧玉	信息科学技术学院	2007 级计算机科学与技术
6	张　涛		2007 级电子信息工程
7	范龙玲		2007 级应用数学
8	汪礼超	机电工程学院	2009 级电气工程与自动化
9	马　鑫		2008 级农业机械化与自动化
10	符传俊		2007 级电气工程与自动化
11	彭家鸿	食品学院	2007 级食品质量与安全

续上表

12	熊　盼	食品学院	2007 级食品科学与工程
13	陈　颖	农学院	2007 级农学
14	张巧玲		2008 级生物科学
15	黄仁良		2007 级生物技术
16	李　洁	园艺园林学院	2008 级设施农业科学与工程
17	刘雯雯		2007 级园林
18	钱飞燕	环境与植物保护学院	2008 级农产品质量与安全
19	黄方巧		2009 级植物保护学
20	王玲婷	海洋学院	2007 级制药工程
21	罗光富		2007 级海洋科学
22	黄莎莎	法学院	2008 级法学
23	吴小纷		2008 级法学
24	林嫚妮	经济与管理学院	2009 级国际经济与贸易
25	赵敏如		2008 级财务管理
26	吴益童		2007 级农林经济管理
27	庄翠萍	艺术学院	2007 级音乐表演
28	方　芳		2007 级音乐表演
29	马欣欣	外国语学院	2008 级英语
30	李达坤		2009 级英语
31	齐仙姑	人文传播学院	2008 级影视戏剧文学
32	刘秀秀		2008 级汉语言文学
33	葛小抱	政治与公共管理学院	2008 级行政管理
34	张丹丹		2007 级思想政治教育
35	符丽丝	旅游学院	2007 级旅游管理
36	荣　磊		2007 级旅游管理
37	代晓光		2007 级旅游市场营销
38	姚晓璇	应用科技学院	2008 级注册会计
39	洪舒芸		2009 级注册会计
40	刘亮明		2007 级旅游管理

2010年度“海钢贫困研究生助学金”受助学生名单

序号	姓　名	年　级	专　　业	所 在 学 院
1	谷金翠	2009	材料学	材料与化工学院
2	马艳彬	2009	材料学	
3	汪春水	2009	生物化工	
4	罗海希	2009	生物化工	
5	岑桂秋	2009	应用化学	
6	胡　标	2008	应用化学	
7	徐　广	2008	应用化学	
8	席程成	2009	计算机科学与技术	信息科学与技术学院
9	惠斌武	2008	计算机科学与技术	
10	张　咏	2009	信号与信息处理	
11	翟海瑞	2009	农产品加工及贮藏工程	食品学院
12	王　妨	2009	食品科学	
13	余敏华	2009	食品科学	
14	叶园伟	2009	农业机械化工程	机电工程学院
15	夏可灿	2009	生物化学与分子生物学	农学院
16	张建省	2009	野生动植物保护与利用	
17	蔡佳佳	2009	植物分子遗传学	
18	李建省	2009	植物分子遗传学	
19	张何芳	2009	种质资源学	
20	李永杰	2009	种质资源学	
21	董丽莎	2009	作物遗传育种	
22	孙　芳	2009	作物遗传育种	
23	李羽佳	2009	作物遗传育种	
24	凡　杰	2009	作物遗传育种	
25	唐　文	2009	作物遗传育种	
26	秦呈迎	2009	作物栽培	
27	李　响	2009	分子植物病理学	环境与植物保护学院
28	严　珍	2009	农业昆虫与害虫防治	
29	赖晓霞	2009	微生物学	
30	张　华	2009	微生物学	
31	应东山	2009	果树学	园艺园林学院

续上表

32	姚广龙	2008	南药学	园艺园林学院
33	任景景	2009	园林植物与观赏园艺	
34	李鑫炜	2009	水产养殖	海洋学院
35	郭仁湘	2008	水产养殖	
36	彭艳辉	2008	水产养殖	
37	陈朝阳	2008	金融学	经济与管理学院
38	王　钦	2008	金融学	
39	王相东	2009	农业经济管理	
40	何　琦	2009	世界经济	
41	谭超平	2008	世界经济	
42	万　利	2009	政治经济学	
43	何　江	2009	法律硕士	法学院
44	刘文强	2008	法律硕士	
45	欧享敏	2009	法律硕士（法学）	
46	刘旭东	2008	马克思主义中国化研究	政治与行政管理学院
47	张　琳	2009	比较文学与世界文学	人文传播学院
48	钱景卫	2009	油画	艺术学院
49	杨春亮	2009	旅游管理	旅游学院

2010 年"金光贫困大学生助学金"受助学生统计表

所属学院	研究生（人）	本、专科学生（人）		
		一等奖	二等奖	三等奖
土木建筑学院	1	3	5	10
材料与化工学院	4	6	9	20
食品学院	3	3	5	9
信息科学技术学院	3	7	10	20
机电工程学院	0	6	9	19
农学院	18	6	9	19
园艺园林学院	2	6	9	18
环境与植物保护学院	5	4	6	12
海洋学院	2	3	4	8

续上表

经济与管理学院	5	12	19	37
法学院	3	3	4	2
政治与公共管理学院	0	4	6	13
人文传播学院	0	5	8	18
社会科学中心	1	0	0	0
外国语学院	1	4	6	13
艺术学院	0	4	6	11
旅游学院	2	10	15	30
应用科技学院（城西校区）	0	110	14	29
应用科技学院（儋州校区）	0	4	6	12
合　　计	50	100	150	300

党建与思想政治工作

组 织 工 作

【概况】 2010年，组织工作坚持以科学发展观为指导，紧紧围绕学校的中心工作，以深入开展创先争优活动为契机，不断提升党建工作科学化水平，为建设有特色、高水平“211 工程”大学，促进新海大的转型升级提供组织保证。

【党建工作】 1．组织学校基层党建研究工作。4—5月，学校党委书记刘康德、常务副书记韦勇率校党委办公室、组织部、宣传部等部门负责人深入基层调研，先后召开6次基层党组织专题调研座谈会。通过基层党建课题申报和评审，确定《创建学习型领导班子问题研究》和《创建学习型党支部问题研究》等12个专项课题，各项课题已经顺利结题，并将课题研究报告汇编成册。参与省委组织部《构建更加开放的干部教育培训格局专题研究》课题和省委教育工委《海南高校党的建设科学化与高等教育事业的科学发展》党建课题。完成《思想理论建设与高校的改革、发展和稳定》、《高校领导班子建设与高等教育管理体制机制创新》、《和谐校园文化建设与高校安全稳定》等子课题的研究，得到省委组织部及省委教育工委的好评。

2．开展创先争优活动。按照中央、省委和省委教育工委的部署，从4月开始在党的基层组织和党员中深入开展创建先进基层党组织、争当优秀共产党员活动。成立以学校党委书记刘康德为组长、党委常务副书记韦勇为副组长的学校创先争优活动领导小组，领导小组办公室设在组织部、宣传部，负责全校创先争优活动的日常组织协调工作。制定创先争优活动实施方案，明确“深入学习实践科学发展观、实现海南大学又好又快发展”的活动主题和“加快‘211 工程’大学建设、促进新海大转型升级”的活动载体。各二级单位围绕“师德教育”、“岗位奉献”、“服务群众”、“亮牌示范”和“强基创先”5条主线开展创先争优活动。从28个基层党委（党总支）中选出6个机构健全、结构合理、思路清晰、组织凝聚力和战斗力强、党员先锋模范作用突出的单位作为先进典型，进行总结宣传，充分发挥这些先进典型的示范带动作用。结合各二级单位的工作特色，推出“青年党员骨干教师培养工程”、“党旗领航工程”、“强基创先五个一工程”、“红亮班级”等一批创先争优活动“品牌项目”等33个特色项目，并给予20万的活动经费资助，以特色项目的精心设计和扎实创建推动各基层单位的创先争优活动。

3．指导重组的经济与管理学院、外国语学院、国际文化交流学院、材料与化工学院、政治与公共管理学院，进行党委（党总支）委员、书记、副书记的选举和增补工作，建立健全党委（党总支）领导班子。

4．抓好党员发展工作。实现本科学生班级“低年级有党员、高年级有党支部”的目标。2011年，全校发展党员1835人，其中教工党员23人，学生党员1812名。1406名预备党员转为正式党员，8317人申请入党。

5．给每个二级党委（党总支）发放《中国共产党基本信息管理系统2005（网络版）》软件，并督促做好党员信息库的录入、维护和管理工作，实现学校“党内统计直统化 ，党内管理信息化”目标。

【干部工作】 1．完成学校中层干部调整配备工作。根据部分中层班子调整优化的需要和干部提升、调动、退休等缺岗情况，在充分调研的基础上，结合工作需要，对学校中层干部进行合理调配，平级调整 7 人，提拔任用 13 人，其中提任正处级领导干部 5 人。

2．竞争性选拔部分处级领导干部。根据校党委的决定，自 10 月中旬开始，分别对校团委副书记、校党委宣传部副部长、保卫处（人民武装部）副处长、教务处副处长、应用科技学院（城西校区）党委副书记和副院长等 6 个职位，在全校范围内进行竞争性选拔，按照公开报名、资格审查、面试考核，组织考察等程序，精心组织实施，选拔工作开展顺利。

3．加强处级领导干部考核。严格按照有关规定，开展处级领导班子和处级干部年度考核工作，并分两批次对试用期满的 13 名处级干部进行试用期考核。

4．做好科级干部选拔任用管理工作。为了加强科级干部队伍建设和制度化管理，修订《海南大学科级干部选拔任用和管理工作实施办法（试行）》，并严格按照《办法》规定的原则、条件和要求，对学校各单位符合条件的科级干部开展选拔任用工作。

5．注重干部教育培训。会同学校党校拓宽培训渠道，采用灵活多样的培训方式，包括组织不同专题和不同层次的校内研讨培训学习，选派优秀领导干部赴国（境）外进行短期培训、到天津大学进行为期半年的挂职培训、参加国家行政学院等单位组织的相关培训、赴海南省部分市、县挂职锻炼等多种方式，提高干部队伍的综合素质和工作水平。

6．开展“整治买官卖官问题”专项活动。在全校范围开展干部选拔任用工作中行贿受贿行为专项整治工作。通过认真组织学习，畅通监督渠道，加强广泛宣传，全面梳理排查学校近三年干部选拔任用工作中受理存查的信访举报信息，认真对待干部群众对干部选拔任用工作反映的各种问题，营造清风正气的选人用人环境，提高选人用人公信度，增强广大干部群众参与监督的积极性、有效性。

7．协助海南省委组织部、人事劳动保障厅做好干部选拔考试考务工作。6 月，协助做好海南省竞争性选拔副厅级领导干部笔试、面试工作，9 月，协助做好海南省公务员选拔考试工作，10 月，协助做好海南省公开选拔县（市）党政副职领导干部笔试、面试工作，12 月，协助做好海南省“紧缺人才”招聘面试工作。

至 2010 年底，全校在职处级干部 201 人，平均年龄 46 岁，其中 50 岁以上 53 人，占在职处级干部总数 26.4%；35-44 岁 69 人，占总数 34.3%；35 岁以下 5 人，占总数 2.5%。机关各部门主要负责人平均年龄 47 岁，二级单位行政主要负责人平均年龄 50 岁，二级单位党委（党总支）书记平均年龄 48 岁，副书记平均年龄 41 岁。

【党校工作】 充分发挥各分党校的作用，积极推进入党积极分子培训工作。加大培训力度，18 个分党校共举办入党积极分子培训班 34 期，培训学员 4316 人，顺利结业 4230 人，结业率达到 98%。

（撰稿：李 宏 审稿：郑再喜）

宣 传 工 作

【概况】 2010年，学校宣传工作围绕建设有特色、高水平“211工程”大学展开，在理论武装和职工思想政治工作、基层党组织和党员创先争优活动、形势与政策教育教学、内外宣传、儋州校区搬迁和融合、校园文化建设、制度和机制建设、阵地和队伍建设等方面都取得新成效，为促进学校发展发挥了重要作用。

【理论学习】 1．加强两级中心组理论学习。学校两级中心组以科学发展观为核心内容，围绕建设有特色、高水平“211工程”大学开展理论学习活动，内容涉及科学发展观、学校发展规划、党的建设和反腐倡廉等方面，做到用科学发展观武装头脑、指导实践、推动工作。2010年，校党委理论学习中心组进行6次集中学习和研讨。宣传部为理论学习中心组提供《全球化背景下的中国大党建》、《党委中心组学习参考资料》、《国家中长期教育改革与发展规划纲要》、《十七届五中全会精神学习辅导》等各类学习资料500余册（份），

2．开展多种形式的理论宣讲活动。成立宣讲团，组织专家开展科学发展观基本理论、国际国内形势等主题宣讲活动。邀请省委党校副校长彭京宜等校内外专家作全校性专题辅导报告，帮助全校师生员工准确把握十七大和十七届五中全会精神，了解掌握党的理论创新成果和国际经济政治发展趋势，增强分析和把握形势的能力。

3．组织形势与政策课教育教学工作。制定形势与政策课程教育教学大纲和方案，规范和加强形势与政策课教育教学工作。编印学校上下半年大学生形势与政策课教育教学要点，保证全校大学生形势与政策课教育教学内容的针对性和统一性。组织2次形势与政策课授课教师培训班和集体备课会，提高师资队伍素质和教育教学水平。加强对各学院形势与政策课教育教学课程安排的指导，确保大学生形势与政策课教育教学的各项任务落到实处。根据形势发展变化，及时组织大型专题报告会，增强形势与政策课教育教学的时效性、针对性和实效性。

4．发挥理论学习辅导平台作用。通过学习实践科学发展观活动和创先争优活动专题网页，整理发布最新理论学习资料150多篇，为师生员工开展理论学习和实践活动提供学习资料。

【创先争优活动宣传】 5月，学校全面启动开展创先争优活动后，校党委宣传部紧密配合，充分发挥校园网站、工作简报、校报、宣传橱窗、广播、专题论坛等宣传阵地的作用，大力宣传创先争优活动的重大意义、先进典型和活动部署、要求、做法、经验及成效，努力营造开展创先争优活动的良好氛围。

1．开辟创先争优活动专题网页。在校园网主页开辟创先争优活动专题网页，内容包括重要文件、学习动态、实践调研、基层信息、学习与参考、经验体会、他山之石等12个专栏。2010年编发各类稿件300多篇，全面反映学校创先争优的情况，推动创先争优活动深入开展。

2．编辑出版创先争优活动简报。按照校党委创先争优活动领导小组的要求，负责编辑工作简报。全年编发创先争优活动简报7期，内容涉及创争经验、特色项目、研究课题和创争成果等方面，及时全面反映学校创先争优活动的进展情况、取得成效和经验体会，受到上级部门表扬。

3．开展系列校内宣传活动。先后悬挂横幅110多条，制作创先争优专题宣传橱窗12个。

4．编辑出版创先争优活动校报专刊。编辑出版海南大学报深入开展创先争优活动专刊2期，扩大宣传创先争优活动的效果。

5．策划制作学校开展创先争优活动的宣传展板，在省教育厅宣传栏展出，收到各方好评。

6．承担创先争优活动的外宣工作、图片和视频资料的整理报送工作、部分重要文件材料和制度的起草工作等，在创先争优活动中发挥了重要作用。

【校园文化建设】 校党委宣传部协同有关部门和学院成立专家组，在组织赴省外兄弟院校考察和对学校校园文化建设状况进行深入调研分析基础上，编制了学校校园文化建设规划（2011—2015）。认真提炼出具有学校特色的大学精神和主流价值观，开展广泛的宣传教育，促进学校和谐发展。进一步修改完善以校徽为基础的学校视觉识别系统，面向校内外开展校训征集活动，统一学校形象标识，形成师生认同的文化理念。参与组织并及时宣传各种形式的校园文化活动，丰富师生业余文化生活。对学校长期化的校园文化活动进行梳理，精选出“名师论坛”、大学生科技创新活动等一批有特色、高品位的校园文化活动进行重点建设，努力打造特色校园文化品牌。

【对外宣传】 2010年，校党委宣传部进一步抓好对外宣传工作，继续加强与中央和省内主流媒体的合作，精心策划一系对外宣传活动，取得明显的效果。

全年撰写和编发对外新闻稿件680余篇，题材涉及教育教学、科学研究、学科建设、社会服务、对外交流合作、学生活动、专题访谈等。报道媒体包括光明日报、中国日报、中国教育报、人民网、新华网、中新网、海南日报、海南广播电视台等30多家中央和省内主要报纸、电视、网站。全年协助媒体完成新闻采编任务50余项（次）。

【校园网络建设】 充分发挥校园网高效便捷、简洁明快、层次清晰的优势，及时对学校层面的重大事件、基层单位的新闻热点事件进行全方位、多角度的报道。

校园网“海大新闻”栏目全面、翔实、迅捷地报道学校的重大新闻事件，对师生关注的新闻进行专题报道，为广大师生员工提供一个了解学校的平台。“海大公告”栏目及时发布学校的重要通知公告，便于师生员工了解学校的工作动态。“媒体海大”栏目及时转载中央及省内媒体对学校的宣传报道，集中展示学校的良好社会形象。“基层动态”栏目重点关注各基层组织的大事、好事，成为各单位、各部门互相了解、相互沟通的桥梁。“学术活动”、“科研在线”、“教务动态”、“招生信息”、“就业动态”等栏目，分类详细，方便查阅。

校园网还围绕学校重点工作设立专题网页，策划一系列专题报道，如“211工程”建设、基层党组织和党员创先争优活动专题、桥西小区建设等专栏。

2010年，校园网共编发各类稿件1800余篇。

【基础建设与管理】 2010年，按照创先争优活动要求和宣传工作需要，宣传部继续加强制度建设，夯实工作基础，先后修订和完善多项工作制度。修订完善了学校党委理论学习中心组学习制度，规范领导干部的理论学习，增强领导干部学习的自觉性，并带动中层干部和教职工的理论学习。继续加强宣传信息员队伍、专家队伍、学生记者队伍、广播台播音员队伍等4支队伍的建设和管理，加强报栏、橱窗、广播等校内宣传阵地和校园内宣传环境的规范管理。根据工作需要，及时调整校园网主页的信息容量和服务功能，使之更好地服务于学校中心工作。

【海南大学报】 2010年，《海南大学报》编辑部出版16期报纸（总231—246期），圆满完成了任务，充分发挥了校报的宣传作用。

《海南大学报》一版以报导学校的大事要事为主，同时配发高质量的新闻图片，全年刊载文稿42篇、图片48幅。二版内容以综合新闻为主，刊载文稿54篇、图片80幅。三版以校园精神文明建设、教学科研和学校先进人物事迹等的宣传报道为主，刊载文稿62篇、图片65幅。四版为文艺版，刊载随笔、诗歌、影评等文稿56篇、图片54幅。

2010年的《海南大学报》基本上每一期都针对师生关注的热点和学校的大事要事，策划一个专题，以此增强对事件本身的宣传力度。全年共刊登《花大力气将优质教学资源倾注于本科教育》、《立足岗位 创先争优 谱写学生工作新篇章》、《荣誉是怎样得来的》、《魅力图书 精彩无限》等10多篇专题报道。《海南大学报》还注意配合学校对外交流与合作刊登有关稿件，比如239期大篇幅的《面向世界 开放办学》和连载《感受剑桥》等文章，均收到良好的宣传效果。为了帮助新生尽快转变角色，适应大学生活，《海南大学报》在新生入学伊始还特别推出一期《新生特刊》，得到了校领导以及广大师生的好评。

【学生记者团】 2010年，学生记者团用文字和图片记录着校园生活点滴，撰写了大量的新闻稿件，出色完成迎新、新生军训、社团招新、校运会、冬季人才交流会、寒假勤工兼职招聘会等专题报道。据不完全统计，学生记者团全年在校园网主页、《海南大学报》和记者团网站上刊发各类稿件近400篇，新闻图片1000余幅。其中，仅为期2天的校运会专题，就有81篇新闻稿件和110幅新闻图片刊登在校内媒体上。在“走进图书馆，获取新知识”宣传月活动期间，记者们陆续撰写了近40篇活动报道，为师生们营造了浓厚的书香氛围。

记者团不仅是学生记者施展才华的舞台，也是帮助心怀志向的学子一步步走向成功的平台。

记者团学习氛围浓厚，许多团员在团内表现突出，在学业上也非常出色。

【大学生广播站】 2010年，大学生广播站充分发挥广播传媒的优势，及时宣传学校的大事、要事和好事，传递最新社会资讯，传播校园主流文化，展示师生精神风貌，培养大学人文精神，为活跃校园文化生活和“211工程”大学建设作出了贡献。

2010年，大学生广播站组织的几项重要活动：1月，广播站多位主播走进海口广播电视台参与FM101.8校园广播的播音工作，促进与其他高校广播站的沟通和交流。4月，努力做好抗震救灾宣传工作，与校团委、学生会一道参与为玉树灾区祈福送温暖活动。5月，广播站举办了“中国移动杯”海南大学主持人大赛。10月，广播站开始新一轮招新活动，并举办“海南大学广播站招新决赛晚会”。11月，完成校运会和海南省大学生田径运动会的播音主持工作。

（撰稿：张继友　张井富　陈　菲　单文启　审稿：张继友　孙旭东）

统战工作

【概况】 2010年，统战工作紧紧围绕学校中心任务，充分发挥统一战线特有的优势和作用，为建设有特色、高水平的“211工程”大学作出了贡献。

【加强政治学习】 统战部积极推动统一战线广大成员结合学校开展的创先争优活动，开展各种政治学习。组织报告会、参观活动等，不断加强多党合作和革命传统教育，提高大家的思想认识和政治把握能力、参政议政能力、合作共事能力、组织协调能力，保持良好精神面貌，扎实做好各项工作，为学校发展和海南国际旅游岛建设建言献策。民盟海南大学委员会组织全体盟员进行海南岛情考察调研和参观“纪念海南解放60周年大型图片展”，民建海南大学支部举办国际旅游岛建设专题报告会等。

协助有关民主党派省委会选送1位民主党派骨干参加中央党校社科骨干教师进修班学习，配合校党委宣传部选派4位党外教师参加省委党校社科骨干教师进修班学习。

3月16日和5月27日，统战部先后组织校内各民主党派基层组织主要负责人和骨干观看重大历史题材电视连续剧《民主之澜》和《黄炎培》。通过观看电视剧，进一步学习与传承民主党派老一辈的优良传统，并作为树立和践行社会主义核心价值体系的重要内容。

为加强统战成员的政治学习，统战部分别给各民主党派征订《光明日报》、《中国统一战线》、《科学发展观学习读本》等有关报刊资料，还发放省政协常委、海南大学教授王毅武主编的《国际旅游岛问答》一书，作为学习参考资料。

【发挥统一战线成员优势和作用】 支持民主党派基层组织和民主党派代表人士参与各类有益的社会活动。3月27日，九三学社海南大学海甸校区支社社员参加九三学社海南省委会主办“德之根——家庭伦理”朗诵演唱公益晚会，并现场为西南干旱灾区捐款。5月11日，民建海南省委会副主任、民建海南大学支部主任、信息科学技术学院院长杜文才教授作为主讲嘉宾，受邀参加由省工信厅、省科技厅、省旅游委联合主办的 “2010年海南国际旅游岛旅游电子商务发展研讨会”，并在大会上作题为“国际旅游电子商务发展模式对海南国际旅游岛建设的启示”的专题报告。11月20-21日，九三学社海南大学儋州校区支社组织全体社员到琼中县开展新农村建设调研，形成调研报告，提交有关部门作为新农村建设的参考资料。在同一时间，农工党海南大学总支组织全体党员，到遭受60年一遇特大洪涝灾害的重灾地区之一的万宁市龙堀坡小学慰问，捐献了价值2000元的书籍和体育用品。

10月20—26日，学校开展系列时政热点问题专题报告活动，民革成员王毅武教授、民盟成员李仁君教授分别受邀给学生作题为《后危机时期的经济发展与海南国际旅游岛建设》、《正确认识当前我国经济形势和社会状况，进一步提高大学生对党的向心力和凝聚力》的“形势与政策”宣讲报告。

【无党派人士工作】 学校统战部采取各种措施，积极做好无党派人士工作，不断提升他们的综合素质和参政议政能力。

定期或不定期统计和掌握无党派人士的相关信息，尤其是及时掌握其中有影响、有贡献、有成就的代表人士信息，积极选派他们参加学习培训。选派黄惜、罗丽娟、柯佑鹏参加6月7日至7月7日在省社会主义学院举办的“2010年处级以上党外领导干部统战理论进修班”学习；选派云大津参加7月5—9日中央社会主义学院举办的“第四期党外知识分子信息联络员培训班”学习；选派李渝凤、王江、李从发参加省委统战部和省社会主义学院11月8日至12月9日在省社会主义学院举办的“2010年处级以上党外领导干部统战理论进修班（秋季）”学习。在校内组织无党派人士开展各种学习活动。11月11日，组织学校8名无党派人士代表集中观看反映我国无党派人士成长经历的电影《袁隆平》。

5月，学校与乐东黎族自治县达成协议合作开展“乐东黎族自治县国家现代农业示范区建设”项目规划工作，无党派人士、副校长傅国华教授出任该项目规划负责人。傅国华副校长还受邀到省委统战部作“社会主义核心价值体系学与行”的专题报告会。

【为党外人士参政议政创造有利条件】　及时向党外人士通报情况，听取他们对学校工作的建议和意见。1 月、9 月先后 2 次协助学校召开各界代表人士迎新春话发展座谈会、迎中秋庆国庆招待会，邀请驻校原省政协副主席、驻校省人大代表、政协委员、民主党派基层组织负责人、侨联负责人和无党派代表人士等参加。学校党政主要领导出席了座谈会、招待会。学校召开的党代会、教代会，也邀请党外代表人士参加。

10 月，协助学校党委建立了党委常委成员与民主党派基层组织负责人和党外代表人士联系交友制度。

积极为学校政协委员、党外人士参政议政服务。1 月 24—27 日省政协五届三次会议期间，校党委统战部为学校政协委员参政议政提供从撰写提案的调研、提案提交、会议通知，到会中服务、交流沟通等一系列服务。在这次省政协会议上，学校政协委员共提交提案 35 宗。为了解学校省、市政协委员任职以来尤其是近 3 年参政议政、提交提案情况，铭记他们为海南省经济社会发展和学校建设做出的贡献，3 月初，校党委统战部开展学校省、市人大代表和政协委员提交议案、提案情况统计工作，做好提案内容、办理情况的复函等相关材料的收集工作，总结经验，保存史料。

【民族宗教工作】　注意分析研究民族、宗教方面出现的新情况、新问题，加强与教务处、学生工作处、后勤集团及相关学院的沟通，共同做好涉及民族、宗教方面的各项工作。一是协助后勤集团加强学生食堂清真餐厅的饮食管理；二是重视少数民族学生欢度重大传统节日活动；三是支持协助有关部门和学院开展丰富多彩的少数民族师生联谊活动。3 月初到 4 月中旬，校党委统战部主动会同有关部门,积极承办由海口市民族宗教事务局、海南大学、海南医学院共同举办的“海南省庆祝黎族苗族传统节日‘三月三’海口市分会场文艺晚会”，受到省市相关部门领导及学校师生的好评。

大力支持专家、教授对民族宗教问题进行研究。周伟民教授对民族问题的研究颇有建树，2 月，获得省人民政府授予的全省“民族团结进步模范个人”荣誉称号。9 月 3 日，应省委统战部要求，推荐周伟民教授给“海南省港澳政协委员国情研讨班”作题为“如何保护和弘扬海南优秀传统文化”的专题报告。

【侨联工作】　配合学校外事侨务处、侨联健全侨联组织，创新工作机制、开展丰富多彩的联谊活动，凝聚侨心、发挥侨力，维护侨益、为侨服务。

4 月 11 日，国务院侨办领导前来学校进行侨务工作调研，校党委统战部协助学校外事侨务处、侨联，根据调研提纲认真做好材料的准备工作。

5 月 5 日，校党委统战部配合校内有关部门做好在学校召开的“兰州大学、海南大学留学人员代表人士座谈会”的有关准备工作。来自 2 所大学的留学归国人员代表、归侨侨眷代表人士 30 余人参加了座谈会。

7 月 14 日，校党委统战部按照省委统战部的要求，完成了海南大学归国留学人员统计工作，并上报省委统战部。

协助学校外事侨务处、侨联做好学校归侨侨眷中秋、国庆茶话会的会务工作以及“全国双百侨界贡献奖”推荐评选工作。

【统战宣传信息和理论研究工作】　利用《海南大学报》、学校网站和校党委统战部网页等校内信息平台，开展统战工作宣传报道，向党外知识分子宣传统一战线理论和方针政策，宣传党外代表人士的先进事迹。全年有 12 篇稿件被《海南大学报》和学校网站采用，校统战部网页内容也注意做到更新快捷、新颖。

积极为省委统战部提供信息稿件。2010 年有

12篇稿件被省委统战部内部刊物《统战工作》及其网站采用。

加强统战理论研究。联系近年我省留学归国人员队伍不断扩大的实际，针对目前出现的新情况、新问题，选定“海南省高校留学人员统战工作探讨”作为校统战部2010年全省统战理论研究课题，经过广泛的调研，深入的探讨，所撰写的论文《海南省高校留学人员统战工作探讨》获全省2010年度统战理论研究优秀成果三等奖。

（撰稿：罗荫渠　审稿：蔡鹤龄　林少敏）

纪检监察与审计工作

【概况】 2010年，学校充分发挥纪检监察和审计部门的作用，扎实推进党风廉政建设和反腐败工作，为“211工程”大学建设提供思想作风和纪律保障。

【党风廉政建设】 3月29日，学校召开2010年党风廉政建设工作会议，传达中央、省委党风廉政建设有关会议和领导讲话精神，回顾2009年学校扎实推进党风廉政建设和反腐败工作，提出2010年的主要工作任务与要求，强调要加强领导，求真务实，切实抓好反腐倡廉各项任务的落实，做到将党风廉政建设与学校各项工作一起部署、一起检查、一起考核。学校按照“一岗双责”的要求，与各二级单位、部门党政主要领导签订党风廉政建设责任书。

在推进党风廉政建设工作中，坚持党委统一领导，党政齐抓共管，纪委组织协调，部门各负其责，依靠广大教职工支持和参与的领导体制和工作机制。2010年，学校党委常委研究反腐倡廉工作9次，党委主要领导部署反腐倡廉重要工作7次，班子成员组织研究和参与分管范围的反腐倡廉重要工作48次。

【反腐倡廉教育】 努力建立反腐倡廉教育长效机制，坚持以领导干部为重点，采取多种形式，进行理想信念、人生观、世界观、权力观教育。结合开展“创先争优”活动，组织党员干部认真学习贯彻《中国共产党党员领导干部廉洁从政若干准则》、《设立小金库和使用小金库款项违法违纪行为政纪处分暂行规定》、《坚决刹住用人上的不正之风——关于12起违规违纪用人典型案件的通报》等反腐倡廉文件。开展《廉政准则》知识测试活动，参加测试的党员领导干部186人。推进廉政文化进校园活动，把反腐倡廉教育同学校制度建设、学风建设、师德建设、课堂教学及学生思想政治工作结合起来，树正气，抓治理，增强学校反腐倡廉教育的针对性和有效性，扩大党风廉政教育的覆盖面，形成反腐倡廉教育的新格局。2010年，领导干部任期廉政谈话18人次，诫勉谈话4人次，领导干部述职述廉205人次。

【作风建设与廉洁自律工作】 加强领导干部作风建设及廉洁自律工作。在开展“创先争优”活动中，组织领导干部开展“公开承诺”、“岗位奉献”、“服务群众”、“亮牌示范”等主题活动，促进了领导干部作风建设。认真执行中央有关厉行节约、反对铺张浪费的规定，削减和控制有关经费开支。2010年学校党政干部因公出国（境）经费比2006—2008年三年平均数同比降低47.5%。

【查处违纪违规行为】 2010年，学校纪检、监察、审计部门收到并调查处理群众来信来访38件，其中，查处1名新生冒名顶替入学问题，协调解决教职工与校方关于煤气管道安装费用的有关问题；对群众反映的7个复杂问题正在调查处理中，对个别举报不实的情况给予澄清。发挥查办案件的治本功能，及时针对案件中暴露出的问题，查找漏洞，向学校及有关部门提出意见和建议，完善规章制度。

【监督工作】 认真贯彻执行《海南大学党政领导干部选拔任用工作暂时规定》、《海南大学科级干部选拔任用和管理工作实施办法（试行）》等干部选拔任用有关规定，对学校提拨任用干部进行全程监督，特别是加强对拟任人选遵纪守法情况的审查和公示。2010年，审查和公示99名处、科级干部人选，促进干部提拔工作的民主化、规范化。

认真贯彻执行学校关于教学、科研人员引进暂行规定、高层次人才引进暂行规定实施细则等人事招聘引进有关规定，规范有关部门和单位招聘工作程序，对招聘工作全程监督。

严格执行“收支两条线”规定，规范教育收费管理，清理和纠正“小金库”问题，强化财务预算管理。

完善工程建设、物资采购的监督管理制度，严格执行《海南大学基本建设工程项目监督管理暂行办法》、《海南大学基本建设工程项目审计暂行办法》、《海南大学物资采购监督管理暂行办法》、《海南大学物资采购审计暂行办法》，推行重大基建工程全程跟踪审计制度，加强对基本建设和物资采购招投标等工作的监督。2010年，监察处共监督16项工程项目招投标、16次政府采购项目招投标和6项自行采购项目。

推进招生“阳光工程”工作，进一步规范各种特殊类型招生程序，确保招生工作的公平、公开、公正。

【专项治理检查】 校纪委按照省纪委的部署，扎实开展专项治理与检查工作。一是组织全校副科级以上干部开展违规违纪收送款物问题专项治理工作。二是在全校范围开展干部选拔任用工作中行贿受贿行为专项整治活动，公布举报电话和举报邮箱，全面梳理排查干部群众反映的有关问题。三是组织学校各单位（部门）开展治理教育乱收费专项检查、反腐倡廉制度建设及制度执行检查评估和党政机关举办庆典、研讨会、论坛活动清理摸底工作。

【制度建设】 新海南大学成立以来，学校认真贯彻落实中央和省委、省政府有关反腐倡廉会议和文件精神，在认真清理原两校规章制度的基础上，结合实际努力建立完善学校各方面制度体系，基本建立了一套统一规范、协调衔接、科学可行的学校管理制度规范体系，并将之汇编成册。据统计，建立的管理规章制度约有200项。其中，2010年，校纪委积极协助学校党政按照学习实践科学发展观、“创先争优”和“制度执行巩固年”活动的要求，围绕规范决策行为、行政行为、办学行为等关键环节，进一步推进改革和制度建设，共出台了31项制度，其中涉及反腐倡廉的制度20项，主要有：《海南大学处级党员领导干部谈话制度实施办法》、《关于党员领导干部民主生活会的若干规定》、《海南大学重大决策征求意见暂行办法》、《海南大学两级理论中心组学习制度》、《海南大学干部选拔任用工作保密纪律规定》、《海南大学党政领导干部选拔任用工作暂时规定》、《海南大学科级干部选拔任用和管理工作实施办法（试行）》、《海南大学学院党政领导班子工作规则（试行）》、《海南大学校长办公会议工作细则》、《行政专题会议工作细则》、《海南大学仪器设备计划与采购管理办法（试行）》、《硕士研究生入学考试自命题管理办法（试行）》、《海南大学公务接待管理规定》、《“211工程”专项资金管理办法》、《新生注册前调整专业的规定》、《教学督导工作规程》、《研究生学术道德规范规定》等，这些规章制度的出台与执行，进一步完善了学校管理和反腐倡廉的制度体系，“靠制度管人、按制度办事”的局面初步形成，进一步推进了治本抓源头工作。

【审计工作】 2010年，审计项目98项，审计金额1589万元，审减经费66.76万元；审查项目合同68份，备案259个项目，对第五教学楼、社科楼群、中日友好交流中心、思源学堂、理工楼群、农学楼群、第六食堂等7个项目实时跟踪审计。完成任期内领导干部的经济责任审计4人次；基层单位财务审计5个。共提出15条建议被采纳，有效地规范了权力运行和防止违纪违法行为的发生。

（撰稿：陈泰豪　何　佳　审稿：房云昆）

共青团工作

【概况】 共青团海南大学委员会设综合科、组织科、思想宣传教育科，下属机构有校团校、校大学学生创新院、校学生艺术团。全校有21个基层团委、55个团总支、650个团支部，24150名团员。

2010年，共青团工作在继承中创新，在探索中前进，取得新成绩，先后被评为全国大中专学生志愿者暑期“三下乡”社会实践活动先进单位、全国大学生志愿服务西部计划优秀项目办、省五四红旗团委、省杰出青年志愿服务集体、省优秀青年志愿服务项目，获2010年全国“挑战杯”大学生创业计划竞赛“高校优秀组织奖”、省第四届大中专学生文艺汇演优秀组织奖等多项国家、省级奖励，涌现出全国大中专学生志愿者暑期“三下乡”社会实践活动先进个人、“挑战杯”全国大学生创业计划竞赛银奖获得者、全国三好学生、全国优秀学生干部、全国大学生志愿服务西部计划优秀志愿者、省青年五四奖章、省十大优秀大学生标兵、省优秀共青团员、省优秀共青团干部、省优秀青年志愿者等一大批先进青年。

【团的建设】 2010年，校团委本着“学习、实践、服务、创新”的工作理念，从加强团的思想建设、组织建设、制度建设和团学干部队伍建设入手，以加强大学生思想政治教育和促进就业创业为重点，以校园文化活动为载体、以挑战杯为抓手、以拓展大学生综合素质和服务大学生成长成才为目标，开拓创新，服务大局、服务青年，充分发挥了共青团组织的积极作用。

思想建设。通过开展主题活动和主题团日等主题教育实践活动，以学习培训班、问卷调查、实地调研等方式，坚持用中国特色社会主义理论体系的最新成果武装青年，坚定广大团员青年学生跟党走的信念，走奉献人生的发展之路。

组织建设。建立健全各级共青团组织机构，形成“校团委—学院团委（机关团委、后勤团委）—年级（系）团总支—班级团支部”传统模式和“校团委—校区团工委—机关团委、后勤团委、研究生团委、学生社团团委—公寓（社团）团总支（团支部）”校区模式相结合的团建模式。按“五四红旗团组织”标准，建立激励机制，推进基层团组织建设。坚持基层团委书记例会制度，坚持公示制度和告知制度，做到团务公开。

制度建设。严格落实《海南大学基层团委工作管理办法》、《海南大学基层团委工作管理办法》、《海南大学基层团委书记例会制度》、《海南大学团校工作条例》、《关于推荐优秀团员作为党的发展对象的实施办法》等规章制度。加强工作制度和运行机制建设，建立创新机制和考评机制，使共青团工作充满生机和活力。

学生团员干部队伍建设。加强学生骨干培养，推荐优秀学生担任学校学生会、研究生会、学生社团联合会的主要干部。探索新时期团学干部队伍建设的路径，建立健全学生干部的准入、培训、管理、激励和监督机制，不断提高各级团学干部的理论水平和工作能力。

【思想政治教育】 坚持用时代的要求审视大学生思想政治教育，用发展的眼光研究大学生思想政治教育，用改革的精神推动大学生思想政治教育，从大学生最基本、最基础的事情做起，取得好效果。

用科学理论武装大学生。采取举办团干（辅导员）理论学习班、学生干部培训班、学习座谈会等形式，组织团干部及广大团员青年学习“三个代表”重要思想和科学发展观，教育、引导广大青年学生坚定信念跟党走。

进行爱国主义、集体主义和社会主义教育。以团支部为单位，通过主题教育和主题团日活动及“五·四”、“十·一 ”、“一二·九”等纪念日，结合国家大事和重要会议，开展教育活动，引导广大青年学生树立正确的世界观、人生观和价值观。

【社会实践活动】 建立长效机制，深入开展社会实践活动。第一，建立评估制度，完善社会实践项目、团队的立项审批和工作项目化机制。第二，加强实践基地建设，学校根据海南人文地理方面的实际情况，重点在海口等地区建设若干个社会实践基地，学院根据专业设置及具体情况建设若干实践基地。第三，努力建立新机制，实现“三下乡”向“常下乡”、“常在乡”转化。第四，注重总结交流，组织以“实践归来话成才”为主题的经验交流会，扩大大学生社会实践活动的成效。

2010年，学校大学生志愿者暑期“三下乡”社会实践活动，以深入学习实践科学发展观和建设国际旅游岛为契机，以“践行科学发展观 建功国际旅游岛”为主题，坚持“受教育、长才干、做贡献”的原则，结合学科特色和学生个人特长，广泛开展政策宣讲、大学生科学发展观实践、国际旅游岛建设、文化宣传、环保宣传、医疗卫生服务、科技兴农服务、就业创业见习、挂职锻炼、政策宣讲、社会调查、专业实习、法律普及、企业帮扶、支农支教、环境保护、社区援助、文艺演出和红色之旅学习参观等实践活动。截至2010年，学校连续 12 年被评为全国大学生志愿者暑期“三下乡”社会实践先进单位。

【志愿者服务活动】 规范志愿者组织建设，创新志愿者管理机制，推动志愿者服务活动。1 月，校团委召开建设国际旅游岛座谈会，对学校志愿者开展志愿服务国际旅游岛建设提出新任务、新要求。3 月，开展“学雷锋活动月”活动，全校志愿者掀起学雷锋新一轮高潮。举行“建低碳绿岛 大学生先行”主题教育活动启动仪式，成立“低碳生活”志愿服务宣传先锋队。校低碳绿岛先锋队志愿者参加海口市义务植树活动。4 月，选拔 200 多名志愿者为博鳌亚洲论坛服务。4 -5 月，学生志愿者踊跃为西南干旱地区捐款 53722.6 元，为青海玉树地震灾区捐款 106278.50 元；7 月，举行中西部计划志愿者欢送会。9 月，组织近 1000 名志愿者服务接待 2010 级新生入学。10 月，志愿者组织洪灾后预防传染性疾病讲座。12 月，组织“国际志愿者日”志愿服务活动，主要内容包括：无偿献血、环境保护、安全教育、清洁校园等志愿服务活动。。

【校园文化活动】 树立校园文化品牌意识，突出精品文化建设和特色文化建设，赋予校园文化活动个性化、时尚化、科学化的崭新内涵，营造朝气蓬勃、奋发向上的氛围，服务青年学生的全面发展。主要活动：开展“建低碳绿岛 大学生先行”主题教育活动，活动包括：“低碳生活”学术报告会，“低碳生活”五进宣传活动，大学生低碳生活等级测评，“校园低碳先锋”评选，“我心中的低碳绿岛”金点子征文，“同享一片绿”植树等系列活动。组织 “创先争优•立志海大” 海南大学 2010 年中文演讲比赛，为学校广泛开展创先争优活动营造良好氛围。策划学术科技文化节、文化艺术节、社团文化节、新生文化节、网络文化节等“五个节日”文化育人工程。

【校学生会】 校学生会本部分为直属部门、自律委员会二大板块、15个部门，本部设在海甸校区，另设儋州校区学生会，儋州校区学生会根据实际情况设置相应的职能部门。

2010年，校学生会修订和完善例会制度、物品管理制度等规章制度，做好“优秀学生会”、“优秀学生会主席”、“优秀学生会干部”以及“每月之星”等的评定和表彰工作。召开各校区学生干部骨干交流会议、学生会新老生干部交流会、主席团述职答辩大会，提高学生会干部的素质。新开设人人网公共主页和微博，加强学生会与外界的交流。举办学校第17届院际辩论赛，组织“迈向成功之路”专题讲座。配合相关部门做好大一学生升国旗以及晨跑、晨读工作。定期开展“外语角”活动，为英语学习和交流创造条件。组织第二届“图书漂流”活动，为同学们提供“以书换书，以书会友，换书交友，自主学习”的平台。开展“权益进宿舍”、“文明宿舍评比”等活动，举办“12.4法制宣传日”活动，增强同学们的维权意识和法律意识。举办“诚信考试”签名活动，号召广大同学树立良好学风。

【校研究生会】 校研究生会分海甸校区研究生会和儋州校区研究生会，其中海甸校区研究生会下设9个部门，儋州校区研究生会根据实际情况设置相应的职能部门。

2010年，完善校研究生会章程，制定考评制度、财务制度、办公室物品管理制度以及公章管理制度。开展一系列针对研究生群体的文体、学术活动，举办首届研究生新生才艺大赛，充分展示研究生的活力与魅力。举办首届研究生英语演讲比赛，展示研究生良好的个人综合素质和英语水平。创办学校第一个研究生综合性刊物《海志》。

【学生社团】 校学生社团联合会由本部和儋州校区学生社团联合会组成，本部下设办公室、财务部、策划部、人力资源部、新闻部、文娱部、外联部、团工委8个职能部门，学生干部80余名，指导教师1名（秘书长）。

学校有学术科技类、社会实践类、文娱体育类、公益服务类、兴趣爱好类学生社团118个（包括儋州校区学生社团）、会员16000余人。2010年，以“服务学生社团的健康发展，服务广大学生的全面成才”为宗旨，努力打造内容健康、积极向上的社团文化品牌，先后开展社团文化节、旅游风采节、食品科技文化节、电影文化节、开拓者沙龙、创业商务策划大赛、大学生绿色营、大学生经济论坛、电子趣味制作大赛、大学生环境论坛、“中华杯”师生象棋争霸赛、“拇指日志”大奖赛等活动。学生社团文化节是学生社团的品牌活动，已举办了9届，每届都评选出“精品社团”和“十佳社团”。

【大学生艺术团】 校大学生艺术团承担学校交派的各项校内外文化交流与艺术展演等任务，是学校实施文化素质教育、各专业学生进行艺术实践的重要阵地，也是展示学生综合素质水平的平台。有综合事务办公室（6人）、公共关系部（7人）、演出策划部（7人）、宣传部（9人）。下设5个团队：合唱团（100人）、舞蹈团（30人）、礼宾队（40人）、器乐团（7人）、话剧团（20人）。

2010年，艺术团编排一批优秀的文艺作品，参加校内外的各类文艺演出活动。全年参加各类省、市级比赛演出7次，主办校内文艺活动5次，承办外国政要培训班欢迎晚会3次，协办校内各项活动6次，参加省内各类比赛获一等奖5项、二等奖8项、四重唱特别奖1项。12月9日，艺术团赴东南亚慰问演出，受到当地华侨的热烈欢迎。

【大学生创新院】 大学生创新院场馆占地面积约300余平方米，设成长教育中心1个，多功能厅1个，创新实践中心7个，学生学术科研成果展厅1个，资料室1间。

经过3年多的实践探索，创新院形成了“创新人才‘123’培养模式”：“创新能力‘一条龙’培养体系”、“两支优秀团队”和“三项重点工作”。“创新能力‘一条龙’培养体系”，即“成长教育中心打基础”——“创新实践中心学动手”——“创新实践基地抓提高”——“申报创新基金担项目”——“参加‘挑战杯’竞赛出成果”——“产学研结合促创业”的人才培养体系。“两支优秀团队”，即“优秀指导教师团队”和“优秀学员团队”。三项重点工作，即“挑战杯”竞赛活动、大学生学术科研项目和创新基金项目、大学生学术科技文化节。通过组织学生参加“大挑”（“挑战杯”全国大学生课外学术科技作品竞赛）和“小挑”（“挑战杯”全国大学生创业计划作品竞赛），推进大学生学术科研活动，促进学生学术科研素质的提高。2010年，参加全国“挑战杯”大学生创业计划竞赛获银奖1项、铜奖2项；申报实用新型发明专利20多项，获得省级奖励30多项。第一届学员曾南春同学创办了“金箍棒不锈钢制品有限公司”，有门店4家，雇员20多人，月营业额近20万。

各级领导对学生创新创业十分关注，省委书记卫留成、省长罗保铭曾在创新院学员创办的“海川网络科技有限公司”签名簿上签名留念，省委常委、组织部长楼阳生亲笔题词勉励学员：“创业需要创新　创新需要青年”。

（撰稿：吴　昊　　审稿：王丽娜）

工会与教代会工作

【概况】 2010年，校工会以开展创先争优活动为契机，增强服务教职工的意识，维护教职工的利益，调动广大教职工积极性，为学校改革发展作出了贡献。

【基层组织建设】 根据校内机构调整情况，及时安排有关基层单位设置、调整工会组织。催促应用科技学院（儋州校区）建立工会组织，批准其成立学院工会及选举结果。

【教代会工作】 学校第一届教职工代表大会第三次全体会议1月23日召开。

黄国泰书记在会上发表讲话，强调抓住“211工程”和国际旅游岛建设两个重大发展机遇，增强开放意识、服务意识、全局意识和团结意识，群策群力，加快建设有特色、高水平“211 工程”大学。李建保校长在会上作题为《抓住机遇、加快发展，为建设有特色高水平“211 工程”大学而努力奋斗》的工作报告，全面回顾和总结第一次教职工代表大会以来取得的可喜成绩，提出2010年学校的工作重点，号召全校师生员工按照学校的统一部署，抓住机遇，团结拼搏，攻坚克难，共同将有特色、高水平“211 工程”大学建设奋力推向前进。计财处陈险峰处长向大会作学校2009年收支决算及2010年经费预算的报告。

与会代表围绕李建保校长工作报告、《海南大学2009年收支决算及2010年经费预算报告》、《海南大学教职工申诉处理办法（草案）》、《海南大学2009年人事工作报告》、《海南大学2009年基建工作报告》和《2009年度海南大学教育工会经费收支情况报告》进行讨论，在充分肯定学校过去一年取得成绩的同时，就进一步加快学校发展和解决广大教职员工关心的民生问题提出了很多建设性意见和建议。

大会原则通过《海南大学教职工申诉处理办法（草案）》。

【女工委工作】 3 月，召开女教职工代表大会，选举杨红为校工会女工委员会主任。安排女教职工进行妇科保健检查，三八妇女节期间组织女教职工观看电影和参加其他庆祝活动。

12 月 3 日，召开女工委员会议，对 2010 年学校工会女工委工作进行回顾与总结，对 2011 年的工作进行探讨和部署，提出要找准工作的切入点，突出女工委工作特色，从三个方面入手：一是开展丰富多彩的校园文化生活，引导女教职工积极创建"健康和谐"的生活方式；二是开展以女性"素质提升"为主题的系列活动；三是引导女教职工"建功立业"，争当岗位能手，为营造充满生机和活力的和谐校园做出积极努力。

落实《海南大学女职工工作委员会职责》，调动各基层工会女工委员的积极性。落实《妇女权益保障法》，切实维护女教职工合法权益和特殊利益。开展评选推荐"海南省三八红旗手、省杰出女性"活动，罗素兰教授被评为海南省杰出女性。

【加强工会自身建设】 按照建设"教工之家"标准要求，对教工之家现有场所、设施进行全面检查、维护和完善，为教职工提供良好的活动场所，使工会成为教职工信赖的组织。组织工会干部学习业务知识，开拓工会干部视野，改进工作作风，深入基层调查研究，帮助教职工解决实际问题。根据教职工要求了解桥西集资房首付款的安全及工程进展情况的反映，校工会通过与基建处和集资建房小组联系，集资建房工作小组办公室召集后勤、基建、审计和集资户代表会议，通报情况、参观工地，满足了教职工的需求。根据教职工反映在教职工食堂打饭难的问题，校工会派员前往食堂了解情况，并与后勤集团和食堂负责人一起商议，妥善解决了此问题。

【文体活动】 开展丰富多彩的文体活动，丰富教职工业余文化生活。开展太极拳培训班等群众性文体活动。5 月，制定"海南大学教职工文体协会（社团）管理暂行办法"，规范有序地开展业余文体活动，营造健康和谐与高雅的校园文化氛围。成立教职工足球俱乐部、钓鱼协会、康乐舞团和羽毛球协会等 4 个协会（社团），以协会（社团）带动教职工文体活动的广泛开展。12 月，举行了教职工篮球赛，海甸校区 14 个、儋州校区 8 个基层单位组队参加了比赛。

（校工会）

行 政 管 理

人 事 工 作

【概况】 2010年，人事工作以“人才强校战略”为重心，继续完善人事制度，加强师资队伍建设，为建设“211工程大学”提供人才保障。

【加大引进人才力度】 完成学校“211工程”建设第三期师资队伍建设项目的编制，制定2010和2011年建设方案和实施步骤。

通过多渠道宣传和深入细致工作，扩大了选择优秀人才的范围，引进高层次人才初显成效。2009—2010学年度收到应聘材料5000多份，组织面试或试讲100多次，引进人才60人，其中博士40人，特别是成功引进中科院“百人计划”何朝族教授作为学校作物遗传育种国家重点学科的责任教授，实现学校高层次人才引进零的突破。还确定了美国加州杰普曼大学传授学终身教授贾文山博士作为“千人计划”候选人和瑞典农业大学高级科学家孙传信博士作为作物遗传育种学科长江学者讲座教授的候选人。这2位专家的申报材料已报教育部，正在审批中。

学校还公开招聘7名辅导员。安排3名优秀本科学生干部留校工作，在学生中产生良好影响。

【核定人员编制与津贴分配】 依据在校学生数，对学校二级单位的各类人员编制进行核定，并依据编制核定情况，完成2010年度全校教职工校内津贴的分配工作。

【完成岗位设置及聘用工作第一阶段工作任务】 根据《海南省关于事业单位岗位设置管理的实施意见》，人事部门对现有教职工的职称结构、任职年限、学历层次、学术影响和科研情况进行详细地调查和统计，在借鉴兄弟院校经验和做法的基础上，起草《海南大学岗位设置及聘用方案（讨论稿）》等4个文件，先后以书面征集和调研座谈的形式向全校教职工征求意见，并提交学校岗位设置及聘用工作领导小组会议进行讨论修改。之后又提交全校处级干部大会讨论，对方案进一步修改。与此同时，通过与省人力资源和社会保障厅积极沟通，争取到省主管部门同意将学校按一类高校的专业技术职务结构比例设岗位。

为了检验方案的可行性，并为下一步的实施提供依据和经验，人事部门9月13日在全校范围内开展岗位预报工作。作为学校全面推行岗位设置及聘用工作的一次摸底和正式开展前的演练，本次预报工作达到了预期的目的，提供了较为全面的信息资料。11月25日，召开岗位设置及聘用工作领导小组会议，决定将方案及相关表格上报省人力资源和社会保障厅审批，同时做好下一步岗位设置及聘用工作的实施方案。

【推行绩效工资改革】 12月12日，《海南省省本级事业单位绩效工资实施办法的通知》（琼人社发[2010] 373号）下发，要求各单位在12月16日之前制订本单位的绩效工资改革方案，并组织实施。在时间紧，任务重的情况下，人事部门联合财务处立即开展学校的绩效工资改革工作。在充分理清全校2010年校内津贴发放情况的基础上，制订《海南大学绩效工资实施办法（试行）》。实施办法在充分考虑教职工利益的基础上，坚持按劳分配，多劳多得、优劳优酬，同时注重综合平衡。实施办法（试行）经学校党委会审定后，人事部门与财务处召开专题会议，对绩效工资改革的具体情况作详细介绍。随后，即在全校范围内推行。

【专业技术人员职称评定】 完成各类人员职称评审工作。根据各主管部门的通知安排，组织 2010 年度高校教师系列、文体系列、自然科学系列、社科研究系列、工程系列、财务系列及卫生系列等 7 大系列的专业技术资格评审申报工作。其中高校教师系列高级职称评审申报 125 人，通过教授 29 人，副教授 65 人，高级实验师 5 人，其他系列副高 2 人，中级 6 人，初级 12 人。完成 2010 年校内中初级资格评审(高校教师系列和实验技术系列)工作。69 人申报，通过中级 62 人，初级 1 人。办理高层次留学回国人员申请认定高校教师系列、科研系列高级职称，通过正高 1 人。认定博士后副高 5 人、校内讲师 38 人，确认流动人员专业技术资格 17 人。

【拓宽培养人才渠道】 争取经费，拓宽渠道，积极培养人才。2010 年，学校派出进修学习、挂职锻炼人员 200 多人次。其中，在职做博士后 5 人、在职攻读博士学位 31 人、在职攻读硕士 20 多人，国内访问学者 12 人、教师国内进修学习 25 人、干部学习锻炼 8 人、教育部精品课程进修 33 人，教师岗前培训 84 人，日元贷款项目派出进修教师 15 人。在天津大学，干部学习锻炼 8 人、教师进修 16 人（在职读博 3 人，访学 1 人），在南开大学进修 2 人（在职读博 1 人），在清华大学进修 8 人（访问 3 人、做博士后 2 人，在职读博 1 人）。

【职业技能鉴定】 2010 年，在校职业技能鉴定所进行职业技能鉴定 1074 人，其中国家统考 510 人，全省统考 564 人；初级工 23 人，中级工 389 人，高级工 456 人，技师 206 人。协助海南省人力资源开发局做好计算机技术与软件、职业指导师等专业资格考试以及心理咨询师等职业资格证考前培训等工作。根据教育厅安排，承办海南职业技术学院、海南科技职业学院等 7 所高校的教师资格认定说课评价工作，参加说课人数 266 人。为学校新引进教师办理教师资格认定 74 人。

【推荐遴选专家】 本学年推荐遴选专家 322 人次， 250 多人入选。其中，新增特贴专家 3 人、省优专家 5 人；“515 人才工程”第一层次 5 人、第二层次 15 人；“宝钢优秀教师奖” 3 人；推荐“教书育人楷模” 1 人。

【工资社保与福利】 2010 年，办理工资调整的教职工 2278 人次，调入人员工资入户 60 人，办理社保基数的调整、补差 2529 人次。

【计划生育工作】 协调解决儋州校区、南希小区计划生育归属管理问题。按属地管理的原则，由儋州市铺仔村居委会接管儋州校区的计划生育管理工作。南希小区业主是海南大学教职工，计划生育管理工作由海南大学负责，其他人员由南希科技苑物业服务中心管理，归海口市捕捞村居委会直接管理。

【其他工作】 1.协助办理旅游学院外聘人员的接收工作。5 月，旅游学院收回学校后，顺利接收 26 名外聘人员，另有 10 名外聘人员的相关事宜正在处理之中。

2.协助办理应用科技学院（儋州校区）人员的人事代理。根据学校对应用科技学院（儋州校区）的办学模式，该单位新录用人员一律办理人事代理，人事处积极配合该学院办理相关人员的人事代理手续。

3.指导后勤集团组织签订 465 名非在编聘用人员的劳动合同，组织全校各用人单位做好校聘人员签订劳动合同，共 242 人。

4.完成人事信息系统的调试并开始启用。

（撰稿人：黄福伟　审核人：刘　雯）

对外合作交流与侨务工作

【概况】 外事侨务处与国际文化交流学院实行一套人马、两块牌子的运行机制。外事侨务处主管全校外事侨务及港澳台工作，国际文化交流学院承担全校外国留学生的招生、汉语言非学历留学生的教学及管理、学历留学生的涉外管理、汉语水平考试（HSK）考点和国务院侨办华文教育基地建设与管理。

2010 年，学校新增校际友好院校 9 个，聘请长期外国文教专家 21 人，邀请 23 名海外专家学者及知名人士来校作学术报告 29 场，接待来访外宾、港澳台同胞 39 批、616 人次，公派出访团组 63 个、139 人次，其中出国（境）留学 15 批，15 人次，短期出访 48 批，124 人次。留学回国人员 16 人。派出 43 名国际汉语志愿者及教师赴泰国、菲律宾等国任教，其中泰国 33 名，菲律宾 10 名。选派 11 批校际交换学生共 52 名赴境外高校进行为期 1 学期至 1 年的学习。通过学校“1+2+1 中美人才培养计划”项目派出的学生 4 名。学校获国家外专局引进国外智力项目 2 个，资助金额 2.5 万元，引进 2 名高层次国外专家来校讲学及开展合作研究。

2010 年，学校教育基金会筹集办学资金近 1500 万元（已到账），支持学校建设发展。4 月，学校教育基金会被省民政厅评为 4A 级社会组织。

【签署协议】 2010 年，学校与 9 所境外高校签署校际合作协议书，在共同举办国际学术会议、开展合作研究、教师互访、学生交流、信息共享等方面开展合作与交流。新签署校际合作协议书的学校有：台湾中国文化大学、日本九州外国语学院、美国密苏里州立大学、美国特洛伊大学、美国中佛罗里达大学、美国卡罗来纳海岸大学、美国内华达大学拉斯维加斯分校、美国北亚利桑那大学、美国加州州立大学圣贝纳迪诺分校。

【聘请外国专家工作】 聘请长期外国文教专家 21 人，他们分别来自美国、英国、加拿大、澳大利亚、新西兰、荷兰、俄罗斯、日本和马来西亚，分别在外国语学院、旅游学院、人文传播学院、应用技术学院、海外课程教育中心授课。

【学术报告】 2010 年，邀请 23 名海外专家学者及知名人士到学校作学术报告共 29 场，4000 多名师生聆听了报告。

主要学术报告有:

3 月 19 日，日本国立岛根大学生物资源科学院院长、生物资源科学研究系主任谷口宪治教授在经济与管理学院作题为“日本农村经济振兴政策—日本农村经营情况与中国的比较”的学术讲座。

3 月 23 日，美国犹他狄克西州立大学终身教授、舞蹈教育博士雷丽教授在艺术学院作题为“美国高等院校的舞蹈教学及物理定律与原理在舞蹈技巧教学中的运用”的学术报告。

6 月 22 日，美国犹他大学旅游学首席教授琳达.罗斯顿（Linda. S. Ralston）女士在旅游学院作题为“旅游理论的实践与发展研究”的学术讲座。

9 月 18 日，瑞士日内瓦大学政治学系教授、欧中管理促进基金会主席保罗・乌里奥教授为 120 多名 MPA 研究生和公共管理学院的教师作题为“公私合作:一个替代国家的服务和基础设施供给模式”的学术报告。

11 月 9-15 日，新加坡国立大学淡马锡生命科学实验室岳根华博士在海洋学院先后作题为“现代遗传学和基因组学进展”、“尖吻鲈的分子与选择育种”和“尖吻鲈遗传连锁图谱构建与精细 QTL 定位”的学术报告。

10月28日-11月3日，波兰科学院凯琳·托玛拉（Karin Tomala）教授作题为“波兰转型后20年的发展”和“波兰对华政策”的学术讲座。

12月20-21日，美国教育部Full bright奖学金获得者、美国康耐尔大学人文学院博士凯文.卡瑞克（Kevin Carrico）在外国语学院作“美国的价值观、信仰和政府”的学术讲座。

【学生出国出境学习工作】 在2009年选派51名在校优秀学生赴境外9所大学学习的基础上，2010年继续选派11批校际交换学生共52名赴美国犹他大学、加拿大爱德华王子岛大学、美国夏威夷希洛大学、英国纽卡斯尔大学、法国里昂第三大学、台湾成功大学、台湾嘉南药理科技大学、台湾宜兰大学、俄罗斯阿斯特拉罕大学、日本流通经济大学和日本群马大学等11所高校进行为期1学期至1年的学习。

2010年，学校通过《1+2+1中美人才培养计划》项目派出4名学生，分别前往美国特洛伊大学、威斯康星大学欧克莱尔分校、北亚利桑那大学、加州州立大学圣贝纳迪诺分校学习。自项目启动以来，学校共有11名本科生分别被美国特洛伊大学、美国洪堡州立大学等7所院校录取。

2010年，学校派出10名学生赴日本九州外国语学院学习。

2010年，学校有17名学生赴美国迪斯尼乐园实习一年，4名本科应届毕业生被美国迪斯尼乐园录取，以“文化交流使者”的身份前往美国奥兰多作为正式员工在迪斯尼乐园工作1年。

【侨务工作】 2010年，通过不同的渠道和方式接待了来自美国、加拿大、泰国、新加坡、印尼、马来西亚、越南、香港和澳门等10多个国家和地区的海外琼籍乡亲60多人次，并向他们宣传海南国际旅游岛建设所面临的机遇，宣传学校办学以来所取得的成绩及学校“211工程”大学建设情况。

【对台交流】 2009年12月，省人民政府台湾事务办公室、海南大学、海南师范大学、人民网海南视窗、台湾高雄师范大学、台湾嘉南药理科技大学、台湾屏东教育大学共同主办“我爱海南岛·我爱台湾岛”网络征文活动，学校征文囊括一等奖3篇（名额5篇，其中2篇空缺），二等奖5篇，三等奖11篇，鼓励奖23篇（2010年上半年公布获奖结果）。

3月27日-4月2日，应台湾东吴大学法学院的邀请，法学院院长王崇敏教授赴台湾参加由东吴大学法学院主办的“海峡两岸法学学术交流20周年纪念研讨会”。

4月1日，海南大学与台湾中国文化大学学术交流会在学校举行，台湾中国文化大学董事长张镜湖、校长吴万益率代表团一行80人出席。

4月3-4日，由省台办、省教育厅、海南大学、台湾成功大学联合主办的“两岸博鳌学术与企业实务论坛”在博鳌举行。

4月13-22日，应台湾成功大学邀请，我校校长李建保教授率团赴台考察交流，此行旨在进一步加强与成功大学等台湾高校的交流合作，学习借鉴台湾高校的管理经验已按期返校。

5月25日，台湾清云科技大学颜建发教授学术报告会在学校举行，报告会主题为《中国和平发展与亚太华人经济圈的未来》。

8月22-23日，由海南大学、省电子学会主办的“2010海峡两岸四地无线电科技研讨会”在金色阳光度假温泉酒店举行，来自中国大陆、台湾和港澳三地37所高校和部分科研院所、科技企业100余名代表进行了为期两天的研讨。

10月5-14日，应台湾中华青年交流协会的邀请，人文传播学院焦勇勤教授赴台湾进行了为期10天的访问交流活动。

12月4-10日，应中华公共事务管理学会的邀请，政治与公共管理学院院长安应民教授赴台湾参加由大陆全国公共管理硕士专业学位教育指导委员会和邀请方联合主办的“2010两岸MPA教育论坛与大陆公共管理院长论坛”。

12月17-20日，应台湾“中央研究院”法律学研究所筹备处的邀请，法学院副教授王秀卫博士赴台湾参加第三届“科技发展与法律规范”学术研讨会。

【学校教育基金会工作】 2010年，海南大学教育基金会积极筹集办学资金近1500万元(已到账)，支持学校建设发展。其中邢李火原先生捐赠1000万元建造“思源学堂”；北京健坤投资集团有限公司捐赠200万元，支持我校与清华大学、天津大学教学、科研、管理等方面的交流与合作；海南金光助学与环保基金会捐赠100万元设立“金光贫困大学生助学金”；香港田家炳基金会捐赠150万港币（130万人民币）支持学校创建科研实验中心；香港吴多泰博士教育基金捐赠23万港币（20万元人民币）设立“吴多泰博士奖学奖教金”；美籍华人王伟光先生捐赠2万元设立“王伟光优秀贫困生助学金”；美籍华人郑心本先生捐赠10万元设立“心本爱心奖学金”；美籍华人王承守先生捐赠5万元设立“王承守奖学金”；刘建贤、张永清捐赠40万元设立“刘建贤、张永清助学金”。

4月6日，泰国皇家师范大学（Phranakhon Rajabhat University）普里安（Preang Kitratporn）校长一行17人在泰国海南会馆理事长、海南大学二届理事会副理事长王琼南博士的率领下来访。当天，学校在图书馆二楼“王琼南厅”门前举行了“王琼南厅”揭牌仪式。

4月28日，学校举行图书馆“红牛厅”揭牌仪式。海南红牛饮料有限公司总经理韩强元先生参加了仪式。

11月8日，学校举行2010年度“心本爱心奖学金、王承守奖学金”颁发仪式。美籍华人、海南大学二届理事会理事、海南大学客座教授郑心本先生及夫人郑须佑群女士出席仪式。

11月16日，学校举行“2010年王伟光优秀贫困生助学金”颁发仪式。学校终身客座教授、台湾成功大学杰出校友、国家友谊奖获得者、著名美籍华人王伟光先生出席了颁发仪式。

11月30日，学校举行2010年度香港“吴多泰博士奖学奖教金”颁发仪式。香港“吴多泰博士教育基金”主席、国际鸿星投资集团有限公司董事吴灏桓先生、香港“吴多泰博士教育基金”执行人、国际鸿星投资集团有限公司董事、第五届海南省政协委员吴秉坚先生出席颁奖仪式

【学术研讨会】 1月4-6日，“东亚地区的生产与技术管理”中日研讨会在学校召开，来自天津大学、南开大学、北京理工大学、对外经济贸易大学、日本名古屋大学、大阪市立大学、东京经济大学、大阪管理协会、雅马哈发动机公司等高校与企业的专家共20余人参加了研讨会。

1月19日，由全国出国留学工作研究会主办、学校承办的全国出国留学工作研究会2009年年会在海口召开。教育部副部长郝平、教育部国际合作与交流司司长张秀琴以及来自教育部、各省区市教育主管部门和高校的有关负责人共100多人出席了大会。

3月18日，由学校与澳大利亚查尔斯•达尔文大学共同举办的“跨越赤道的友谊”学术研讨会开幕式在学校举行。

【商务部援外培训项目】 10月13日，由商务部主办、学校承办的“发展中国家热带农业与旅游研修班” 开班仪式在学校举行，来自柬埔寨、马来西亚、加纳、喀麦隆、牙买加、瓦努阿图等15个亚洲、非洲、南太平洋岛国及加勒比海沿岸发展中国家和地区的36名农业和旅游部门的官员参加了本次研修班。

11月24日，由商务部主办、学校承办的“发展中国家岛屿气候变化与旅游发展研修班”开班仪式在学校举行，来自瓦努阿图、汤加、巴布亚新几内亚、斐济、密克罗尼西亚、萨摩亚、贝宁、塞内加尔、几内亚比绍、加纳、埃塞俄比亚、赞比亚、毛里求斯、肯尼亚、马尔代夫、孟加拉、格林纳达等17个亚洲、非洲、南太平洋岛国及

加勒比海沿岸发展中国家和地区的 26 名旅游部门的官员参加了本次研修班。

12 月 2 日，由商务部主办、学校承办的“乌干达农产品加工技术培训班”开班仪式在学校举行，来自乌干达的 20 名旅游、贸易、工业、农业等部门的官员参加了本次培训班。

附录：一、教师因公出国出境情况统计

二、侨务活动情况统计

三、其他对外交流活动情况统计

一、教师因公出国出境情况统计

1 月 24 日—30 日，国际文化交流学院院长、外事侨务处副处长杨云升副教授应邀出席由日本文部省、中国教育部、中国驻日本大使馆共同发起，日本科学技术振兴机构中国综合研究中心、日本学术振兴会、中国留学服务中心联合主办，在日本东京举行的“中日大学展和中日大学论坛”。

2 月 18 日—26 日，应德国乌瑞琪.圣保罗教授（Ulrich Saint-Paul）的邀请，海洋学院王爱民教授赴德国访问。

2 月 27 日—3 月 6 日，应美国密歇根大学和世界水产学会 2010 年年会组委会的邀请，海洋学院副院长赖秋明教授赴美国密歇根大学参加水产养殖和渔业合作研究援助计划年会和世界水产养殖学会 2010 年年会。

3 月 14 日—24 日，应马来西亚大学邀请，周伟民教授、唐玲玲教授参加在马来西亚吉隆坡举行的“第七届马来西亚汉学国际研讨会”，并在会上发表题为《论中西文化冲撞前夕丘濬的学术成就及其在汉学史上的地位》的长篇论文。

3 月 24 日—4 月 4 日，材料与化工学院院长曹阳教授参加省科技访问团，对英国、法国进行访问。

3 月 28 日—4 月 1 日，应第一届中国－西班牙国际旅游大会组委会的邀请，旅游学院院长王琳副教授随团赴欧洲著名旅游之都西班牙马略卡岛帕尔马市出席第一届中国.西班牙国际旅游大会。

4 月 20—25 日，应希腊国家图书中心的邀请，人文传播学院王小妮教授参加中国作家协会代表团赴希腊第二大城市萨洛尼卡参加由希腊国家图书中心举行的 2010 年第七届萨洛尼卡国际书展。

4 月 30—5 月 6 日，应新加坡南洋理工大学的邀请，科研处处长陈超核教授赴新加坡进行为期一周的访问。

5 月 14 日，应澳大利亚查尔斯·达尔文大学的邀请，法学院张丽娜副教授赴澳大利亚访问，并与查尔斯·达尔文大学的专家共同开展“中澳建立地理标志保护制度的动因”课题的合作研究，时间 3 个月。

5 月 26 日－6 月 3 日，应英国威尔士大学的邀请，经济与管理学院副院长黄淑芬教授、研究生处副处长蒋国洲教授赴英国访问。

6 月 28 日—7 月 9 日，应美国夏威夷希罗州立大学、韩国济州大学和香港海南商会的邀请，校党委书记刘康德率学校教育交流代表团一行 6 人赴美国、韩国和香港进行为期 12 天的教育交流考察活动。

7 月 17—26 日，材料与化工学院教师史常圣应邀参加在德国不莱梅召开的第 38 届世界空间科学大会（COSPAR 大会）。

7 月 24—30 日，材料与化工学院林仕伟教授赴韩国首尔参加第 30 届国际半导体物理会议，并在会上发表了两篇论文：“Temperature dependence of electron emission from InAs/GaAs quantum dots” (No. THQ-P-17)，和“Enhanced air stability of organic thinfilm transistors with optimally cured polymer dielectric layers”(No. OSH-O-07)。

7 月 25—31 日，应第四届运营与供应链管理国际会议及第十五次亚太决策科学学会年会组委会邀请，旅游学院田良教授、郭强副教授赴香港、顺德、广州等地参加了本次年会。

8 月 17—24 日，应日本九州外国语学院的邀请，以外国语学院院长曹玲娟为团长，副院长金山、彭晓华为团员的代表团赴日本进行为期一周的访问。

8 月 17—22 日，应计算机与信息科学国际联合会（ACIS）邀请，信息科学技术学院副教授黄梦醒赴日本参加 IEEE2010 年计算机与信息科学国际会议（ICIS2010）。

8 月 22—26 日，食品学院副院长李从发和陈文学副教授随中国食品科技学会组团，参加由国际食品科技联盟主办、南非食品科技学会承办的在南非开普敦举行的第十五届世界食品科技大会。

9 月 12—17 日，政治与公共管理学院院长安应民教授、土地资源管理系主任黄朝明副教授、栾乔林副教授和韦仕川博士一行 4 人，应深圳市德华源进出口有限公司及孟加拉国达卡市托普思集团的邀请，赴孟加拉国考察达卡市阿秀丽亚土地整理项目中的土地勘测工作、初步设计与预算编制等工作。

10 月 2—11 日，由省政府副秘书长冯鸣、省教育厅厅长胡光辉为顾问、校长李建保教授为团长的海南教育交流代表团一行 6 人，赴美国卡罗来纳海岸大学、康奈尔大学、中佛罗里达大学、内华达大学拉斯维加斯分校以及香港理工大学考察。

10 月 21—23 日，政治与公共管理学院院长安应民教授应邀参加由澳门特别行政区政府行政暨公职局、澳门大学、澳门基金会和中山大学行政管理研究中心在澳门大学联合举办的“第四届 21 世纪的公共管理：机遇与挑战”国际学术研讨会。

10 月 16 日—11 月 5 日，校党委书记刘康德教授参加由教育部、国家外国专家局组织的以清华大学党委副书记史宗恺为团长的高校领导赴海外培训团，赴英国进行为期 21 天的培训。

11 月 7—13 日，应香港岭南大学的邀请，校学报编辑部主编许文深赴香港参加由慈善家田家炳博士支持举办的“田家炳内地学者及高级行政人员交流计划 2010”。

11 月 13—19 日，应第三届国际陶瓷联盟大会的邀请，材料与化工学院院长曹阳教授作为中国硅酸盐代表团成员赴日本大阪参加第三届国际陶瓷联盟大会(ICC 3rd International Congress on Ceramics)。

11 月 18—22 日，应马来西亚著名侨领、马来西亚槟城海南会馆永远名誉会长、马来西亚槟城孙中山协会会长林秋雅女士的邀请，校图书馆馆长詹长智作为海南代表团的领队参加在马来西亚槟城举行的“孙中山庇能会议 100 周年庆”系列庆典活动并在会上作“辛亥革命与孙中山的历史价值与现代意义”为题的主旨演讲。

11 月 29 日－12 月 8 日，应日本国际文化交流中心和韩国教育工作研究与咨询研究所的邀请，校长办公室副主任梁谋参加由海南省科学技术协会组织的科技管理与人才引进考察团赴日本和韩国进行考察。

12 月 6—15 日，应澳大利亚查尔斯•达尔文大学及新西兰梅西大学的邀请，副校长周兆德教授率学校教育交流代表团一行 5 人赴澳大利亚和新西兰进行了为期 10 天的教育交流考察活动。

12 月 3—22 日，应澳大利亚 TAFE 集团的邀请，副校长刁晓平随省教育厅高校领导干部培训班赴澳大利亚进行了 19 天的培训。

12 月 6—8 日，应澳门琼澳经济文化促进会的邀请，副校长傅国华教授参加中国南海研究院组团赴澳门出席了“2011 琼澳合作论坛”筹备委员会第二次工作会议。

12 月 15—19 日，应组委会邀请，材料与化工学院院长曹阳教授作为中国代表团成员赴韩国参加第 8 届中韩生物材料与纳米生物技术研讨会。曹阳教授在会上作了题为《The cell behavior on plasma sprayed HA coatings》的口头报告，并作为会议主席主持了第五分会。

二、侨务活动情况统计

1 月 28 日至 2 月 3 日，应香港海南商会和澳门海南同乡总会的邀请，校党委书记黄国泰教授率团赴香港、澳门访问。

4月6日，世界海南乡团联谊会第十一届二次理事会议在学校召开。来自新加坡、马来西亚、泰国、澳大利亚、文莱、印尼、苏里南、美国、加拿大、香港、澳门、台湾等国家和地区的海南乡团代表，以及海南省海外交流协会、海南海外联谊会、海南省归国华侨联合会负责人共商世界海南乡团联谊会发展大计。

5月27日，澳门海南同乡总会副会长、澳门琼澳经济文化促进会会长韩电先生、澳门大学澳门研究中心学术总监林广志博士等一行3人来访。

12月19—24日，以中央人民政府驻澳门特别行政区联络办公室文化教育部副调研员何刚为顾问的澳门中华学生联合总会理监事访问团一行21人访来访。

12月11—21日，应印度尼西亚海南总会、马来西亚海南会馆联合总会的邀请，由海南省侨联和学校联合组织的“亲情中华”艺术团赴印尼、马来西亚进行慰问演出及文化交流活动。

12月23日，以美国亚美体育总会会长、南加州海南会馆名誉会长吕诗澄先生为团长的美国亚美体育总会访琼团一行38人来访。

三、其他对外交流情况统计

1月，在《中国海南大学与美国夏威夷希洛大学校际友好关系备忘录》的框架下，学校与美国夏威夷希洛大学正式签署了《师生交流项目协议》，两校将从2010年开始正式开展实质性交流与合作项目。

1月8—9日，中国教育国际交流协会理事会换届大会暨第六届理事会第一次全体会议在北京召开，李建保校长出席大会并继续当选理事。

3月5日，德国国家莱布尼茨热带海洋生态中心（Leibniz Center for Tropical Marine Ecology，ZMT)主任爱缇克教授（Venu Ittekkot）和克鲁门博士（Uwe Krumme）一行2人来访。

3月5日，学校举行2010年春季留学生开学典礼。

3月7日，机电工程学院开办日语培训班。

3月11日，新加坡宿将乒乓球联会一行19人在秘书黄培真先生的率领下来访。

3月12日，墨西哥驻广州总领事馆代总领事李瀚博士（Mr. Alejandro Rivera）一行来访。

3月12日，英国中央兰开夏大学法学院院长莱妮.玛格丽特.莱维斯女士（Lynne Margaret Livesey）来访。

3月15日，日本东北大学黑须俊夫教授（担任日本社会信息学会会长）、日本群马大学小竹裕人教授和林明京老师来访。

3月19日，日本东京大学工学系研究科藤田丰久教授（Prof. Dr. Fujita Toyohisa）一行4人来访。

3月19日，法学院与日本名古屋大学大学院法学研究科及法学部举行学术交流协议签订仪式。

3月19日，海南大学与查尔斯•达尔文大学合作共建孔子学院座谈会在学校举行。

3月19－20日，《日本对华经济合作项目图片展》在学校举行。

3月22日，日本静冈文化艺术大学黑田宏治教授、佐井国夫教授来访。

3月22日，美国斯科茨代尔市市长吉姆.兰尼（Jim Lane）先生及斯科茨代尔市友城委员会主席马克思.郎博（Max Rumbaugh）先生一行4人来访。

3月23日，法国驻广州总领事馆科技领事马迪先生(Didier Marty-Dessus）一行2人来访。

5月13日，在学校举行“中国海南大学与日本九州外国语学院合作办学签约仪式”，校长李建保教授与九州外国语学院院长马越雪夫先生共同签署两校合作办学协议书。

5月24日，第十一届中国海南大学•美国夏威夷大学汉语暑期班开班典礼在学校举行。

5月26日，在学校举行“中国海南大学与美国密苏里州立大学合作协议签约仪式”，副校长刁晓平教授与美国密苏里州立大学副校长吉姆•贝克博士（Dr. James P. Baker）分别代表两校共同签署了合作协议书（此前李建保校长和密苏里州立大学校长已在合作协议上签字）。

5月26日，美国密苏里州立大学副校长吉姆•贝克博士（Dr. James P. Baker）和拓展教育学院史蒂夫•罗宾奈特先生（Mr. Stephen Robinette）来访。

5月28日，日本驻广州总领事馆首席领事小松道彦先生来访。

6月4日，学校举行2010年赴泰国、菲律宾国际汉语教师志愿者行前动员大会。

6月17日，美国特洛伊大学校长杰克•霍金斯博士（Dr. Jack Hawkins）和国际事务助理副校长克蒂斯•波特博士（Dr. Curtis H. Porter）来访。

6月17日，在学校举行“中国海南大学与美国特洛伊大学合作协议签约仪式”，副校长严庆教授与美国特洛伊大学校长杰克•霍金斯博士（Dr. Jack Hawkins）分别代表两校共同签署了合作协议书。

6月22日，“中美1+2+1人才培养计划”10周年庆祝大会暨第七届学生毕业典礼在北京举行，严庆副校长应邀出席会议。

6月24日，美国夏威夷希罗州立大学校长张蕴礼（ROSE TSENG）教授一行5人来访。

8月11日，材料与化工学院姚伯元教授应邀参加了上海世博会加拿大馆日活动，初步达成《HD型全自动显微镜光度计》出口至Teck公司协议。

8月23日，李建保校长前往国家汉办汇报学校与澳大利亚查尔斯•达尔文大学合作共建孔子学院工作。查尔斯•达尔文大学校长Barney Glover先生，国际战略与发展主任莫妮卡•杜维女士参与汇报。

8月26日，副校长严庆应邀参加了在上海世博会举办的澳大利亚馆北部省政府旅游与教育展示活动。

8月26日，瓦努阿图共和国驻华特命全权大使吉米·威利先生、瓦努阿图共和国驻华大使香港特派专员连海江先生、旅港海南同乡会副会长兼秘书长韩曙光先生和香港知青联会长韩阳光先生来访。

8月27日，在北京落幕艺术学院李群山老师在第四十一届“意大利贝里尼国际声乐比赛”中国预选赛总决赛中演唱了意大利著名作曲家威尔第作品——《破碎的心》并夺得一等奖。

9月1日，柬埔寨柴桢大学校长汤恩•莎拉务先生（Mr. TUM Saravuth）率该校代表团一行6人来访。

9月2日，澳大利亚达尔文市市长格兰姆•索耶先生（Graeme Sawyer）率代表团一行4人来访。

10月10日，艺术学院教师李群山在2010年意大利罗马国际音乐节上通过两轮比赛，分别演唱了意大利艺术歌曲《理想佳人》、《这是泉水、这是磨坊》、《在牢笼中》、《破碎的心》，获男中、低音组的二等奖。

10月18日，学校召开“亲情中华”赴马来西亚、印尼演出动员大会。

10月19日，在学校举行《中国海南大学与美国中佛罗里达大学教育和科研合作框架协议》签署仪式，校长李建保和中佛罗里达大学常务副校长戴安•切斯代表两校签署协议。

12月8－16日，以学校木球队运动员为主力的中国木球队在阿曼举行的第二届亚洲沙滩运动会上，凭借783杆的总成绩获女子团体季军。

（撰稿：曾　影　　审稿：华世佳）

离退休人员工作

【概况】 离退休人员日常管理与服务工作分校区管理，实行学校统一领导的校、院两级管理体制。二级单位等有关部门密切配合，确保管理与服务工作正常有效运转。

截止12月在编离退休人员993人，其中离休人员15人，退休人员978人；2010年退休35人，逝世18人。

离退休人员党员的组织活动由离退休人员工作处党总支部负责。全校离退休人员党员281名，设13个支部，其中海甸校区8个支部、164名党员,儋州校区2个支部、47名党员,城西校区3个支部、71名党员。

学校老年体育协会挂靠离退休人员工作处，下设太极拳（剑）、门球、地掷球、乒乓球、台球、木球、柔力球、篮球、健身球、象棋、麻将、垂钓、书画、交谊舞、文艺等项目小组。至2010年底，共有会员300人左右。

【关心离退休人员政治生活】 落实离退休人员阅读文件、参加政治学习和有关会议、重大活动的制度。组织离退休人员参观学习。城西校区组织退休人员到福山农业基地参观考察，组织退休院领导到琼州学院参观考察；儋州校区组织退休人员参观海甸校区。

2010年，学校党政主要领导给离退休人员通报工作情况4次，离退休人员工作处(党总支部)给离退休人员通报工作情况6次，给离退休党支部书记通报工作情况4次，召开离退休人员座谈会6次，分校区给老同志订阅报刊等学习资料，费用14000多元。

【确保离退休人员生活待遇】 按时足额发放离退休人员退休金，按政策规定调整离退休金，每人平均比上年度提高1500元左右。统一发放校内生活补贴，部分二级单位还另有福利。2010年，给困难和生病的离退休干部补助100多人次，计5万元。

元旦、春节期间，学校召开离退休人员代表座谈会，校领导和有关部门负责人参加，李建保校长通报学校改革发展情况。春节期间，学校和有关部门领导还分别到广州办事处、湛江干休所和儋州校区慰问离退休老同志。

离退休人员的医疗保健条件逐渐提高。7月，组织全体离退休人员进行年度体检。全年到医院看望住院离退休病人100多人次。海甸校区发放逢五逢十和七十五岁以上退休人员生日蛋糕，共计14000元。为离退休老同志办理老年证优惠证，帮助办理离退休老同志异地医疗费报销。

通过组织集体活动、进行家访、赴医院看望病号、安排重大节日慰问、做好来信来访工作等，为老同志办实事、办好事，解决实际问题。

【关心下一代工作】 学校关心下一代工作委员会于12月成立，挂靠离退休人员工作处。

发挥离退休老同志在关心下一代工作中的作用，组织离退休老同志在大学生中开展科学普及教育、普法教育、心理咨询活动，组织离退休教授、专家参加学校教学督导工作，返聘50多位老同志参加教学和管理，推荐离退休党员担任特邀党建组织员，参与学生党建工作。

【文体活动】 加强老年活动场地管理，热情服务，每天按时开放。开展各项体育健身活动，组织离退休人员参加海口地区垂钓、地掷球、门球、乒乓球等比赛并获多项奖励。5月，举办海甸校区老年人体育运动会，设16个项目，200余人参加比赛；成立学校康乐舞团，9月，参加海南地区文艺比赛，进入14强；12月，参加海口市老干局组织的文艺比赛，获第 2 名。海甸校区在重阳节组织离退休人员步行比赛。

【提高服务和管理成效】 完善学校和二级(学院)离退休人员工作网络，形成全校上下重视和关心离退休人员工作的局面。落实《海南大学离退休人员管理暂行办法》，完善科学规范的离退休人员工作制度。抓好离退休人员工作队伍建设，加强思想政治教育和业务培训，内强素质、外树形象，树立全局观念，明确工作责任，拓宽工作思路，提高服务和管理水平。6 月，离退休人员工作处派人参加中南地区高校离退休工作交流会。10 月，派人参加省老干部举办的老干部政策培训班，探索如何加强离退休人员思想政治工作的新途径新方法，

（撰稿：严孟春　审稿：陈行远）

财务工作

【概况】 2010 年，财务工作的重点是积极筹措和合理安排资金，在确保人员经费、学生经费和日常运转经费的基础上，重点支持学校“211 工程”建设项目和科研与教学工作的提升，在资金上确保学校各项基本建设项目的顺利实施。与此同时，进一步清理解决历史欠债和遗留问题，完善财务制度建设，规范财务工作程序和工作纪律。2010 年，学校收入和支出均较快增长，学校基本建设投资规模较大，学科建设、人才队伍建设、实验实习条件建设等方面的资金投入不断增加，职工待遇持续提高。

【财务收支情况】 一、收入方面。2010 年总收入 75850 万元，其中：财政补助收入 46599 万元，事业收入（主要是学费、住宿费及各类培训费收入）20898 万元，其他收入 7962 万元。

2010 年申请基本建设资金贷款 33200 万元。

剔除不可比因素，与 2009 年比较，2010 年收入增长 49%。

2010 年收入增长的主要原因是财政补助收入特别是财政项目资金有较大幅度增长，科研收入也有较大增长。学费收缴到位率继续保持较高水平，确保当年学费收入预算的完成。

二、支出方面。2010 年总支出 70378 万元（不含基本建设支出），其中：基本支出 39224 万元，占总支出的 55.7%；项目支出 30773 万元，占总支出的 43.7%；其他支出 382 万元。

支出主要项目：

在标准提高的情况下，确保学校 2010 年的津贴与奖酬金全部到位，全年在职人员工资福利支出比上年增长 40%以上。

购置各类设备超过 4000 多万元，维修费支出近 1100 万元，学校的教学、科研、办公设备及基础设施条件得到进一步改善。

发放学生奖助学金和各种补助 6000 多万元，力保学生经费及时足额到位。

学校内部调剂资金安排科研专项 1000 万元，安排教学质量工程、学科和专业建设、人才引进与培养、对外交流等专项经费近 1400 万元，为提升学校的科研水平和教学质量提供资金支持。

偿还外部历史债务 2800 多万元。

基本建设支出 30484 万元，确保学校第五教学楼、社科楼、中日友好交流中心、思源学堂、理工楼、农学楼等多个基建项目顺利实施。

【参与收回旅游学院的工作】 财务部门积极参与收回旅游学院的工作。认真清理、核对旅游学院的各项投资、收支情况、债权债务情况，

组织并实施对旅游学院的财务交接工作，认真落实和筹措收回旅游学院资金 13450 万元，使收回旅游学院的工作顺利进行。

【落实基建资金贷款】 在 2010 年度上半年国家贷款政策发生变化，贷款难度加大的情况下，积极申请、协调、落实基建贷款，全年申请落实贷款 33200 万元。贷款的及时到位确保了学校社科楼、中日友好交流中心、思源学堂等基建项目的顺利实施。

【强化预算管理】 在总结 2008、2009 年预算管理工作经验教训的基础上，广泛征求各方面对预算工作的意见，认真编制 2010 年财务预算，使预算更为科学合理，并根据学校党委的决议及时下达预算。加强对预算执行的追踪分析，合理调整资金，加快和强化预算执行，预算执行情况总体良好。

【积极申请和争取经费】 在各部门的共同努力下，学校多渠道申请和争取资金。2010 年到位专项资金拨款 2.8 个亿。

【开展专项资金使用绩效评价工作】 根据省财政厅的要求，对 2009 年的财政专项进行绩效评价试点工作，通过认真开展评价工作，形成完整的评价报告，评价结果得到省财政厅的认可。对 2010 年所有财政专项的绩效评价工作进行具体布置，并拟定学校内部的绩效评价办法。

（撰稿、审稿：陈险峰）

国有资产管理工作

【概况】 截止 2010 年末，学校固定资产总额 125261.40 万元（含已使用未转固定资产 63017.65 万元），其中：房屋构筑物 77973.80 万元（含已使用未转固定资产 63017.65 万元）；全校仪器设备 35475.87 万元，其中教学科研仪器设备 31451.46 万元，图书资产 6520.59 万元，家具资产 3787.26 万元，其它资产 1503.88 万元(含后勤资产)。2010 年新增仪器设备 5395.95 万元。

【土地管理】 1.完成海甸校区东坡湖 145.62 亩土地的确权办证工作。

2.完成海大信息产业园（桥西小区）第一、二期土地回填工程验收及工程款结算事宜，确保桥西住宅小区项目施工正常推进。

3.进一步完善学校土地和房屋基础数据的收集整理工作，较好地掌握土地和房屋基本情况，为土地资源的有效利用和安全管理奠定良好的工作基础。妥善处理学校周边土地争议问题，维护学校的合法权益。完成 2009 年度竣工验收房屋及构筑物固定资产登记建账工作。

【条件建设】 1．组织实施教学仪器设备政府采购及验收工作，完成各项目采购计划约 4360 万元，较好地改善了教学、科研和办公条件。

2．完成日元贷款第一批设备采购项目的确认及合同签订工作，合同金额 1.6297 亿日元，设备已陆续到货验收，投入使用。组织项目单位完成日元贷款第二批设备采购计划、设备选型和技术标书的编制工作，上报省教育厅日贷办。

3．依据财政部《关于编制 2007－2010 年中央与地方共建高校特色优势学科实验室项目规划的意见》，组织相关单位完成 2010 年度中央与地方共建高校特色优势学科实验室项目申报，以及省财政厅现场评审工作。学校 3 个项目获得财政部 700 万元的共建经费支持。

4．会同计财处完成“海南大学 2010-2012

年中央财政支持地方高校发展专项资金规划项目”的编制和上报工作。配合省财政厅完成项目的专家评审和申报工作,学校 4 个项目获得财政部 1400 万元的专项经费支持。

5．会同基建处完成海甸校区 1 号教学楼的维修改造工作。采购配置空调、办公及会议室家具、窗帘等配套设施，统筹协调各部门顺利完成机关办公楼调整搬迁工作。

6．组织相关学院完成社科楼、理工楼、农科楼用房规划确定工作，为各项目开工建设奠定基础。

7．完成新建 5 号教学楼的课桌椅、多媒体课室设备等配套设施建设工作，确保 2010 年新学期正常的教学秩序。

8．完成语音实验中心、计算机实验中心、物理实验中心、化学实验中心 4 个校级基础实验中心和数学建模实验室等建设（设备购置）工作，保证海甸校区公共基础实验教学工作正常进行。

9．会同基建处完成科研中心楼（原办公楼）维修改造工作。完成海南省热带生物资源可持续利用实验室（国家重点实验室培育基地）配套设施建设及设备采购工作，该实验室已搬迁入驻。“海南优势资源化工材料应用技术”教育部重点实验室也部分搬迁入驻。

10．完成 2010 年度实验仪器设备维护维修经费分配方案编制工作，并对维修经费进行管理和监督。修订《海南大学教学仪器设备维护维修管理办法》，确保仪器设备维护维修经费使用规范化。受理教学仪器设备维修 2000 多台件，确保实验教学的正常进行。

【资产管理】 1．完成学校资产管理队伍的组建工作，确定各单位分管资产领导和资产管理人员，明确各单位资产管理职责。

2．完成本年度新增固定资产 5985.36 万元（其中家具 589.41 万元、仪器设备 5395.95 万元）的登记建账工作（不含城西校区、后勤集团独立建账部分）。

3．完成拟报废处置家具设备类固定资产 1282.85 万元的申报资料汇总整理、技术鉴定、现场审核、学校审批工作，上报省教育厅、省财政厅审批。

4．组织后勤处和后勤集团完成 2010 年度学生区宿舍楼调整淘汰报废家具物品的清点登记及处置工作。

5．完成对 2009 年底前全校 10 万元以上大型仪器设备共 277 台套使用情况的专项调查工作。

6．完成旅游学院回收涉及的设备和房屋资产实物盘点、账目审核工作，并在规定时间内与海南新宏兴教育投资有限公司办理旅游学院固定资产交接手续。配合完成旅游学院生活区实物清点、账目核实工作，及时与海南新宏兴教育投资有限公司办理旅游学院生活区实物资产的交接手续。

7．组织完成儋州校区物理、化学、计算机公共实验室资产移交应用科技学院（儋州校区）管理的工作。

8．完成本年度海口海关对学校部分进口仪器设备使用管理情况的稽查工作。

【农科基地建设工作】 1．完成海甸校区 63 亩新农科基地的总体规划工作，并绘制总平面图、放线图、供电图和供水图。完成新基地 1.65 亩水稻田、4 米宽主干道路及两侧排水沟建设、基地围网建设等工作。

2．完成儋州校区农科基地水井维修、4 个 50 吨容量蓄水池及连接管线的招标及建设工作。完成园艺园林学院和环植学院基地灌溉管道安装、水泵及供水管道安装工程招标及建设工作，保证儋州校区 536 亩农科基地教学科研实验用水。

3．组织、协调儋州校区园艺园林学院 85 亩果园搬迁、移栽等工作。完成搬迁工程建设项目的招标及建设工作。

【产业工作】 签订南希 1 号楼 1-3 层商铺整体租赁捆绑销售协议，盘活了资产。办理南希小区部分房屋产权证。

(撰稿：周文山　审稿：周文山)

基建工作

【概况】 2010年，全校竣工项目8个，新增建筑面积54976平方米；年底在建项目9个，总建筑面积364335平方米；前期招投标阶段项目2个，立项阶段项目3个，总建筑面积58148平方米。

【竣工项目】 **一、竣工校舍建筑面积54976平方米。**

1．第五教学楼（24093平方米）

主体6层框架结构，2009年8月开工，2010年9月竣工交付使用。该项目功能为公共教学教室，拥有大小教室106间，座位10012个。

2．19号学生公寓楼（8930平方米）

主体6层框架结构，2月开工，9月竣工交付使用，共有学生公寓240间，可入住1440名学生。

3．城西校区2号学生公寓楼（8061平方米）主体7层框架结构，1月开工，8月竣工交付使用，共有学生公寓180间，可入住720名学生。

4．6号学生食堂（6132平方米）

主体3层框架结构，3月开工，年底竣工，其功能设置为：1、2层设普通食堂，3层设风味食堂。每层560座，共1680座。

5．思源学堂（7432平方米）

主体4层框架结构，1月开工，2010年底完成主体建安工程施工，内设可容纳1028人报告厅。

6．1号教学楼改造工程（新增328平方米）2009年12月开工，2010年6月竣工交付使用，该楼名由“1号教学楼”更名为“办公楼”,用于学校机关办公。

7．市政扩建与改造工程

一期工程主要建设纵四路，二期工程包括致远南路、横3路及其排水和照明工程， 2009年7月开工，2010年8月竣工交付使用。

8．太阳能空调和热水系统应用工程

该项目是财政部第三批可再生能源建筑应用示范项目，2009年2月24日开工，2010年底完成全部设备安装，待接通水源和电源后即可投入使用。

二、年底在建工程施工情况

年底在建工程9个，总建筑面积364335平方米。

1．社会科学学科群实验室与行政办公楼

建筑面积28126平方米，8层框架结构，功能为社会科学学部包括法学院、经济与管理学院、政治与公共管理学院的教学、科研、实验及行政办公用房，拥有科研用房或实验室135间，办公室134间，模拟法庭1间，报告厅2间，计划总投资6661.25万元。2009年12月26日动工，计划2011年4月底竣工交付使用。

2. 外国语学院与中日友好交流中心楼（30065平方米）

14层框架-剪力墙结构，功能为外国语学院的教学、科研、实验、行政办公用房和酒店式的交流中心，拥有客房192间（200个床位）、办公室6间、展览馆1间、多功能厅1间、餐厅2间、会议室13间，计划总投资8593万元，2009年12月26日动工，计划在2011年5月竣工并进行二次装修。

3．热带农业与生命科学学科群实验楼（二期）（38394平方米）

包括主楼（19层）和西附楼（6层），功能主要为农学院、园艺园林学院、环境与植物保护学院、海洋学院的教学、科研、实验及行政办公用房。计划总投资12498万元。年底，主楼完成桩基础工程，西附楼主体施工至5层框架结构。该项目计划在2011年底竣工交付使用，

4．理工学科群楼（29158平方米）

5层框架结构，主要功能为材料与化工学院、

食品学院、土木建筑工程学院的教学、科研、实验及行政办公用房。计划总投资 6496 万元。年底，完成主体工程施工，进入装饰装修工程阶段。该项目计划在 2011 年 4 月底竣工交付使用，

5．紫荆学生公寓楼（35548 平方米）

12 层框架结构，该项目为满足 2011 年儋州校区搬迁之重要项目。共有学生公寓住房 849 间，可入住 5094 人，计划总投资 6395 万元。年底，主体框架工程施工至第 9 层。计划在 2011 年 8 月竣工交付使用。

6．教职工周转房（16290 平方米）

地上 22 层，174 套周转住房，每套建筑面积约 80 平方米，其功能主要是为解决新引进高层次人才的临时过渡住房，以及各重点学科聘请高水平学者来校进行科研合作和讲学的中、短期居住之需，计划总投资 3586 万元。年底，完成基础开挖，进入基础施工阶段。该项目计划在 2011 年底竣工交付使用。

7．教工集资房（187454 平方米）

桥西教职工集资房分二期建设，其中一期建设 9 栋楼，最高 25 层，最低 19 层，共 1092 套住房，主要是满足原海甸校区的无房户和儋州校区搬迁的教职工住房需求。年底，主体框架工程已陆续施工至 8 到 17 层，计划在 2011 年 9 月底竣工。

8．艺术学院排演厅改造工程（新增 218 平方米）

艺术学院排演厅原建筑面积 824 平方米，改造后为 1042 平方米，1 层框架结构，屋顶采用钢结构，大厅设计坐椅 614 个，计划总投资 450 万元。2009 年 12 月开工，预计 2011 年 6 月竣工交付。

9．供配电扩容与改造工程（二期）

一期工程主要建设电房土建工程和 10、11 号配电房，二期工程包括建设 2 号开闭所、7、8、9、12 号配电房及其电缆铺设工程。计划总投资 1419 万元。二期工程 2009 年 9 月开工， 2010 年底完成 2 号开闭所、7、12 号配电房设备安装和全部室外电缆沟砌筑，8、9 号配电房施工单位已进场安装，预计 2010 年 6 月全部竣工。

三、前期准备项目

截止 2010 年底，尚处在前期招投标或立项阶段的项目共有 5 个，总建筑面积 58148 平方米。

1．热带农业与生命科学学科群实验楼（一期）（17000 平方米）

为日元贷款项目，包括东附楼（6 层）和报告厅（1 层），其功能主要为农学院、园艺园林学院、环境与植物保护学院、海洋学院的教学、科研、实验及行政办公用房。计划总投资 4250 万元。年底已完成招标手续申报工作，该项目计划在 2011 年 12 月竣工交付使用，

2．研究开发中心（28027 平方米）

21 层，其主要功能为材料与化工学院、食品学院、土木建筑工程学院的教学、科研、实验及行政办公用房。计划总投资 9330 万元，为日元贷款项目。年底已完成招标手续申报工作，该项目计划在 2012 年 6 月竣工交付使用，

3．校史馆（7580 平方米）

5 层框架结构,主要功能包括校史展览馆、科技展览馆和档案馆。计划总投资 2541 万元。主体建安工程和前期费用由落笔洞投资有限公司投资，室外配套和陈列厅布展工程由学校投资。年底，完成项目立项报告，开展前期场地“三通一平”作业。该项目计划在 2011 年 11 月竣工交付使用。

4．机电与建筑结构实验厂房（5541 平方米）

总建筑面积 5541 平方米，计划总投资 1495 万元，其中机械工程中心、农机实验室、汽车检车实验室、车辆动力实验室 2985 平方米，计划投资 797 万元；建筑结构工程实验室 2556 平方米，计划投资 698 万元。年底，完成项目立项报告，项目计划在 2012 年 6 月交付。

5．第二田径运动场

项目包括修建长 400 米，宽 9.76 米，厚 1.3 厘米的塑胶跑道及缓冲区、半圆区、人造草足球场、跑道排水系统等。计划投资 500 万元，计划在 2011 年 12 月交付。

（撰稿：林诗海　审稿：邱宙廷）

后勤管理工作

【概况】 2010年后勤管理工作抓住海南国际旅游岛建设和“211工程”大学建设两大机遇，围绕“深入学习实践科学发展观、实现海南大学又好又快发展”主题，组织校园爱国卫生活动，不断净化优化校园环境；开展后勤服务质量月活动，整体提高后勤服务效率和服务质量；积极实施桥西集资合作建房、组织搬迁、基础建设与维修改造等后勤工作，努力完成各项后勤保障任务。

【制度建设】 制订实施《海南大学后勤管理改革方案》、《海南大学医院整合实施方案》、《海南大学后勤管理处环境卫生整治实施细则》。草拟《海南大学学生公寓（宿舍）楼安全管理规定》上报学校。

【爱国卫生活动】 1．3月,组织全校集中开展环境卫生大整治活动。

2．4月，组织后勤单位开展“后勤服务质量月”活动，发动后勤各单位继续深入整治校园环境卫生，进一步净化优化校园。

3．5月—7月，组织海甸校区、儋州校区、城西校区后勤各单位对2010年3、4、5月份落实《海南大学关于开展校园环境卫生整治推进海南国际旅游岛建设的通知》的执行情况进行总结。

4．9月，组织师生员工认真落实《海南大学环境卫生“门前三包”管理实施办法》，开展整治环境卫生活动。

5．9月30日至10月8日，海南遭受60年来罕见的洪涝灾害，为保证学校灾后无疫情发生，组织全校师生员工全面开展打扫室内外卫生清洁，扫除路面积水，清除污泥，清运垃圾；对排水、排污沟，化粪池、垃圾桶置放点等重点部位喷洒氯消净、洒石灰粉等进行消毒消杀防疫。雨灾期间学校蓄水池的饮用水每天都挂药消毒。

【开展服务质量月活动】 4月，组织全校后勤单位以“拓展服务内容、构建服务品牌、提高服务质量、创建和谐校园”为主题的后勤服务质量月活动，整体提高了后勤管理水平。

1．修订完善管理制度。出台“六条禁令”，抓好司机的安全驾驶和交通法规培训。修订清洁卫生检查项目66项，检查标准264条。

2．全面整治校园。海甸校区治理校园共清运枯枝落叶、垃圾约300车次，先后补种美人蕉、紫背桂、鸭脚木、黄金鸟、茉莉花等各种花木共3800平方米，对学生食堂、宿舍楼、教学楼、商业街进行全方位喷洒杀虫剂等药物消杀害虫等。儋州校区投入6万多元整治市场环境及校园环境。城西校区进行室内外卫生大扫除。

3．组织服务技能比武活动。开展厨艺、出餐服务、花木修建、机械养护、道路清洁、接待礼仪等22项后勤服务技能比武，提高服务水平。

4．征询意见与建议。为改进和提高管理服务工作，后勤各单位先后邀请教工代表、学生代表召开座谈会；发放满意度调查问卷，其中共向学校师生发放《海南大学后勤服务满意度调查问卷》996份，收回949份，占95.3%。对服务满意度的教师占92.4%，学生占82.5%。

服务质量月活动取得好效果，涌现出后勤集团第五学生食堂等15个先进班组和张淑原等23位先进个人。

【食品安全与校园环境卫生监管】 1．食品安全监管。每月至少两次不定期对食堂物资采购、验收，食品粗加工，食品烹饪，食品出售，餐具洗涤消毒，餐厅保洁，食堂消毒及员工身体状况检查；每月检查一次校园食品小商店，严禁小商店出售变质食品和“三无”产品。两次邀请海口市食品卫生监督部门、海口市工商局美兰分局海甸工商所来校检查指导食品安全工作。

每月定期检查海口威立雅水务有限公司在学校的供水管理工作，加强校园供水质量监督，保证校园用水安全。

2．校园环境卫生监管。每月不定期检查校园环境卫生，每月在教工住宅区灭蚊1次，每隔2个月请美兰区爱卫办在教工住宅区、学生区、教学区、学生食堂等公共区域全面灭鼠1次，定期对校园房前屋后、公共洗手间、化粪池、排污、排水沟撒石灰或喷药物灭杀病菌。

【房产管理】 给290户租房住宿的教职工发放租房补贴102万元。安排教职工临时住房68间。

【桥西小区建设】 制定《海南大学桥西小区第一批集资合作建房选房工作方案》、《桥西小区楼层差价方案》、《桥西教工住宅小区集资合作建房选房办法》，组织评估《选房系统》的可行性、公正性，确保分房工作“公平、公开、公正”。12月24日起组织1013名集资建房职工按《选房办法》选房，完成选房工作。

【搬迁工作】 1．儋州校区师生搬迁。制定《2010年儋州校区教职工搬迁实施办法》，周密组织搬迁工作，保证92名教职工、116名学生顺利搬迁。

2．海甸校区办公楼搬迁。6月11－14日，完成海甸校区办公楼学校领导、机关各处室搬迁工作，共搬迁246车次。

【基础设施建设与维修改造】 1．基础设施建设。完成新建19#学生公寓楼240个房间共1440套家具配置，新建第六学生食堂的厨具设备通过招标购置，11月安装。

2．维修改造。在海甸校区，维修1#、2#、3#、7#、12#学生公寓楼，改造艺术学院卫生间及二楼天台和更换舞蹈教室地板等，零星维修社团一条街12间房屋，为工会办公楼和信息科学技术学院、实验室、档案馆、医院、保卫处等单位（部门）进行补漏等其他基础设施维修等，整改学生生活区共16幢学生公寓楼和普通学生宿舍楼的防雷设施，安装4#电房至5#学生公寓楼电缆，改造多媒体教室电路。在儋州校区，维修改造电教室和47课室，更换桌椅、多媒体设备等，改造第16幢学生宿舍（原培训楼），翻新改造原有篮球场、排球场，改造第4教学楼前绿地，新建学生宿舍一条道路及维修医院基础设施等。

【完成旅游学院学生食堂和学生公寓回购接管工作】 会同后勤集团、旅游学院后勤服务中心与海南新宏兴教育投资有限公司，5月1日顺利接管旅游学院学生食堂3个餐厅（面积共2950平方米）、4栋学生公寓（面积13900平方米）。学校投入学生食堂和学生公寓回购款3500万元。

（撰稿：郑传宽　审稿：邢谷川）

保卫与国防教育工作

【概况】 2010年，保卫工作以确保学校安全稳定为重点，始终贯彻“预防为主，打击为辅，打防结合”的工作方针，坚持为教学、科研中心工作和师生员工服务的宗旨，依靠学校各级党组织和全体师生员工，配合公安机关，做好校园安全稳定工作。武装工作贯彻国务院，中央军委关于加强国防后备力量建设的一系列方针、政策，结合实际，履行各项职能，确保国防教育、国防动员、民兵、预备役工作顺利开展，促进武装工作健康发展。

5 月，学校被中宣部、教育部、解放军总政治部、国家国防教育办公室授予“全民国防教育先进单位”称号，被省教育厅评为“2009 年度学校安全工作先进单位”，学校武装部被海口市美兰区人民政府评为“2009 年度民兵整组工作先进单位”，黄海宁同志被评为“2009 年度民兵整组工作先进个人”。9 月，学校被教育部评为 2009 年 “全国普通高校毕业生预征工作先进集体”，黄海宁被评为 2009 年“全国普通高等学校毕业生预征工作先进个人”。

【稳定工作】 在学校的国内安全保卫（维稳）管理工作中，圆满完成学校的国内安全保卫工作任务，及时将事件消灭在萌芽状态中。强化华兴学校和学校幼儿园门卫管理，认真落实门岗检查登记制度，配足保安人员，确保校园安全。6 月，中央综治委检查组到学校检查工作时，对学校的综合治理工作给予充分肯定。7 月，为了进一步落实综治安全责任制，完善安全事故快速预警反应机制和人防、技防、物防三位一体的立体防控体系，举办综治安全培训班。

【治安管理】 在校园治安工作中，强化防范打击力度。2010 年，破获、处理各类案件 68 起，其中刑事案件 15 起，治安案件 53 起，抓获违法犯罪嫌疑人 45 人，其中盗窃 42 人，诈骗 2 人，销赃 1 人。9 月，在海口市公安局的支持监督下，在学校东门、北门、南门和幼儿园安装了报警监控系统，大大提高了治安技防水平。10 月，组建“猎鹰队”，开展“反盗打抢防骗”专项行动。自组建以来，已抓获多名违法犯罪嫌疑人。与上一年相比，校园发案率明显降低。

【消防管理】 2010 年，全校共完成消防档案 97 个，落实 24 个二级单位消防安全第一责任人 24 名，义务消防员 31 名，消防督察员 4 名，全校基本上每幢楼房都配备 1 名消防安全员。3 月，完成图书馆消防隐患整改方案设计及预算。4 月，抓好全校范围内重点部位消防隐患整改工作。10 月，开展校园消防宣传月活动。11 月，新增消防器材 2100 件，完成全校消防器材的发放。

【交通管理】 本着“管理有序、疏导有方”的工作思路，强化校园交通、机动车辆停放监控管理。4 月，在全校范围内开展校园交通安全宣传月活动。5 月，学校北门建成人、车门禁管理系统，6 月 1 日起开始施行门禁系统管理，形成人、卡、车三位一体的管理模式。在东门、北门购置隔离护栏 110 米，施行人车分离管理。在海口市交警部门的指导下，整改不规范路标 18 处，规范校园道路交通指示标志。

【校卫队工作】 加强校卫队的管理，校卫队员的执勤、处事能力有所提高。为进一步提高校卫队员综合素质，建立了加强校卫队员业务培训的长效机制，包括队列、体能、格斗、擒拿等多方面的培训。出台《海南大学校卫队员管理规定》，对表现突出的校卫队员给予奖励，对违纪违规的校卫队员坚决给予处分，规范了校卫队员的管理。

【户籍管理】 2010 年，为学生办理户口迁移、入户手续 1951 件，迁出户口 863 件，更正户籍 62 人次。做好户籍证明、借用户口、户口咨询等日常工作。

【安全防范教育】 围绕构建和谐校园，加强法制教育。9—10 月，保卫处分两批对 3 个校区的新生进行安全防范教育，受教育人数达 6500 人，使新生普遍增强安全防范意识。

【国防教育与军训】 认真抓好新生军训工

作。3月，武装部成立了新一期学生军训教官队，每周对教官队开展不少于3次的日常技能训练，通过严格训练，打造一支素质过硬的学生教官队伍，确保2010届新生军训工作顺利进行。

【军事理论教学与研究】　武装部严格按照《高等学校军事教程》课程教学大纲的要求，保质保量完成2010年度全校大学生《高等学校军事教程》的军事理论教学任务。5月，派出青年教师参加在东南大学举办的全国高校军事理论教师培训班，进一步提高师资队伍素质。

【征兵活动】　认真抓好2010年冬季征兵工作。学校有2名同学通过体检、政审合格关，被兵股机关正式批准入伍。6月，旅游学院2008级旅游管理专业陈泽隆同学经过层层选拔，被录取为空军飞行学员（2010年度海南高校报名参选唯一合格学生），已赴空军航空大学学习。

（撰稿：龙诚果　审稿：黄海宁　陈楠昕）

学院(部)

材料与化工学院

【概况】 学院设化学工程与工艺、应用化学、生物工程、材料科学与工程、高分子材料与工程5个本科专业，其中化学工程与工艺、材料科学与工程、高分子材料与工程、生物工程4个本科专业为海南省特色优势专业。拥有材料科学与工程、化学工程与技术等2个一级学科及材料工程、化学工程专业学位授权点。其中材料科学与工程一级学科下有材料物理与化学、材料学、材料加工工程3个硕士授权点，化学工程与技术一级学科下有化学工程、化学工艺、生物化工、应用化学、工业催化5个硕士授权点。

在校学生1922人，其中硕士研究生161人。

12月17日，国家计量认证高校评审专家组对学院测试中心实验室资质认定（国家计量认证）监督评审——三年换证的中期检查。监督评审顺利通过，监督评审结果优秀。

【学科建设】 2010年，新增2个一级学科硕士授权点：材料科学与工程、化学工程与技术，新增2个专业学位授权点：材料工程、化学工程。“材料物理与化学”、“化学工程与技术”为省重点学科。材料与工程和化学工程2个专业学位硕士点开始招生。

【教学工作】 各类教研课题立项4项，《精细化工学与工艺学》被评为省级精品课程。完成2010级理科实验班的招生和组建工作，2008级理科实验班四级英语通过率100%，六级英语通过率达80%。获得全国大学生数学建模竞赛一等奖1项、第三届大学生节能减排社会实践与科技大赛三等奖1项、2010年首届“和氏璧化工”全国高校环保科技创意大赛金、银奖各1项。抓好冬季小学期的教学改革，聘请清华大学长江学者魏飞教授为2007级化学工程与工艺、2007级生物工程班开设《现代化工》课程，暨南大学长江学者何庆榆教授为2008级应化班开设《化学进展》课程，华南理工大学教学名师钟理教授为2008级理科实验班、2008级化工班开设专业基础课《化工原理》。继续做好推荐优秀毕业生免试攻读硕士研究生学位的工作,2010年19位优秀毕业生被“985”高校及中科院所属研究所免试录取攻读硕士研究生学位。

【科研工作】 2010年，新增973计划前期研究专项基金2项、国家自然科学基金4项、教育部科学技术重点项目1项、科技部政策引导类科技计划农业科技成果转化项目1项、教育部新世纪优秀人才支持计划1项、省重点科研项目3项、省自然科学基金11项、省教育厅项目3项、海口市重点科技计划项目1项。科研到账经费915万元，出版学术专著和教材13部，5项成果获海南省科技进步奖，其中一等奖1项（李建保等），二等奖1项（刘钟馨等），三等奖3项（李建保、胡广林、陈永等），发表学术论文161篇（SCI、EI、ISTP收录40余篇）。学院姚伯元教授、袁文兵博士被评为2010年科研工作先进个人。

在机械化学研究领域取得重要进展。材料与化工学院化工系、省精细化工重点实验室袁文兵博士采用机械化学法成功合成一维、二维和三维金属-有机框架材料，并且首次发现在机械化学条件下这些不同维度材料可以相互转化，并且与桥连有机分子构筑成微孔材料。这一创新性成果在国际著名期刊 Angewandte Chemie（德国应用化学）上分别以英文版和德文版发表（Published online，DOI: 10.1002/ange.200906965，2008 年影响因子 10.879）。

材料物理与化学专业硕士研究生张海涛同学在导师邓湘云教授的指导下，研究论文发表在国际知名学术期刊 Applied Physics Letters（影响因子 4.308）。

【教师队伍建设】 教职工 172 人，专任教师 155 人，其中教授 27 人、博士生导师 7 人、副高职称 53 人。

2010 年，新增海南省“515 人才”第一层次 1 人、第二层次 1 人，邓湘云教授入选“新世纪百千万人才工程”国家级人选，林仕伟教授入选教育部“新世纪优秀人才计划”，晋升教授 4 人、副教授 5 人、中级职称 8 人，引进高层次 D 类人才 1 人、国内外一流大学优秀博士 8 人。曹阳教授被评为省教学名师。

【党建工作】 学院党委下设 17 个党支部，其中教工党支部 7 个，学生党支部 10 个；党员 532 人，其中教工党员 81 人，学生党员 451 人。2010 年发展党员 260 名。

开展“创先争优”活动，组织教工党员到临高角、尖峰岭、吊罗山、东坡书院等参观考察，申请立项《青年教工党员人才工程》特色项目并获校党委 1 万元经费资助。完成基层组织机构改组，公共实验中心合并到学院后，撤销应用化学与行政党支部，分别成立应用化学系党支部、行政党支部，并成立测试中心党支部和 5 个硕士专业的研究生党支部。

【学生工作】 主要活动：1．召开学院第一届研究生代表大会，选举主席、委员。

2．以挑战杯、数学建模、全国大学生节能减排社会实践和科技竞赛、化工设计创业大赛为突破口，推动学生学术科研活动。2010 年有 21 个项目 136 人次获国家级奖， 5 个项目 16 人获省级奖。

3．加强心理健康教育。培训各班心理委员和院学生会心理部工作人员，开展“心理健康活动月”，通过组织心理健康征文大赛、电影赏析、团体咨询、青春舞会、心理健康系列主题班会等，普及心理健康知识，提升学生心理调适能力。

4．按学院组队和自主实践相结合的原则组织大学生暑期社会实践活动。共组织 6 个队，42 个课题，参加学生 696 名，撰写实践论文 456 篇，其中 2 篇论文获省大学生志愿者暑期“三下乡”社会实践活动优秀论文“二等奖”， 2 名学生被评为省大学生志愿者暑期社会实践积极分子。

5．做好贫困生工作。建立贫困生信息数据库并实行系统化动态管理，4 次系统、全面更新贫困生信息库。举行 2 次院内勤工助学招聘会，4 次组织参加学校勤工助学招聘会和寒暑假勤工助学招聘会，共计 480 人次获勤工助学上岗机会。全年 516 人次获得各种奖、助学金，153 名学生获得生源地贷款资助。

2010 年毕业生 493 人，其中本科生 461 人、研究生 32 人，114 名本科生推免或考取硕士研究生。所有毕业学生全部实现较优就业，初次就业率 91.5%，其中签约率 80.2%，灵活就业率 11.3%，升学、出国占 24.9%。

(撰稿：曹献英　庞素娟　廖双泉　王茂钢　王久模　熊德华　彭玉霞　贺品品 涂进春　审稿：曹　阳　李　光)

土木建筑工程学院

【概况】 学院设有土木工程一级学科硕士点；土木工程、建筑学、工程管理3个本科专业；结构、岩土、工程材料、力学、建筑物理、建筑技术6个实验室，实验室面积约5000平方米，仪器设备价值约1800万元。有中央与地方共建高校特色优势学科实验室项目（建筑与土木工程学科实验室）。

在校学生1247人。

【学科建设】 学院有1个一级岩土工程硕士点，硕士16人。正在申报1个一级学科硕士点，并力争5-8年左右取得土木工程一级学科博士授予权。学院与天津大学联合举办工程管理硕士班。

【教学工作】 以提高质量为目标，严格执行教学管理中的各项规章制度，保证各项教学活动有序开展。组织教师从事教学研究，推动教研教改活动不断深入。重视冬季小学期教学工作，共聘请3位专家为本科生上课，他们分别是天津大学建筑学院城市规划系主任陈天教授、海南省国土环境资源厅原副厅长杨冠雄研究员、海南柏森建筑设计有限公司总建筑师、高级工程师、国家特许一级注册建筑师葛守信。

省级精品课程2门：《结构力学》、《工程力学》。2位老师获省级教学竞赛一等奖.

【科研工作】 2010年，学院新增6项国家自然科学基金、海南省自然科学基金项目。研究方向主要集中在混凝土结构、空间结构、计算结构力学、边坡稳定、岩土工程数值分析、软土力学与地基基础和岩土工程检测技术等方面。

学院加强对外交流合作。与国内、外有关院校、科研单位进行广泛的交流，经常邀请国内外著名专家、学者来学院做学术讲座和报告。建立天津大学、海南大学联合热带土木工程研究院（研究内容包括：热带海岸带环境岩土、盐雾地区工程结构、海南热带能源开发与利用）。与省建设厅、省国土环境资源厅、深勘院海南分院、建设集团公司等单位商谈，设立教学科研基地，为学院办学与教师科研创造条件。

【教师队伍建设】 教职工47人，其中教授5人，副教授15人，讲师、实验师16人，具有博士学位8人，硕士学位16人。教师中拥有国家一级注册建筑师、一级注册结构工程师与注册岩土工程师8人，多名教师具有海外留学背景。

2010年，晋升副教授2人，引进教授1名、博士后1名，正在为1名一级建筑师办理引进手续。派2名在编教师去天津大学攻读学位，实验室主任前往大连理工大学、浙江大学考察实验室，为学院结构工程实验室建设提供理论依据和实践经验。

【党建工作】 学院党委设4个党支部，党员89人。2010年发展党员8名。

深入开展创先争优活动，提高党组织的凝聚力和战斗力。5月，组织50多名党员参观省规划展览馆和“法治与责任全国检察机关惩治与预防渎职侵权犯罪展览”海南巡展。5月、12月,分别举办1期入党积极分子培训班。坚持党建带团建，抓好形势政治课的教育，促进学团工作稳定发展。

【学生工作】 积极开展学生课外活动，着力培养和提高学生的综合素质与创新能力。精心组织富有专业特点的建筑设计图片展、力学知识竞赛、结构设计大赛等活动。组织学生参加省级、国家级比赛并取得好成绩。2008 级土木专业学生获 “挑战杯”大学生创业计划竞赛海南赛区特等奖。在 2010 年《城市建筑》杂志社主办的以“UA 城的商业建筑”为题目的竞赛中，建筑系 2007 级董赋、徐飞在张华立老师的指导下取得了优异成绩，获 2010 年度 UA 创作奖，概念设计国际竞赛二等奖。

（撰稿：赵 青　　审稿：陈奕柏）

食品学院

【概况】 学院设 2 个教学系：食品科学与工程系、食品质量与安全系，1 个实验教学中心，实验室总面积 2000 多平方米，实验仪器设备总值 1200 多万元。

在校生 945 人，其中硕士研究生 79 人，本科生 866 人。2010 年，招生 251 人，其中本科生 225 人，研究生 26 人；毕业生 241 人，其中本科生 215 人，硕士研究生 26 人。

【学科建设】 农业部重点学科 1 个：“农产品加工及贮藏工程”；硕士学位点 3 个：“农产品加工及贮藏工程”、“食品科学”、“食品工程”；高校教师硕士学位点 1 个：“农产品加工及贮藏工程”；农业推广硕士专业学位点 1 个：“食品加工与安全”。本科专业 2 个：“食品科学与工程”、“食品质量与安全”，其中“食品科学与工程”专业是国家级第一类特色专业建设点；挂靠单位 1 个：海南省食品科学研究所；国家水产品加工专业技术研发分中心 1 个，中央与地方共建特色优势学科实验室 3 个。

【教学工作】 加强教学工作管理。为进一步规范管理，促进教学工作稳定有序发展，各教学系增加了教学管理工作内容，如新生入学、教学过程管理、学生选课指导、毕业生就业指导等工作，逐渐体现系级建制的作用。

继续落实毕业论文导师兼毕业实习导师的“双导师”身份的工作，切实加强对学生的实习指导，提高就业推荐效果。构建全员参与的毕业生“毕业实习、毕业论文、就业指导三体一体”的毕业生就业工作机制。 2010 年，毕业生初次就业率 92%，比上一年提高 2 个百分点。本科毕业生考取硕士研究生人数创学院历史新高。2010 年全院 38 名本科生推免或考取硕士研究生，占本科毕业生 18%，考取学校包括荷兰瓦格宁根大学、加拿大奎尔夫大学、华南理工大学、华中科技大学等国内外知名高校。

【科研工作】 2010 年，获国家自然基金项目 1 项、省自然科学基金指导项目 3 项、省教育厅基金项目 1 项、海口市重点科技计划项目 1 项、学校青年基金 2 项。在研项目 22 项，经费 200 多万元，所承担的各项科研课题进展顺利。

2010 年，发表学术论文 58 篇，其中 SCI 收录 5 篇，EI 收录 1 篇，主编和参编教材、专著 6 部，申请专利 17 项，获授权专利 6 项。

【教师队伍建设】 教职工 45 人（含校聘人员 3 人），其中教授 11 人、副教授 11 人，具有博士学位 13 人、硕士学位 12 人，4 人分别入选海南省“515 人才工程”第一、二、三层次人员。

2010 年，在职攻读博士学位 2 人，其中 1 人已获得博士学位；在职攻读硕士学位 2 人，其中 1 人已获得硕士学位；晋升正高职称 1 人。

继续加强热带果蔬加工与贮藏、热带水产品

加工与贮藏、食品生物技术、天然产物化学、食品质量与安全等5个学术团队的建设，发挥学术团队在教学、科研中的带头作用。

【党建工作】 学院党委下设6个党支部，其中教工党支部2个，研究生党支部1个，本科学生党支部3个。党员233人，其中教工党员28人，占学院教工人数61%；本科学生党员158人，占本科生人数18%；研究生党员47人，占研究生人数67%。

加强制度建设。制订《食品学院学生党员联系宿舍制度》，修订《食品学院学生党支部内部管理暂行规定》、《食品学院学生党支部发展党员条件及程序》、《食品学院学生党支部入党积极分子管理的暂行规定》、《食品学院学生党员评议细则》、《食品学院发展党员联系人制度》等规章制度。

开展创先争优活动。制定具体可行的实施方案，以“情系食品共奋进、创先争优出佳绩”为载体，以树立优良校风学风和立足岗位奉献为重点，围绕“筑坚强堡垒，树先锋形象”为主线，取得了良好效果。

2010年，本科新生中有60%的学生申请入党，发展学生党员74人、教工党员1人，转正学生党员64人。

【学生工作】 坚持以人为本，围绕人才培养，扎实做好学生工作。

主要活动：3月，举办“食品之辩，魅力无限”辩论比赛。4月，组织“健康饮食，低碳生活，绿色建岛”系列活动，开展“周末支教”社会实践活动。5月，开展“学风建设活动月”活动，举办“健康心理，美好生活”心理活动月主题讲座，举行食品安全法知识竞赛。9月，开展“安全、卫生、健康、文明”食品学院安全文明月活动 。10月，举行 “十月激情燃烧，新生崭露头角”新生才艺大赛。11月，组织“用心浇灌，志愿之花开灿烂”食品学院新生志愿者培训。12月，开展2010-2011年度“携手”团支活动建设月活动，指导食品营养协会举办“安全饮食 健康生活”安全食品展览会 。

陈俊清等学生作品《培贤教育有限责任公司》、彭家鸿等学生作品《启明星孕婴家园有限责任公司》分别获得第三届“挑战杯”海南省大学生创业计划竞赛二等奖。赵楠的“香蕉茎叶的生物饲料研究”、林雪芹的“利用椰子油制备生物柴油的工艺研究”、段岢君的“菠萝香型椰子油及其副产物的研发”获学校本科生创新科研课题立项资助。全年本科学生获各类国家级奖励30人次，获省级奖励20人次。

（撰稿：范燕忠 陈 亮 张伟敏 段振华 刘四新 白新鹏 王锡彬 梁丽仪 黄小欧 许坤志 审稿：林章义 仇厚援 李从发 林向东）

机电工程学院

【概况】 学院设有机械工程系、电气工程系和汽车工程系，有农业机械化工程学科硕士学位授权点、农业推广硕士授权领域和电气工程及其自动化、农业机械化及其自动化、机械设计制造及其自动化、机械电子工程、交通运输和车辆工程等6个本科专业。

在校学生1775人，其中：硕士生12人，本科生1763人。

2010届毕业生就业率96.40%，签约率82%，学院再次被评为学校 “就业工作标兵单位”。

【学科建设】 以“农业机械化工程”硕士

学位授权点为基础，组织申报“农业工程”一级学科硕士点和农业推广“农业工程”领域工程硕士学位授权点。申报校级精品课程5门，《机械制图》、《电工电子技术》通过审批为校级精品课程。组织申报冬季小学期专业3个，获批2个（机械和电气）。组织申报省级教学团队2个，机械电子工程专业通过省教育厅新办专业评估。《农业机械化及其自动化》专业（专业负责人：李粤）被评为2010年度省级特色专业建设点。

【教学工作】 承担本学院农业机械化及其自动化、机械设计制造及其自动化、机械电子工程、电气工程及其自动化、交通运输、车辆工程等6个本科专业和材料与化工学院、食品学院、农学院、信息科学技术学院机电类课程共350门次、23591个标准学时的本科课程的理论、实践教学任务，承担农业机械化工程硕士学位授权点和农业推广硕士授权领域的研究生课程。

完成农业推广农业机械化领域硕士培养方案的修订工作，完成2010级6个本科专业的教学计划的修订工作。新建2010级新生教务管理系统中的电子档案487个，完成约56人的学籍异动、修课管理等工作，完成6个本科专业305名学生的毕业论文（设计）、6个本科专业195.7周的实习、实训等教学工作和6个本科专业的课程论文的指导工作，审核305名毕业生毕业资格。

采用现代教学手段提高教学质量。2010年使用多媒体或CAI课件进行教学有300多门课程，占总课程数99%。青年教师李劲松、金志扬、朱春侠、刘燕霞、肖明伟等5位老师制作的课件《汽车构造——离合器》，获“海南省第十七届多媒体教育软件评比活动”课件类一等奖，并被选为海南省优秀作品参加 “全国第十四届多媒体教育软件大奖赛”。

【科研工作】 2010年，立项和资助科研课题8项，其中：国家级项目1项（国家自然科学青年基金），省自然科学基金课题2项，省教育厅教育教学研究基金研究项目2项，海南大学青年基金课题2项。累计立项在研课题30多项，研究经费 262 多万元,多数在研课题取得了阶段性成果。在国内外专业期刊发表学术论文40余篇，其中EI、SCI等5篇，核心期刊20多篇。主编、出版《WED3.0与SEMANTIC WEB编程》（译著）、《汽车保险与理赔》、《PLO-E基础与实例教程》、《汽车空调故障诊断与检修技术》、《汽车空调构造与检修》、《汽车底盘构造与检修》、《汽车发动机构造与检修》、《计算机上网与组网技术》等8部教材。申请专利3项、授理3项（《一种主动凸轮式免耕防堵单元体》201020662727.3；《一种组合圆盘式免耕防堵装置》201020662761.0；《一种主动喂入式香蕉假茎揉碎机》 201010588698.5）。

【教师队伍建设】 教职工70人，专任教师45人，其中教授、副教授（高级工程师）20人，具有博士、硕士学位教师38人。

2010年，9名教师攻读在职硕士研究生或博士研究生，4名专业教师到对口支援学校天津大学和清华大学进修学习，1名教师利用日元贷款项目基金到日本进修学习，1名教师在美国进修深造。引进专业教师4人，其中具有博士学位学历1人，副教授1人，硕士学位学历1人。组织30多人次参加省级以上学术会议。

【党建工作】 学院党委下设8个党支部，其中教工党支部4个，学生党支部4个。党员210人，其中教工党员 36 人，学生党员 174 人。

开展创先争优活动，加强党组织建设，充分发挥党员的先锋模范作用。重视在青年教师、学生中发展党员，学院党校5月举办入党积极分子培训班，本学院及信息科学技术学院（儋州校区）入党积极分子123人参加教训，通过讲座、专题视频教育、主题讨论、党课知识考试等一系列严格的培训和考核，培训合格率为 82.93%。2010年，发展党员99人，转正党员32人。

【学生工作】 规范学生工作队伍管理，完善《辅导员例会制度》、《班主任例会制度》、《辅导员办公室假期值班制度》。以开展创先争优活动为契机，推进各项学生工作。2010年开展新生入学教育、毕业生文明离校教育、示范班建设活动推广、学生诚信教育、“班风学风建设”主题班会等活动。利用办公室、宿舍、网络等建立师生交流平台，使学生在交流中思想得到升华。

以学风建设、科技创新为主线，开展科技文化建设活动。首次派出队伍参加第五届全国大学生“飞思卡尔”杯智能汽车大赛（华南赛区），获4个三等奖、1个优胜奖。院长翁绍捷教授指导王玲玲等4名研究生的研究项目《生猪屠宰企业发展深加工的策略研究》获首届“海航•慈航研究生奖学金”（全国）研究入围奖第二名。学生公开发表学术论文16篇。

组织社会实践活动。暑假期间，1000多名学生参加社会实践活动，他们依托特色专业，运用所学知识、技能，开展农业机械科技推广、交通安全教育、农村政策宣讲、农村家电维修等活动，累计发放资料3000多份，举办免费家电维修5次，为农民免费维修125件家电，受到当地群众的欢迎。学生撰写的社会实践论文《儋州市公共交通系统评价体系探究》获省级三等奖，《热带特色水果低碳物流中的信息管理研究》被中文核心期刊《农机化研究》收录。

2010年设11个固定勤工助学项目，提供42个固定勤工助学岗位，安排学生上岗408人次，共计岗酬63282元。通过“国家励志奖学金”等9项奖、助学金，资助 517人次，共计84.8万元。组织2007级学生贷款材料审核，29人签订合同。

【服务地方】 学院首次与企业合作，与海口嘉华华南服务有限公司共建“嘉华班”。 通过信息资源、人力资源共享，坚持产学研相结合，实现双方优势互补、共同培养汽车行业的人才。招收青少年素质拓展班学员300多人。

【重要活动】 承办“中国农业工程学会第七届农业机械化专业委员会学术年会暨海南农机化发展研讨会”，这是学院承办的最高级别年会，中国工程院院士、华南农业大学罗锡文教授，中国农业工程学会理事长、农业部规划设计研究院院长朱明研究员，教育部长江学者、中国农业大学博士生导师、中国农业工程学会农业机械化专业委员会主任李洪文教授参加年会。

（撰稿：方海旋　　审稿：翁绍捷）

信息科学技术学院

【概况】 学院设有电子信息工程系、计算机科学与技术系、信息安全系、应用数学系、通信工程系和公共计算机教学中心、公共数学教学中心。有信息与通信工程一级学科博士点1个，计算机科学与技术、信息与通信工程一级学科硕士学位点2个，应用数学等二级学科硕士学位点7个，电子与通信工程领域工程硕士、农业信息化农业推广硕士专业学位点2个。有6个本科专业：电子信息工程、计算机科学与技术、通信工程、信息与计算机科学、数学与应用数学、信息安全。有学校“211工程”重点建设学科项目“海洋通信与信息岛建设”、通信与信息系统省级重点学科、海南省 internet 信息检索重点实验室、海南省海洋通信与网络技术工程中心、省级电子实验示范中心和计算机基础实验示范中心，实验室面积达3000多平方米，仪器设备总值近3000万元，校内外实习基地25个。

在校学生2320名，其中硕士生205人，本科生 1935 人，成教生 180 人。

【学科建设】 2010 年，信息与通信工程一级学科博士学位授权点、信息与通信工程和计算机科学与技术 2 个一级学科硕士学位授权点获批。电子与通信工程领域硕士点获批并开始招生，首批招生 47 名。申报信息与通信工程一级学科博士点及信息与通信工程、计算机科学与技术、数学一级学科硕士点。做好海洋通信与网络技术研究中心的条件建设工作，积极筹备申报教育部重点实验室的工作。围绕 211 工程项目海洋通信的研究方向，积极引进该领域的研究人员，为学科发展建立合理的学科梯队结构。

【教学工作】 本科教学。制定 2010 级本科培养方案，完成本科教学课程 956 门，共计 45196 教学学时。“数学与应用数学”专业通过海南省普通高等学校新办本科专业评估。完成 5 个本科专业共计 595 名学生的毕业实习、毕业论文（设计）指导工作。抓好冬季小学期教学，聘请北京大学博士生导师、国内外著名的密码学家、信息安全专家卿斯汉教授讲授《密码学》，聘请新加坡南洋理工大学博士生导师沈平教授讲授《光纤通信概论》，聘请英国格林威治大学博士生导师马纪新教授讲授《知识表示与逻辑编程》，聘请华中科技大学计算机学院长江学者、博士生导师金海教授讲授《并行与分布处理技术》。

2010 届本科毕业生推免或考取硕士研究生 87 名。有 31 名优秀学生获得免试攻读硕士学位研究生资格，2010 届本科毕业生就业率达 95.7%。

研究生教育。完成研究生教学课程 40 门，共计 2357 教学学时。研究生指导老师 34 人，其中教授 25 人，具有博士学位 21 人，外聘导师 3 人，导师立项研究生教学改革研究项目 6 项，立项研究生培养创新平台项目 1 项。2010 年，招收全日制科学学位研究生 37 人，高校教师在职攻读硕士学位研究生 15 人。授予理学硕士学位研究生 6 人，授予工学硕士学位研究生 36 人。在读全日制科学学位研究生 96 人，高校教师研究生 76 人。获“ALTERA 杯”第七届中国研究生电子设计竞赛决赛团体铜奖，获第七届中国研究生电子设计竞赛中南赛区优胜奖，获第七届全国研究生数学建模决赛三等奖，获省教育厅研究生创新课题 1 项。研究生发表论文 31 篇，其中被 EI 收录 5 篇。苏藏的论文被评为“2010 年优秀研究生学位论文”，陈熙受学校资助到厦门大学访学 3 个月，陈熙、夏琦、马感情、张天宝受学校资助参加国内高水平学术会议。

【科研工作】 2010 年，立项各级各类课题 41 项，总资助经费 167.63 万元，其中国家级项目 3 项，省部级项目 8 项，地厅级项目 24 项，横向项目 6 项。白勇获 2 项国家自然科学基金项目资助（其中“面向海洋渔业的移动通信系统及关键技术研究”项目获得国家自然科学基金资助 23 万元），2010 海峡两岸四地无线电科技研讨会会议项目获国家自然科学基金资助 3 万。李文化的“热带农业特色产业生产智能管理系统研究与应用”项目获国家科技支撑项目资助，资助 5 万元。

科研成果：获国内首创市级鉴定成果 1 项，申请专利 34 项，主编或参编教材 9 部，发表论文 107 篇（其中被 SCI 收录的论文 5 篇，被 EI 收录的论文 24 篇，被 ISTP 收录的论文 2 篇）。李怀成的《热带作物种质资源共享体系的构建与应用》获海南省科技奖一等奖。

开展对外科技合作和学术交流，组织教师到外单位外省市进行学术交流，邀请国内外专家来院讲学。5 月，举办“信息与通信技术助力国际旅游岛建设”学术论坛。8 月，举办“2010 海峡两岸四地无线电科技研讨会”

【教师队伍建设】 教职工 165 人，其中专任教师 149 人，专任教师中有正高职称 30 人，副高职称 42 人。具有博士学位教师 26 人，有博士、硕士学位的教师占专任教师总数 80%。

2010年，引进2名博士，晋升教授5人、副教授3人、高级实验师3人、讲师3人。教师中有2人博士毕业、1人考取攻读博士学位。李京兵入选“海南省515人才工程第二层次人选”、被评为“海南省教学名师”、获 “宝钢优秀教师”称号，梦醒博士被评为“2009年度海口市电子农务先进工作者”，云敏副教授被评为“全国高等学校继续教育优秀教师”。

【党建工作】 学院党委下设18个党支部，其中教工党支部6个，本科学生党支部11个，研究生党支部1个。党员281人，其中教工党员75人，占全院教工人数45%，学生党员196人，占全院学生人数10%，流动党员10人。2010年，举办2期入党积极分子培训班，336人参加，308人结业。发展新党员171人，预备党员转正150 人。

主要工作：1.开展创先争优活动。制定创先争优活动实施方案，开展党旗领航工程主题实践活动，组织“教师党员示范课”。 2006计本党员学生许镓麟被评为“海口市见义勇为积极分子”。

2.优化学生党支部设置。建立“低年级设立年级学生党支部，高年级设立班级学生支部”的混合式学生党支部模式，即大一到大三学生以专业设置党支部（设5个），大四以班级设置党支部（设7个）。

3.服务地方教育。向省内边远地区中小学校赠送近100台电脑，改善教学设施。

【学生工作】 秉承“勤奋多思，求实进取，崇德尚才，止于至善”的院训，以学风建设、组织建设、素质拓展、毕业生就业为重点，努力实现学生工作新突破。

主要活动：3月，组织“学雷锋•行在海大•共建海岛”雷锋月主题活动。4月，召开学风建设动员大会，成立学风、教风建设工作小组，提出具体建设措施，促进学风好转。5月，开展“魅韵秀风采，筑梦海南岛”第四届信息风采节、“5.25”心理健康主题活动月活动。6月，开展“安全教育月”主题活动。9月，开展新生入学教育，包括专业思想教育、安全稳定教育、校纪校规教育、学习经验交流、诚信教育。11月，组织“创先争优，立志海大”中文演讲比赛，启动中国移动公司与海南大学信息科学技术学院MM创业孵化基地。12月，开展“撷彩逐梦，信息飞翔”迎新晚会、期末考试诚信教育。

学生主要获奖情况：谭青青、濮锦胜、张永超获第五届“毕昇杯”全国电子创新设计竞赛全国一等奖，陈相羽、张艾、孙会春获2010年“迅通杯”海南省大学生电子设计竞赛“讯通杯”最高奖项，邝翼飞获2010高教社杯全国大学生数学建模竞赛全国一等奖。

（撰稿：蒙秋妍 郑世普 陈 丹 欧少红 何琼梅 曾水香 符浅浅 审稿：陈明宝）

农学院

【概况】 农学院分为儋州、海甸2个校区，设5个教学系：农学系、生物技术系、农业资源与环境系、草业科学系、动物科学系，1个研究所：生物技术研究所。有1个国家重点学科、1个国家重点培育学科、1个农业部重点学科、2个海南省级重点学科、5个校级重点学科；拥有省部共建国家重点实验室1个、省级重点实验室2个、教育部工程研究中心1个。有1个博士后科研流动站、2个一级学科博士点授予权、7个二级学科博士点、3个一级学科硕士点授予权、15个二级学科硕士点、2个专业学位硕士点（5个招生领域）、7个本科专业、

2个成教专科专业。有2个国家级特色专业、3个省级特色专业、2门省级精品课程、4门校级精品课程、1个省级教学示范中心、1个省级教学团队、1名省级教学名师。

有实验室30多间，使用面积5800多平方米，教学仪器设备总值4000多万元。建立320亩教学科研基地(儋州校区和海甸校区)，有学生实习实践基地57个。

在校本科生1765人，硕士研究生351人，博士研究生95人。

【学科建设】 将学科建设作为学院发展的龙头，全面带动教学、科研等工作。5月，“作物学一级学科”和“生物化学与分子生物学”获省重点学科。年底，经教育部批准，作物栽培学与耕作学获批国家重点（培育）学科，这是学院学科建设领域取得的又一重大突破。原有国家重点学科作物遗传育种也通过了教育部的新一轮评估，评估结果排名靠前。

根据学院学科建设要求，以学科责任教授为核心，组建了3个主要学科学术团队：作物遗传育种学科学术团队、作物栽培与耕作学科学术团队、草业与动物科学学科学术团队，每个团队有3～4个研究方向。

1月，“海南省热带动物繁育与疫病研究重点实验室” 获批准筹建。2月，以农学院优势学科为基础申报的“海南省热带生物资源可持续利用”省部共建国家重点实验室培育基地获科技部批准成立建设，这在海南的历史上是第一次，对促进海南和区域经济社会发展具有重要意义。

2010年，学院与校其他兄弟学院联合申报“生物学”一级学科博士授权点；独自成功申报生化与分子生物学博士授权点、农业资源利用和畜牧学 2 个一级学科硕士学位授权点、1个农业推广专业学位（养殖领域）授权点。

【教学工作】 1．本科教育。2010年，农业资源与环境专业被评为国家级特色专业，成功申报省级示范中心“热带作物科学实验教学示范中心”。

2010年，承担课程236门，完成教学工作量20753.61学时，平均每位教师近300个学时。组织教师申报并获批省级教育教学研究课题 2项，校级教育教学研究课题 2 项。公开发表教学改革类论文 4 篇。有 7 名本科生发表论文，其中1篇在核心期刊发表，6篇在省级期刊发表。

学院2010届第一批有341名学生进入毕业审核，331人达到毕业资格，占97.1%；320人具备学士学位资格，占93.8%。

2．研究生教育。修订了部分专业的培养方案。针对研究生教育三地办学的现状，启用一批青年教师担任研究生课程的任课老师。充分做好研究生招生报考前的动员与宣传工作。2010年共招收硕士研究生128名，博士研究生21名。

重点加强研究生论文质量建设。对研究生论文质量的管理强调以过程管理为主，实行导师负责、学位点把关、学院监督的三级管理制度，使研究生的选题、开题、实验、论文撰写和答辩顺利进行。2010年有硕士论文6篇、博士论文1篇获省级优秀论文。

【科研工作】 树立科研强院思想，加强科学研究，出台一系列新措施鼓励教师申报各类项目。2010年获批国家自然科学基金项目7项、国家863高技术项目（重大项目）1项、科技部政策引导类科技计划及专项2项、农业部南亚热带作物专项1项、教育部高等学校博士点科研基金1项、教育部科学技术重点项目2项、省重点科技计划项目 1 项、省自然科学基金项目9项、省教育厅高校科研项目2项、校教育教学改革项目4项、横向项目16项，各项目申报获批总金额 650 多万元，到账经费1600多万元。

2010年，获省科技进步奖二等奖1项、三等奖 1 项，吴多泰博士科研成果奖 4 项，在国家级出版社出版著作 1 部，省级出版社出版著作 1 部。教师发表科研论文 76 篇（被 SCI 收录 3 篇），研究生发表论文 260 篇（核心期刊 203 篇）。承担（在研）国家自然科学基金项目以及农业部、人力资源部、教育部、省教育厅资助项目课题 100 多项。

【学术交流】 2010 年，学院教师到外单位或外省进行学术交流 35 人次，参加本校或外省的学术报告及讲座 21 人次，邀请国内外专家来校讲学 13 次(先后邀请国际水稻研究所（IRRI）知名杂交水稻专家 Fangming Xie、知名昆虫专家 KL Heong、澳大利亚和印度安地种业（Advanta）Xianguang Zhang、中国科学院李振声院士，中国科学院遗传与发育生物学研究所薛勇彪研究员等来学院访问交流，做学术报告)。

【教师队伍建设】 学院树立“人才兴院”的理念，重视师资队伍建设，努力提高师资队伍建设水平。2010 年，聘请中国科学院“百人计划”获得者何朝族教授担任海南大学“作物遗传育种”国家重点学科责任教授，并任海南省热带生物资源可持续利用重点实验室（省部共建国家重点实验室培育基地）主任。新增 5 名博士（2 名为新引进教师，3 名为在职毕业博士）、1 名学士，使具有博士学位的专任教师人数达 30 人，占全院专任教师（68 人）44.1%，相比 2009 年（专任教师 66 人，博士 25 人）提高了 6.2%。新增高级职称人员 6 名，其中教授 1 名，副教授 4 名，高级实验师 1 名。学院教职工 116 人，其中教授 15 人，副教授 28 人，占全院专任教师 63.2%。有 3 人次去日本作访问学者。

2010 年，申报海南省“515 人才工程”第一层次人才 1 人次，第二层次人才 3 人次。何朝族教授获 “首批海南省高层次创新创业人才”称号，胡新文教授获“海南省委省政府直接联系重点专家”称号，黄惜研究员获第三届“中国侨界贡献奖”。

【党建工作】 学院党委下设教工党支部 5 个（儋州校区 2 个、海甸校区 3 个），学生党支部 12 个，其中本科生党支部 7 个、研究生党支部 5 个（儋州校区 7 个、海甸校区 5 个）。学生党员 365 名（本科生党员 167 名、研究生党员 198 名），教工党员 54 名。

开展创先争优活动，争当优秀共产员。加强思想政治作，增强教工爱校、爱院、受岗的集体意识。贯彻执行民主集中制，学院的津贴分配、科研和项目奖励、水电费管理、科级干部的选拔、科技开发工作、提高毕业生就业率等工作都在征求群众意见的基础上经过党政联席会议讨论决定。充分利用学院的宣传橱窗、网页、板报、横幅等，宣传学院在学科建设、学位点建设、专业建设、学生考研以及研究生培养教育、科研成果、师生文体活动等方面的成果。

【学生工作】 安全稳定工作。组建由学院党政一把手担任组长的安全稳定工作小组，制定《农学院学生安全稳定工作措施及应急处理预案》，完善应对和解决学生突发事件的预警机制，组织辅导员、班主任、学生干部深入学生宿舍开展安全检查，及时发现和解决安全隐患,定期开展安全教育活动，增强防范意识，确保学生生命财产安全。

学风建设。采取多种措施加强学风建设，学生勤学上进，刻苦钻研蔚然成风，学习成绩大幅度提高。2010 年 248 名学生获三等以上综合奖学金，绝大部分奖励指标的获奖比率与上一年相比有较大提高。140多人参加2011年研究生考试，录取89人，录取比例63.6%。

就业指导工作。2010届本科毕业生335人。通过职业指导、就业调查、与用人单位合作等多种途径，促使初次就业率达97.61%，签约率46.95%。

资助贫困生工作。2010年，42名同学申请贷款、1018人次获得各项资助、740多人次参加各类勤工助学项目，资助金额超过100万元。

（撰稿：樊俊华　审稿：何朝族　袁潜华）

园艺园林学院

【概况】　学院设3个教学系：园艺系、园林系、设施农业科学与工程系；3个教研室：植物生理生化教研室、植物学教研室和测量学教研室。实验室10000平方米，仪器设备固定资产3000余万元。校内教学实习实践基地300多亩，教学用温室、荫棚4000多平方米，校外（省内外）教学实习实践基地10多个。有省部共建“热带作物种质资源保护与开发利用” 教育部重点实验室、省级“植物学实验教学示范中心（建设点）”、“海南省香蕉产业工程技术研究中心”。

在校学生1759人，其中本科生1595人，硕士、博士研究生164人。

【学科建设】　办学层次齐全，有博士、硕士、普通本科等各层次教学体系。有植物学和南药学2个博士学位授权点，园艺学（一级学科，设果树学、蔬菜学及若干个自主设置二级学科）、园林植物与观赏园艺、植物学、南药学等硕士学位授权点，高校教师果树学和植物学2个硕士学位授权点，农业推广专业硕士学位（园艺领域）授权点，园艺、园林和设施农业科学与工程3个本科专业（园艺专业为高等学校第一批特色专业建设点），植物学、果树学2个校级重点学科。有中央与地方共建“热带果树栽培生理”、“植物生理生化”和“资源信息与测绘工程”3个高校基础实验室，中央与地方共建 “热带植物种质资源”和“热带果树学”、“设施农业科学与工程”、“园艺植物与观赏园艺”4个高校特色优势学科实验室。有省部共建“热带作物种质资源保护与开发利用” 教育部重点实验室。

【教学工作】　教学工作是学院的中心工作。学院在日常教学管理工作中严格执行学校在教学方面的有关规章制度，自觉遵循教育教学规律，努力做到教学管理科学化、规范化、现代化。

2010年主要工作：1.认真做好全院教学计划、教学任务落实及课表的编排工作，确保常规教学秩序稳定和教学工作的正常运转。2.做好常规教学检查工作。3.制定和完善教学管理有关规章制度，悉心收集教学管理活动的相关文件、资料，保证教学文档的完整。4.做好每学期各级各类的考试试卷印刷及监考工作，全年学院未出现考试教学事故。5.做好新专业评估工作。设施农业与工程专业在2010年新办本科专业教育部的评估中获得好评。

【科研工作】　2010年，学院纵向科研新立项目15个，到校经费315.6万元；横向科研新立项目4个，到校经费68万元；全年到校科研经费共383.6万元。

2010年承担在研的国家级、部级项目23项，其中国家科技部“973”前期专项1项，国家自然科学基金6项，教育部项目2项，其中科学技术研究重点项目（地方高校）1项、博士点基金1项，科技部国家科技支撑计划项目3项，科技部星火计划项目1项，科技部“973”前期专项子项目 1 项，农业部资助项目 8 项，农业部南亚专项 2 项，“908”项目子项目 1 项，国家林业局公益性行业科研专项 1 项。

2010 年，发表学术论文 90 篇，出版著作及教材 6 部，杨小波教授主持的“海南城市与农村生态环境理论研究与应用”获海南省科技成果进步奖二等奖。

【教师队伍建设】 专任教师 65 人，其中正高职称 12 人，副高职称 29 人，兼职教授、副教授 8 人，具有博士学位 15 人，硕士学位 33 人，省委省政府直接联系重点专家 1 人，享受政府特殊津贴专家 2 人，海南省有突出贡献优秀专家 2 人，入选省“515”人才工程 11 人，入选教育部、农业部和环境保护部高级（环境评价评审专家）专家库的教授 3 人，国际生物多样性计划中国委员会委员 1 人，省级教学名师 3 人。

2010 年，在职攻读博士学位教师 13 人、硕士学位教师 2 人，出国进修教师 1 人，到对口支援高校进修教师 1 人，在本校做博士后教师 2 人。

黄绵佳老师获“宝钢基金”奖，宋希强老师获 “海南青年五四奖章”。

【党建工作】 学院党委下设 8 个党支部，其中教职工党支部 3 个，本科生党支部 3 个，研究生党支部 2 个。党员 350 人，其中教职工党员 49 人，占教职工人数 46.7%；学生党员 301 人，占学生人数 17.4%（研究生党员 97 人，占研究生人数 73.5%；本科生党员 204 人，占本科生人数 12.8%）。2010 年培训入党积极分子 230 人，发展党员 153 人。

加强制度建设。制定《班级党情统计制度》、《思想汇报统计制度》等制度，并对《入党志愿书》、《入党培养对象考察写实簿》等党员发展材料的填写提出具体要求，力求使发展党员工作规范化。坚持“三会一课”制度。在日常工作特别是重大活动中建立党员责任制，明确党员责任，发挥党员先锋模范作用。建立健全党员联系人制度，学生党支部明确每个班的党员联系人，并参与和指导该班的党团建设，使党员联系人有更多的机会了解群众、服务群众，接受群众监督，提高思想素质和工作能力。

【学生工作】 2010 年开展系列学生活动：3 月，开展学雷锋活动，组织“三八”女子排球比赛。4 月，进行班级学习交流，举行安全驾驶知识讲座。 5 月，开展“5.25”心理健康活动，举办风采节书画、花卉展。6 月，整治考风考纪，举办风采节插花比赛。9 月，组织“新生杯”篮球赛，与应用科技学院（儋州校区）的新生举行交流座谈会。10 月，举行学院儋州-海甸两校区“学生干部交流会”，组织学生参加“海啸杯”演讲比赛。11 月，对团学干部进行培训。12 月，主办 “诚信考试，杜绝作弊，树优良学风”横幅签名活动。

主要获奖：园林专业 2006 级学生参加 2010 年国际“园冶杯”风景园林竞赛获设计作品组 2 个二等奖，陈翠等获海南省大学生 2010 年暑期社会实践优秀论文（调查报告）二等奖，王秋霞获第十届海外华裔青少年“中国寻根之旅”冬令营——海南营“最佳才艺”称号，田宇光获“校园特工队”广西与海南赛区总决赛第三名。

2010 年，发放各类奖、助学金 120.3 万元，奖励、资助学生 843 人次。协助办理生源地贷款 50 余人，安排勤工助学 320 人次，发放补贴 4.8 万元。

2010 届毕业生 420 人，其中研究生 37 人，本科生 383 人，初次就业率为 90.24%，签约率为 52.86%。

（撰稿：王成英、何秋香、王红英 审稿：陈红兵）

环境与植物保护学院

【概况】 学院设3个教学系：即植物保护、环境科学、农药与农产品质量安全，10个教研室：植物病理、昆虫、农产品质量与安全、农药、微生物、机具、环境科学、环境工程、生态学、大气科学；拥有5个中央与地方共建实验室。

在校学生1291人，其中本科生1102人，博士生15人，硕士生174人。

【学科建设】 学院已形成环境科学、生态学、植物保护学3个学科群，拥有分子植物病理学、作物害虫学2个二级学科博士点，植物保护学1个一级学科硕士点，分子植物病理学、作物害虫学、植物病理学、农业昆虫与害虫防治、微生物学、农药学、生态学、环境工程学、森林保护学等10个二级学科硕士点，植物保护、植物保护（农药方向）、农产品质量与安全、环境科学等5个本科专业（方向）。有2个专业学位授权点：农业推广（植物保护、林业）、高校教师（生态学、农业昆虫与害虫防治、植物病理学、环境工程）。同时，学院正努力建设生态学一级学科博士点。学院目前拥有5个省部共建实验室，即分子植物病理学实验室、农业昆虫与害虫防治实验室、热带农业微生物学实验室、农药学实验室、环境科学实验室；有6个专业分实验室。

学院的植物保护专业被列为省级和国家级特色专业，普通昆虫学、生态学为省级精品课程，植物病理学、农业昆虫与害虫防治、生态学为学校重点学科。

【教学工作】 2010年，完成各专业教学计划的各项任务，顺利通过了环境科学和农产品质量与安全两个新专业的专业评估，并取得好评；组织学院教学观摩课，让有经验的教师与青年教师相互交流，提高授课质量。

教材编写工作。编写《农产品质量与安全专业英语》、《农产品质量概论》、《热带果树病理学》、《植保机械与施药技术》等学校特色教材5部。

教学质量工程建设。完成国家级特色专业《植物保护》和省级精品课程《普通昆虫学》《环境生态学》及校级重点课程《普通植物病理学》《热带农业昆虫学》的年度建设工作，组织省级精品课程《热带作物病理学》的申报工作，同年获批准并推荐为国家级精品课程。《植物化学保护课程》被评为校级精品课程。其他课程以校级和省级精品课程为标准进行建设。积极组织省级教学团队《环境生态学》和《热带作物病理学》的申报工作。

实验室建设。组织中央与地方共建项目生态学科实验室的实施。昆虫学科实验室获批准为2010年中央与地方共建项目，项目建设经费为200万元。

学术交流。邀请国、内外知名专家学者到学院作学术报告，如：南京农业大学李顺鹏教授、澳大利亚农林渔业部检验检疫中心贝利斯博士、美国罗格斯大学（Rutgers University）教授狄榕博士等，共举办4场次学术讲座与交流活动。

学院青年教师骆焱平获“全国优秀博士学位论文提名论文”奖。

【科研工作】 2010年，学院纵向科研新立项16个、合同经费达100多万元，横向科研新立项5个、合同经费达60多万元，省自然科学基金立项4项，省教育厅基金立项1项。

在研项目103项，科研合同经费1200多万元，其中国家级、省部级项目合同经费1000多万元。

科研成果：周祥等参与完成的《利用寄生蜂

防治重大入侵害虫椰心叶甲的研究与应用》获海南省科技进步特等奖，谭志琼等完成的《香蕉冠腐病菌生防细菌的筛选、鉴定及防病试验的研究》获海南省科技进步三等奖，李增平等完成的《海南槟榔黄化病病原鉴定及分子检测技术研究》获海南省科技进步三等奖，郑服丛等完成的《稻瘟菌致病相关基因的克隆》和《橡胶炭疽病综合防治技术研究》获海南省科技进步三等奖，周祥等参与完成的《棕榈科植物主要病虫害综合防控技术研究》获茂名市科学技术二等奖。

发表学术论文 34 篇，其中核心期刊 31 篇，编写著作 3 本。

【教师队伍建设】 学院重视人才培养及人才引进，2010 年引进教授 1 名，攻读在职博士学位 1 人，做博士后 1 人。入选海南省“515 人才”第二层次 1 人。现有专、兼任教师 114 人，具有高级职称 83 人，其中专职教师 52 人，具有高级职称 25 人。

【党建工作】 学院党委下设 6 个党支部，其中教工党支部 1 个，本科生党支部 3 个，研究生党支部 2 个。党员 285 名，其中教工党员 38 名，占学院教职工总人数 52.8 %；学生党员 247 人（研究生党员 85 人，本科生党员 162 人），占学生总人数 19.4%。

加强党员教育和基层组织建设。坚持“抓早、抓紧、抓好”的原则，把发展学生党员工作的重心保持在低年级，2010 年发展新党员 98 人，预备党员转正 96 人；坚持学生党员担任班主任助理制度，加强党员班主任助理的教育和培训；分党校举办 2 期入党积极分子培训班。

完善学生思想政治教育和管理工作。充分发挥学院团委和学生党支部的生力军作用，积极开展思想道德、校园文化、创业创新、素质拓展、志愿服务等特色主题教育活动。一年来共获省级奖励 4 项，建设社会实践、科技创新、就业见习等活动阵地 5 个。

扎实推进创先争优活动。突出“灵活、务实、有效”特色，开展 “岗位奉献”、“服务群众”等主题活动。学院党委被校党委推荐为海南省创先争优活动的海南大学直报点。

【学生工作】 加强和改进大学生思想教育，力求校园文化上水平、学生工作创品牌，不断改善学生工作方法，提高学生工作效果。

1．丰富校园文化，争创品牌活动。坚持品牌化战略，努力把每一项活动做实、做成品牌，服务学生的全面成才。

2．重视学生创业，注重实战能力。在指导学生参加创业大赛中：1 项获海南省创业计划大赛三等奖，1 项获海口市一等奖（奖金 1 万元）。2010 年 8 月，在学院党委崔昌华副书记的指导和帮助下，苏剑程等在宠虫工作室的基础上注册了海口宠虫文化传媒有限公司，进展良好，业务喜人。还有 1 名学生注册 1 家公司，筹划工作稳步有序进行。

3．深化院企合作，共谋科学发展。先后与深圳诺普信、海南正业、南国绿洲、乐东茂隆等 10 余家公司合作，为学生寻求更多的就业实习的平台。8 月，与合作企业进行创业知识及专业技能培训。9 月，成功策划并协助合作企业承办省农业厅 2010 年冬季瓜菜安全用药启动仪式及安全用药交流会，组织 120 余名学生承办学院合作企业----乐东茂隆公司的庆典系列活动，聘请 10 余名企业老总和高管担任校外导师和 2010 级新生班级名誉主任，将 2010 级 4 个新生专业班级与 4 个相应企业结对，寻求企业奖学金和赞助经费 10 余万元。4．加强就业分类指导，就业、推免再创佳绩。加强对考研和就业工作指导，及时将考研和就业的学生分流，2010 年，13 人推免到中科院、省外的 985 高校，2010 届毕业生一次性就业率超过 93%，升学率、签约率有了大幅提升，学院被评为校就业工作先进单位。

（撰稿：张俊宏　黎　伟　徐望来　审稿：沈秀清　朱朝华　崔昌华）

海 洋 学 院

【概况】　学院设有 3 个本科专业:水产养殖、制药工程、海洋科学，2 个一级学科硕士点:水产学、药学， 1 个二级学科硕士点：海洋生物学,1 个农业推广专业学位硕士点（渔业领域）。有海南省重点学科：水产养殖学，学校重点学科：海洋生物学。有热带生物资源教育部实验室下设的海水动物繁育和病害控制研究室、海水动物种质改良研究室、海洋生物研究室。有海南省热带水生生物技术重点实验室、国家级海洋生物综合实验教学示范中心、海南大学生物技术实验中心、海南—东盟海洋生物科技合作基地。水产养殖专业是教育部、财政部批准的第一类高等学校特色专业建设点，“热带海洋经济动物的繁育与海洋生物利用”是学校“211 工程”重点建设项目。

在校本科生 683 人，硕士研究生 68 人，农业推广硕士生 26 人。

【学科建设】　2010 年，新增水产学、药学 2 个一级学科硕士点，水产养殖学经专家评审并经省教育厅与财政厅共同研究确定为省级重点学科。

“211 工程”重点建设项目—“热带海洋经济动物的繁育与海洋生物利用”建设工作顺利开展，学院定期召开工作小组专题会议，检查“211 工程”项目的建设情况，按计划完成各项建设任务，通过了学校的三期中期检查。制订 2011 年建设计划，责任到人，为项目建设按质按量完成提供保证。

【教学工作】　本科教学。坚持以本科教育为本，以教学工作为中心。加强教学各环节的管理和监督，学院领导听课 18 次,组织青年教师进行教学观摩 2 次，召开师生座谈会 9 次，听取学生和教师对教学工作的意见和建议。强化监考纪律和考试纪律，杜绝考场违规违纪现象。积极开展教学研究，发表教研论文 6 篇，取得省教育厅教学成果 2 项，教研教改立项 2 项,《水产生物遗传育种学》被评为校级精品课程。聘请国内知名专家为学生开设小学期课程《生物制药工艺技术》，增加学生对本专业新技术的了解，激发学生的学习热情。

研究生教学。重新修订研究生培养方案。坚持以教学实践为中心，实施导师负责、学位点把关、学院监督三位一体的管理制度。争取到校级研究生创新平台（创新实验室），并获得 20 万元经费用于研究生开展科研活动。毕业生中有 2 人考取博士研究生，1 人论文获校级优秀学位论文，2 人论文获省级优秀学位论文，1 人获海南省研究生创新科研课题立项。

实验教学。开设实验课程 21 门，录制《水产动物生理学》、《生物学》、《水生生物学》、《贝类养殖学》4 门课程 5 个实验项目示教片，组织制作海洋学院实验教学课程课件和编写《海洋生物仪器使用指南》。为培养学生的科研创新能力，建立海洋生物实验教学示范中心大学生创新基金，资助 24 项本科生创新项目，其中 8 项为冲击国家级大学生“挑战杯”创新成果奖的校级创新实验项目。新增实验设备 240 万元，实现多媒体教学。与企业合作建设珊瑚人工繁育实验室。

【科学研究】　获立项科研项目 30 项，其中国家级课题立项 10 项,省部级课题立项 11 项，其他项目立项 9 项。所获立项项目中，包括科技部国际合作项目 1 项，国家 863 子课题 1 项，国家自然科学基金 6 项,国家 973 专项子课题 1 项，国家外国专家局引进国外技术管理人才项目 1 项，教育部霍英东教育基金 1 项，海南省重点科技计划项目1项，海南省自然基金5项，省908专项2项，省教育厅科研、教改项目9项。学院全年获立项资助总经费505.7万，人均立项经费15.4万元。到账总经费474.5万元，人均到账经费14.3万元。

科研项目通过结题、鉴定、验收的科技成果17项，获各种奖励8项，其中，海南省“科技特派员农村创新创业大赛”初创组一等奖1项，海南省科技进步奖二等奖1项、三等奖1项，海南大学“吴多泰博士科研成果奖”一等奖1项、二等奖2项、三等奖2项。

以第一作者或通讯作者发表教学、科研论文68篇，其中SCI收录11篇。出版著作3部。申请专利5项，已获得授权专利2项。

加强横向科研合作，为地方经济社会发展提供科技服务。在省科技厅的支持下，学院与海南省多家水产养殖与科研单位合作，建设有石斑鱼育苗与养殖、东风螺健康养殖技术、扇贝优质苗种繁育和无公害养殖、泰国笋壳鱼人工繁育与高效养殖示范、花鳗鲡种苗驯养与集约化养殖技术开发等科研、教学示范基地，推广各类石斑鱼的人工育苗（池塘育苗、工厂化育苗）、石斑鱼的池塘养殖、网箱养殖、东风螺规模化优良苗种繁育、东风螺健康养殖等技术，既培养学生的创新能力和动手能力，又取得良好的社会效益和经济效益。

学院被省科技厅授予“海南省科技特派员工作站”单位。

【学术交流与合作】 积极开展国内外学术交流与合作。3月，陈国华院长、李洪武教授一行赴日本滋贺县立大学参观访问，双方就互派学生、科研合作达成具体的意向和初步协议。2月，王爱民教授赴德国海洋生态研究中心开展访问和学术交流，赖秋明副院长赴美国参加世界渔业大会。邀请国内外7名学者来学院进行学术交流，并为师生做9场学术报告。

【教师队伍建设】 教职工60人，其中专任教师33人，具有正高职称12人，副高职称13人，中级职称8人，具有博士学位21人，硕士学位8人；实验教学教师16人，其中高级职称8人，中级职称8人，具有博士学位1人，具有硕士学位10人。有国务院特贴专家4人，海南省有突出贡献优秀专家2人，“新世纪百千万人才工程国家级人选”2人，新世纪优秀人才支持计划人选1人、全国杰出专业人才1人，全国优秀教师1人、海南省515人才工程人选3人。

2010年，晋升教授1人、副教授3人、讲师1人、实验师2人，引进教师2人，在职攻读博士学位2人、攻读硕士学位1人，罗素兰教授被中国科学技术协会授予“全国优秀科技工作者”称号、被海南省妇联授予“海南省杰出女性”称号。

【党建工作】 学院党委下设10个党支部，其中教工党支部5个，学生党支部4个，流动党支部1个，在校党员216人（教职工党员31人，本科生党员142名，研究生党员43名）。2010年发展党员76人。

主要工作：1.开展创先争优活动。2.在全体学生党员中继续开展“四个一工程”活动，保持党员的先进性，增强党组织的战斗力。3.在学院分党校举办2期入党积极分子培训班，培训149名入党积极分子。

【学生工作】 主要活动：3月，开展为困难同学献爱心募捐活动。4月，组织“传递爱心•成就你我•共筑和谐”资助家庭经济困难学生活动。5月，举办学院第一届“国际旅游岛•低碳达人”系列活动、开展“5.25”大学生心理健康教育宣传活动月活动。5—6月，开展毕业生文明离校工作。7月，开展以“实践科学发展 青春奉献社会”为主题的暑期社会实践活动。9-10月，在2010级新生班组织“我的大学我做主”主题班会。10月，举办学院学生干部培训班。11月，举办学院职业生涯规划与就业指导系列讲座。12月，举办毕业班学生就业专场招聘会，开展学生科研能力培养训练营活动，组织参加海南省首届大学生创业大赛决赛。

本科生主要获奖：国家励志奖学金 27 人，国家奖学金 2 人，海南省优秀奖学金 14 人，第七届“挑战杯”一汽大众中国大学生创业计划竞赛铜奖 1 项，第三届海南省大学生创业计划竞赛特等奖 1 项、一等奖 1 项、二等奖 1 项、三等奖 1 项，第三届全国大学生网络商务创新应用大赛本科组一等奖 1 项，“昆山杯”全国大学生优秀创业团队大赛全国总决赛入围奖 1 项，海南省首届大学生创业大赛二等奖 1 项。

学生就业情况：2010 年本科毕业生初次就业率为 90.45%，签约率为 71.97%，被学校评为“就业工作达标单位”。

（撰稿：潘孝昌 王林桂 郝之逸 审稿:陈国华）

经济与管理学院

【概况】 学院设有国际经济与贸易、金融学、统计学、农林经济管理、工商管理、会计学、财务管理、人力资源管理、市场营销、物流管理和信息管理与信息系统等 11 个本科专业，有应用经济学和工商管理一级学科硕士学位授予点，世界经济、农业经济管理、金融学、企业管理和政治经济学等 5 个二级学科硕士学位授予点，其中农业经济管理学科为省级重点学科。设有 MBA（工商管理硕士）、农业推广硕士（含农村区域发展、农业科技组织与管理 2 个方向）、国际商务 3 个专业学位授予点。2010 年设置“金融学实验班”

在校普教本科生 3537 人，研究生 711 人，成教学生近 1000 人。

【学科建设】 2009 年新学院组建成立之初就修订了《海南大学经济与管理学院学科建设与申报奖励办法》。2010 年，成功申报了“农业经济管理”省级重点学科、“财务管理教学团队”和“理论经济学教学团队”省级教学团队，完成了“农林经济管理”、“工商管理”和“应用经济学”3 个一级学科硕士点申报，完成了“国际商务硕士”和“金融专业硕士”2 个专业硕士学位点申报工作，其中“国际商务硕士”授权点获批。

【教学工作】 1．本科教学常规管理工作平稳有序。在课程安排、教材落实、考试安排、学籍管理、教学计划修订以及实践教学等各个教学环节均顺利开展。

2．国贸系于 2009—2010 学年第一学期开设 2007 级冬季小学期教学工作，聘请 3 位知名专家授课。

3．制订《经济与管理学院教学工作量计算暂行办法》、《经济与管理学院学科与教学质量工程建设办法》与《经济与管理学院课程实习管理办法》。

4．审核 2009 级 10 个本科专业的教学计划，修订 2010 级 11 个本科专业的教学计划。从 2010 级起，全院除信管、统计 2 个专业外，其余 9 个专业的部分基础课统一学时。

5．人力资源管理专业通过 2010 年省教育厅组织的新办专业评估。

6．认真组织教职工申报各项教学质量工程奖，并取得一定的成绩。蔡东宏教授主持的“西方经济学”获国家级双语教学示范课程奖，李仁君教授负责的“理论经济学教学团队”和胡国柳教授负责的“财务管理教学团队”被评为 2010 年省级教学团队，徐艳老师主持的“货币金融学”、董建华老师主持的“成本会计”、曾锋老师主持的“市场营销学”获 2010 年校级精品课程。

7．启动文科重点班—“金融实验班”的工作实施方案(包括招生宣传、专业简介、培养方案、工作实施方案等)，并顺利完成金融学实验班的招生工作。

【科研工作】 制定《海南大学经济与管理学院科研奖励办法》、《海南大学经济与管理学院科研团队建设方案》、《海南大学经济与管理学院外（英）文期刊等级分类》、《海南大学经济与管理学院中文期刊等级分类》，推动了学院科研工作。

2010年，获批准的纵向课题项目有：国家社科基金项目1项，国家自然科学基金项目1项，国家科技支撑子项目1项，省自然科学基金项目5项，省教育厅项目7项，省哲学社会科学项目8项，青年基金5项，校教育教学研究课题1项。2010年到账经费291万元。

出版教材19部、专著20多部。发表科技论文204篇，其中3篇被SSCI收录，1篇被EI收录，2篇被ISTP收录。参加国际国内学术交流会120余人次。

获省社会科学优秀成果一等奖1项，二等奖4项，三等奖1项；省高校优秀科研成果二等奖1项，三等奖1项。

【教师队伍建设】 教职工165人，其中专任教师131人（教授21人、副教授55人），有博士学位和在职攻读博士学位的教师50人，多名教师具有海外留学背景。

2010年，晋升教授1人，副教授8人，讲师3人。引进教师2人，其中博士1人，国外留学回国硕士1人。国内访问学者5人，国外访问学者2人。考取博士研究生5人。

【党建工作】 学院党委下设教工党支部6个，党员79名，占教职工总数46.4%；本科生党支部10个，党员408名，占本科生总数11.2%；研究生党支部1个，党员127名，占研究生总数68%。2010年，新增党员321名，其中发展学生党员297名，转入党员24名。

成立学院学生党建工作领导小组。建立由优秀学生党员担任新生班级助理班主任制度。助理班主任既是学生又是党员，其职责是协助班主任、辅导员对新生班级进行管理，既为他们服务同学提供平台，树立党员形象，又锻炼自己，提高素质。

开展创先争优活动。建立创先争优专题宣传橱窗，营造争创氛围。组织党员观看电影《第一书记》，参观红色娘子军纪念园，学习先烈的革命精神。组织各支部骨干党员与海南经贸学院进行交流学习。履行党员公开承诺，学院614名党员签订《党员承诺书》，每月向支委汇报履行情况，充分发挥党员的先锋模范作用。

2010年，培训入党积极分子288名，结业236名。

【学生工作】 1．加强团、学组织建设。召开学院团、学第一次代表大会，成立10个专业团总支、学生会，建立团、学组织机构体系。团、学各部门形成了良好工作机制，制定团、学工作规程和部门职责，完善例会制度和财务制度。

2．开展各类科研实践活动。2010年暑期社会实践以“体验社会主义新农村生活，建设国际旅游岛”为主题，1145人参加。通过开展富有专业特色科研实践活动，增强学生专业实践能力。

3．组织丰富多彩校园文化活动。先后组织辩论赛、中英文演讲比赛、书画作品大赛、“迎新杯”篮球赛、“千岛杯”篮球赛、师生篮球交流赛、新老生足球友谊赛等活动。成立学生记者队伍，编辑出版《经管地带》杂志。

4．加大就业工作力度。成立学生就业工作指导小组，制定就业奖励制度，加强对毕业生的综合管理，推动毕业生就业工作。2010届本科生初次就业率86.91%。

5．重视心理健康工作。成立学院心理健康

工作小组，各班设立心理联络员，建立心理委员档案和学生心理健康档案，开展各种心理健康活动。

主要获奖：邓晨飞等同学的作品《U&I 爱情保鲜服务有限责任公司》获全国第七届“挑战杯”大学生创业计划竞赛银奖。会计学专业学生参加2010 年“用友杯”海南省大学生 ERP 大赛获一等奖、二等奖。学生赴海南西部政策宣传、支教服务、课题调研实践团被评为省级先进实践团，张骁等 2 名同学被授予省级“学生积极分子”称号。

(撰稿：常丽红　审稿：胡国柳)

法学院

【概况】 学院设有理论法学、诉讼法学、民商法学、经济法学、国际法学和刑法学等教研室，设有特区法制研究所、金融刑法学研究中心和中欧比较法学研究中心等科研机构，有法学社、法律援助社等学生团体。

在校本科生 710 人，研究生 709 人。

【学科建设】 法学院已成为海南省法学教育与研究的主要基地，进入全国主流法学院的行列。

有法学硕士学位授予权一级学科点，诉讼法学、民商法学、经济法学、法理学、法律史学、国际法学、刑法学、环境法学、宪法与行政法学均已招收硕士研究生。开展法学博士学位一级学科点的申报工作顺利进行。2010 年法学一级学科成为海南省重点学科，法学本科专业是教育部高等学校特色专业建设点。

【教学工作】 本科教育：实行“3+1”的教学模式，注重学生“三基三能”的培养，要求法学本科学生在专业学习方面掌握法学基本概念、法律基本制度、法学基本理论，在专业素质方面应当具备学习能力、实践能力、创新能力。开展实验班教学，开办 2008 级法学、2009 级法学—经济类交叉 2 个文科实验班，培养既有扎实文理基础，又有一定创新精神，有较强的继续学习、深造潜力的优秀人才。坚持本科毕业论文写作与科研相结合的模式，开展规范有序的毕业实习和诊所教学工作，在海口市、三亚市、琼海市、文昌市等地建立 35 个公检法实习基地，为学生毕业实习提供平台。健全各项规章制度，完善质量监管机制，实施严格规范的教学档案管理和以人为本的学生学业管理，以老带新安排课程，不断提升教学管理水平。

2010 届本科毕业生 254 人，考取研究生 46 人，占毕业生人数 19%。通过司法考试 78 人，占 2010 届法学人数的 33%。

研究生教育：硕士导师 25 人，其中有教授职称 20 人。11 月与海口市中级人民法院建立法学研究生联合培养基地，实现培养高层次应用型专门人才的创新计划。

2010 年，研究生发表论文 53 篇，出版著作 2 部，获课题立项资助 33 项。有 3 名研究生获参加高水平学术会议资助的资格。

法学研究生毕业率 98%，司法考试平均通过率 82%，英语六级通过率 67%，就业率 91% 以上 。2010 年研究生招生 61 名，毕业 45 名。

【诊所法律教育】 诊所法律教育是法学院实践教学的重要组成部分，经过 7 年的探索和实践，取得了丰硕成果。2010 年 6 月，法学院法律诊所被中国诊所法律教育专业委员会评为“全国诊所法律教育优秀教学管理单位”。

2010 年，78 名学生选修诊所法律教育课程，法律诊所接受来电来访法律咨询436人次，代写法律文书25件，代理诉讼和仲裁案件32件，举办法律宣传咨询活动8次，为弱势群体提供优质法律服务，社会良好影响继续扩大，《海南特区报》和《南国都市报》对法律诊所的法制宣传活动作了报道。

12月，由叶英萍教授主编、伍奕副教授副主编，法律诊所指导教师参与编写的教材《法律诊所教程》由吉林大学出版社出版，该教材是法律诊所全体指导教师多年教学实践经验的总结。

《诊所法律教育与应用型法律人才培养模式的创新与实践》获省教育厅教育改革科研立项。

【科研工作】 2010年，获科研项目20项，科研经费30.5万元。其中国家社科基金1项，科研经费12万元；中国行为法学学会课题1项，科研经费1万元；省社科联项目3项，科研经费3万元；省教育厅高等学校科学研究指导性项目1项，省教育厅高等学校科学研究资助性项目3项，科研经费1.1万元；海南大学青年基金项目3项，科研经费3万元。其他项目有横向课题《制药产业的法律问题研究》，科研经费10万元。发表论文117篇，其中核心期刊25篇。出版著作12部，教材3部。获海南省第六次社会科学优秀成果奖2项，其中二等奖1项，三等奖1项。王崇敏教授、童伟华教授获“海南省首届青年法学研究优秀成果奖”。

【学术交流与合作】 邀请国内外著名法学专家、学者做学术报告26场。加强与全国各兄弟法学院校交流与合作，在学科建设和教学科研等方面得到他们的支持。由中国人民大学民商事法律科学研究中心、最高人民法院、省高级人民法院、海南大学法学院共同主办的“博鳌法学论坛暨第七届法官与学者对话民商法论坛” 8月4日在博鳌亚洲论坛国际会议中心召开。11月6日—7日承办中国法学会婚姻法学研究会2010年年会暨婚姻法颁布60周年纪念会。

【教师队伍建设】 专任教师54名，其中教授20人，副教授15人，讲师19人；博士和在读博士21人，硕士27人。具有高级职称的教师占教师总数64%，具有硕士以上学位的教师占教师总数87%。国务院特殊津贴专家4人，国家级教学名师1人，全国模范教师1人，新世纪百千万人才工程国家级人选2人，全国知识产权人才工程百名专家2人，海南省有突出贡献的优秀专家4人，海南省“515人才工程”第一层次人选1人、第二层次人选1人，海南省教学名师2人。

2010年，引进博士2人，晋升教授4人、副教授5人。

【党建工作】 学院党委下设党支部14个，其中，教工党支部3个，党员36名，占教职工总数52.1%；本科生党支部3个，党员188名，占本科生总数26.7%；研究生党支部8个，党员289名，占研究生总数56.2%。

围绕人才培养、教学、科研以及学院发展抓党建，开展创先争优活动。加强师德师风建设，推行教学示范课，王崇敏、王琦、刘云亮、张卫、伍奕等党员教师上公开示范课9次。学生党支部把争创“先锋党支部”、“我是共产党员”承诺争优作为特色活动，组织相关活动12次，创建学生党员示范宿舍35间。召开2次学生支部书记培训会，对新当选委员进行党务知识培训。

2010年，举办1期入党积极分子培训班，学员145名，结业139名。发展党员158名，转正党员119名，延长半年转正期5名，留党察看处分1名。

【学生工作】 1.完善学生组织建设，培养学生民主意识。6月20日，召开团学“两会”，听取审议并通过团委工作报告、学生会工作报告，选举产生共青团海南大学法学院第一届委员会委员、书记、副书记和法学院学生会第一届委员会委员、主席、副主席。2.强化班级建设，营造优良学风。开展班风学风“七个一”活动和班级DV大赛、评选“优良学风班”。帮扶特殊群体，建立谈话教育制度。完善“心灵驿站”专栏，开展“5．25”心理健康活动月系列活动。以综合考评为抓手，完善评奖评优资助推荐制度，提高评选效率与保证公平公正。3.加强就业指导，推进就业工作。学院在全省建立35个基地，实行集中实习，统一管理。按照“三考一体化”就业指导模式，建立“学生就业能力培养平台”，举办就业指导讲座，引进校外培训机构，举办“三考”培训班，建立用人单位信息库，优先推荐就业困难毕业生，就业率得到提高。4.活跃校园文化生活，提高学生综合能力。结合海南国际旅游岛建设、大学生成长需求及服务社会，开展实践、文体、学术等一系列丰富多彩的校园文化活动。

2010年，29名同学获全国性奖励，12名同学获省级奖励。陈琦同学获2010年全国大学生英语竞赛C类一等奖。在“耐克杯”第十一届全国大学生田径锦标赛中，唐佳同学获女乙组铅球第二名，朱景军同学获男乙组800米第二名。

（撰稿：虞衍聪　潘　炜　林　勇　李　菁　李昌郁　黄丽环　审稿：徐　民）

政治与公共管理学院

【概况】 学院开设行政管理、思想政治教育、公共关系学、土地资源管理4个本科专业，有马克思主义原理、马克思主义中国化、思想政治教育、政治学理论、中共党史（含党的建设与党的学说）、中国哲学、西方哲学7个硕士学位点和1个公共管理硕士（MPA）专业学位点、2个省级特色专业（公共关系学、土地资源管理），有1个省级重点学科——“马克思主义基本原理与思想政治教育”、1个研究中心（海南大学地方治理中心）和思想政治理论课教学部、公共管理硕士（MPA）教育中心、二级图书分馆。合署的校管科研机构有社会科学研究中心、高等教育研究所。

在校生2191人，其中硕士研究生591人，本科生1600人。

【教学工作】 2010年，学院承担思想政治教育专业、行政管理专业、公共关系学专业和土地资源管理专业等4个专业的本科教学工作任务，承担全校公共政治理论课的教学任务。

1．教学制度建设。完善各种教学管理的规章制度，落实学校有关教学管理的规定。

2．教学质量管理。学院把教学质量管理作为教学工作的首要任务，积极探索新的管理模式和教学模式，逐步形成了一套比较成熟的管理制度：领导和教师听课制度、教学督导制度、学生评教制度、学生反馈制度；举办教学观摩会、教学经验交流会、教学研讨会制度。

3．实习、实践教学基地建设。一是增加基地数量，二是注重基地质量，三是建立一批稳定的实习基地。

4．课程建设。以精品课程建设为切入点和突破口，通过《思想道德修养》、《当代西方社会思潮》、《公共关系学》等课程的建设，提高教育教学和人才培养水平。2010年各系对2008年本科教学方案进行修订，修改后的教学方案注重学生就业、考研，注重实践环节教学，更加符合学生实际。学院有1门省级精品课程：《思想道德修养与法律基础》，3门校级优秀课程：《马克思主义哲学》、《人力资源管理与开发》、《毛泽东思想、邓小平理论和“三个代表”重要思想概论》。

5．专业建设。加大对专业建设的经费投入，提高专业建设水平。建立、健全专业建设的规章制度，制定专业建设评估指标体系，加强专业建设的质量监控。严格按规划、计划完成建设任务，做好中期检查和验收工作。公共关系专业在省新专业评估中获得好评，土地资源管理专业被批准为省级特色专业。

【科研工作】 2010 年获科研项目 18 项。其中，国家社科基金项目 1 项，教育部人文社科研究项目 1 项，中央其他部门社科专门项目子课题 1 项，海南省社会科学研究规划课题 12 项。

2010 年出版著作 8 部，发表学术论文 127 篇，其中权威和核心期刊 40 篇。获奖项目 3 项：其中《后现代语境下思想政治教育面临的挑战及其对策》（李辽宁）获教育部高等学校社会科学发展研究中心高校德育创新发展研究成果奖，《乡镇治理中的政治关系》（李德芳、李宜钊）获海南省民政厅优秀成果二等奖、民政部优秀成果三等奖，《国际旅游岛背景下海南加快旅游标准化建设的思考》（安应民）获海南省第五届“南山杯”高层质量论坛一等奖。

【MPA 教育】 2010 年，录取 MPA 研究生 108 人，其中全日制 MPA 研究生属首次招生，录取 48 人，在学 MPA 研究生 312 人，其中 2007 级 MPA 研究生顺利开题，进入 MPA 论文写作程序，32 人顺利通过 MPA 硕士论文答辩获得公共管理硕士学位。

1—2 月，组织 MPA 研究生进行上年度教学活动总结，确定 2010 年度 MPA 工作计划。3—4 月，对 2009 级 MPA 研究生入学资格进行审查并组织面试。5—6，做好 2010 级 MPA 研究生招生准备工作，组织开展学期末 MPA 教学课程评估。7—8 月，组织 2010 级 MPA 研究生报名。9—10 月，组织 2009 级 MPA 研究生参加全国联考，组织 2007 级 MPA 研究生论文开题工作，审查毕业生资格，准备首届全日制 MPA 研究生开学工作。11—12 月，邀请海南省委党校副校长王和平教授和海口市委党校鲁兵教授担任 MPA 研究生论文答辩会主席，主持 MPA 研究生学位论文答辩；12 月，进行 MPA 年度工作总结。

【教师队伍建设】 专任教师 88 人，其中，教授 16 人，副教授 18 人，具有高级职称的教师占专任教师 38.6%；博士生导师 2 人，硕士生导师 24 人，具有博士、硕士学位的教师 72 人，占专任教师 82% 。特聘全国著名高校 16 位知名专家教授担任兼职教授。

学院重视对教师尤其是年青教师的培养，多次举办公开课和教学研讨会，定期开展教学观摩活动，推广先进的教学经验，提高教师的业务素质。多次组织教师参加校、省级教学比赛，并取得优异成绩。2010 年，3 位教师在职攻读博士学位，2 位教师分别赴日本和澳大利亚做访问学者，2 位教师分别赴泰国和俄罗斯执教；引进 2 位博士，8 位教师晋升为副教授，6 位年青教师晋升为讲师。

【党建工作】 学院党委下设 13 个党支部，其中教工党支部 6 个，学生党支部 7 个（本科生党支部 4 个，研究生党支部 3 个）。党员 298 人，其中教工党员 78 人，占教职工总数 76.4%，学生党员 217 人（本科生 147 人，占全体本科生 12.27%，研究生 70 人，占全体研究生 77.8%）。年初计划发展党员 128 名（均为学生，下同），年内接收入党申请书 820 份，列入党员发展对象 181 名，发展党员 96 人，预备党员转正 77 人，党员人数达到 217 人,占学生人数（包括本科生、研究生）16.8%。

深入开展创先争优活动。制定并实施以打造学习型党组织为抓手，以促进党建工作科学化为目标的“创建学习型党组织十大特色项目”计划。举办研究生党建论坛，开展“学习榜样赵红亮，传承楷模创品牌”系列活动。积极参与学校基层党建课题研究工作，基层党建研究课题《高校学习型党支部建设的实践与思考——以海南大学为例》，获2010年海南大学“创先争优活动基层党建研究”资助立项，并于10月结题。

【学生工作】　2010年，学生工作以大学生成长成才为主线，突出安全稳定，传承优良传统，创新工作模式，在思想建设、组织建设、人才培养以及校园文化建设等方面取得了可喜成绩。

主要活动：3月，组织党史知识竞赛。4月，学院“政行先锋”宣讲团在金牛岭烈士陵园担任义务讲解员，邀请赴台交流生进行交流，通过路边演讲比赛这一独特比赛形式纪念“五•四”运动。5月，参加院际辩论赛并再次勇夺冠军。7月，组织学生开展各类社会实践活动。学生撰写的《海南岛居民对国际旅游岛建设态度调查》获得“《南风窗》调研中国”支持，实践成果获省暑期社会实践报告一等奖。“海南公民道德素质建设服务团”被学校推荐为国家级团队，学院硕士生导师赵康太教授、常务副院长李德芳教授担任指导教师，研究生本科生近40人参加了服务团。9月，召开学院第四次学代会，思政、行管、公关、土管系学生会相继换届。11月，召开学院第二次研究生大会。12月，举行迎新、欢乐圣诞晚会。

（撰稿：陈秀彬　黄远飞　蔡泽茹　王　宁　邢红斌　曹艺涛　　审稿：安应民　王默忠）

旅游学院

【综述】　学院形成硕士研究生、本科、成人教育和行业短训为一体的教学体系。有5个系：旅游管理系、企业管理系、市场营销系、信息管理系、应用外语系，4个硕士点：旅游管理、外国语言学及应用语言学、企业管理（与经济与管理学院联办）、 计算机应用技术（与信息科学技术学院联办）,4个本科专业：旅游管理、市场营销、资源环境与城乡规划、人力资源管理，其中旅游管理专业有6个专业方向：旅游企业管理、国际酒店管理、旅游规划与开发、旅游信息管理、高尔夫管理、应用外语（英、日）。市场营销专业有2个专业方向：电子商务、旅游市场营销。有饭店与旅游业发展研究所、语言与跨文化交际研究所、旅游营销与策划研究所、旅游信息管理研究所、旅游开发与规划研究中心。

在校学生2961人，其中硕士研究生81人，本科生2880人。

【学科建设】　2010年，旅游管理专业获批为海南省普通高等学校第三批省级重点学科。初步搭建《旅游学概论》、《旅游策划》、《旅游市场营销》等课程的网络辅助教学平台。

组织相关专业负责人和骨干教师申报新办专业。2010年6月申报的《会展经济与管理》、《酒店管理》2个专业获批，将于2011年开始招生。

【教学工作】　1．人才培养模式进一步优化。构建以核心课程和选修课程相结合、有利于学科交叉与融合的课程体系。继续实施“平台”+“模块”的教育模式。推广“希尔顿人才班”订单式人才培养模式探索的成功经验，与天福源度假酒店集团和今典集团北京红树林国际酒店管理有限公司确定了合作办学意向。

2．教学运行管理正常有序。完成2010级4个本科专业（9个专业方向）、2010级旅游管理（专科起点）教学计划的修订工作。

3．教学质量监控更加有效。主要措施：学生全员评教、教学督导组和院系领导听课、期中教学检查学生座谈会、教务办日常抽查、建立以各班学习委员为主体的教学信息员队伍。协助学校启用正方教学管理信息系统进行学生评教。

4．实习实践平台稳步发展。在企业建立的实习就业基地、海南大学学生创业试点项目——“海口书香海韵旅行社有限公司”等实习实践平台均正常运转。学院与美国迪斯尼等国内外名企建立实习就业合作关系，广拓学生实习就业空间。

5．课程建设力度加大。2010年《旅游资源学》、《旅游经济学》2门课程又被评为学校精品课程，《旅游策划》被评为海南省省级精品课程。

2010年，学院与海南省旅游投资控股集团联手共建研究生联合培养基地、与三亚技工学校合作开办“中接专”自考班。

【科研工作】　2010年，立项32项。其中：国家自然科学基金1项，国家社科基金项目1项，国家软科学1项，省级10项，校级5项，横向项目14项。有5个横向项目紧扣海南国际旅游岛建设，产生较好的社会和经济效益。项目到账经费总共135万元。发表论文60篇论文（其中会议论文集22篇），其中SCI+EI+ISTP（不重复计算）3篇，CSSCI+中文核心（不重复计算）12篇。出版教材4本、著作5本。

符国基获第五届海南省科技论坛优秀论文奖。

【教师队伍建设】　专任教师54人，其中教授10人、副教授19人、讲师25人，具有博士学位19人、硕士学位33人，具有海外教育背景教师21人。2010年,国外访问学者4人、国内访问学者1人、国内外进修4人。

学校4月收回旅游学院，学院人才引进工作解冻后做了很多基础性的工作，制定了2011年人才引进计划等。

【党建工作】　学院党委下设11个党支部，其中，教工党支部6个、学生党支部5个。党员411人，其中，教工党员51人，占教工人数60%，学生党员360人，占学生人数12.2%。2010年发展党员142人。

主要活动：3月，举办2009—2010学年度第2期入党积极分子培训班。4月，组织“阳光五四，阳光七日行”系列活动，其中有红色电影展、青春寄语、历史图片展和表彰晚会。5月，启动“创先争优”活动。6月，学院基层党建研究课题组申报的《新形势下高校学习型领导班子创建探微》通过学校的结题考核。9月，在“迎新”工作中组织党员志愿者服务队。10月，安排高年级优秀学生党员担任新生班级的助理辅导员。11月，举办2010—2011学年度第1期入党积极分子培训班。12月，学院党委申报的特色项目方案—“学生党支部进公寓，打开一扇党员服务窗口”获学校创先争优活动领导小组审核确定立项。

【学生工作】　1．思想政治教育。开展新生入学教育、爱国主义教育、校纪校规警示教育等系列教育活动。

2．学生干部队伍建设。举办2期团校培训班，招聘选拔新生干部，做好干部队伍换届工作。学院学工办与院团委每周一召开例会及部门工作沟通交流，各学生干部机构每周二召开部长例会，汇报总结各部门工作。

3．志愿者活动。组织社区、爱心市场、景区环境、支教等7个志愿服务小组开展活动。

4．校园文化活动。举办“第九届旅游风采节”，组织“海南国际形象宣传片制作大赛”等具专业特色的活动。

5．就业指导工作。配合学校就业指导中心开展毕业生就业服务月活动，完善毕业生就业管理系统，组织各类型专场招聘会，发放就业信息，推进就业工作

学生主要获奖情况：学院代表队以海南赛区第一名进入第七届全国大学生“挑战杯”创业计划大赛全国复赛，选送的作品《绿岛休闲汽车宿

营地股份有限公司》创业计划书获铜奖。徐婧璇获全国优秀共青团员、全省优秀共青团员称号，邵天天获高等学校大学外语教学指导委员会和高等学校大学外语教学研究会举办的大学生英语竞赛一等奖、大学生英语演讲比赛二等奖，贾晓霖的《女性在教育方面的发展状况——以海南省三亚市崖城镇新农村建设为例》获全国“关爱女孩志愿行动中”调研报告三等奖，黄婷获团中央、中国科协、教育部、全国学联主办的2010《校园中国》第六届全国青少年艺术风采电视选拔活动舞蹈组金奖，何昌获中国科学技术协会主办，华硕集团协办的2010年“华硕大学生IT科普志愿者活动”三等奖，林晓欣、王雅婷分别获海南省第三届“挑战杯”大学生创业计划竞赛二等奖、三等奖，戴书洋获高等学校外语教学委员会、高等学校大学外语教学研究会举办的2010年全国大学生英语竞赛c类二等奖，涂业明获中国大学生计算机设计大赛三等奖，杨葵、赵雪获海南省第三届大学生创业计划竞赛特等奖，王梦斌获“力神杯”海南省旅游英语口语大赛二等奖。

(撰稿：周超凡　黄良颖　余力力　石雄伟　龚　萍　审稿：王　琳　吕裕昌　陈扬乐　金　晟　郭　强)

人文传播学院

【概况】　学院有本科专业4个：汉语言文学、广告学、戏剧影视文学、对外汉语；硕士研究生专业2个：文艺学、比较文学与世界文学；成人教育专业1个：传媒策划与管理。有3个实验分室：影视与传播综合实验室、下分影视实验室、传播实验室和小品室。设有海南省历史文化研究基地、海南大学黎族研究中心、海南大学方言研究所、海南大学中国诗歌研究中心、海南大学传播学研究中心、海南大学普通话测试站等研究机构，主持“211工程”项目《海南历史文化和黎族研究》。

在校生1622人，其中本科生1581人，硕士研究生41人。2010年毕业生327人，其中本科生307人，研究生20人，20人获得硕士学位，2人考取博士研究生。招收新生397人，其中本科生379人，研究生18人。

【学科建设】　新增中国语言文学硕士学位授权一级学科点。

学院依托现有文艺学，比较文学与世界文学两个硕士学位学科点，组织推动科研和人才培养。联合海南省作家协会建立研究生培养基地。

主持海南省历史文化研究基地和海南大学历史文化研究基地建设，大力培养学术骨干人才。王小妮教授获得首届朱自清散文奖。

以中国现当代文学系列课程为平台，优化教学资源，提升教学团队素质。

【教学工作】　1．抓好各项教学管理工作。全面检查任课教师的教学大纲、课程教学计划、教案、课件、试卷等，加强对教师的课堂教学进行监督管理，认真组织好教学观摩课和期中、期末考试。妥善安排毕业论文写作时间，制定详细的毕业论文工作进度表，既按时完成毕业论文，又提高毕业论文质量。

2．推进精品课程建设。2010年，《大学语文》课程被评为校级精品课程，并被提名参加省级精品课程的评比。学院对自编的《大学语文》教材进行了较大幅度的修订改版。为了配合海南国际旅游岛建设，教材中增加了部分与海南历史文化相关的教学内容。鼓励教师开展教育教学研究。

3．组织冬季小学期教学工作。2010年冬季小学期，根据教学内容制定教学计划，做好外聘专家、学者的聘请及教学安排等工作。聘请了华南师范大学袁国兴教授、武汉大学张金海教授分别为2008级戏剧影视文学专业开设《“述演”艺术的口头传统研究》和《广告学的基本理论框架》2门课程。利用学院主页和学校网站冬季小学期专栏，对外聘专家、学者的教学活动及时进行宣传，扩大影响。共报道5篇，其中袁国兴教授3篇，张金海教授2篇。

4．策划学生教学实践和毕业实习活动。对外汉语专业结合专业特色，立足现有资源和学科优势，组织2007级的学生到琼中县、昌江县进行教学实践活动。汉语言文学专业、广告学专业、戏剧影视文学专业和对外汉语专业根据学院制定的《人文传播学院学生实践教学守则》、《人文传播学院专业实习安全、质量、管理制度》等规章制度，对实习指导老师职责、学生实习应遵循的规范、实习考核方法等实习各环节提出明确要求，确保实践教学工作规范有序。

5．邀请知名学者、专家讲学。邀请中山大学中文系博士生导师谢有顺教授、北京师范大学中国当代新诗研究中心主任谭五昌、陕西师范大学文学院博士生导师刘锋焘教授、浙江大学传媒与国际文化学院博士生导师李杰教授等知名学者、专家来院讲学、交流。

【科研工作】　由学科负责人规划和主导，积极申报各类科研项目，鼓励广大教师和研究生开展科研工作。2010年，发表论文70多篇，出版学术专著7部，新立项科研课题13项（其中国家社科基金项目横向1项、企事业单位委托项目2项、省级校级项目10项）。张朔人助理研究员的《华侨与海南社会发展》获海口市第二届社会科学优秀成果。

【教师队伍建设】　学院专任教师50人，教授9人，副教授15人；政府特贴专家3人，省优专家3人，海南省“515人才”第二层次人选2人、第三层次人选5人；博士生导师1人，硕士生导师7人；具有博士学位教师20人，有博士、硕士学位者达到86%。

2010年，引进教师8人，晋升教授1人、副教授4人，4人在职攻读博士。毕研韬老师在爱尔兰完成学业后，于年底回校服务。

【党建工作】　学院党总支部下设党支部11个，其中教工党支部1个，学生党支部9个（研究生党支部1个），流动党支部1个。党员225人，其中教工党员20人，学生党员205人。2010年组织216名入党积极分子参加培训班学习，发展党员86名。

加强思想和组织建设。采取学习文件、创新党课、专题宣讲辅导、组织座谈讨论、进行知识测试和撰写学习体会等多种形式，强化理论学习和党员培训。创新工作思路，完善党务公开制度，增强党组织工作透明度。

开展创先争优活动。努力做到“五个结合”：把创先争优和推动科学发展的实践相结合，把创先争优和促进校园和谐的实践相结合，把创先争优和服务师生员工的实践相结合，把创先争优和加强基层组织的实践结合，把创先争优和服务海南国际旅游岛建设的实践相结合。在创先争优活动中，学院党总支部领导及时对各党支部进行点评，表扬先进，指出不足，促进活动扎实有效开展。

【学生工作】　围绕培养知识广、能力强、素质高的人才开展学生工作。

1．学生活动经常化。3月，开展学习雷锋活动月，组织白沙门公园清理白色垃圾、爱心捐书捐物、烈士陵园扫墓等志愿服务活动。4月，举办风筝文化节、赴乐东县开展“三月三”采风活动、组织文工团汇报演出。5月，举办“红歌汇”、十大歌手比赛、DV影展。6月，召开团代会、学代会，排演话剧《伟大的XX》参评中国大学生戏剧节。9 月，开展迎新系列活动。10 月，举办迎新晚会、演讲比赛、图书漂流、篮球赛。11 月，组织大学生广告节、宿舍文化节活动。12 月，举办考研系列讲座、影视专业汇演、“且行且拍”摄影展。

2．成立学院团校，开展系列团日活动。

3．团委成立心理部，印制心理专报《心晴》，制作心理健康知识展板，开展“5•25”心理活动月。

4．开展职业生涯指导，针对就业困难同学进行专门辅导，帮助其提高求职技能。

5．奖助工作坚持实行公示制、小组评议制，保证评选工作得到全程监督。

6．利用学院、学生处、团委网站对学生工作进行宣传，开辟 QQ 群、人人网、校友录等网络宣传阵地。

7．加强日常管理工作，重视安全教育工作，提高同学安全意识。

本科生获奖情况：2007 级汉语言文学 1 班阮晶晶获全国大学生英语竞赛特等奖、全国大学生英语辩论赛二等奖，2008 级广告学 1 班胡欣获第七届“挑战杯”大学生创业计划大赛铜奖、第三届全国大学生网络商务创新应用大赛本科组一等奖， 2007 级戏剧影视文学 2 班王汀若获第五届中国大学生 DV 文化艺术节“最佳剪辑奖”和“评委会特别奖”，2008 级戏剧影视文学专业王雪娟获第三届全国大学生网络商务创新应用大赛本科组一等奖、中国大学生创业计划大赛铜奖，王希、贺丽、王秀、应验、刘亚文、侯妮、朱妍娇获全国大学生英语竞赛三等奖，吴梦阳、吴遂祠获全国大学生文科计算机设计大赛三等奖。

（撰稿：苏文魁 陈传君 朴雅文 公衍峰森 审稿：闫广林 闫金玲 刘复生 刘 亮）

外国语学院

【概况】 学院设英语、日语、俄语 3 个本科专业，英语语言文学硕士学位授权点 1 个，翻译专业硕士点（MTI）1 个。有多媒体语音实验室 17 间，网络教室 3 间。

学院公共外语部承担全校近 15000 名一、二年级本科生、500 多名硕士研究生和博士生的外语教学任务，承担全校大学外语听力及部分综合课的讲学、学生课外网上自主学习的任务。

在校本科生 1300 多人、硕士研究生 28 人。省高校教师在职攻读研究生学位 13 人，成人教育在校生 180 余人。

【学科建设】 英语语言文学硕士点建设日渐成熟。翻译专业硕士点（MTI）于 2010 年 9 月教育部批准建立。

【教学工作】 课程建设。坚持以服务为宗旨，以市场为导向，结合经济建设和社会发展进行专业调整与优化。修订“英语”、“英语经贸方向”、“日语”和“俄语” 4 个专业的培养方案，合理安排课时结构，优化教学内容。努力提高课程建设水平，基础英语和高级英语是校级优秀课程，英语语言文学是校级重点学科。

教学管理。维护教学计划的严肃性，开展经常性的教学检查、抽查，及时处理各种教学违纪现象。设立院系两级教学督导小组，全面开展督教、督学和督管工作，以开学初、期中和期末三个时段的教学活动为重点，通过随堂听课、教学质量评估、考试工作（试卷）评估、毕业论文（毕业设计）评估，维护教学秩序，提高教学质量。

教学成效。学生创新精神、实践能力及培养质量稳步提高，学生参加各种学习竞赛、文体活动取得好成绩。2010年，英语系施文俊在外语教学与研究出版社、教育部高等学校大学外语教学指导委员会主办的“外研社杯”全国大学生英语演讲大赛（国家级）中获二等奖；在高等学校大学外语指导委员会举办的全国大学生英语竞赛中，英语系赵瑞楠获特等奖，沈儒军、范丽、王建、吕媛获一等奖，吴厚平获二等奖，周艳梅、陈梅兰、王笑雨、周骏、彭晓月获三等奖。

【科研工作】　2010年，发表论文74篇，其中核心期刊7篇；出版著作13本，申请科研项目15项，项目结项6项。陈鸣芬教授《我国网络环境下大学英语听力教学研究综述》获教育部人文社会科学重点研究基地重大项目，孙成平老师《史蒂文森及其作品中的后殖民主义》获省教育厅高校科学研究资助项目。

【教师队伍建设】　教职工151人，专任教师130人，其中英语教师115人，日语教师10人，俄语、法语教师6人。教师中教授5人，副教授23人，省优专家2人，博士5人，在读博士3人。

2010年，引进博士1人，硕士2人，赴新加坡南洋理工大学进修1人，赴日本作访问学者1人。林旭老师、王勇老师参加首届“外教社杯”全国英语教学大赛海南省比赛，分别获得全省听说课组第一名、全省综合课组第二名，林旭老师还代表海南省参加全国比赛获视听说组优胜奖。

【党建工作】　学院党委下设8个党支部，其中教工党支部3个，本科生党支部4个，研究生党支部1个。党员237名，其中教工党员53名，占学院教职工总人数36.4%；研究生党员12名，占研究生总人数29.3%；本科生党员172名，占本科生总人数的14.3%；2010年发展党员102名，转正党员62名。

2010年，以创建先进基层党组织为主要内容，开展“一名党员一面旗帜”的主题活动，制定品牌创建计划。1.加强思想建设。采取集中学习、个人自学、组织讨论等形式学习政治理论，组织《中国共产党执政的文化基础探讨》等理论讲座。举办2期学生入党积极分子培训班，226名学生参加培训，培训合格率为88%。2.突出特色，创新“创先争优”活动载体，灵活地开展“创先争优”活动。从10月—12月，每月安排一周，举办传统文化及马克思主义本土化文化周系列讲座，先后邀请校党委常务副书记韦勇教授、副校长傅国华教授、琼州学院人文社会学院李景新教授作学术报告。3.举办“3月雷锋月”、“情系灾区，爱心捐赠”等党支部系列活动。

【学生工作】　2010年，学生工作以科学发展观为指导，以“抓建设、重规范、树品牌”为重心，扎实有效地开展各项工作。

1．重视学生思想政治教育。结合创先争优活动、党课培训、形势与政策课、学生干部培训班、系列主题教育活动等加强学生的政治理论学习，提高学生的思想政治素质。

2．开展丰富多彩校园文化活动。注重结合专业特色开展系列活动，打造特色品牌。主要活动：开展“相约话剧之夜 共沐外语风华”第三届外语话剧大赛、第二届日本文化节、英语日语演讲比赛、英文日文翻译大赛、美国文化周、俄语之夜等。

3．组织学生社会实践。组织学生赴海口市琼山区云龙中学、昌江县七叉镇中学开展暑期“三下乡”支教服务活动，组织学生干部、党员进社区参加挂职锻炼等社会实践活动。组织学生参加博鳌亚洲论坛、环岛自行车比赛、国际铁人赛事、国际冲浪节等具有专业优势的志愿者服务活动。

4．加强心理健康教育。设立班级心理委员，做好心理委员培训工作，组织心理健康主题征文比赛、心理健康系列主题班会，观看心理影片，宣传普及心理健康知识。

5．做好贫困生资助工作。做好贫困生认定、勤工俭学招聘上岗培训、诚信教育、贫困生各项资助、毕业生还款工作。2010年，365名贫困学生分别获国家助学金、国家励志奖学金、金光贫困大学生助学金、海南省优秀贫困生助学金、中海油大学生助学基金、王承守奖学金、心本爱心奖学金、王伟光优秀贫困生助学金等8项资助，资助金额115.71万元。

6．推进班主任工作。9月4日，召开班主任工作研讨会，对过去一年学生工作进行全面总结，探讨在新的学期如何做好学生的思想及安全教育。

7．毕业生就业工作。2010届毕业学生346人，其中研究生5人，本科341人。毕业生就业工作着力于用人单位的拓展，加强学生就业信息平台建设，促进毕业生就业。年底，毕业生就业率为95.09%。

2010年，3名学生获“外研社杯”全国大学生英语演讲大赛二、三等奖，11名学生获海南省第五届“龙华杯”翻译大赛各级奖项，13名学生荣获全国大学生英语竞赛各级奖项，4名学生荣获海南省大学生日语演讲比赛各级奖项，1篇暑期社会实践论文获省级一等奖，日语系荣获海南省第三届日语话剧大赛一、二等奖。

（撰稿：邱苏敏　杨燕来　李翠霞　赵春燕　易　琳　符壮慈　审稿：黄丽芹）

艺术学院

【概况】 学院设有美术、艺术设计、音乐3个教学系和舞蹈编导教研室，共18个专业方向。美术系有油画、国画、版画、雕塑和动漫5个专业方向，艺术设计系有平面设计、室内设计、景观设计、服装设计和服装表演5个专业方向，音乐系有声乐、器乐和作曲3大类，有声乐、钢琴、小提琴、大提琴、古筝、二胡和作曲7个专业方向，舞蹈教研室有舞蹈编导1个专业方向。有美术学硕士点1个、国家艺术学一级学科硕士点1个，有1个校级重点学科（艺术设计学）、4个重点优秀课程（基础图案、声乐、版画、合唱与合唱指挥）。

在校本科生1089人（其中美术系250人，设计系381人，音乐系247人，舞蹈编导专业177人），研究生26人。

2010年，学院获全国学校艺术教育先进单位称号。

【教学工作】 深化教学改革，更新教学内容。发动广大教师开展深化教学改革大讨论，对学院教学大纲、培养方案、课程设置和教学内容进行认真深入讨论。组织修订学院新的人才培养方案，调整课程设置，加强实践教学，合理地压缩理论课总量，取得成效。

加强与社会横向联合，建立稳定的教学实习基地和社会实践基地。重视学生实践能力的培养，通过与校友、企业和海南省各市县的联系，先后建立了20多个教学实习基地和5个社会实践活动基地，为教学实践提供较为稳定的平台。

【科研工作】 2010年，获省厅级课题5项，百万元横向课题1项，发表论文20多篇，出版学术专著和教材6部。张继光教授作品《黎家女》获“走进屯昌 魅力海南”二等奖，陈桂香教授赴台成功举办“天上人间——海南风情展”，王家儒教授作品《艳阳天》入选“海南.济州美术作品联展”，孙毅教授出版二胡演奏专辑《二泉映月》，李群山教授出版音像作品《万泉河，我心中的爱》。

【教师队伍建设】 教职工103名，其中专任教师80名，教授18名，副教授18名，具有博士学位1名，硕士学位25名。2010年，引进博士1人、硕士2人，晋升教授2人、副教授2人，讲师4人，3名教师获省级以上个人奖励，其中，李群山老师获中国声乐家协会主办的第二届“孔雀杯”全国艺术院校声乐比赛教师专业美声组金奖、意大利贝里尼国际声乐比赛组委会主办的41届意大利贝里尼国际声乐比赛中国赛区选拔赛第一名、意大利罗马国际音乐节组委会主办的国际声乐比赛二等奖。

【党建工作】 坚持以科学发展观为指导，完善党委工作制度，建立高效运行机制，创造团结和谐的环境，确保教学、科研、人才培养等各项工作的正常开展。

学院党委下设7个党支部，其中教工党支部3个、学生党支部4个。党员186人，其中教工党员33人，学生党员153人。2010年发展学生党员116人。

【学生工作】 坚持以人为本，围绕人才培养，服务学生成长成才。多次邀请国内外著名学者和专家，举办系列专题讲座。结合学生的专业特点，定期举办“学生作品展”、“音乐汇报演出”、专业课观摩等专业性较强的校园文化活动。组织“十大歌手”文艺晚会、辩论赛、演讲比赛、篮球赛、足球赛、涂鸦大赛等，促进和谐校园建设。为展现教学成果，彰显专业特色，创新活动品牌，独家打造大型专业品牌活动“艺术迹”，推进素质教育，巩固艺术教育成果。建立海口市三江中学“一对一帮扶”基地、昌江县海尾中学支教基地和昌江县黎族民间文化艺术社会实践基地，加强学生艺术实践能力培养。

学生参与各项赛事取得丰硕成果。音乐表演（声乐方向）2006级黄茜和2007级方芳在第39届意大利“贝利尼”国际音乐比赛分别获二等奖和优秀奖，音乐表演（器乐方向）2007级何书艺在教育部举办的全国青少年艺术教育精品展演比赛中获大学钢琴组一等奖，音乐系2009级钢琴专业李丹丹、钱亚光和2006级李瑛超参加2010上海国际青少年钢琴大赛全国总决赛获青年组金奖，李瑛超还获大赛为金奖前2名所设的奖学金，设计系2007级服装设计专业李栋福的作品《呼唤》获第十一届“虎门杯”国际青年（女装）设计大赛银奖，设计系2007级服装设计专业刘洪超的作品《曲水流裳》在中国国际时装周展出并获2010中国针织时装设计大赛金奖。舞蹈作品《岁月的记忆》获中国舞蹈“荷花奖”当代现代舞大赛十佳优秀作品奖。首次参加全国高等艺术院校声乐大赛获1金2银，方芳、刘鹏分别获学生美声组银奖第二名、第三名。

（撰稿：徐　莹　张　婷　审稿：陈泰义）

国际文化交流学院

【概况】 国际文化交流学院与外事侨务处实行一套人马、两块牌子的运行机制。教职工23人，其中副教授7人，博士1人。

学院进一步规范留学生的招生、培养与管理工作，扩大留学生规模，教育质量得到提高。2010年，招收各类留学生共207人（不含援外班学员），分别来自31个国家和地区，其中亚洲占38.7%，欧洲占48.4%，美洲占6.5%，大洋洲占3.2%，非洲占3.2%。其中语言生182人，学历本科生24名，研究生1名。分别在汉语言文学、法学、经济、艺术、土木建筑、旅游、热带农业、食品等专业学习。与2009年相比，新增语言生36人，增长率为24.6%，新增本科生2名，增长为9.1%。首次招收台湾宜兰大学的研究生，层次明显提升。

完成由商务部主办、学校承办的“发展中国家热带农业与旅游研修班”、“发展中国家岛屿气候变化与旅游发展研修班”、“乌干达农产品加工技术培训班”等3期援外培训项目，共有82名来自亚洲、非洲、南太平洋33个国家和地区的官员、技术人员参加了培训。

【教学工作】 加强教学管理。院领导不定期到各班进行抽查听课，督促教师改进教学方法，提高教学质量。2010年，召开8次师生座谈会，针对留学生在学习和生活中遇到的困难进行交流分析，研究解决的办法。学院为每位需要帮助的留学生安排1-2名中国大学生作为“一对一”语言互助朋友。

开设特色课程。在开展常规教学活动外，针对留学生的兴趣爱好，开设有中国书法、中国歌曲、中国电影欣赏、武术、太极拳等具有中国传统文化特色的课程，既丰富第二课堂的内容，又提高留学生的综合素质。

举办HSK考试。6月20日，学院组织第一次新型HSK考试。校内外40人次留学生参加，其中有8人参加口试。此次考试与以往最大的不同是笔试分六个等级、口试分三个级别报名并参加考试，题型也有一定的变化。12月5日，学院组织第二次HSK考试，校内外留学生15人名参加，其中大部分是海南大学的留学生。此次考试是HSK改革后的第二次考试，相比6月的第一次考试，考生们已经适应了新的测试方法和新题型。

举办汉语暑（短）期班。5—7月，举办“第十一届中国海南大学.美国夏威夷大学汉语暑期班”，13名美国夏威夷大学学员参加暑期班。

2010年，发表各类学术论文10篇。

【党建工作】 学院（外事侨务处）设党总支部，有2个党支部，12名党员。

根据学校党委的部署开展创先争优活动。4月24日组织全体党员和入党积极分子到临高角——解放海南纪念园，举行“纪念海南解放60周年”主题活动，缅怀为海南解放献出生命和热血的渡海英雄。4月26日，组织党员前往海南省博物馆参观“纪念海南解放60周年大型图片展”。

【学生工作】 2010年，组织一系列活动。（1）加强安全教育。3月，举办留学生安全教育讲座；5月，召开第十一届中国海南大学•美国夏威夷大学汉语暑期班学员安全教育大会；9月，举行秋季留学生联谊会暨安全教育讲座。（2）组织在校留学生及部分教师共80余人，到海口火山口国家地质公园进行语言文化实践活动。（3）组织留学生参加学校第十七届游泳比赛。（4）组织留学生参加学校田径运动会，美国留学生马克汉姆（Markham Ligon Gartley）获男子学生组400米项目第一名和男子学生组200米项目第三名，美国留学生马克汉姆（Markham Ligon Gartley）、英国留学生郭富城（Peter Tupper）获个人体育道德风尚奖。（5）组织海南文化之旅，安排来自美国夏威夷大学汉语暑期班的留学生前往海口火山口国家地质公园、定安文笔峰、兴隆热带植物园、三亚南山、亚龙湾、天涯海角等地参观考察。

（撰稿：曾　影　审稿：杨云升）

继续教育学院

【概况】 学院设综合办公室、教学（学籍）管理办公室、自学考试办公室、培训部（培训管理办公室）等 4 个科级机构，教职工 17 人（含外聘人员 3 人），其中教授 1 人、副教授 4 人。

以“争先创优”活动为契机，加强制度建设，重新修订《岗位职责》，制定《资产管理办法（暂行）》和《教职工行为规范（暂行）》，为实现规范化管理、提高服务水平奠定了制度保障。

【管理体制与模式】 实行校、院二级管理体制，即成人继续教育的管理由继续教育学院代表学校统一组织、各办学学院分类管理的模式。

【办学类型与规模】 成人教育。2010 年，成人学历教育类型有函授、业余 2 种形式，层次分高升专、高升本、专升本 3 类。开办成人教育专业 59 个，涵盖经济学、法学、文学、理学、农学、工学、管理学等 7 大学科门类。在校生 4551 人，毕业 2701 人。学院在省外设有 4 个函授站（河南、湖南、福建、江西），在省内设有若干教学站点。

自学考试。2010 年，以海南大学为主考院校的自学考试毕业生共 992 人。学校与海口经济学院、海南政法职业学院、海南科技职业学院、海南经贸职业学院等高职院校合作举办自学考试“专接本”助学班，与三亚技工学校合作举办自学考试“中接专”助学班，助学专业 10 个，已累计招生 7900 余人。

【干部培训】 继续开展省内干部培训。2010 年先后举办澄迈县妇女干部领导能力提升班、保亭县党政干部领导能力提升班和省财政厅乡镇财政所长研修班（第二期和第三期）。

积极拓展省外干部培训。5 月，举办河南省商丘市妇女领导干部研修班。与以往的干部培训项目相比，这个研修班具有三个鲜明的特点：一是干部来自省外地市级组织部门。这是学校干部培训品牌效应凸显、影响力提升的重要体现，标志着学校干部培训开始走出琼岛、面向全国；二是层次较高。本次培训的学员为处级干部，标志着学校干部培训的质量和水平再上新台阶；三是群体特殊，学员是清一色的女干部，她们的培训需求、工作需求和生活需求都有其特殊性，标志着学校干部培训市场细分程度加深，组织管理日益精细化。11 月，举办江西省农业领导干部“推动农业结构优化升级”专题培训班，这是学校承接的规模最大、层次最高的省外培训项目，来自江西省各地 120 名厅处级农业领导干部参加培训。

【创设 EMBA 课程总裁班】 为实现干部培训“三年打基础、五年上台阶”的战略构想，学院决定创设 EMBA 课程总裁班，全力打造高水平的企业家、政界精英学习平台。经过精心准备和认真筹划，首期 EMBA 课程总裁班于 12 月 23 日顺利开班，迎来了首批来自省内外的 140 余名学员（含 10 名现职厅级领导干部）。总裁班项目的成功启动，标志着学校服务地方经济社会发展的能力和水平迈上新台阶：它将铸就海南的“管理黄埔”，致力于打造政商精英，为海南国际旅游岛建设提供强大的高端人力资源支撑，提升学校的办学水平和社会影响。

【学术交流】 为提升干部培训的影响力和美誉度，为海南国际旅游岛建设提供高水平的学术交流平台， 10 月，以海南大学、省社科联、省工商联等单位名义共同发起成立 “国际旅游岛高管论坛”，邀请著名品牌管理专家余明阳博士、著名经济学家国世平博士分别做 “品牌价值的核心构建”和“投资之道与财富之路”的学术报告，促进了高水平的学术交流与研讨，有力提升了学校的教学与科研水平。

【重要活动】 3月19日，学院召开 “国际旅游岛建设与学院发展”工作研讨会，全体院领导和部门负责人围绕“发展什么、如何发展”的主题进行研讨。

（撰稿：李 锋 审核：段书臣）

应用科技学院（城西校区）

【概况】 应用科技学院（城西校区）设有公共课教学部、英语系、农艺系、管理系、旅游系、应用计算机系6个教学系部，专业覆盖农、工、文、管4大学科，有本科专业7个，另有2个二年制（专升本）本科专业在海甸校区办学。有实验实训中心、图书馆2个教学辅助机构。

在校生2736人，来自全国26个省(区、市)。

【学科建设】 学院拥有3个国家级高职教学改革试点专业，5个省级高职教学改革试点专业，1个国家级高职精品专业。

2010年将英语（商务英语方向）申报成为独立的应用型本科专业：商务英语。做好新办本科专业（网络工程）的迎评工作，得到省教育厅委派的评估专家组好评。

【教学工作】 1．教学规章制度建设。制订《应用科技学院2011届毕业生毕业论文（设计）实施方案》、修订《2010级应用型本科人才培养方案》。4-6月对7个应用型本科专业教学计划进行修订，并在此基础上进行汇编。坚持两周一次教学工作例会制度，使学院领导能够及时准确把握学院教学工作的进展以及存在的问题，加强对教学工作指导的针对性、时效性。坚持教学检查制度，包括开学前检查、期初检查、期中检查和期末检查。通过教学检查，使各项教学工作扎实有序的推进，达到保证教学质量的目的。

2．实践教学。2010年共组织8次实验实训教学会议，对各门实训课程的实施方案进行研讨论证，确保实验实训教学工作落到实处。

继续加强实验实训基地建设。一是校内实验实训基地建设，二是校外实验实训基地建设，为学生实习和实训教学工作创造良好的条件。

3．推免生工作。2011届本科毕业生16人推免成功，其中推外校5人，校内11人。

4．举办学院第一届教学研讨会，进一步统一全院教职工对应用型本科人才培养理念、创新应用型人才培养模式、提高应用型本科的人才培养质量的认识。

5．组织英语过级考试和职业技能鉴定工作。2010年，组织2685人次参加全国大学英语四六级考试及高等学校英语应用能力等级考试、254人参加英语专业四、八级考试、123人参加职业资格鉴定考试。

2010届毕业班共361人毕业，351人授予学士学位，9人结业。

【科研工作】 2010年，在研研究课题17项，总经费36.2万元。其中省级10项、校级5项、横向2项，出版教材4部，发表各类教研科研论文20篇。

【教师队伍建设】 专职教师65人，其中教授1人，副教授（副高职称）17人，讲师38

人，助教 1 人，具有硕士学位 27 人，享受国务院特殊津贴专家 1 人，50%以上为“双师型”教师。拥有一支来自行业企业及其他高校具有丰富实践经验的兼职教师队伍。

【党建工作】 学院党委下设 11 个支部，其中教工支部 2 个，学生支部 9 个。党员 374 人，其中教工党员 30 人，学生党员 343 人。

严格按照《海南大学发展党员工作实施细则》的要求，认真执行“坚持标准，保证质量，改善结构，慎重发展”的方针，做到成熟一个，发展一个。明确学生党员发展要符合学习成绩达到班上平均绩点、从事志愿服务工作 10 个小时、撰写思想汇报至少 4 篇等具体条件。推荐优秀团员 453 人作发展党员对象。发展党员 131 名，其中学生党员 129 名。预备党员转正 102 人。

深入开展创先争优活动。组织全体党员开展以“为党的生日献礼”为主题的教育活动，举办“共话党员之家 传承党的优良传统”退休老党员与学生党员座谈会，学生支部开展“爱我中华，唱响红歌”红歌大赛活动。农艺系学生党支部发起 “大手牵小手，爱心满校园”赴海口市龙华区高坡村高坡小学爱心支教等系列活动。

【学生工作】 1．寓思想教育于日常工作中。通过形势政策课、主题党日活动、团日活动、班会等，分析国际国内重大时政，对一些热点问题进行讨论，培养学生关心时政的好习惯，增强学生的历史责任感和使命感，帮助学生树立正确的人生观和事业观。

2．加强大学生日常行为管理教育。积极开展养成教育，感恩教育，励志教育，心理健康教育等，增强思想教育工作的吸引力和说服力，达到教育人、引导人、鼓舞人的目的。充分利用飞信、QQ、网站等手段开展学生思想教育，使思想教育以学生喜闻乐见的方式更贴近学生，为学生所接受，从而收到实效。

3．抓好学风建设。学风建设整体目标——“五提高三降低”。“六提高”即提高出勤率、四六级通过率、考证率、考研率、就业率；“三降低”即降低学生迟到早退旷课率、不及格率、考试违纪率。

4．关注学生心理健康。学院单独设立心理咨询室。举办朋辈心理辅导员培训班，每期 200 人。充分利用学院网站、橱窗、广播和公告栏等平台宣传心理健康知识。

学生主要获奖：蔡珊娜获 2010 年度“宝钢教育优秀学生奖”，刘亮明、罗易、张馨玉、范秀婷、李阳、张苏获“国家奖学金”。

2010 届毕业生 551 人，涉及 9 个专业（其中城西校区 6 个专业，海甸校区 3 个专业）。城西校区毕业生为学院首届应用型本科毕业生。平均就业率 95.34%，与上一年同期持平，签约率 41.04%， 与上一年相比提升 32 个百分点。

（撰稿：莫明锦　审稿：李碧英）

应用科技学院（儋州校区）

【概况】 为了继续发扬儋州校区（原华南热带农业大学）的优良传统和充分利用其教育资源，确保教育功能的持续和资产的保值增值，充分发挥学校作为全省重点综合性大学的整体优势，促进当地经济、社会发展提供智力和人才支持，学校党委 2009 年 10 月决定在儋州校区设立应用科技学院（儋州校区），2010 年 6 月 22 日正式挂牌。应用科技学院（儋州校区）是学校培养应用型本科人才的核心基地。

学院设有综合办、教务办、学工办、组织与

人力资源办、财务办5个职能部门，管理部、外语部、农艺部、工学部、公共教学部5个教学系部，会计学、财务管理、行政管理、公共关系学、英语、俄语、园艺、植物保护、风景园林、网络工程、交通运输 11 个专业，化学、物理、计算机、语音4大基础实验室，并新建园林绘画、机械制图、植物学等实验室。

2010年第一届招生1166人，来自全国23个省（区、市）。

【教学工作】 以科学发展观为指导，明确应用型本科人才培养目标，突出应用型本科人才培养的特色。更新教学观念，深化教学改革，加强学科建设，规范过程管理，学院招生第一年就做到了教学管理有序，教风、学风良好。

1．加强教学管理制度建设。制定《外聘上课教师管理办法（试行）》、《外聘上课教师协议书（试行）》、《教学工作量计算办法（试行）》等文件，规范了教学管理工作，保障教学工作顺利开展。

2．加强专业建设。制订11个本科专业的人才培养方案，召开3次应用型本科人才培养模式专题讨论，开展应用型本科人才培养模式的研究。制定师资队伍建设、课程体系建设、实验室建设、实践教学基地建设等规划。组织申报3个新专业，其中物流工程、电子科学与技术2个本科专业获得批准。

3．加强教学条件建设。接管儋州校区计算机、语音、物理、化学4个基础实验室并进行维修整理和设备更新，新建园林绘画、机械制图、植物学等实验室，维修和更新多媒体设备，新建塑胶跑道田径场，改善体育教学设施。

4．重视教学过程管理。持续开展教学工作检查，全面开展期中教学工作检查，努力做好教风学风巡查工作。通过教学区现场检查、听课、教师座谈会、学生座谈会等多种方式，重点检查课堂教学、实验教学、教学设施状况等情况，及时总结得失，改善管理工作，促进教学质量的提高。

5．完善教学质量监控体系。聘请 2 位教师为学院教学督导员，充分发挥教学督导在教学质量保障与监督体系中的作用。积极开展学生评教工作，组织学生对部分课程进行网上评价。实行学院全员听课制度，要求学院领导、行政管理人员、实验技术人员、任课教师必须听课，以了解教学状况。

6．加强教材管理。使用的42部教材，全部选用教育部推荐教材及全国通用教材。

【科研工作】 2010年，在研研究课题3项，总经费1.9万元，1项为海南大学2010年度教育教学研究重点课题“应用型本科实践教学体系构建的研究”（赖桂春主持 hdjy1010）；1 项为海南大学2010年度教育教学研究课题 “应用型本科学生职业生涯规划教育研究”（樊春主持 hdjy1029）；1 项为2010年度教育部人文社会科学研究项目“新型孝道文化在高校思想道德教育中的应用研究”（范启标主持 10JDSZ3023）。出版教材1部：《现代机械工程控制理论》（欧阳文圣编写）。获奖论文1篇：“加强当代大学生政治观教育的对策探索”（范启标撰写）。共发表学术论文3篇（刘继明撰写）。

【办学条件的建设和完善】 为了满足教学工作顺利开展，学院根据儋州校区的实际情况，经过多方面、多层次咨询专家学者，讨论确立要恢复功能项目的方案报学校审批。学校领导和各职能部门经过调研，结合教学需要，对方案逐一斟酌审核立项。功能恢复方面主要进行学生区15栋修缮、16栋修缮、丙烯酸篮球与排球球场改造、宿舍区道路改造、4号教学楼前绿地改造、学院办公室修缮、电教室及 47 课室改造、语音室升级、公共计算机房 120 台电脑更新、3号教学楼及大学生活动中心少量修缮、教室办公用房和办公设备的完备、学生宿舍区热水淋浴房的改造及400 米塑胶跑道运动场改造。功能恢复后的儋州校区，焕然一新。

【教师队伍建设】 根据《中共海南大学委员会关于儋州分校办学的若干意见》（海大党[2009]57号）文件第五条“分校根据需要自主设置内部管理机构，自主进行人事管理与内部分配，并实行专职与兼职相结合，全员聘用与合同管理的用人机制”等精神（后经校党委常委会研究决定，将“海南大学儋州分校”更名为“海南大学应用科技学院（儋州校区）”,更名后该学院办学与运作方式仍按海大党[2009]57号执行）。

教职工52人，其中在编人员10人，其余人员采用全员聘用管理制度。专职教师45人，专职行政人员7人，兼职教师35人，生师比15：1。专职教师中具有副高以上职称8人，占专职教师的17.8%，其中享受国务院特殊津贴专家1人。青年教师中博士学位2人，硕士研究生学历或学位30人，占专职教师的71.1%。

通过引进专职教师，聘任高校及企业离退休人员作兼职教师，返聘离退休专家等途径，不断扩大师资队伍，保证师资队伍的数量与办学规模相适应。重点加强“双师”素质教师队伍建设，努力建设一支专兼结合、结构合理、素质优良，符合应用型人才培养目标要求的“双师型”教师队伍。

重视新教师的培训工作，组织新教师参加海南省高校教师资格培训。组织开展师德培训、课堂教学技能培训、实验技能培训。实行新教师试讲制度，注重在备课、上课、实验等各环节的指导，加快新教师成长步伐，提高教学能力和教学水平。

【党建工作】 学院设党委，有2个党支部，其中教工党支部1个，学生党支部1个。党员42人，其中教工党员22人，学生党员20人 。

2010年，学院党委认真贯彻落实科学发展观，开展创先争优活动。制订方案，开展多渠道、多形式，多层次的教育活动。以“加强党的组织建设”、“继续推进创先争优活动”、“继续推进学习型党组织建设”、“落实好党政领导班子工作程序”、“加强宣传思想工作”、“做好社会治安综合治理和安全生产工作”、“抓好反腐倡廉建设”等工作为内容，扎实抓好党建和思想政治工作，为学院科学发展提供思想组织保障。

【学生工作】 成立学团组织，围绕学校人才培养目标，开展学生工作。

1．加强班主任工作。建立班主任工作机制，每月坚持班主任例会制度，举办班主任工作研讨会。2010年组织4期班主任培训。

2．重视辅导员队伍建设。优化辅导员队伍结构，实现队伍专业基础与个人特长互补。加强对辅导员队伍的再教育，提高辅导员队伍的素质。2010年所有辅导员先后参加国家、省及校际有关学生工作的培训活动。

3．开展大学生心理健康教育。配备1名心理辅导员。利用讲座、网络等渠道为心理健康教育工作服务。形成课内与课外、教育与指导、咨询与自助结合的心理健康教育的网络和体系；构建以教育为基础、以预警为重点、以干预促转化、以跟踪固疗效的学生心理危机干预机制。开展现场心理咨询、心理健康教育系列讲座等活动。各班级心理委员成立“心理交流室”QQ群，加强对心理委员的辅导，提高班级心理委员的工作能力。对全体学生进行心理普测，为所有学生建立心理档案，为学生全面提供详细的心理发展指导意见，对学生特殊群体有针对性地进行心理干预与长期辅导

4．抓好团学组织建设。成立第一届团委、学生会。举办团学干部培训班，组织丰富多彩的校园文化活动。本着“从学生中来、到学生中去”的宗旨，举办新生篮球赛、迎新晚会、新生才艺大赛、演讲比赛、“应科杯”篮球赛、植树节植树等具有特色的活动。

5．实施助学工作。完善“奖、贷、助、勤”四位一体的助学工程，发挥学生自主工作的育人

功能。做好学生国家助学贷款工作，为154名学生办理生源地助学贷款回执及报送工作，贷款金额922500元。为贫困生提供办公室助理、实验室助研、体育中心助教等勤工助学岗位30个，每月发勤工助学经费6000余元。制定勤工助学管理办法，规范贫困生勤工助学管理工作。

（撰稿：万　婧　审稿：刘德兵、盘　毅）

体育部

【概况】 2010年，体育部坚持以教学为中心，加强教风学风和高水平运动队建设，取得了好成绩。12月，学校木球队代表中国队参加在阿曼举行的第三届亚洲沙滩运动会，荣获女子团体第3名、男子团体第4名，取得中国木球参加国际比赛成绩的历史性突破，国家体育总局社会指导中心来函向学校祝贺致谢，并对学校木球运动给予充分肯定和高度赞扬。

【教学工作】 以教学为中心，严格进行管理。上半年的课堂评估全部为良好等级，全面完成学生《学生体质健康标准》测试任务，达标率91.98%。

加强师德教育，抓好教风建设。杜绝违规违纪事件的再次发生，体育教学上课纪律、教学效果受到学校教学督导委员会的好评。

【师资队伍建设】 专任教师50人，其中教授8人，副教授23人，具有博士学位2人，硕士学位8人，研究生学历1人。2010年，2人晋升教授，1人晋升副教授，1人晋升讲师。

【科研工作】 2010年，在研国家社科基金1项，获横向科研项目1项。省教育厅立项3项，到账科研经费41万元。在核心期刊发表论文4篇，其他期刊发表11篇，出版专著教材2本。参加海南省首届学校体育科学论文报告会获一、二等奖各一项。

【高水平运动队建设】 2010年招收24名高水平运动员新生。全面做好高水平运动队的评估验收工作，篮球、排球、田径等3个项目顺利通过验收，足球项目也顺利申报成功，学校高水平运动队建设项目达到4项。

抓好体育代表队日常训练工作，认真组队代表学校参加多项省级以上比赛，并获得优良成绩：

代表中国木球队参加第二届亚洲沙滩运动会获女子团体第三名、男子团体第四名。

海南省第八届大学生篮球赛男篮冠军、女篮冠军。

海南省篮球锦标赛女篮第一名。

海南省篮球联赛男篮第一名。

全国沙滩木球公开赛男队团体第一名、女队团体第一名。

海南省大中专院校田径运动会团体总分第二名。

海南省大学生男子足球锦标赛第二名。

海南省首届象棋锦标赛团体冠军，个人2项冠军。

第十一届全国大学生锦标赛个人2项第二名。

全国大学生第六届沙滩排球锦标赛普通女子甲组第二名。

第五届全国木球锦标赛男队团体第三名、女队团体第三名，男、女个人第一名。

2010年中国国际沙滩木球公开赛女队团体第三名、男队团体第四名。

海南省大学生围棋锦标赛冠军

【其他工作】 以“海南省国民体质监测中心”为平台，全面配合国家体育总局和省文体厅，按时完成“第三次国民体质监测”的现场测试工作任务。协助省教育厅组织好在海南大学举行的全省大中专学生田径运动会，获优秀组织奖。协助省教育学会学校体育研究会筹办“海南省首届学校体育科学论文报告会”。举办海南大学（海甸校区）第十七届游泳比赛、2010年海南大学（海甸校区）、儋州校区田径运动会。

（撰稿：梁振成　审稿：林　健）

辅 助 机 构

毕业生就业指导中心

【概况】 2010 年学校建立健全就业指导工作机制，强化服务、细化指导、优化市场，努力促进毕业生高比例就业、高质量就业，取得明显成效。

全校 2010 届毕业生 7263 人，初次就业率 88.73%， 31 个专业就业率 100%，49 个专业就业率 90%以上。17 个学院毕业生初次就业率 80%以上。土木建筑工程学院、外国语学院、信息科学技术学院、应用科技学院、政治与公共管理学院、园艺园林学院、环境与植物保护学院、机电工程学院、食品学院等 9 个学院初次就业率 90%以上。全校初次签约率 44.26%，签约率 60%以上的有 42 个专业。机电工程学院签约率超过 80%，材料与化工学院和海洋学院签约率超过 70%。

图一：学院初次就业率统计

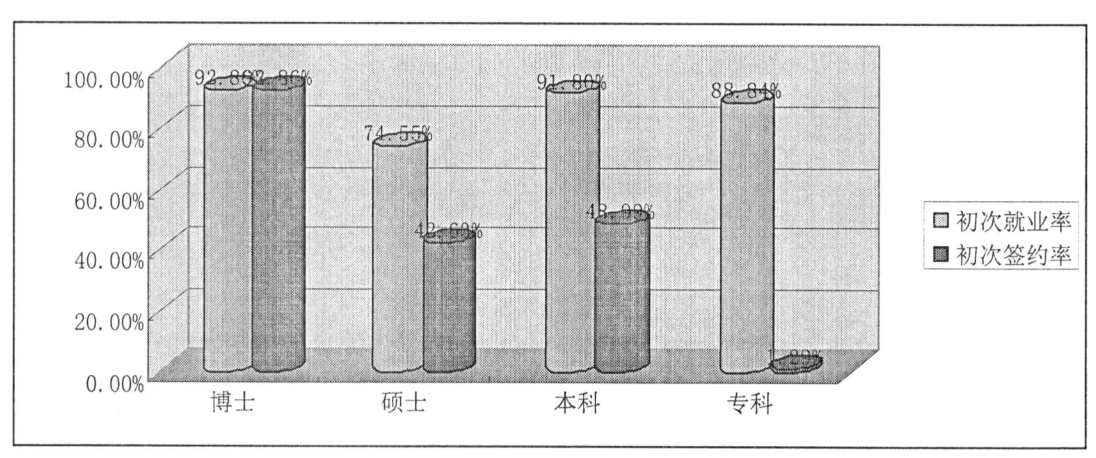

图二：全校不同层次毕业生就业情况

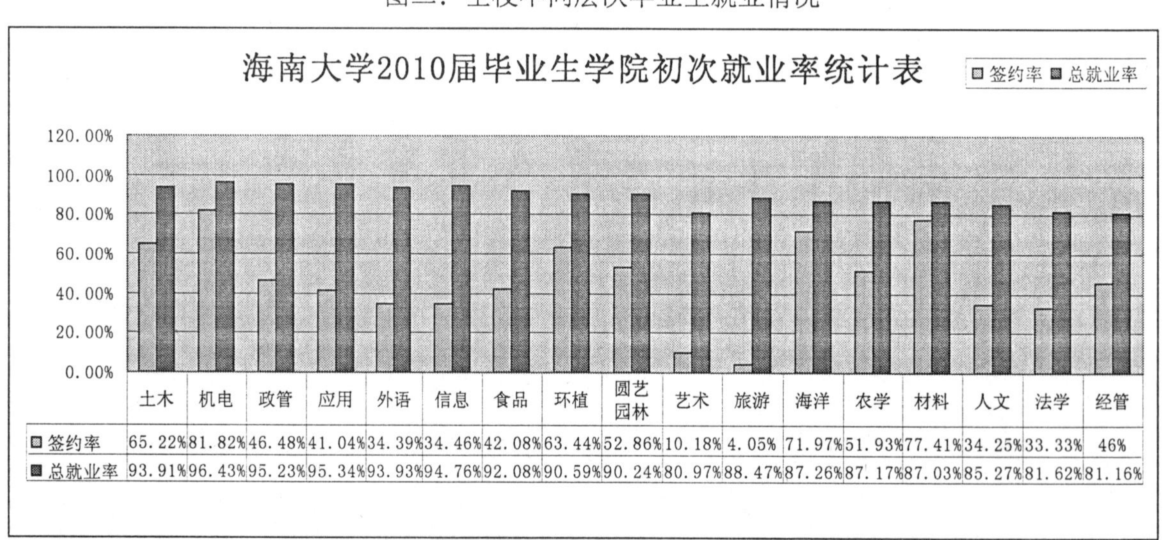

	土木	机电	政管	应用	外语	信息	食品	环植	园艺园林	艺术	旅游	海洋	农学	材料	人文	法学	经管
签约率	65.22%	81.82%	46.48%	41.04%	34.39%	34.46%	42.08%	63.44%	52.86%	10.18%	4.05%	71.97%	51.93%	77.41%	34.25%	33.33%	46%
总就业率	93.91%	96.43%	95.23%	95.34%	93.93%	94.76%	92.08%	90.59%	90.24%	80.97%	88.47%	87.26%	87.17%	87.03%	85.27%	81.62%	81.16%

【重视毕业生就业工作】 学校把毕业生就业工作列入年度工作重点。校党委常委会、校长办公分别召开专题会议研究毕业生就业工作，并召开全校就业工作会议，部署毕业生就业工作。

学校和各二级学院分别成立以党政“一把手”为组长的校、院两级毕业生就业工作领导小组。学校党委书记和校长对学校毕业生就业工作负总责，学院院长和党委书记对本学院毕业生就业工作负总责。3 月，学校决定全校研究生就业工作由学校毕业生就业指导中心统筹协调管理，各学院具体组织实施。4 月，各学院与学校签订《海南大学 2010 年毕业生就业工作目标管理责任承诺书》，明确各学院 2010 年毕业生就业工作的目标和责任。“学校统筹、院系为主、全员参与、全程实施”的就业工作领导体制和工作机制已基本形成并发挥重要作用。

【毕业生就业特点】 2010 年毕业 生就业主要特点:

1．大部分毕业生求职择业观念务实，就业期望值符合实际。

2．毕业生就业以省内和珠三角、长三角等地区就业为主。其中在海南省内就业的毕业生占 51.27 %，广东珠三角地区占 12.12 %，江浙福建长三角一带占 6.5%，云贵川和陕西一带占 5.95%，北京、天津一带占 2.99%。

3．毕业生到基层就业、到中小企业就业成为主流。其中党政机关和事业单位占 6.35%，三资企业占 9.2%，国有企业占 6.0%，中小民企占 47.39%， 基层项目和部队占 0.53%，自主创业占 0.29%。到中小民营企业、基层就业的毕业生人数比上一年有所增加。

4．就业形式灵活，行业分布广泛。其中，教育、卫生、社会保障和社会福利业占 16.22%，制造业、科学研究、技术服务和地质勘察业及建筑业占 20.13%，信息传输、计算机服务和软件业占 5.71%，交通运输、仓储和邮政业、公共管理与社会组织、房地产业、租赁和商务服务业占 12.69%,批发和零售业、住宿和餐饮业、居民服务和其他服务业占 15.63%，文化、体育和娱乐业占 5.15%。

5．升学、出国等毕业生人数有所增加，2010 年全校升学深造人数达 892 人，占毕业生总数 12.21%。

6．工科、农科、管理类毕业生就业形势较好，就业率和签约率较高。

【就业指导与服务】 1．提升队伍业务水平。为了提高就业指导人员的业务水平， 7 月，学校与北森生涯（北京）教育科技有限公司合作，举办大学生职业规划教学 TTT 培训，学校所有就业指导人员和大部分学院负责就业工作的领导参加了培训，取得好效果。全校已取得全球职业规划师（GCDF）资格的有 7 人，国家职业指导师资格的 48 人，其中高级职业指导师资格的 20 人。全年共派出 66 人次参加培训或相关会议，全校就业指导人员队伍的专业水平有了明显提高。聘请企业家或成功校友作为兼职就业指导师，形成了一支专兼结合的就业指导队伍。

2．提供“一对一”职业咨询辅导。学校设立专门的职业咨询室，通过网络或电话预约的方式面向全校学生提供“一对一”的咨询服务，解决了不少学生在就业和职业生涯规划中的实际问题。

3．加大课程建设力度。学校设立职业生涯与就业指导教研室，负责组织协调学校就业指导课程建设。已经将就业指导课程列入教学计划，面向全校学生开设了《大学生职业发展与就业指导》、《大学生职业生涯规划》、《大学生就业指导》等选修课程，学校正研究拟从 2012 级学生开始将职业指导课程纳入必修课教学计划。

4．提高信息化管理服务水平。学校建立毕业生就业率统计通报制度，建立就业工作信息管理系统以及专门的毕业生就业信息网，搭建信息化管理平台。利用各种平台及时发布更新就业政策、用人单位信息等相关信息。通过校内外各种载体，向毕业生发布用人单位招聘信息超过2000条。

【就业帮扶】 各学院建立就业困难学生信息库。针对就业困难学生，开展个性化的就业服务。2010年，学校与华民慈善基金会合作，为109名即将毕业的贫困家庭学生每人提供4000元的就业经济援助和进行就业技能培训。

【创新创业教育】 1．开展创业教育。学校积极利用创业培训优惠政策，与海口鑫弘茂职业技能培训中心、新希望培训中心合作，组织有创业愿望的学生开展“创办你的企业”（SYB）创业培训，2010年培训13期，534名学生参加培训。通过系统的专门培训，受训学生自主创业意识明显增强，创业知识与技能明显提高。近年来，毕业生先后创办的海口市星空通讯器材有限公司、视界科教文化传媒有限责任公司等14家公司，企业运转良好，吸纳了数十名毕业生就业，“以创业带动就业”初见成效。

2．开展实践型创新教育。学校举办大学生创业大赛和组织学生参加全国大学生创业计划竞赛，举办就业技能和职业生涯规划讲座85场，丰富了实践与创新教育活动，学生创新意识和实践能力明显增强。

【开拓就业市场，拓宽就业渠道】 学校积极开拓就业市场。近年来寻求多方合作，先后与海南省海口、三亚、儋州等市，广东省湛江、茂名、阳江等地农垦局进行了包括毕业生就业在内的全面合作。主动走访海南省及各市（县）政府相关部门，商谈毕业生就业合作事宜。各市（县）人力资源开发局定期向学校提供辖区内主要企业的人才需求信息、联合举办毕业生供需见面会，已经逐渐成为双方合作的有效形式。

学校先后在中石化海南分公司、亚太酿酒集团等200多家海南省大中型企业建立实习基地，每年安排2000多名毕业生前往这些实习基地进行毕业实习，有相当一部分毕业生在实习基地单位就业。各学院组织专业教师走访合作企业，召开座谈会，深入了解企业用人需求和毕业生工作情况，为深化教育教学改革和就业工作提供依据。

（撰稿：谢辉凡　审稿：黄玉端）

图书馆

【概况】 图书馆总面积43632平方米，其中海甸校区图书馆33106平方米，儋州校区图书馆6500平方米，城西校区分馆2300平方米，19个二级馆面积共计1726平方米。馆藏文献331.3万余册（卷），其中纸质212.2万余册（卷），电子119.1万余册，中文期刊7295种，外文期刊725种，中外文数据库25个、103种，自建特色资源数据库8个，免费试用数据库70个。

12月，省教育厅专家组对图书馆进行评估检查，评价为“办馆条件良好”、“办馆水平优秀”。

【队伍建设】 正式职工91人，临时聘用人员56人，具有博士学位1人、正高职称3人、副高职称22人、中级职称36人、初级职称22人，2010年,正在攻读图情专业博士学位1人，参加硕士课程学习和本科自学考试6人,80余人次参加calis全国中心或省图工委等机构组织的专业培训。

【文献资源建设】 2010年，图书馆共采购图书72785册，订购中外文期刊2861种，完成25种中外文数据库的订购工作（续订18个，新订7个）。1月，成立数字资源部。

【读者服务工作】 图书馆开放时间：94小

时/周，借阅时间 80 小时/周，电子资源 24 小时/天。

基础服务。全年读者进馆量 200 余万人次；图书总流通量为 114.5 万册，比上一年增加 2%；生均借书量 40 册；光盘、磁带借阅总量 4427 张，电子资源访问量为 347.5 万篇次；馆际互借 257 册。

现代信息服务。2010 年完成查新课题 334 项，完成新生培训 8325 人次，文献传递 2898 篇。

【“走进图书馆，获取新知识”宣传活动月】 10 月，图书馆联合校团委、学生会、宣传部举办“走进图书馆，获取新知识”大型活动，开展图文知识竞赛、“我与图书馆”系列学术讲座、专题数据库培训、征文比赛、图书借阅量排名、读者“读书”交流会 6 大主题活动，充分发挥图书馆的教育职能和服务职能，扩大图书馆在读者中的认知度和影响力，促进全校师生对图书馆创新服务的认知认同，向读者全方位、多角度地推广了图书馆的文献资源与服务，取得良好的效果。

【交流与合作】 4 月 6 日，泰国皇家师范大学（Phranakhon Rajabhat University）一行 17 人在泰国海南会馆理事长、海南大学第二届理事会副理事长王琼南博士率领下莅临图书馆参观访问。当天，学校在图书馆举行“王琼南厅”揭牌仪式，王琼南博士和严庆副校长为“王琼南厅”揭牌。

为了表彰王琼南博士在推动学校建设和发展中所做出的重要贡献，学校特将图书馆二期工程中一厅室命名为王琼南厅，以志纪念。

（撰稿：林 苗　审稿：詹长智）

档案馆

【概况】 档案馆设综合办公室、综合档案室、人事档案室、学生档案室和编研室。在编人员 13 人，其中，高级职称 4 人，中级职称 3 人，初级职称 3 人。2010 年 7 月、12 月，原设在儋州校区管理的学生档案和人事档案，分别移交档案馆，实现全校档案统一管理，档案馆工作人员集中办公。

2010 年 11 月，由省档案馆和省教育厅组织 3 年一次的海南省高校档案工作检查中，学校档案馆以总分第一获优秀奖。

【档案馆建设】 2010 年，档案馆继续加强自身建设，硬软件均得到明显改善。制订了《海南大学档案馆消防安全管理制度》、《馆务工作会议制度》和《关于加强档案馆工作纪律的规定》。参与组织“全国高校档案信息化暨数字档案馆建设专题研讨会”，并同与会代表就高校数字档案馆建设、档案信息化建设和电子档案管理等专题进行研讨和交流。

【综合档案工作】 综合档案归档工作。2010 年，综合档案归档 3998 件，其中党群类档案 279 件，行政类档案 863 件，教学类档案 1714 件，科研类档案 193 件，外事类档案 159 件，出版类档案 24 件，财会类档案 695 件，设备类档案 4 件；归档光盘 7 张，照片 94 张，实物档案 67 件。整理保存 2009 年度上级文件 483 件。

档案利用服务工作。全年利用综合档案 1135 件（卷），1443 人次，提供复印 2379 张。利用电子文件及时为单位或个人提供文凭核实服务近 150 人次，并通过电话、传真和邮寄等方式，为利用者提供全方位服务。

【学生档案工作】 学生档案归档工作。全年共接收在校生各种归档材料 97829 份，其中接收 2010 级本科新生材料 18508 份，建立 2010 级本科新生档案 6254 册；接收 2010 级研究生材料 1272 份，建立研究生新生档案 636 册，已按档案管理规范全部整理入库，将研究生部分全部录入电脑进行管理；接收在校生本学年度学生鉴定表、奖惩以及学籍变动等材料 27703 份，并将材料分类归入个人档案中；接收 2010 届毕业生档案材料 50346 份，整理归入毕业生档案中。

毕业生档案转递工作。完成了 6391 册毕业生档案的整理工作，并登记造册转递毕业生档案 4131 册，为应届毕业生办理档案暂存 2260 册。

档案利用服务工作。全年接待来馆来电查询档案去向以及与档案工作有关的咨询共 11000 多人次，接待借阅 22 人次，为历届生、应届生在就业、升学、参军等方面提供档案凭证。

【人事档案工作】 人事档案归档工作。学校在职教职工 2630 人，退休人员 1024 名，离职人员 200 多名，均按上级有关部门的标准立档。归档各类材料如工资表、年度考核表、职称评审表、学籍材料、入党材料等 8316 件。接收、整理调入人员档案 154 卷，并为其建立专业技术考核档案。为 12 名教职工找回学籍材料，为 44 名教职工办理转档传递工作。将所整理的档案材料一一录入电脑进行管理。

档案利用服务工作。全年接待查阅档案 638 人次，提供利用档案 2412 卷，借出和复印档案 650 份，电话查询 590 人次。

【数字化建设】 根据国家档案局对档案工作数字化建设的部署，学校档案数字化建设已经启动运行，是我省高校系统第一个进行档案数字化的单位。学校档案数字化建设从两方面着手进行:一是对建校以来即 1958—2007 年教学类档案通过扫描等手段进行数字化处理， 2012 年初可进行查询利用。二是对 2009 年学校产生的文书类档案和教学档案进行全文著录或导入档案管理系统，实现了纸质档案与电子档案同步进行数字化归档管理，为将来全面开展数字化档案工作打好基础。

【编研工作】 编纂 73 万字的《海南大学年鉴》（2010 卷），于 2010 年 12 月正式出版。收集、整理、汇编 72 万字的《媒体看两院》（1998—2009）。

（撰稿：黄天明　审稿：范　明）

海南大学学报

【概况】 2010 年，《热带生物学报》正式创刊，公开发行，为宣传和展现学校的教学科研乃至海南和亚热带地区的研究成果提供了交流平台。海南大学学报（人文社会科学版和自然科学版）的工作有新的突破，取得了可喜的成绩。

【学报工作与业绩】 《热带生物学报》2010 年出版发行 4 期。该刊为生命科学专业性期刊，具有海南热带特色，不论是学术质量，还是编排质量，都逐步得到广大作者和读者的肯定，也得到中国科学技术信息研究所的认可，并被中国核心期刊（遴选）数据库收录，为今后进入核心期刊行列打下了基础。该刊与全国各高等农业院校所相互交流。

《海南大学学报：人文社会科学版》2010 年出版发行 6 期，学术质量明显提高，在全国高校学报界产生较大的影响。2010 年，经教育部社会科学司同意，全国高等学校文科学报研究会开展第四届全国高校社科期刊评优活动，该刊被评为“全国高校百强社科期刊”，尤其是在创办《海南研究》特色栏目方面，也得到总评委的肯定，该栏目同时被评为“特色栏目”。2010年《学报》继续被南京大学中国社会科学研究评价中心列为《中文社会科学引文索引》（CSSCI）来源期刊。

《海南大学学报：自然科学版》2010年出版发行4期，学术质量不断提高。2010年获教育部科学技术司“第三届中国高校优秀期刊奖”，为我省高校科技期刊唯一获奖者，许文深、陈俊、高喆等3位编辑人员获教育部科学技术司颁发的个人获奖证书。《学报》继续被中国科学技术信息研究所列为“中国科技论文统计源期刊”（中国科技核心期刊）。

【编辑队伍建设】 2010年，学报编辑部新增加1名正高职称编辑人员，2名编辑人员取得正高职称资格。编辑人员14名，其中具有正高职称5名，副高职称4名，中级职称3名，是我省期刊界编辑队伍中高级职称人员最多，专业结构较为合理的单位。

（撰稿、审稿：许文深）

网络与教育技术中心

【概况】 2010年，网络与教育技术中心积极推进现代教育技术工作，扩大校园网用户接入覆盖面，抓好正方数字校园应用系统建设和门户网站建设，做好中央支持地方高校发展专项、高校生均拨款奖补资金专项、省财政厅数字化校园专项和校内数字化校园建设专项的规划、申报和建设工作，制定数字化校园十二五规划，初步完成数字化校园发展规划，完成网络综合教学平台与教务管理系统的数据对接工作。三校区校园网络平稳运行，各项数字化应用正常使用。

【网络基础设施建设】 配合校内机构调整与搬迁，完成学校行政机关部门搬迁新楼和新建楼宇的网络接入工作。

完善一卡通基础建设工作，启用北门门禁管理系统。

1月，完成中心位于4号教学楼新办公室和网络机房的装修改造工程。6月，完成办公室搬迁和网络机房的搬迁工作。

【网络应用系统建设】 学校网站不断更新与维护，保障学校对内对外宣传与沟通。实现校内校外门户的区别。配合政治与公共管理学院、机电工程学院、材料与化工学院、外国语学院、毕业生就业指导中心、人事处等单位完成网站升级和改造。

【现代教育技术】 配合教务处完成2010年度16门校级精品课程、7门省级精品课程、1门国家级双语示范课程的网络教学综合平台建设工作，完成大学生文化素质课程《美学》网络教学试点的课程视频拍摄和后期制作工作。协助各任课教师使用网络教学综合平台进行网络辅助教学工作，2010年有69门课程通过该平台上传教学材料、教学大纲、进行网上答疑讨论，提交作业。平台访问人数突破300人次。

（撰稿：李文化　李庆刚　王世恭　颜　磊　审稿：李文化）

后勤集团

【概况】 后勤集团以服务大局、服务基层为宗旨，以“突出服务，兼顾经营，规范管理，树立品牌”为工作主线，努力创先争优，大力推进各项后勤工作。

2010年，后勤集团被全国高等教育学会后勤管理分会评为全国高校后勤系统社团工作先进单位。后勤集团饮食服务中心、物业服务中心（儋州校区）被海南省高等教育学会后勤管理研究会授予“先进单位”称号。后勤集团接管的海府机关食堂被省直机关服务中心授予“2010年度先进集体”称号。

【质量与管理】 4月，根据质量体系运行计划，后勤集团聘用20名质量员，分2次组织内审人员对海甸、儋州校区17个中心的管理体系运行情况进行内审工作。8月，按照ISO9001质量管理体系新版的要求，对管理体系重新进行体系文件的修订和换版工作，并于9月重新颁布体系文件，完善集团《质量手册》、《程序文件》以及海甸校区10个中心的《工作手册》。10月1日，启动对海甸校区5号教学楼实行物业项目管理服务试点，提高物业管理水平。

成立垃圾清运项目组、商铺项目组、水电维修项目组、绿化养护项目组，落实垃圾清运、商铺管理、水电维修、绿化养护工作责任制。

【安全工作】 成立由后勤集团总经理、党委书记负责的安全综治工作领导小组，研究制定《综合治理工作方案》、《安全生产年工作方案》，修订《海南大学后勤集团应急工作预案》。根据具体工作内容相应成立安全宣传工作、制度建设、培训工作、监督检查等安全工作小组。全年补充灭火器120个，设置消防应急灯630个，消防水带（扣）、水枪60套。开展安全知识讲座与演练8次，与各单位、部门签订安全责任书20份，与各店铺签定门前三包责任书48份。幼儿园增配2名专职安保人员，配备安保着装和相关设备。

在学生区4#、5#、6#、7#学生宿舍楼安装集中式智能电费收费系统，实行一户一表，计量收费，覆盖率达到95%以上。对重点负荷和事故多发线路实行实时监控，确保教学、工作和生活秩序正常运行。

【学生饮食服务保障工作】 2010年，在物价上涨的市场环境下，后勤集团饮食服务中心采取有效措施，努力做到饭菜价格平稳。1.启动风险基金，加强采购的监控及成本核算工作，深入市场调查，做好物资采购的组织工作。2.召开食堂物资供应商座谈会，争取降低食品原材料成本。节约用水用电，降低食堂成本。3.抓好加工与销售环节，严格食堂的各项操作规程，对食品加工做到合理搭配，物尽其用，减少损耗。4.引导学生参与伙食管理，了解和支持食堂工作。

【校园绿化】 2010年先后投入12万元，铺设草坪近3万平方米，补种补栽花草灌木约3000棵，维修维护损坏的石椅、花坛侧石、栏杆、园路、指示牌、停车位等各类基础设施150多处，添加果皮箱15个，重要节日摆放鲜花累计2万多盆。重修教工区荷塘池堤，铺设人行道，美化荷花池周边环境。

【党建工作】 开展创先争优活动。结合后勤工作实际,组织“党员岗位零投诉”活动、“党员示范岗、党员示范区”活动、“党群一帮一”活动、‘我身边的党员’群众评议系列活动”，取得好效果。

创建学习型党组织。开展后勤集团中心副主任以上干部“五个一”活动：1.精读一本书。集团党委为中层干部购买《企业文化实务手册》和《现代管理学教程》。2.完成一个后勤管理课题。集团领导每人负责一个系统，中心主任每人负责一项具体课题，全年撰写88篇课题、考察报告、经验总结和理论探讨文章。3.做一次专题报告。2010年集团党委开展“廉政建设”、“国外见闻”、“精细化管理”、“企业文化建设”、“层次管理”、“到一线去”、“项目管理”、“执行力”等8个专题的学习。4.完成一项业务创新。利用QQ群建立“网上党员之家”，建立具有激励功能的薪酬体系，实施项目管理制度，实行校园精品草坪养护、风扇与水电维修项目承包等。5、进行一次对外交流。2010年后勤集团选派9批共30多人次外出考察学习，撰写外出考察报告20篇。

2010年，培养入党积极分子25人，发展党员11人。

【文化建设】 2010年，后勤集团认真探讨后勤文化建设，提炼出后勤集团精神——至诚至善唯精唯美，确定服务理念——师生至上、服务第一，管理理念——严格规范、求实高效，经营理念——您满意、我高兴，改革理念——适合的就是最好的。编制《海大后勤之歌》，制作后勤集团电子宣传片——《征程——海南大学后勤改革纪实》，抒写一首称赞后勤人的诗歌——《后勤人》，撰写一本记载后勤改革成果的书籍——《实践与探索——海南大学后勤集团十年改革历程》，编印《海南大学后勤集团管理制度汇编》和《海南大学后勤集团党务工作手册》。

【宣传工作】 4月中旬，主动配合海口电视台一台“热带播报”节目走进海南大学海甸校区教职工社区的拍摄和宣传工作，节目播放后扩大集团的影响力。积极向校内外、省内外宣传学校后勤工作。2010年，在学校网站发表稿件28篇，在后勤集团网站发表稿件447篇，组织系列专题报道16个，制作简报10期。“中国院校后勤信息网”采用110篇，《中国高校后勤通讯》采用6篇，《中国高校物业管理通讯》采用15篇，《中国院校后勤信息》采用2篇，《高校后勤研究》采用1篇，《海南特区报》采用1篇。李进登、符万祺、黄宏俊被中国高教学会后勤管理分会评为“2010年全国高校后勤系统信息与宣传工作先进个人”。

(撰稿：李进登 徐小华 符万祺 审稿：徐凤莲)

派出机构

儋州校区管委会

【概况】 2010年，儋州校区管委会坚持以服务学校发展为本，根据校区边搬迁边办学的特殊情况，科学谋划各项工作，确定“保政令畅通、保正常运转、保安全稳定、保顺利搬迁和协调解决分离遗留问题”为工作重点，确保校区正常的教学、工作和生活秩序。

【履行学校管理延伸的职责】 认真履行作为学校党委和行政管理延伸的职责。1．妥善处理各类突发事件、校区综合性事件，在儋州校区同步召开教师节座谈会、新年座谈会、老干部座谈会，做好教代会等重大会议的交通车辆安排。2．认真配合各职能部门做好学校各项全校性工作在儋州校区的贯彻落实，如各类重大会议的同步视频、人口普查、环境综合整治、计划生育、社会治安等工作。3．加强与地方政府及周边单位的沟通协调，为校区的发展创造和谐环境，如主动配合儋州市做好“一节一赛”活动、主动向公安局等部门沟通信息等。

【教学保障工作】 抓好教学保障，促进质量提升。1.召开多次专门会议，协调新成立的应用科技学院（儋州校区）与其他几个学院在教学资源分配、共享方面的问题，保证校区各个学院教学资源的共享。2.协助做好作物栽培学和耕作学省级重点学科的评估验收工作，协助做好设施农业科学与工程、机械电子工程新办专业的评估工作。3.加强与各业务部门的协调，确保围绕教学的各项服务工作到位，如协调后勤集团文印中心搬迁事宜，保证校区考试试卷的正常印刷，协调处理实验室有毒有害废物处置问题。4.加强对各级考试考务工作的指导，如大学生英语四六级考试、研究生入学考试、学生技能鉴定考试、期末考试等。5、指导做好教学基地搬迁、教师办公用房调整等工作。

【学生工作】 以人为本，为学生成长成才服务。1．日常管理工作。利用安全教育讲座和救助知识自选课等加强对学生的安全教育，提高学生自我防范意识和技能。加强法纪法规宣传，引导学生自觉遵守各类规章制度。2．心理健康教育工作。做好心理教师值班接访，为学生解惑答疑。开展新生心理普查，建立心理档案。开展“5.25”大学生心理健康教育宣传月系列活动，有针对性地开展心理健康讲座与培训。3．学生资助工作。公平公正公开地做好各项学生资助工作。4．新生接待工作。在2010级新生接待工作中，为家庭困难学生开设“绿色通道”。5．文明离校教育工作。开展毕业生文明离校系列教育活动。6．毕业生就业工作。通过双选会、就业讲座、座谈会、个别谈心、毕业生晚会、评选优秀毕业生等活动，引导毕业生认清就业形势，树立正确的择业观。7．校园文化工作。组织第38届大学生田径运动会、元旦游园活动、大学生宿舍文化节、迎新晚会等系列校园文化活动。

【环境综合整治工作】 加大环境综合整治工作力度，营造良好的学习、生活环境。3月16日，管委会召开校区环境综合工作动员大会，拉开校区环境综合治理的序幕。校区对环境综合治理工制定了具体方案，明确了工作重点、工作要求和时间安排，做到定期检查，现场提整改意见，及时跟踪落实。年内组织检查9次，发出整改通知书8份。各学院、各单位根据校区的统一部署，开展环境综合治理活动，自觉按照学校门前三包的原则对责任区内的环境卫生定期打扫、清理。后勤中心通过增加摊位、分类管理、签订卫生责任书、及时清理垃圾等办法逐步改善了市场的营业环境，基本杜绝美食街占道经营、无证经营、私搭乱建的现象。防疫部门认真做好环境消杀及食品安全的督促检查工作。园林中心及物业部门坚持每天绿地养护和保洁工作。保卫部门经过近2个月的努力，引导大家实现了车辆的有序停放。经过环境综合治理，校区环境卫生大有改观。

【人口普查工作】 精心组织，圆满完成校区第六次全国人口普查工作。1．建立人口普查机构。成立校区人口普查工作小组和普查办公室，制定工作方案。积极争取工作经费，做好普查物资的准备。2．加大宣传力度。通过校内广播、悬挂宣传标语、发放宣传知识手册等方式，多渠道宣传人口普查的重要性和具体要求，做到家喻户晓，主动配合。3．认真规划区域及绘制普查小区图。按照居住在儋州校区区域的普查对象测算，将校区管辖区域的人口情况划分为6个区域，绘制普查小区图。4．做好普查员的选调和培训工作。选派34名责任心强的教工担任普查工作人员，邀请儋州市统计局相关人员为普查员进行培训。5．做好户口整顿和摸底调查工作。普查员利用10天时间完成了1200多户的户口整顿和摸底调查的工作。6．全力以赴做好现场登记工作。按照规定时间，高质量完成8000多人的入户登记各项普查任务，并按时将有关数据等资料审核汇总上报。

【安全稳定工作】 认真落实治安综合治理各项措施，确保校园稳定。1．落实综合治理工作责任制，做到横向到边、纵向到底，层层抓落实，处处除隐患，不留安全死角。2．开展大学生安全防范宣传教育活动。从新生入学教育入手，采取集中授课，发放宣传材料，校园网、条幅标语、板报等形式广泛进行安全防范宣传。仅“温情安全提示”告示就印发600多张。3．开展学校安全隐患大检查。在开学、放假和重大节日前，组织保卫、学工、教务、后勤等部门相关人员开展大检查，对安全隐患进行了解、登记、建档，及时研究解决隐患的整改措施。4．开展矛盾纠纷调解工作，创建平安校园。年内共接待30多起上访，人员涉及周边的征地工人、退休老干部、在职教师和学生。5．争取学校加大对校区的投入，提高“人防、物防、技防”水平。6．妥善处置各类治安事件和突发事件。2010年校园及周边共发生治安案件40起，管委会主动与地方政府和周边单位联系妥善处置，减少突发事件对校区的影响。7．积极应对13号超强台风工作。管委会把防范工作做在前面，强化岗位责任，平稳度过这次超强台风。

【外部沟通协调工作】 加强对外联系，营造良好的外部环境。1．加强与热科院相关部门的沟通，配合学校认真督促落实2009年12月院校分离工作协调会所列的相关事项，如协调品资所办公楼搬迁及落实原办公人员的办公场所，妥善处理园艺园林学院基地搬迁及职工纠纷问题，职工医院周边土地、机电工程学院铺仔实习基地土地的纠纷问题，积极推动学校档案数字化工作。2．主动配合地方政府做好属地管理的相关工作。经过多次与儋州市计生局协调，最终把校区计生工作纳入地方政府管理范围，落实人员按“四不漏”和“五清”的要求，完善人口信息档案，2010年共录入信息966份。根据地方卫生防疫部门的要求，积极做好“手足口病”、红眼病的防控和灭鼠、环境消毒工作。

（儋州校区管委会供稿）

附 属 机 构

医 院

【概况】 2010年1月28日，根据学校党委常委会议决定，整合海甸校区医院、儋州校区医院、城西校区卫生室，组建新的海南大学医院，实行统一管理，建立统一的学校医疗卫生保健防疫体系。医院建制为副处级单位。

2010年，医院工作以满足全校师生员工的基本医疗、健康需求为中心，以提高医疗保健服务质量为核心，以为学校分忧解难为基本出发点，将质量和服务作为医院生存和发展的生命线，加强医院建设和管理，加强和完善公共卫生防疫体系，抓好疾病预防控制、健康教育、计划免疫、精神卫生、应急救治等工作，为师生员工、患者提供优质、价廉、方便、快捷的医疗保健服务。全年医疗门急诊量及健康体检8万多人次。

医院被海口市居民医保主管部门批准为海口市居民医保定点医院。

【制度建设】 整理汇编《全国医院工作制度与人员岗位职责》、《常用卫生法律法规》、《抗菌药物与中成药临床应用指南》、《海南大学医院处方集》等，组织职工学习医疗规章制度、卫生法律法规，提高依法执业的意识，规范医务人员医疗行为。

【队伍建设】 在编人员84人，外聘人员36人，城西校区3人(属海南大学离退休工作处编制)，合计123人。其中正高人员3人、副高人员16人、中级人员17人，其余为初级和工勤人员，分布在海甸校区、儋州校区和城西校区。

重视职工进修培训，注重技术骨干培养，2010年安排外出进修6人。

【改善医疗环境】 海甸校区医院对部分医疗用房进行维修，防水补漏，完善医疗废物暂存处等基础设施。儋州校区医院对医院围墙周边的杂草进行根除，补种果树、树苗，对原地进行绿化，对大门及道路进行保护性修缮，修建了路肩及花池。

【预防保健及疾病防控】 1．完成新生入学及各类学生体检工作。建立学生健康档案，对健康资料进行统计分析，根据存在问题及时采取有效防治措施。对患病学生如心脏病、乙型肝炎、肺结核、特发性气胸进行个体疾病咨询、治疗与健康指导。根据病情提出避免剧烈运动，免休体育课的建议，对因病不能坚持学习者，根据学籍管理规定，提出休、退学处理意见。

2．完成学校干部职工年度健康体检及后勤非编员工健康检查工作。对体检中发现问题及时告知，使职工了解自身健康状况，并做好疾病咨询、治疗及健康指导。

3．做好疾病预防控制工作。贯彻执行传染病防治法规，开展传染病知识宣传。在学校红眼病流行期间，积极宣传红眼病防治及六步洗手法知识，上门指导患病学生、同宿舍学生做好个人防护，并免费发放消毒药品，使红眼病流行得到及时控制。对发现的传染病如肺结核、感染性腹泻、流腮、红眼病等按规定上报，做好防治工作。

4．做好预防接种工作。2010年，接种甲肝疫苗209人、乙肝疫苗1500人、卡介苗11人、儿麻糖丸 806 人、百白破（无细胞）670 人、白破二联疫苗 178 人、乙脑疫苗 378 人、狂犬疫苗 600 人、A+C 流脑疫苗 389 人、A 群流脑 344 人、麻疹疫苗 638 人、麻风疫苗 159 人、麻腮疫苗 238 人。

5．开展食堂食品卫生、小卖店、生活饮用水、校园公共场所及校园环境卫生监督检查，定期对校园环境进行消杀，做好突发公共卫生事件的流调、处置、医学观察、消毒等工作。

【健康教育】 1．在大学生中开设《健康教育》《救护学》《女子生理卫生学》3 门健康教育选修课。全年选修学生 1700 人次。

2．整理汇编《海南大学大学生健康教育宣传手册》，在新生入学体检时每人发放一册，宣传常见传染病、急救常识、大学生医疗保险等知识。

【党建与工会工作】 医院设党总支部，下属 2 个党支部。开展“创优争先”活动，党员亮牌上岗，取得良好效果。2010 年，承办学校党校儋州校区第一期入党积极分子党课培训班，培训职工 17 名。10 名职工提交入党申请书。

成立新医院工会，组织职工参加各项文体活动，关心职工生活，凡是生病住院和家庭有困难的职工，医院都派工会工作人员作代表前往慰问。

（撰稿：郭雅秦　朱　萍　于旭东　审稿：郭雅秦）

各类统计数据

学校基本数据

校园总面积 5206.91 亩。其中：海甸校区面积 2622.55 亩，儋州校区面积 1708.75 亩，城西校区面积 139.66 亩，秀英农场 735.94 亩。

校舍总建筑面积 896975 平方米，其中海甸校区 626666 平方米，儋州校区 234695 平方米，城西校区 35614 平方米。

教职工 2597 人，其中专任教师 1595 人、教授 221 人、其他正高职称 20 人、副教授 446 人、其他副高级职称 64 人、博士 266 人、硕士 692 人。

在校学生 36788 人。

全日制学生 30974 人，其中博士研究生 123 人、硕士研究生 2474 人、本科生 28377 人。

成教学历教育学生 4551 人，其中本科生 1702 人、专科生 2849 人。

在职研究生 1082 人。

外国留学生 181 人。

图书馆藏文献 331.3 万余册，纸质为 212.2 万余册，电子为 119.1 万余册。中外文数据库 25 个，自建特色资源库 8 个，免费试用数据库 70 余个，中文期刊 7295 种，外文期刊 725 种。

档案馆馆藏档案 10932 卷和 17950 件，现已收录条目 35003 条。

固定资产总价 125261.40 万元。

教职工基本情况

2010 年教职工分类情况统计表

单位：人

	合计	校本部教职工					科研机构人员	校办企业职工	其他附设机构人员
		小计	专任教师	行政人员	教辅人员	工勤人员			
总　计	2597	2434	1595	319	327	193	29	30	104
其中：女	1195	1101	669	161	220	51	14	6	74
正高级	241	230	221	6	3	0	11	0	0
副高级	510	493	446	20	27	0	8	0	9
中　级	897	860	667	87	106	0	7	4	26
初　级	480	437	253	77	90	17	3	6	34

续上表

无职称	469	414	8	129	101	176	0	20	35
其中聘任制：小计	1278	1264	893	165	122	84	14	0	0
其中：女	220	216	58	64	53	41	4	0	0
正高级	117	109	104	3	2	0	8	0	0
副高级	297	294	269	6	19	0	3	0	0
中　级	401	399	295	44	60	0	2	0	0
初　级	272	271	222	15	22	12	1	0	0
无职称	191	191	3	97	19	72	0	0	0

专任教师、聘请校外教师岗位分类情况

单位：人

	专任教师中按授课内容分				聘请校外教师按授课内容分			
	计	公共课基础课	专业课		计	公共课基础课	专业课	
			计	其中：双师型			计	其中：双师型
总　计	1562	399	1163	85	358	31	327	15
女	656	165	491	25	79	11	68	2
正高级	220	39	181	5	123	0	123	0
副高级	438	113	325	45	158	4	154	6
中　级	654	153	501	35	77	27	50	9
初　级	242	86	156	0	0	0	0	0
无职称	8	8	0	0	0	0	0	0

专任教师年龄情况一览表

单位：人

	计	30岁以下	31～35岁	36～40岁	41～45岁	46～50岁	51～55岁	56～60岁	61～65岁	66岁以上
总　计	1595	389	364	318	326	126	63	6	3	0

续上表

其中：女	669	274	161	90	85	37	18	3	1	0
按职称分：正高级	221	0	6	46	80	44	42	1	2	0
副高级	446	7	76	113	172	63	10	4	1	0
中　级	667	144	267	151	74	19	11	1	0	0
初　级	253	230	15	8	0	0	0	0	0	0
无职称	8	8	0	0	0	0	0	0	0	0
按学历（学位）分：博士研究生	266	21	60	86	74	15	10	0	0	0
硕士研究生	692	215	179	119	129	37	12	0	1	0
本科	607	150	125	112	121	71	26	0	2	0
其中获：硕士学位	107	35	38	15	11	8	0	0	0	0
专科及以下	30	3	0	1	2	3	15	6	0	0

专任教师、聘请校外教师学历（位）情况一览表

单位：人

	计	博士研究生			硕士研究生			本科			专科及以下
		计	其中：获学位		计	其中：获学位		计	其中：获学位		计
			博士	硕士		博士	硕士		博士	硕士	
1. 专任教师	1595	266	266	0	692	0	692	607	0	107	30
其中：女	669	62	62	0	249	0	249	352	0	20	6
正高级	221	102	102	0	66	0	66	48	0	4	5
副高级	446	86	86	0	158	0	158	189	0	50	13
中　级	667	78	78	0	356	0	356	224	0	34	9
初　级	253	0	0	0	109	0	109	141	0	19	3

续上表

无职称	8	0	0	0	3	0	3	5	0	0	0
2. 聘请校外教师	358	115	115	0	111	0	111	132	0	0	0
其中：女	79	31	31	0	22	0	22	26	0	0	0
正高级	123	48	48	0	31	0	31	44	0	0	0
副高级	158	67	67	0	39	0	39	52	0	0	0
中　级	77	0	0	0	41	0	41	36	0	0	0
初　级	0	0	0	0	0	0	0	0	0	0	0
无职称	0	0	0	0	0	0	0	0	0	0	0
聘请校外教师中：外教	0	0	0	0	0	0	0	0	0	0	0
其他高校	0	0	0	0	0	0	0	0	0	0	0

分学科专任教师数一览表

单位：人

	计	正高级	副高级	中级	初级	无职称
总　计	1595	221	446	667	253	8
其中：女	669	35	146	260	228	0
哲　学	15	2	2	6	5	0
经济学	157	26	63	47	20	1
法　学	84	14	22	41	6	1
教育学	122	9	40	45	28	0
其中：体育	50	3	22	18	7	0
文学	300	36	81	105	77	1
其中：外语	197	20	48	87	42	0
其中：艺术	102	16	33	18	35	0
历史学	4	0	1	2	1	0
理　学	131	17	30	58	26	0

续上表

工　学	298	39	85	131	41	2
其中：计算机	83	9	24	38	12	0
农　学	342	66	93	158	23	2
其中：林学	31	3	9	13	4	2
医　学	7	0	1	5	1	0
管理学	135	12	28	69	25	1

2010年调出、调入及离退休人员统计表

单位：人

类别	计	正高	副高	中级	初级	正厅	副厅	正处	副处	正科	其他	毕业生
调出人员	22	5	3	9	1	2	0	0	1	0	1	0
调入人员	66	4	14	9	13	0	0	0	0	0	0	26
离退休人员	38	3	4	4	4	0	1	0	0	0	22	0

2010年聘请外籍教师名录

序号	姓名（中）	姓　名（英）	性别	国家	任 教 单 位
1	王伟光	Andrew Wiquang Wang	男	美国	经济与管理学院
2	多多—栗世征	Li Shizheng	男	荷兰	人文传播学院
3	尾崎由美	Ozaki Mitsuko	女	日本	外国语学院
4	腾田	Masahiro Fujita	男	日本	外国语学院
5	高田稔	Takada Minoru	男	日本	外国语学院
6	维多利亚	Victoria Lyubimova	女	俄罗斯	外国语学院
7	李斯	Rhys Warren	男	英国	外国语学院
8	布莱恩	Rrian Michael Basehore	男	美国	外国语学院
9	韦恩	Wayne Edward Griffin	男	美国	外国语学院
10	理查德	Richard Gregoire	男	加拿大	外国语学院
11	爱德华	Edward Donofrio	男	美国	外国语学院

续上表

12	维拉	Vera Dumnazeva	女	俄罗斯	外国语学院
13	伊利亚	Ilya Gorelkin	男	美国	旅游学院
14	吉布林	Gibson Gerard Gibson	男	英国	旅游学院
15	林由惠	Hayashi Yoshie	女	日本	旅游学院
16	大熊	John Fredric Haynes	男	美国	旅游学院
17	金善姬	Kim Sun Hue	女	韩国	旅游学院
18	凯米尔	Kamille jenea krahwinkel	男	美国	应用科技学院
19	侯赛因	Bassari Hossein	男	新西兰	应用科技学院
20	苏	Sue Thornton	女	澳大利亚	应用科技学院
21	朱利安	Julinan Tiden	女	美国	应用科技学院

学生基本情况

研究生分专业（领域）人数统计表

单位：人

专业名称	年制	毕业生数	授予学位数	招生数		在校学生数				预计毕业生数
				计	其中：应届生	计	一年级	二年级	三年级及以上	
总　计		575	567	961	557	2597	961	882	754	853
总计中：女		257	255	526	314	1285	526	432	327	381
学术型学位博士		14	13	30	7	123	30	27	66	66
博士中：女		11	10	10	3	50	10	12	28	28
国家任务学术型学位博士		9	9	30	7	122	30	27	65	65
植物学	3	1	1	4	1	9	4	0	5	5
作物栽培学与耕作学	3	3	3	0	0	11	0	3	8	8

续上表

作物遗传育种	3	0	0	6	0	23	6	3	14	14
植物分子遗传学	3	3	3	3	1	10	3	3	4	4
种质资源学	3	1	1	3	0	17	3	4	10	10
农业生物技术	3	1	1	4	1	25	4	8	13	13
南药学	3	0	0	1	1	4	1	2	1	1
作物害虫学	3	0	0	1	0	4	1	1	2	2
能源植物	3	0	0	2	0	4	2	2	0	0
橡胶学	3	0	0	3	2	4	3	1	0	0
分子植物病理学	3	0	0	3	1	11	3	0	8	8
委托培养学术型学位博士		5	4	0	0	1	0	0	1	1
植物学	3	1	1	0	0	0	0	0	0	0
作物栽培学与耕作学	3	1	0	0	0	0	0	0	0	0
作物遗传育种	3	2	2	0	0	1	0	0	1	1
植物分子遗传学	3	1	1	0	0	0	0	0	0	0
学术型学位硕士		472	465	624	485	1751	624	627	500	500
硕士中：女		219	218	365	276	917	365	316	236	236
国家任务学术型学位硕士		396	391	371	301	1260	371	611	278	278
中国哲学	3	4	4	2	2	9	2	4	3	3
外国哲学	3	1	1	3	1	8	3	3	2	2
政治经济学	3	0	0	1	1	9	1	5	3	3
世界经济	3	4	4	9	6	30	9	14	7	7
金融学	3	1	1	11	11	25	11	11	3	3
法学理论	3	2	2	4	2	12	4	5	3	3
法律史	3	3	3	3	3	10	3	5	2	2
宪法与行政法学	3	0	0	2	1	2	2	0	0	0
刑法学	3	4	4	6	5	20	6	7	7	7
民商法学	3	6	6	15	13	42	15	15	12	12

续上表

诉讼法学	3	14	14	12	11	38	12	12	14	14
经济法学	3	5	5	7	5	22	7	8	7	7
环境与资源保护法学	3	0	0	3	3	5	3	2	0	0
国际法学	3	3	3	3	3	10	3	4	3	3
政治学理论	3	4	4	6	4	19	6	8	5	5
中共党史	3	1	1	4	2	12	4	4	4	4
马克思主义基本原理	3	0	0	4	4	7	4	3	0	0
马克思主义中国化研究	3	2	2	4	3	9	4	4	1	1
思想政治教育	3	6	6	13	10	34	13	16	5	5
马克思主义理论与思想政治教育	3	1	1	0	0	1	0	0	1	1
文艺学	3	8	8	10	8	28	10	10	8	8
比较文学与世界文学	3	2	2	6	5	15	6	7	2	2
英语语言文学	3	1	1	10	6	23	10	8	5	5
外国语言学及应用语言	3	0	0	6	3	17	6	7	4	4
美术学	3	2	2	5	4	16	5	8	3	3
应用数学	3	6	6	3	3	17	3	8	6	6
海洋生物学	3	2	2	8	7	21	8	7	6	6
植物学	3	14	14	16	14	48	16	16	16	16
微生物学	3	14	14	13	10	46	13	16	17	17
发育生物学	3	4	4	1	1	8	1	7	0	0
生物化学与分子生物学	3	24	22	13	10	53	13	25	15	15
生态学	3	11	11	8	6	26	8	11	7	7
农业生物技术	3	10	10	2	2	21	2	15	4	4
材料物理与化学	3	1	1	3	2	17	3	10	4	4
材料学	3	12	12	13	11	38	13	19	6	6
通信与信息系统	3	5	5	7	5	22	7	12	3	3

续上表

信号与信息处理	3	2	2	4	3	12	4	6	2	2
计算机应用技术	3	0	0	4	4	12	4	8	0	0
岩土工程	3	0	0	5	5	15	5	9	1	1
化学工艺	3	1	1	7	7	15	7	8	0	0
生物化工	3	0	0	6	6	18	6	11	1	1
应用化学	3	3	3	8	7	25	8	15	2	2
农业机械化工程	3	3	3	2	2	7	2	4	1	1
环境工程	3	3	3	3	3	10	3	6	1	1
食品科学	3	5	5	4	3	19	4	15	0	0
农产品加工及贮藏工程	3	20	20	5	3	18	5	12	1	1
作物栽培学与耕作学	3	13	13	5	4	19	5	10	4	4
作物遗传育种	3	32	32	3	3	45	3	26	16	16
植物分子遗传学	3	7	7	1	1	13	1	8	4	4
种质资源学	3	11	11	3	2	14	3	10	1	1
南药学	3	0	0	1	1	7	1	6	0	0
橡胶学	3	0	0	1	1	8	1	6	1	1
能源植物	3	0	0	1	1	4	1	2	1	1
作物害虫学	3	0	0	0	0	1	0	1	0	0
果树学	3	8	8	4	3	13	4	5	4	4
土壤学	3	7	7	0	0	8	0	6	2	2
植物营养学	3	6	6	1	1	12	1	6	5	5
植物病理学	3	9	9	3	2	13	3	7	3	3
农业昆虫与害虫防治	3	12	12	1	1	5	1	3	1	1
农药学	3	8	8	1	1	11	1	6	4	4
分子植物病理学	3	8	8	5	4	18	5	8	5	5
草业科学	3	11	11	3	3	8	3	3	2	2
林木遗传育种	3	4	4	0	0	3	0	3	0	0

续上表

森林培育	3	5	5	0	0	2	0	1	1	1
森林保护学	3	4	4	0	0	5	0	5	0	0
野生动植物保护与利用	3	3	3	3	3	9	3	5	1	1
园林植物与观赏园艺	3	11	11	15	10	39	15	14	10	10
水产养殖学	3	16	15	8	7	34	8	20	6	6
企业管理	3	4	2	13	10	35	13	14	8	8
旅游管理	3	0	0	8	6	20	8	10	2	2
农业经济管理	3	3	3	7	7	23	7	16	0	0
委托培养学术型学位硕士		2	2	3	0	27	3	16	8	8
中国哲学	3	0	0	0	0	1	0	1	0	0
金融学（含：保险学）	3	0	0	0	0	1	0	0	1	1
法学理论	3	0	0	1	0	1	1	0	0	0
法律史	3	0	0	0	0	1	0	0	1	1
民商法学（含：劳动法学、社会保障）	3	0	0	0	0	2	0	2	0	0
诉讼法学	3	0	0	0	0	2	0	1	1	1
国际法学（含：国际公法、国际私法）	3	0	0	1	0	2	1	0	1	1
马克思主义基本原理	3	0	0	0	0	1	0	1	0	0
文艺学	3	1	1	0	0	0	0	0	0	0
英语语言文学	3	0	0	0	0	2	0	2	0	0
外国语言学及应用语言学	3	0	0	0	0	4	0	3	1	1
美术学	3	0	0	0	0	2	0	2	0	0
应用数学	3	0	0	0	0	1	0	1	0	0
植物学	3	0	0	0	0	1	0	0	1	1
微生物学	3	0	0	0	0	1	0	1	0	0
生物化学与分子生物学	3	1	1	0	0	1	0	1	0	0

续上表

生态学	3	0	0	1	0	3	1	0	2	2
企业管理（含：财务管理、市场营销）	3	0	0	0	0	1	0	1	0	0
自筹经费学术型学位硕士		74	72	250	184	464	250	0	214	214
中国哲学	3	0	0	3	2	3	3	0	0	0
外国哲学	3	1	1	0	0	2	0	0	2	2
政治经济学	3	2	2	4	3	4	4	0	0	0
世界经济	3	5	5	6	3	13	6	0	7	7
金融学	3	3	3	2	1	11	2	0	9	9
法学理论	3	1	1	0	0	1	0	0	1	1
法律史	3	0	0	1	0	1	1	0	0	0
民商法学	3	0	0	0	0	2	0	0	2	2
经济法学	3	1	1	1	0	2	1	0	1	1
中共党史	3	1	1	0	0	0	0	0	0	0
马克思主义基本原理	3	1	1	0	0	2	0	0	2	2
马克思主义中国化研究	3	0	0	0	0	2	0	0	2	2
思想政治教育	3	5	5	1	0	5	1	0	4	4
文艺学	3	1	1	1	1	2	1	0	1	1
比较文学与世界文学	3	1	1	1	1	5	1	0	4	4
英语语言文学	3	5	5	3	1	3	3	0	0	0
外国语言学及应用语言学	3	3	3	5	2	5	5	0	0	0
美术学	3	2	1	5	3	9	5	0	4	4
应用数学	3	0	0	4	3	4	4	0	0	0
海洋生物学	3	2	2	1	0	1	1	0	0	0
植物学	3	3	3	0	0	4	0	0	4	4
微生物学	3	0	0	0	0	1	0	0	1	1
发育生物学	3	0	0	4	2	7	4	0	3	3

续上表

生物化学与分子生物学	3	0	0	10	7	19	10	0	9	9
生态学	3	0	0	2	2	5	2	0	3	3
农业生物技术	3	0	0	13	10	20	13	0	7	7
材料物理与化学	3	2	2	7	6	11	7	0	4	4
材料学	3	0	0	4	3	15	4	0	11	11
通信与信息系统	3	4	4	8	5	13	8	0	5	5
信号与信息处理	3	0	0	1	1	5	1	0	4	4
计算机应用技术	3	4	4	6	4	11	6	0	5	5
岩土工程	3	2	2	4	2	7	4	0	3	3
化学工艺	3	0	0	0	0	4	0	0	4	4
生物化工	3	4	3	3	3	7	3	0	4	4
应用化学	3	6	6	5	4	13	5	0	8	8
农业机械化工程	3	0	0	3	3	5	3	0	2	2
环境工程	3	0	0	3	3	6	3	0	3	3
食品科学	3	0	0	8	6	17	8	0	9	9
农产品加工及贮藏工程	3	0	0	9	4	17	9	0	8	8
作物栽培学与耕作学	3	3	3	5	5	8	5	0	3	3
作物遗传育种	3	5	5	18	12	24	18	0	6	6
植物分子遗传学	3	0	0	6	5	10	6	0	4	4
种质资源学	3	0	0	5	5	7	5	0	2	2
南药学	3	0	0	4	4	8	4	0	4	4
橡胶学	3	0	0	3	2	3	3	0	0	0
能源植物	3	0	0	2	2	2	2	0	0	0
作物害虫学	3	0	0	3	3	3	3	0	0	0
果树学	3	0	0	3	2	9	3	0	6	6
土壤学	3	0	0	6	6	9	6	0	3	3
植物营养学	3	0	0	5	4	5	5	0	0	0

续上表

植物病理学	3	0	0	3	3	4	3	0	1	1
农业昆虫与害虫防治	3	0	0	2	2	5	2	0	3	3
农药学	3	0	0	4	2	4	4	0	0	0
分子植物病理学	3	0	0	3	3	4	3	0	1	1
草业科学	3	0	0	1	1	2	1	0	1	1
林木遗传育种	3	0	0	3	3	3	3	0	0	0
森林培育	3	0	0	2	0	2	2	0	0	0
森林保护学	3	0	0	4	4	4	4	0	0	0
野生动植物保护与利用	3	0	0	3	3	5	3	0	2	2
园林植物与观赏园艺	3	0	0	2	2	7	2	0	5	5
水产养殖	3	0	0	11	8	23	11	0	12	12
企业管理	3	2	2	7	6	14	7	0	7	7
旅游管理	3	5	5	8	6	14	8	0	6	6
农业经济管理	3	0	0	8	6	20	8	0	12	12
专业学位硕士		89	89	307	65	723	307	228	188	287
硕士中：女		27	27	151	35	318	151	104	63	117
自筹经费专业学位硕士		89	89	307	65	723	307	228	188	287
法律专业学位	3	44	44	126	65	253	126	51	76	76
法律专业学位	2	0	0	0	0	99	0	99	0	99
工商管理专业学位	3	45	45	133	0	323	133	78	112	112
公共管理专业学位	3	0	0	48	0	48	48	0	0	0

普通本、专科分专业学生数统计表

单位：人

专业名称	学制（年）	毕业生数	授予学位数	招生数	在校学生数				
					计	一年级	二年级	三年级	四年级
总计		6634	6287	8087	28377	8087	7028	6339	6896

续上表

总计中：女		3052	2905	4337	14192	4337	3542	3104	3201
本科		6429	6287	8087	28377	8087	7028	6339	6896
本科中：女		2928	2905	4337	14192	4337	3542	3104	3201
高中起点本科		6087	5958	7950	28031	7950	6819	6339	6896
国际经济与贸易	4	188	185	82	406	82	73	75	176
金融学	4	182	181	92	427	92	103	95	137
法学	4	238	241	134	706	134	164	159	249
思想政治教育	4	66	66	35	163	35	29	36	63
汉语言文学	4	99	97	97	431	97	104	105	125
对外汉语	4	0	0	114	438	114	121	120	83
英语（商务英语方向）	4	66	66	0	313	0	111	100	102
英语	4	161	160	111	567	111	124	157	175
英语（经贸方向）	4	120	119	90	291	90	84	0	117
英语（旅游英语方向）	4	0	0	119	119	119	0	0	0
俄语	4	0	0	30	117	30	30	28	29
俄语（商务俄语方向）	4	0	0	82	82	82	0	0	0
日语	4	58	55	61	241	61	60	61	59
商务英语	4	0	0	128	128	128	0	0	0
广告学（网络传播方向）	4	96	93	100	433	100	112	104	117
音乐表演	4	50	45	60	248	60	63	57	68
绘画	4	29	30	68	250	68	66	57	59
艺术设计	4	111	108	94	382	94	90	98	100
艺术设计（服装表演方向）	4	0	0	16	34	16	18	0	0
舞蹈编导	4	34	34	52	178	52	45	37	44
戏剧影视文学（影视编导方向）	4	85	83	69	239	69	49	42	79

续上表

数学与应用数学	4	39	39	42	204	42	56	51	55
信息与计算科学	4	60	58	56	209	56	51	47	55
应用化学	4	126	124	69	346	69	72	79	126
生物科学	4	0	0	67	183	67	61	55	0
生物技术	4	108	105	110	484	110	106	113	155
资源环境与城乡规划管理	4	0	0	57	171	57	57	57	0
海洋科学	4	0	0	66	229	66	56	52	55
信息安全	4	0	0	58	113	58	55	0	0
环境科学	4	56	55	80	276	80	64	72	60
统计学	4	51	51	40	175	40	37	39	59
高分子材料与工程	4	73	68	75	309	75	81	70	83
材料科学与工程	4	95	92	88	359	88	101	96	74
机械设计制造及其自动化	4	71	68	79	301	79	79	79	64
车辆工程	4	52	51	77	299	77	79	81	62
机械电子工程	4	50	50	79	293	79	77	70	67
电气工程及其自动化	4	73	71	84	342	84	89	88	81
电子信息工程	4	177	168	56	399	56	90	63	190
通信工程	4	102	99	111	435	111	110	96	118
计算机科学与技术	4	184	180	117	538	117	118	101	202
网络工程	4	58	54	121	389	121	108	81	79
建筑学	5	0	0	32	142	32	28	28	27
土木工程	4	112	114	170	646	170	179	169	128
风景园林	4	0	0	70	132	70	62	0	0
风景园林（园林工程技术方向）	4	0	0	114	114	114	0	0	0
化学工程与工艺	4	91	88	100	352	100	98	75	79

续上表

制药工程（农药方向）	4	50	48	0	43	0	0	0	43
制药工程	4	79	75	85	301	85	86	65	65
交通运输（汽车运用工程方向）	4	0	0	79	155	79	76	0	0
交通运输	4	53	50	0	131	0	0	77	54
交通运输（汽车服务工程方向）	4	0	0	113	113	113	0	0	0
食品科学与工程	4	140	140	140	532	140	135	135	122
食品质量与安全	4	74	72	91	344	91	94	86	73
农产品质量与安全	4	50	49	53	216	53	63	57	43
生物工程	4	87	86	72	289	72	75	66	76
农业机械化及其自动化	4	0	0	68	247	68	70	72	37
农学	4	85	82	82	338	82	81	75	100
农学（观光农业方向）	4	53	53	61	228	61	57	58	52
园艺	4	95	98	105	407	105	100	100	102
园艺（花卉与景观设计方向）	4	50	45	91	280	91	83	57	49
园艺（果树方向）	4	35	30	0	38	0	0	0	38
园艺（草坪科学与工程方向）	4	0	0	89	89	89	0	0	0
植物保护	4	57	54	101	320	101	90	74	55
植物保护（农药方向）	4	39	39	68	244	68	70	68	38
植物保护（农药与农产品安全方向）	4	0	0	78	78	78	0	0	0
设施农业科学与工程	4	36	36	81	273	81	76	74	42
草业科学	4	32	29	53	168	53	40	41	34
园林	4	160	160	152	598	152	153	160	133
农业资源与环境	4	35	31	56	193	56	45	49	43

续上表

动物科学	4	78	75	47	224	47	44	43	90
动物医学	4	0	0	61	178	61	64	53	0
水产养殖学	4	55	50	62	221	62	50	48	61
信息管理与信息系统	4	52	49	65	257	65	68	73	51
工程管理	4	0	0	58	114	58	56	0	0
工商管理	4	181	180	68	336	68	76	75	117
市场营销	4	69	68	78	337	78	85	89	85
市场营销（旅游市场营销方向）	4	0	0	91	349	91	110	148	0
市场营销（电子商务方向）	4	0	0	85	183	85	60	68	0
市场营销	4	110	108	0	147	0	0	0	147
会计学（注册会计师方向）	4	61	61	162	656	162	207	160	127
会计学	4	212	212	89	491	89	89	94	219
会计学（涉外会计方向）	4	0	0	125	125	125	0	0	0
财务管理	4	127	124	90	459	90	121	83	165
财务管理（企业理财方向）	4	0	0	117	117	117	0	0	0
人力资源管理	4	78	73	74	322	74	78	87	83
人力资源管理（旅游人力资源管理方向）	4	0	0	60	166	60	53	53	0
旅游管理	4	60	57	117	418	117	119	91	91
旅游管理（旅游企业管理方向）	4	49	49	0	231	0	54	52	125
旅游管理（国际酒店管理方向）	4	0	0	86	270	86	90	94	0
旅游管理（旅游规划与景区管理方向）	4	0	0	58	172	58	57	57	0

续上表

旅游管理（旅游信息管理方向）	4	0	0	54	174	54	52	68	0
旅游管理（应用英语）	4	48	48	98	381	98	99	108	76
旅游管理（旅游人力资源管理方向）	4	63	61	0	120	0	0	0	120
旅游管理	4	31	31	0	120	0	0	63	57
旅游管理（应用日语）	4	32	30	57	217	57	52	60	48
旅游管理（高尔夫管理方向）	4	0	0	52	52	52	0	0	0
物流管理	4	0	0	58	58	58	0	0	0
行政管理	4	168	170	92	507	92	114	112	189
行政管理（中英文秘书方向）	4	61	60	63	255	63	64	64	64
行政管理（行政文秘方向）	4	0	0	126	126	126	0	0	0
土地资源管理	4	75	71	72	289	72	71	72	74
公共关系学	4	51	51	78	247	78	58	54	57
公共关系学（公关礼仪方向）	4	0	0	103	103	103	0	0	0
农林经济管理	4	55	55	62	249	62	74	63	50
专科起点本科		342	329	137	346	137	209	0	0
计算机科学与技术	2	58	56	0	0	0	0	0	0
植物保护	2	50	43	0	0	0	0	0	0
市场营销	2	60	58	0	65	0	65	0	0
会计学	2	59	58	0	66	0	66	0	0
会计学（注册会计师方向）	2	0	0	70	70	70	0	0	0
旅游管理	2	59	59	67	145	67	78	0	0
农林经济管理	2	56	55	0	0	0	0	0	0

续上表

专科		205	0	0	0	0	0	0	0
专科中：女		124	0	0	0	0	0	0	0
高中起点专科		205	0	0	0	0	0	0	0
旅游管理（旅游信息管理）	3	66	0	0	0	0	0	0	0
旅行社经营管理	3	58	0	0	0	0	0	0	0
酒店管理	3	81	0	0	0	0	0	0	0

成人本科、专科分专业学生数统计表

单位：人

专业名称	学制（年）	毕业生数	授予学位数	招生数	在校学生数				
					计	一年级	二年级	三年级	四年级
总　计		2701	0	1301	4551	1301	2256	868	126
总计中：女		1288	0	609	1996	609	1002	324	61
函授		1355	0	327	2236	327	1144	765	0
本科		262	0	121	395	121	123	151	0
其中：女		123	0	33	133	33	55	45	0
高中起点本科		1	0	0	0	0	0	0	0
会计学	4	1	0	0	0	0	0	0	0
专科起点本科		261	0	121	395	121	123	151	0
法学	3	19	0	0	0	0	0	0	0
法学	2	16	0	15	37	15	22	0	0
法学	3	1	0	0	12	0	0	12	0
英语	2	11	0	0	0	0	0	0	0
资源环境与城乡规划管理	3	7	0	0	0	0	0	0	0
机械设计制造及其自动化	2	0	0	0	7	0	7	0	0
机械设计制造及其自动化	3	0	0	0	2	0	0	2	0

续上表

车辆工程	3	0	0	0	7	0	0	7	0
计算机科学与技术	2	61	0	25	64	25	39	0	0
土木工程	2	8	0	0	0	0	0	0	0
农学	2	0	0	19	19	19	0	0	0
农学	3	0	0	0	34	0	0	34	0
园艺	2	0	0	0	4	0	4	0	0
园艺	3	16	0	0	3	0	0	3	0
园林	2	0	0	11	11	11	0	0	0
动物科学	2	0	0	0	7	0	7	0	0
动物科学	3	0	0	0	11	0	0	11	0
动物医学	2	0	0	8	8	8	0	0	0
管理科学	2	0	0	13	16	13	3	0	0
管理科学	3	9	0	0	18	0	0	18	0
会计学	2	33	0	13	37	13	24	0	0
会计学	3	22	0	0	23	0	0	23	0
旅游管理	2	6	0	16	33	16	17	0	0
行政管理	2	43	0	1	1	1	0	0	0
土地资源管理	3	3	0	0	1	0	0	1	0
农林经济管理	3	6	0	0	40	0	0	40	0
专科		1093	0	206	1841	206	1021	614	0
其中：女		402	0	77	726	77	423	226	0
高中起点专科		1093	0	206	1841	206	1021	614	0
经济管理	3	125	0	0	146	0	0	146	0
法律事务	3	69	0	0	0	0	0	0	0
法律事务	3	3	0	0	3	0	0	3	0
英语	3	1	0	0	0	0	0	0	0
农业机械制造与自动化	3	7	0	0	0	0	0	0	0

续上表

模具设计与制造	2	0	0	0	41	0	41	0	0
汽车检测与维修技术	2	0	0	16	122	16	106	0	0
汽车检测与维修技术	3	1	0	0	129	0	0	129	0
数控技术	2	0	0	35	145	35	110	0	0
数控技术	3	0	0	0	24	0	0	24	0
电气自动化技术	2	0	0	27	40	27	13	0	0
电气自动化技术	3	0	0	0	12	0	0	12	0
机电一体化技术	2	0	0	0	123	0	123	0	0
机电一体化技术	3	117	0	0	95	0	0	95	0
计算机应用	2	0	0	0	4	0	4	0	0
计算机应用技术	2	12	0	2	96	2	94	0	0
计算机应用技术	3	140	0	0	75	0	0	75	0
建筑工程技术	2	61	0	0	24	0	24	0	0
园艺技术	2	0	0	0	23	0	23	0	0
园艺技术	3	1	0	0	0	0	0	0	0
园艺技术	2	22	0	0	0	0	0	0	0
作物生产技术	2	0	0	1	6	1	5	0	0
作物生产技术	3	35	0	0	0	0	0	0	0
作物生产技术	2	46	0	0	0	0	0	0	0
园林	2	0	0	7	7	7	0	0	0
畜牧兽医	2	0	0	30	78	30	48	0	0
畜牧兽医	3	44	0	0	0	0	0	0	0
畜牧兽医	2	31	0	0	0	0	0	0	0
工商企业管理	2	20	0	4	42	4	38	0	0
市场营销	3	14	0	0	0	0	0	0	0
会计学	3	3	0	0	0	0	0	0	0
会计	2	3	0	0	16	0	16	0	0

续上表

会计	3	61	0	0	17	0	0	17	0
旅游管理	2	0	0	0	2	0	2	0	0
电子商务	2	2	0	0	34	0	34	0	0
电子商务	3	2	0	0	107	0	0	107	0
物流管理	2	0	0	0	47	0	47	0	0
酒店管理	2	0	0	4	4	4	0	0	0
会计电算化	2	0	0	33	291	33	258	0	0
经济管理	2	0	0	43	78	43	35	0	0
涉外旅游	3	0	0	0	1	0	0	1	0
行政管理	2	123	0	4	4	4	0	0	0
行政管理	3	1	0	0	0	0	0	0	0
国土管理	3	1	0	0	0	0	0	0	0
商务管理	3	77	0	0	0	0	0	0	0
农业经济管理	3	71	0	0	5	0	0	5	0
业余		1057	0	974	2092	974	1112	6	0
本科		345	0	469	1084	469	609	6	0
其中：女		177	0	236	498	236	259	3	0
高中起点本科		0	0	36	94	36	52	6	0
法学	5	0	0	25	51	25	26	0	0
美术学	5	0	0	0	7	0	7	0	0
计算机科学与技术	5	0	0	11	36	11	19	6	0
专科起点本科		345	0	433	990	433	557	0	0
国际经济与贸易	2	0	0	10	24	10	14	0	0
法学	2	100	0	75	165	75	90	0	0
英语	2	8	0	20	54	20	34	0	0
英语（商务英语）	2	9	0	0	1	0	1	0	0
广告学	2	0	0	3	3	3	0	0	0

续上表

音乐表演	2	3	0	8	11	8	3	0	0
艺术设计	2	1	0	3	10	3	7	0	0
舞蹈编导	2	1	0	7	16	7	9	0	0
计算机科学与技术	2	14	0	8	26	8	18	0	0
土木工程	2	23	0	74	151	74	77	0	0
管理科学	2	0	0	1	21	1	20	0	0
工商管理	2	92	0	54	127	54	73	0	0
会计学	2	93	0	73	152	73	79	0	0
财务管理	2	0	0	16	32	16	16	0	0
人力资源管理	2	0	0	27	53	27	26	0	0
行政管理	2	1	0	54	102	54	48	0	0
农林经济管理	2	0	0	0	42	0	42	0	0
专科		712	0	505	1008	505	503	0	0
其中：女		465	0	263	528	263	265	0	0
高中起点专科		712	0	505	1008	505	503	0	0
法律事务	2	0	0	16	37	16	21	0	0
旅游英语	3	3	0	0	0	0	0	0	0
商务英语	2	50	0	27	60	27	33	0	0
传媒策划与管理	2	39	0	2	18	2	16	0	0
音乐表演	2	2	0	2	5	2	3	0	0
艺术设计	2	8	0	8	16	8	8	0	0
舞蹈表演	2	1	0	3	6	3	3	0	0
计算机网络技术	2	32	0	15	31	15	16	0	0
计算机应用技术	2	32	0	6	26	6	20	0	0
土木工程	3	1	0	0	0	0	0	0	0
建筑工程技术	2	47	0	43	66	43	23	0	0
建筑工程项目管理	2	9	0	6	28	6	22	0	0

续上表

作物生产技术	2	0	0	62	114	62	52	0	0
畜牧兽医	2	0	0	28	62	28	34	0	0
工商企业管理	2	182	0	71	106	71	35	0	0
市场营销	2	0	0	0	13	0	13	0	0
会计	2	195	0	66	120	66	54	0	0
经济管理	2	0	0	0	33	0	33	0	0
旅游管理	2	77	0	38	62	38	24	0	0
酒店管理	2	34	0	16	32	16	16	0	0
商务管理	2	0	0	3	17	3	14	0	0
行政管理	2	0	0	42	82	42	40	0	0
国土资源管理	2	0	0	51	74	51	23	0	0
脱产		289	0	0	223	0	0	97	126
本科		139	0	0	223	0	0	97	126
其中：女		80	0	0	111	0	0	50	61
高中起点本科		90	0	0	223	0	0	97	126
法学	4	34	0	0	63	0	0	32	31
法学	4	0	0	0	1	0	0	0	1
美术学	4	3	0	0	9	0	0	7	2
计算机科学与技术	4	13	0	0	51	0	0	14	37
工商管理	4	3	0	0	0	0	0	0	0
会计学	4	34	0	0	92	0	0	43	49
会计学	4	0	0	0	1	0	0	0	1
财务管理	4	0	0	0	1	0	0	0	1
旅游管理	4	3	0	0	1	0	0	1	0
行政管理	4	0	0	0	2	0	0	0	2
公共关系学	4	0	0	0	2	0	0	0	2
专科起点本科		49	0	0	0	0	0	0	0

续上表

法学	2	2	0	0	0	0	0	0	0
英语（商务英语方向）	2	1	0	0	0	0	0	0	0
音乐表演	2	15	0	0	0	0	0	0	0
艺术设计	2	14	0	0	0	0	0	0	0
舞蹈编导	2	1	0	0	0	0	0	0	0
计算机科学与技术	2	1	0	0	0	0	0	0	0
土木工程	2	7	0	0	0	0	0	0	0
会计学	2	2	0	0	0	0	0	0	0
旅游管理	2	6	0	0	0	0	0	0	0
专科		150	0	0	0	0	0	0	0
其中：女		41	0	0	0	0	0	0	0
高中起点专科		150	0	0	0	0	0	0	0
商务英语	2	2	0	0	0	0	0	0	0
传媒策划与管理	2	5	0	0	0	0	0	0	0
音乐表演	2	5	0	0	0	0	0	0	0
艺术设计	2	12	0	0	0	0	0	0	0
舞蹈表演	2	5	0	0	0	0	0	0	0
高分子材料与工程	3	1	0	0	0	0	0	0	0
建筑工程技术	2	8	0	0	0	0	0	0	0
计算机应用技术	2	1	0	0	0	0	0	0	0
作物生产技术	2	109	0	0	0	0	0	0	0
会计	2	1	0	0	0	0	0	0	0
旅游管理	2	1	0	0	0	0	0	0	0

教职工表彰与奖励

（不含教学、科研）

省级以上表彰与奖励（集体）

获奖单位	获奖称号	颁奖单位
海南大学	全民国防教育先进单位	中共中央宣传部 教育部 解放军总政治部 国家国防教育办公室
海南大学	全国普通高校毕业生预征工作先进集体	教育部高校学生司
校团委	全国大中专学生志愿者暑期“三下乡”社会实践活动先进单位	共青团中央
科研处	在科技奖励和知识产权管理工作中作出突出贡献的先进单位	教育部
艺术学院	全国学校艺术教育先进单位	教育部艺术教育委员会
	第二届中国声乐“孔雀奖”高等艺术院校声乐大赛“组织银奖”	中国声乐家协会 中国社会音乐研究会 百所高等艺术院校
校团委	全国大学生志愿服务西部计划优秀项目办	共青团中央
	2010年全国“挑战杯”大学生创业计划竞赛“高校优秀组织奖”	全国“挑战杯”大学生创业计划竞赛组委会
	海南省五四红旗团委	共青团海南省委
	海南省杰出青年志愿服务集体	
	海南省优秀青年志愿服务项目	

续上表

校团委	海南省第四届大中专学生文艺汇演优秀组织奖	海南省教育厅
木球队(代表中国木球队)	第二届亚洲沙滩运动会女子团体第三名、男子团体第四名	第二届亚洲沙滩运动会组委会
海南大学学报（人文社会科学版）	第四届全国高校百强社科期刊	全国高等学校社会科学学报研究会
海南大学学报（自然科学版）	第三届全国高校优秀科技期刊奖	教育部科学技术司
海南大学	学校安全工作先进单位	海南省教育厅
外事侨务处	海南省外事侨务工作成绩突出单位	海南省外事侨务办公室
海南大学民盟委员会	2008—2009 年度“参政议政工作先进集体”	海南省民盟委员会
统战部	海南省统战理论研究优秀成果三等奖	海南省委统战部
档案馆	2010 年度海南省档案工作优秀单位	海南省教育厅、省档案局

省级以上表彰与奖励（个人）

姓　名	所在单位	获奖称号	颁奖单位
李建保	海南大学	第三届“中国侨界贡献奖”	中国侨联
黄　惜	农学院		
李建保	海南大学	第三届“创新人才”奖	中国侨联
黄　惜	农学院		
罗素兰	海洋学院	十佳全国优秀科技工作者	中国科协
李群山	艺术学院	2010 年意大利罗马国际音乐节暨大师班男中、低音组二等奖	加拿大国际艺术家音乐与舞蹈协会 意大利音乐协会 意大利普契尼基金会
李群山	艺术学院	第二届中国声乐“孔雀奖”全国高等艺术院校声乐大赛全国总决赛“美声组金奖”（第一名）	中国声乐家协会 中国社会音乐研究会 百所高等艺术院校

续上表

李　丽	艺术学院	第二届中国声乐“孔雀奖”全国高等艺术院校声乐大赛全国总决赛“优秀指导教师奖”	中国声乐家协 中国社会音乐研究会 百所高等艺术院校
周伟民	文学院	海南省民族团结进步模范个人	海南省人民政府
藤田昌弘（日本）	外国语学院	在琼工作有突出贡献的外国专家 2010 年度“椰岛纪念奖”	海南省人民政府
罗素兰	海洋学院	海南省杰出女性	海南省妇联
赖秋明	海洋学院	海南省优秀科技特派员	海南省科学技术厅
林尤奋	园艺园林学院		
尹学琼	材料与化工学院	第八届海南省青年科技奖	省委组织部　省人力资源和社会保障厅 省科学技术协会
林仕伟	材料与化工学院		
陈　永	材料与化工学院		
黄　惜	农学院		
尹绍武	海洋学院		
黄海宁	保卫处	全国普通高校毕业生预征工作先进个人	教育部高校学生司
许文深	学报编辑部	第三届中国高校优秀科技期刊奖	教育部科学技术司
陈　俊	学报编辑部		
高　喆	学报编辑部		
詹春容	后勤集团	全国高等农业院校后勤系统先进工作者	全国高等农业院校后勤管理研究会
许成强	后勤集团		
徐凤莲	后勤集团	全国高等农业院校后勤系统先进个人	全国高等农业院校后勤管理研究会
刘　华	后勤集团		
单荣翠	后勤集团		
符万祺	后勤集团	全国高校后勤系统信息与宣传工作先进工作者	中国高等教育学会后勤管理分会
黄宏俊	后勤集团		
李进登	后勤集团		
黄宏俊	后勤集团		
张　军	人文传播学院	第五届中国大学生 DV 文化艺术节专业组纪录片类评委会特别奖“优秀指导老师奖”	教育部中国大学生在线
张　军	人文传播学院	第五届中国大学生 DV 文化艺术节专业组剧情类最佳剪辑奖“优秀指导老师奖”	教育部中国大学生在线
王小妮	人文传播学院	首届朱自清散文奖	中国作协《人民文学》杂志社　扬州市委宣传部

续上表

张朔人	人文传播学院	海口市第二届社会科学优秀成果奖	海口市社会科学优秀成果评奖委员会
丁艳平	政治与公共管理学院（社科部）思政教学部	“第二届粤桂琼三省区高校思想政治理论课青年教师教学基本功大赛”一等奖	广东、广西、海南三省区教育工委、教育厅
许惠君	档案馆	海南省教育志编纂工作表现突出个人	海南省教育厅
邓　玲	图书馆		
朱超巍	体育部	海南省首届职工运动会女子组 50 米自由泳第二名	海南省文体厅 海南省总工会
孙　婧	校团委	海南省首届职工运动会女子组 4×100 米接力第三名	
杨小波	园艺园林学院	2008—2009 年度参政议政工作先进个人	民盟海南省委会
李仁君	经济管理学院		
张　敏	图书馆		
满彩云	经济管理学院		

校级表彰与奖励

2010 年度就业工作先进单位

获奖单位	获奖称号	颁奖单位
机电工程学院	就业工作标兵单位	海南大学
土木建筑工程学院	就业工作先进单位	
环境与植物保护学院		
园艺园林学院		

2010 年度就业工作达标单位

政治与公共管理学院　海洋学院　农学院　材料与化工学院　经济与管理学院

2010年度就业工作先进个人

姓　名	所在单位	颁奖单位
陈　鹏	信息科学技术学院	海南大学
李昌郁	法学院	
罗国忠	外国语学院	
梁丽仪	食品学院	
陈秀妍	机电工程学院	
王红英	园艺园林学院	
孙　莉	农学院	
张益民	经济与管理学院	
王林桂	海洋学院	
周邦华	土木建筑工程学院	
颜红平	政治与公共管理学院	
陈　彪	应用科技学院	
陈泽锐	艺术学院	
王克岩	材料与化工学院	
符　涛	旅游学院	
李海朋	环境与植物保护学院	
苏文魁	人文传播学院	
李　宏	毕业生就业指导中心	
高志华	毕业生就业指导中心	

2009—2010学年优秀辅导员名单

姓　名	所在学院	颁奖单位	姓　名	所在学院	颁奖单位
陈秀妍	机电工程学院	海南大学 学生工作委员会	周邦华	土木建筑工程学院	海南大学 学生工作委员会
符　涛	旅游学院		刘莉莉	材料与化工学院	
王林桂	海洋学院		李昌郁	法学院	
杨智平	经济管理学院				

2009—2010学年优秀班主任名单

姓　名	所在学院	颁奖单位
杨红卫、陈泽强	信息学院	海南大学学生工作委员会
黄松梅	人文传播学院	
魏德才	法学院	
郭锦萍、李卫群	外国语学院	
林仕伟、赵艳芳	材化学院	
周　祥、王兰英	环境与植物保护学院	
范冬英、李茂富	园艺园林学院	
黄良颖、李小冬	旅游学院	
王　英、韦双双	农学院	
肖明伟、冯活伦	机电工程学院	
栾乔林	政治与行政管理学院	
吴　爽、余灼萍、樊孝凤、曾胜娟	经济管理学院	
莫明锦、林清瑜、胡淑英	应用科技学院（城西）	
李　艳	土木建筑学院	
钟　恒、志　勇	艺术学院	
李洪武	海洋学院	
潘永贵	食品学院	

2010 年大事记

一 月

由法学院王崇敏教授等人申报的教育部重点研究基地重大招标项目《我国民法典私权保护制度的立法设计》被批准为教育部人文社会科学重点研究基地。

政治与公共管理学院硕士研究生赵红亮获由中国教育报、中国教育电视台主办的 2009 中国教育年度新闻人物提名奖。

7-8 日，学校第二批省级重点学科（作物栽培学与耕作学、农产品加工及贮藏工程、民商法学、政治经济学、马克思主义与思想政治教育）通过省教育厅终期评估验收。

16 日，中共中央政治局委员、国务委员刘延东到学校视察工作。教育部部长袁贵仁，科技部党组书记、副部长李学勇，文化部部长蔡武，国务院政策研究室副主任江小涓,省委书记、省人大常委会主任卫留成，省委常委、秘书长许俊，省委常委、海口市委书记陈辞，副省长姜斯宪陪同视察。

23 日，校第一届教职工代表大会第三次全体会议召开。

二 月

24 日，省委决定刘康德同志任海南大学党委书记，韦勇同志任海南大学党委副书记（负责常务工作，正厅级）、纪委书记。

24 日，省委决定黄国泰同志任省委副秘书长(负责常务工作，正厅级)，免去其海南大学党委书记、常委、委员的职务。

27 日， 学校申报的新增工程硕士培养单位和电子与通信工程、化学工程、材料工程 3 个领域获国务院学位办公室批准。

三 月

学校获作物学和植物学 2 个专业高级职称评审权。

学校“海南省热带生物资源可持续利用重点实验室” 被科技部批准为 2009 年新建省部共建国家重点实验室培育基地。

17 日，召开学校领导干部任职宣布大会，宣布省委关于任命刘康德同志为学校党委书记、韦勇同志为学校党委副书记（负责常务工作，正厅级）兼纪委书记、黄国泰同志不再担任海南大学党委书记的决定，副省长林方略出席并讲话

28 日，学校与清华大学、中国可再生能源协会等单位合作创建的“海南低碳经济政策与产业技术研究院” 挂牌成立。

四 月

15 日，在省高级人民法院的调解下，学校与海南新宏兴教育投资有限公司就解除旅游学院合作办学关系签署了调解协议。

16 日，在省教育厅的主持下，学校与海南新宏兴教育投资有限公司正式启动办理旅游学院管理权移交手续。

五 月

7 日，学校召开新一届教育督导委员会暨提高本科教学质量动员大会，全面加强教育督导工作。

10 日，学校与南开大学联合成立的“海南国

际旅游岛发展研究院”挂牌成立。

17日，校党委召开全校党的基层组织和党员创先争优活动动员大会。

20-21日，省教育厅新办本科专业评估专家组对学校设施农业科学与工程、机械电子工程、数学与应用数学、人力资源管理、公共关系学、舞蹈编导、网络工程等7个2010年有首届毕业生的本科专业进行评估，结果全部合格。

21日，天津大学2010年度对口支援海南大学工作推进会在天津大学召开。

25日，学校被中共中央宣传部、教育部、解放军总政治部、国家国防教育办公室授予“全民国防教育先进单位”称号。

六 月

1日，省教育厅和财政厅同意学校化学工程与技术、法学、作物学、马克思主义理论、水产养殖学、材料物理与化学、旅游管理、生物化学与分子生物学、通信与信息系统和农业经济管理等10个学科为普通高等学校第三批省级重点学科。

11日，学校在海甸校区举办首届“校园开放日”活动，邀请全省各市县教育局长、中学校长和教师代表来校交流。

13日，学校与华南理工大学签署全面合作协议。

22日，学校举行应用科技学院（儋州校区）成立揭牌仪式。

22日，学校获“中美1+2+1人才培养计划”贡献奖称号。

22日，学校举行2010届毕业典礼，9300多名博士生、硕士生、本科生顺利毕业。

23日，学校与海南落笔洞投资有限公司签约解除《合作创建海南大学三亚学院协议书》。

七 月

学校完成旅游学院整体收回工作。

学校通过国家“211工程”建设中期检查。

作物遗传育种国家重点学科通过教育部的评估。

组织“植物学”和“作物栽培学和耕作学”学科申报国家级重点学科。

12日，省委决定陈封椿同志任海南大学党委委员、常委、副书记。

八 月

学校实现全国31个省(市、区)一本录取批次招生，本科招生达到一本线的占60%，第一志愿率达85%。

30日，省委、省政府授予何朝族教授为首批“海南省高层次创新创业人才”称号，并奖励150万元作为创新创业启动资金。

九 月

国家人力资源和社会保障部批准学校为全国1十N复合型人才职业培训项目教学基地（简称1十N项目教学基地）。

第五教学楼投入使用。

7日，学校申报的国际商务、翻译2个新增硕士专业学位获国务院学位办授权，新增工程硕士专业学位中的食品工程领域获国务院学位办批准。

8日，省委书记、省人大常委会主任卫留成到学校慰问教师，给学校赠送10万元慰问金，并参加在学校举行的海南省庆祝教师节座谈会。

17日，学校与中山大学签署合作协议。

10日，艺术学院教师李群山在意大利罗马国际音乐节上获男中、低音组二等奖。

19日，学校与美国中佛罗里达大学签署合作协议。

十 月

10月，海南发生60年不遇洪涝灾害，学校派出多支专家服务队分赴各受灾市县开展科技救灾工作。

材料与化工学院物理与化学硕士研究生张海涛的研究论文在国际知名学术期刊 Applied Physics Letters 上发表，影响因子 4.308。

13 日，学校法律硕士专业被教育部确定为实施教育部专业学位研究生教育综合改革试点。

25 日，学校《改革人才培养模式，提高高等教育人才培养质量》项目获准立项，成为国家教育体制改革试点项目。

十一月

学校 355 名优秀本科生获得 2011 年免试攻读硕士研究生资格并被各高校接收，其中 171 人被中科院及“985”和“211”重点高校接收。

9 日，法学院王崇敏教授领衔的民法学教学团队获国家级教学团队称号，经济与管理学院蔡东宏教授负责的《西方经济学》获国家级双语教学示范课程，农学院吴蔚东教授负责的农业资源与环境专业获国家级特色专业。

11 日，学校 15 个项目入选“国家级高等学校本科教学质量与教学改革工程”建设项目。

29 日，学校召开新海南大学成立以来第一次科研工作会议。

十二月

10 日，联合国教科文卫组织大会主席戴维森•赫本、中国联合国教科文组织全国委员会副秘书长杜越一行访问学校。

12-14 日，学校首次以科研项目的形式参加 2010 年中国（海南）国际热带农产品冬季交易会，展示学校最新科研成果。

16 日，以学校木球队运动员为主力的中国木球队在第二届亚洲沙滩运动会上以 783 杆的总成绩获女子团体季军。

27 日，2010-2011 学年度冬季小学期正式开课。学校共邀请 25 位国内外知名大学专家、学者前来授课，他们中有 2 名院士和 4 名“长江学者”特聘教授。

全年引进博士等高层次人才 40 人，具有博士学位的专任教师比例达到 21%。

全年新增特贴专家 3 人、省优专家 5 人；“515 人才工程”第一层次 5 人、第二层次 15 人；授予“海南省委省政府直接联系重点专家”称号 20 人、获“宝钢优秀教师奖”3 人。

全年科研经费 4700 多万元，同比增长 88%。获省科技进步奖一等奖 1 项，二等奖 3 项，三等奖 3 项。“三大检索”收录论文 100 多篇。

全年学生在全国数学建模竞赛、英语演讲比赛、“挑战杯”创业计划竞赛、电子设计大赛等具有全国影响的大学生赛事中，获全国性奖励 8 项，省级奖励 28 项。

申报的 3 个一级学科博士点（生物学、法学和信息与通信工程）通过国务院学位委员会评议，其中工科和人文社会科学的博士点获得突破。

毕业生初次就业率同比增长 8%，首次有 3 名本科毕业生通过日本高技能培训就业项目到日本就业。

首届文理科实验班成绩喜人，2008 级实验班英语四级一次通过率 98%，六级通过率 85%。理科实验班在首届全国高校环保科技创意大赛中获、金奖、银奖、铜奖和优胜奖各 1 项。

海 大 学 人

首批“海南省高层次创新创业人才”名录

姓　名	所 在 单 位	授予单位	授予年度
何朝族	农学院	海南省委、省政府	2010

享受政府特殊津贴人员名录

姓　名	工 作 单 位	职 称	入选年度
刘康德	海南大学	研究员	2010
周兆德	海南大学	教　授	2010
曹　阳	材料与化工学院	教　授	2010

教育部新世纪人才支持计划入选人员名录

姓　名	工作单位	入选年度
林仕伟	材料与化工学院	2009

省委省政府直接联系重点专家名录

序号	姓　名	工作单位	职　称	入选年度
1	刘康德	海南大学	研究员	2010
2	李建保	海南大学	教　授	2010
3	周兆德	海南大学	教　授	2010
4	林　强	海南大学	教　授	2010
5	傅国华	海南大学	教　授	2010

续上表

6	何朝族	农学院	教　授	2010
7	曹　阳	材料与化工学院	教　授	2010
8	周永灿	海洋学院	教　授	2010
9	罗素兰	海洋学院	教　授	2010
10	王崇敏	法学院	教　授	2010
11	安应民	旅游学院	教　授	2010
12	王毅武	中国现代经济理论研究所	教　授	2010
13	陈超核	科研处	教　授	2010
14	张　岐	材料与化工学院	教　授	2010
15	符国基	旅游学院	教　授	2010
16	胡新文	农学院	教　授	2010
17	孙绍先	人文传播学院	教　授	2010
18	杨小波	园艺园林学院	教　授	2010
19	曹锡仁	社会科学研究中心	教　授	2010
20	黄　勃	海洋学院	教　授	2010

海南省“515人才工程” 入选人员名录

层　次	姓　名	单　位	专 业 方 向	入选年度
第一层次	何朝族	农学院	作物遗传育种	2010
	邓湘云	材料与化工学院	材料科学与工程	2010
	尹绍武	海洋学院	水产养殖学、海洋生物学	2010
	胡国柳	经济与管理学院	工商管理 会计学	2010
	李德芳	政治与管理管学院	历史学、政治学	2010

续上表

第二层次	黄东益	211 重点办公室	作物遗传育种	2010
	韩建刚	土木建筑工程学院	土木工程	2010
	张英霞	海洋学院	动物学	2010
	张海德	食品学院	食品科学与工程	2010
	骆焱平	环境与植物保护学院	植物保护、农药学	2010
	尹学琼	材料与化工学院	化学工程与技术	2010
	李京兵	信息科学技术学院	计算机科学技术	2010
	刘德兵	儋州校区管委会	园艺学	2010
	黄　惜	农学院	植物分子生物学	2010
	吴友根	园艺园林学院	药用植物学	2010
	王　琦	法学院	法学	2010
	金　山	外国语学院	日本语言文学、海南民族研究	2010
	宋增伟	政治与公共管理学院	政治学	2010
	范士陈	旅游学院	人文地理学	2010
	叶仄辉	艺术学院	美术学（雕塑）	2010

2010 年度海南省优秀专家名录

姓　名	工 作 单 位	职　称	入选年度
王家儒	艺术学院	教　授	2010
李德芳	政治与公共管理学院	教　授	2010
罗素兰	海洋学院	教　授	2010
林尤奋	园艺园林学院	研究员	2010
尹绍武	海洋学院	教　授	2010

海南省普通高等学校第三批省级重点（扶持）学科责任教授名录

姓　名	所 在 单 位	授予单位	授予时间
曹　阳	材料与化工学院	省教育厅	2010
王崇敏	法学院	省教育厅	2010
何朝族	农学院	省教育厅	2010
李德芳	马克思主义学院	省教育厅	2010
周永灿	海洋学院	省教育厅	2010
邓湘云	材料与化工学院	省教育厅	2010
陈扬乐	旅游学院	省教育厅	2010
胡新文	农学院	省教育厅	2010
杜文才	信息科学技术学院	省教育厅	2010
胡国柳	经济与管理学院	省教育厅	2010

省级教学名师名录

姓　名	单　位	授予单位	授予年度
曹　阳	材料与化工学院	省教育厅	2010
李京兵	信息科学技术学院	省教育厅	2010

客座教授名录

姓　名	所 在 单 位	职　务	聘请年月
沈　平	新加坡南洋理工大学网络技术中心	主　任	2010-01

2009—2010年海南大学调入高级职称人员名录

序号	原工作单位（或就读学校）	姓　名	性别	学位	专业技术职　务	安 排 单 位
1	海南儋州精诚会计事务所	胡淑英	女	学士	副教授	应用科技学院
2	邦膜技术国家工程研究中心	王　磊	男	博士	高级工程师	信息科学技术学院

续上表

3	西南交通大学	杜　锋	男	博士	高级工程师	信息科学技术学院
4	黑龙江大学	王洪宇	女	博士	副教授	法学院
5	华南理工大学	徐　鼐	男	博士	副教授	材料与化工学院
6	清华大学	黄梦醒	男	博士	副教授	信息科学技术学院
7	中科院长春应化所	王　敦	男	博士	副教授	材料与化工学院
8	南京农业大学	缪卫国	男	博士	副研究员	环境植物保护学院
9	北京应用物理研究所	孙建强	男	博士	副研究员	信息科学技术学院
10	华侨大学	童伟华	男	博士	教　授	法学院
11	海南省机关事务管理局	李小北	男	博士	教　授	外国语学院
12	兰州交通大学	田元福	男	博士	教　授	土木建筑工程学院
13	海南职业技术学院	卢浩义	男	硕士	高级工程师	机电工程学院

2010年晋升高级职称人员名录

序号	姓　名	所 在 单 位	取得专业技术资格	资格取得时间
1	陈　永	材料与化工学院	教　授	2010-09
2	李东栋	材料与化工学院	教　授	2010-09
3	李嘉诚	材料与化工学院	教　授	2010-09
4	薛行华	材料与化工学院	教　授	2010-09
5	董万程	法学院	教　授	2010-09
6	梁亚荣	法学院	教　授	2010-09
7	王洪宇	法学院	教　授	2010-09
8	张丽娜	法学院	教　授	2010-09
9	石耀华	海洋学院	教　授	2010-09
10	蔡笃程	环境植物保护学院	教　授	2010-09
11	李增平	环境植物保护学院	教　授	2010-09
12	樊军庆	机电工程学院	教　授	2010-09

续上表

13	吴　涛	经济与管理学院	教　授	2010-09
14	魏成元	旅游学院	教　授	2010-09
15	王凤霞	旅游学院	教　授	2010-09
16	莫　饶	农学院	教　授	2010-09
17	符其武	人文传播学院	教　授	2010-09
18	白新鹏	食品学院	教　授	2010-09
19	姜秀英	体育部	教　授	2010-09
20	田　东	体育部	教　授	2010-09
21	陈　绮	信息科学技术学院	教　授	2010-09
22	高泽图	信息科学技术学院	教　授	2010-09
23	顾　剑	信息科学技术学院	教　授	2010-09
24	李文化	信息科学技术学院	教　授	2010-09
25	沈　重	信息科学技术学院	教　授	2010-09
26	华　甫	艺术学院	教　授	2010-09
27	刘彩云	艺术学院	教　授	2010-09
28	叶仄辉	艺术学院	教　授	2010-09
29	张　黎	艺术学院	教　授	2010-09
30	李　雯	园艺园林学院	教　授	2010-09
31	林尤奋	园艺园林学院	教　授	2010-09
32	郑小枚	学报编辑部	编　审	2010-12
33	靳香玲	学报编辑部	编　审	2010-12
34	李　劲	材料化工学院	副教授	2010-09
35	罗明武	材料化工学院	副教授	2010-09
36	王　赵	材料化工学院	副教授	2010-09
37	张莉娜	材料化工学院	副教授	2010-09
38	张月芳	材料化工学院	副教授	2010-09
39	邓和军	法学院	副教授	2010-09
40	黄永锋	法学院	副教授	2010-09

续上表

41	全红霞	法学院	副教授	2010-09
42	唐　俐	法学院	副教授	2010-09
43	唐茂林	法学院	副教授	2010-09
44	杨　婕	高教研究所	副教授	2010-09
45	杨军燕	国际文化交流学院	副教授	2010-09
46	刘志媛	海洋学院	副教授	2010-09
47	葛成军	环境与植物保护学院	副教授	2010-09
48	苏增建	环境与植物保护学院	副教授	2010-09
49	郭志忠	机电工程学院	副教授	2010-09
50	张宝珍	机电工程学院	副教授	2010-09
51	陈　弦	经济与管理学院	副教授	2010-09
52	黄成明	经济与管理学院	副教授	2010-09
53	李玉凤	经济与管理学院	副教授	2010-09
54	林　涛	经济与管理学院	副教授	2010-09
55	林燕飞	经济与管理学院	副教授	2010-09
56	唐建荣	经济与管理学院	副教授	2010-09
57	许能锐	经济与管理学院	副教授	2010-09
58	余升国	经济与管理学院	副教授	2010-09
59	张　峰	经济与管理学院	副教授	2010-09
60	王永强	旅游学院	副教授	2010-09
61	谢祥项	旅游学院	副教授	2010-09
62	杨　红	旅游学院	副教授	2010-09
63	常春荣	农学院	副教授	2010-09
64	王学梅	农学院	副教授	2010-09
65	吴科榜	农学院	副教授	2010-09
66	杨华庚	农学院	副教授	2010-09
67	于旭东	农学院	副教授	2010-09

续上表

68	苏文魁	人文传播学院	副教授	2010-09
69	孙海兰	人文传播学院	副教授	2010-09
70	唐启翠	人文传播学院	副教授	2010-09
71	冯　芳	体育部	副教授	2010-09
72	胡　伟	土木建筑工程学院	副教授	2010-09
73	李　艳	土木建筑工程学院	副教授	2010-09
74	黄　萍	信息科学技术学院	副教授	2010-09
75	李怀成	信息科学技术学院	副教授	2010-09
76	姚孝明	信息科学技术学院	副教授	2010-09
77	曹　量	艺术学院	副教授	2010-09
78	李群山	艺术学院	副教授	2010-09
79	李　熵	艺术学院	副教授	2010-09
80	刘　锋	艺术学院	副教授	2010-09
81	陈显毅	应用科技学院	副教授	2010-09
82	尹正江	应用科技学院	副教授	2010-09
83	陈生香	园艺园林学院	副教授	2010-09
84	陈展川	园艺园林学院	副教授	2010-09
85	范冬英	园艺园林学院	副教授	2010-09
86	侯则红	园艺园林学院	副教授	2010-09
87	江雪飞	园艺园林学院	副教授	2010-09
88	罗丽华	园艺园林学院	副教授	2010-09
89	杨定海	园艺园林学院	副教授	2010-09
90	邢诒旺	园艺园林学院	副教授	2010-09
91	陈丽琴	政治与公共管理学院	副教授	2010-09
92	李　芬	政治与公共管理学院	副教授	2010-09
93	李宜钊	政治与公共管理学院	副教授	2010-09

续上表

94	王　芳	政治与公共管理学院	副教授	2010-09
95	王　善	政治与公共管理学院	副教授	2010-09
96	王章佩	政治与公共管理学院	副教授	2010-09
97	吴朝阳	政治与公共管理学院	副教授	2010-09
98	张慧卿	政治与公共管理学院	副教授	2010-09
99	齐兴柱	海洋学院	高级实验师	2010-09
100	曾水香	信息科学技术学院	高级实验师	2010-09
101	毛　镠	信息科学技术学院	高级实验师	2010-09
102	吴秋丽	信息科学技术学院	高级实验师	2010-09
103	李娟玲	园艺园林学院	高级实验师	2010-09
104	黄梦醒	信息科学技术学院	副教授	2010-05
105	徐　鼐	材料与化工学院	副教授	2010-05
106	邓百意	人文传播学院	副教授	2010-07
107	谢珍玉	海洋学院	副教授	2010-07
108	潘勤鹤	材料与化工学院	副教授	2010-09
109	尚春静	建工学院	副教授	2010-12
110	张硕果	人文传播学院	副教授	2010-12
111	段振华	食品学院	研究员	2010-12
112	高联红	应用科技学院	副研究员	2010-12
113	夏志辉	农学院	副研究员	2010-12
114	钟哲辉	图书馆	副研究员	2010-12
115	张朔人	人文学院	副研究员	2010-12
116	王世恭	网络与教育技术中心	高级工程师	2010-05
117	钟伟宁	人事处	高级经济师	2010-12
118	龚　萍	旅游学院	高级经济师	2010-12

媒体看海大

2010年新闻媒体报道海南大学的主要消息索引
（不完全统计）

序号	新闻标题	媒体	日期
1	600名海南大学贫困学子领到“海大金光助学金”	南国都市报	1月6日
2	海大600名品学兼优寒门学子喜获金光助学金	海南经济报　人民网海南视窗	1月6日
3	金光集团4年捐资400万助学 2200贫困大学生获资助	海口晚报	1月6日
4	海南大学万人宣誓签名：建功海南国际旅游岛	人民网海南视窗　中新网	1月7日
5	海南大学举行万人宣誓暨签名活动	新华网	1月7日
6	李建保:海南大学将建海南国际旅游岛研究所	新华网	1月7日
7	海南大学万名师生签名祝贺海南建国际旅游岛	海南经济报	1月8日
8	企业家捐资50万元助学海大	海南日报	1月15日
9	两位事业有成的河北客人捐50万助海大贫困学子	南国都市报	1月15日
10	国务院参事提议在海南建“亚太低碳经济研究院”	人民网海南视窗	1月16日
11	刘延东在对海南科教文工作调研时指出 抓住国际旅游岛建设机遇　提升海南竞争软实力	海南日报　中国共产党新闻网　海南省人民政府网	1月19日
12	全国出国留学工作研究会2009年年会在海口召开	人民网海南视窗	1月19日
13	国家留学基金委与海大签订合作协议 资助海大青年骨干教师出国研修	海南日报	1月20日
14	海大每年至少10教师可“免费”留学	海南特区报	1月20日
15	海南低碳经济政策与产业技术研究院挂牌成立	新华网　中新网 海南电视台　海口电视台	2月28日
16	海南低碳经济政策与产业技术研究院成立	海南日报	3月1日

续上表

17	海南低碳经济政策与产业技术研究院挂牌	南国都市报	3月1日
18	我省成立低碳经济研究机构	海口晚报	3月1日
19	海南低碳经济政策与产业技术研究院昨日揭牌	海南经济报	3月1日
20	海南省低碳经济政策与产业技术研究院挂牌成立	人民网海南视窗	3月1日
21	海南发展低碳经济有五大优势	新华网	3月1日
22	李建保代表:用科学发展观来引领海南国际旅游岛人才培养	新华社	3月1日
23	海南大学践行《弟子规》学生现场给母亲洗脚	人民网海南视窗 中国教育新闻网	3月10日
24	海南大学“建设低碳绿岛，大学生先行”主题教育活动启动	海南电视台	3月11日
25	海大开展主题教育：低碳绿色岛 大学生先行	人民网海南视窗	3月11日
26	海南大学启动教育活动 建低碳绿岛大学生先行	海南日报	3月12日
27	“建低碳绿岛大学生先行”活动在海大启动	新华网	3月12日
28	海大学生开展气候保护活动	南国都市报	3月12日
29	省第三届日语戏剧大赛结束 《女儿国》获第一名	海南日报	3月24日
30	海南大学百余学生“徒步走” 宣传环境保护	南海网	3月27日
31	海南大学生开展“地球熄灯一小时”活动	南海网	3月28日
32	琼台联合举办两岸博鳌学术与企业实务论坛	新华网	4月2日
33	两岸博鳌学术与企业实务论坛在海南举行	新华网	4月3日
34	两岸博鳌学术与企业实务论坛开幕，六大议题	人民网海南视窗	4月3日
35	两岸博鳌学术及企业实务论坛在琼举行	海南日报	4月5日
36	海大53名学生免费出境学习	南国都市报 人民网海南视窗	4月6日
37	缅怀革命先烈 弘扬革命精神	新华网	4月6日
38	海南大中小学生悼念遇难同胞 举办烛光追思会	海南日报 新华网	4月22日
39	海南社会各界深切哀悼玉树遇难同胞	人民网海南视窗	4月22日
40	海大举办第41个“世界地球日”宣传系列活动	南海网	4月23日

续上表

41	海南大学2010新增联合培养模式及二大专业	新浪网	5月5日
42	海南大学牵手南开大学 海南国际旅游岛发展研究院今天挂牌	海南电视台 人民网海南视窗	5月10日
43	海南国际旅游岛发展研究院在海大挂牌成立	人民网海南视窗	5月10日
44	海南国际旅游岛发展研究院正式挂牌成立	南海网	5月10日
45	海南大学牵手南开大学——海南国际旅游岛发展研究院揭牌	海南日报	5月11日
46	海南大学、南开大学再度“牵手”——国际旅游岛发展研究院挂牌	海口晚报	5月11日
47	海南国际旅游岛发展研究院挂牌	国际旅游岛商报	5月11日
48	海南国际旅游岛发展研究院昨揭牌	海南特区报	5月11日
49	海南国际旅游岛发展研究院揭牌	海南省人民政府网	5月11日
50	海大干部培训叫响省内外 商丘女干部班开课	人民网海南视窗	5月16日
51	低碳生活从我做起	海口晚报 中国网	5月21日
52	海南大学启动“低碳生活从我做起”主题活动	人民网海南视窗	5月21日
53	海南大学今年计划在海南招生1233人	南海网	6月11日
54	海大举行“校园开放日”活动	海南日报	6月12日
55	海南大学举办“校园开放日”计划在省内招生1233人	海南电视台 人民网海南视窗	6月12日
56	海南优秀生上海大可获高额奖学金	海南特区报	6月12日
57	海大今年海南招生1233人 前100名报海大奖4年学费	海口晚报	6月12日
58	本省投档分前百人可免费读海大 设新生奖学金	国际旅游岛商报	6月12日
59	海南高考投档分前100名报海南大学免学费	南海网	6月12日
60	海南大学海洋学院贫困学子传递爱心	新华网	6月13日
61	美国特洛伊大学与海南大学签订合作办学协议——“2+2”联手培养海大本科生	海南日报	6月19日
62	美国特洛伊大学与海南大学签订合作办学协议	新华网	6月19日
63	一本填报今下午截止 海大出琼籍考生“优惠政策”	中新网	7月6日

续上表

64	海南大学：面向大海 放飞梦想	中国教育报	7月13日
65	海南大学因材施教锻造拔尖人才	中国教育报	7月14日
66	首次参加全国高等艺术院校声乐大赛 海南大学勇夺一金两银	海南日报	7月26日
67	2010海峡两岸四地无线电科技研讨会举行	海南电视台	8月22日
68	两岸四地百余专家齐集海南 研讨无线电科技	中国日报 人民网海南视窗	8月23日
69	海南省教师节座谈会今天举行 卫留成慰问海大教职员工	海南电视台 人民网海南视窗	9月8日
70	卫留成：要把教育放在优先发展的战略地位	中新网 南海网	9月8日
71	卫留成在全省教师节座谈会上强调 始终坚持优先发展教育 为国际旅游岛建设提供基础保障	海南日报	9月9日
72	始终坚持优先发展教育	南岛晚报	9月9日
73	海南大学新增2硕士学位授权点 明年起正式招生	南国都市报	9月21日
74	海南大学新增2硕士学位授权点 明年起正式招生	人民网海南视窗	9月21日
75	海大境外交换生取得新突破 派出境外学习56人	人民网海南视窗	9月25日
76	海南大学获国际沙滩木球公开赛女子团体第三名	人民网海南视窗	9月25日
77	海南大学组织专家救援队 赴灾区开展科技救灾	人民网海南视窗	10月15日
78	海大救灾工作组赴文昌开展科技救灾	海南日报	10月20日
79	海南研讨低碳经济将申报国家级低碳示范省	人民网海南视窗	10月29日
80	海南低碳经济政策与技术合作对接论坛召开	新华网	10月29日
81	2010“力加杯”省篮球联赛落幕 海南大学蝉联冠军	南海网	11月1日
82	科教人生之外的人文求索 尹双增随笔集《点滴》面世	海南日报	11月3日
83	海大办学影响扩大 江西120名厅处级干部来培训	人民网海南视窗	11月4日
84	海大立足地域优势开展异地培训	海南日报	11月5日
85	中国法学会婚姻法学研究会2010年年会暨婚姻法颁布六十周年纪念会在海口召开	人民网海南视窗	11月6日

续上表

86	中国法学会婚姻法学研究会 2010 年年会海口开幕，有望促进《婚姻法》更加完善	南国都市报	11 月 7 日
87	《婚姻法》颁布六十周年　专访参与《婚姻法》修改起草者巫昌祯	海南电视台 人民网海南视窗	11 月 7 日
88	家庭暴力防治法酝酿出台，或将列入全国人大立法规划	海南特区报	11 月 7 日
89	婚姻法学专家："小三"或被追究侵犯配偶权	人民网海南视窗	11 月 7 日
90	酝酿出台家庭暴力防治法　"小三"有望受到法律制裁	海口晚报	11 月 9 日
91	首届国际旅游岛高管论坛开幕　旨在培养人才	人民网海南视窗	11 月 18 日
92	首届国际旅游岛高管论坛在海口开幕	海南电视台　人民网海南视窗	11 月 18 日
93	首届国际旅游岛高管论坛海口开幕	海南日报	11 月 19 日
94	建立新的高端对话和交流平台　国际旅游岛高管论坛在海大开幕	海口晚报	11 月 19 日
95	首届国际旅游岛高管论坛开幕　旨在打造管理精英	中新网	11 月 19 日
96	首届国际旅游岛高管论坛成功举行	省人民政府网	11 月 22 日
97	17 国官员聚首海南研修气候变化与旅游发展	新华网	11 月 24 日
98	发展中国家岛屿气候变化与旅游发展研修班海口开班	海南电视台　人民网海南视窗	11 月 24 日
99	17 国旅游部门官员在海大研修	海南日报	11 月 25 日
100	多国官员海南研讨"岛屿气候变化与旅游发展"	中新网	11 月 25 日
101	发展中国家岛屿气候变化与旅游发展研修班开班	中国教育报　人民网海南视窗	11 月 26 日
102	国内外专家纵论中小企业发展	海南日报	11 月 27 日
103	海大"十一五"期间累计承担各类科研课题 1673 项	中新网	11 月 30 日
104	海大颁发吴多泰博士奖学金　48 名师生获奖励	人民网海南视窗	12 月 1 日
105	海大颁发 2010 年度"吴多泰博士奖学奖教金"	中新网	12 月 1 日
106	省侨联"亲情中华"艺术团赴印尼、马来西亚慰问演出	海南日报	12 月 12 日
107	"亲情中华"艺术团在雅加达举行首场演出	海南日报	12 月 14 日

续上表

108	第2届亚洲沙滩运动会上打出783杆 海大木球队获女团季军	海南日报	12月14日
109	第二届国际旅游岛高管论坛开幕	旅游卫视	12月16日
110	第2届国际旅游岛高管论坛海大举行 600余人参加	中新网	12月17日
111	第二届国际旅游岛高管论坛举行 国世平出席	人民网海南视窗	12月17日
112	王伟光：帮助我有缘帮助的人是幸福的	海南日报	12月20日
113	海南大学EMBA课程总裁一班开班	海南电视台 人民网海南视窗	12月24日
114	2010年海南大学EMBA总裁班开学	MBA中国网	12月24日
115	海南大学 EMBA 课程总裁班开班 已招收学员百余名	中新网 海口网	12月24日
116	全国大学生电子设计竞赛海南赛区举办颁奖典礼	人民网海南视窗	12月25日
117	海大开办EMBA课程总裁班，请北大清华名师教学	人民网海南视窗	12月26日
118	首届海南大学生围棋赛落幕 海大队获团体冠军	海南日报	12月29日

（撰稿：单文启　审稿：张继友）

编 后 语

这是新海南大学成立后编写的第4部《海南大学年鉴》，记录的是海南大学2010年基本情况、主要工作及其成果。

在《海南大学年鉴（2011）》编写过程中，得到学校领导及时指导和各单位、各部门的大力支持。9月16日下午，校党委书记刘康德主持年鉴工作会议，对《海南大学年鉴（2011）》征求意见稿提出重要的指导性修改意见，校党委常务副书记、副校长周兆德也在会上提出重要修改意见。在此，一并表示感谢。对年鉴存在的不足之处，敬请批评指正。

《海南大学年鉴（2011）》编辑部

2011年10月28日

图书在版编目（CIP）数据

海南大学年鉴. 2011 / 海南大学年鉴编辑部编.
—海口:海南出版社，2011. 12
ISBN 978-7-5443-4119-6

Ⅰ.①海… Ⅱ.①海… Ⅲ.①海南大学-2011-年鉴
Ⅳ.①G649.286.61-54

中国版本图书馆CIP数据核字(2011)第249692号

海南大学年鉴　海南大学年鉴编辑部 编

海南出版社出版发行
地　　址:海口市金盘开发区建设三横路2号
邮　　编:570216
责任编辑:朱衡武　崔修彬
封面设计:杜兴彦
海南大学地址:海南省海口市人民路58号
邮　　编:570228　　电话:(0898)66297863
传　　真:(0898)66279045　　网址:http//www.hainu.edu.cn
经　　销:全国新华书店
印　　刷:海口恒久彩色包装印刷有限公司
出版日期:2011年12月第1版　2011年12月第1次印刷
开　　本:889mm × 1194mm　1/16
印　　张:26印张
字　　数:730千字
书　　号:ISBN 978-7-5443-4119-6
定　　价:100.00元